FIGURES DE LA VILLE
ET CONSTRUCTION DES SAVOIRS

FIGURES DE LA VILLE ET CONSTRUCTION DES SAVOIRS

Architecture, urbanisme, géographie

sous la direction de Frédéric Pousin

CNRS EDITIONS
15, rue Malebranche - 75005 Paris

Illustrations de couverture:
Constant « Symbolic representation of New Babylon », 1969, *in*, M. Wigley, *Constant's New Babylon: The Hyper-Architecture of Desire*, Rotherdam, O10 Publishers, 1998 ; São Paulo, fin des années 1940, photo Maurice Le Lannou ; Madrid. Cité linéaire, photo Pierre Lavedan ; Belo Horizonte, années 1940, photo collection Otávio Dias Filho.

ISBN : 2-271-06293-4

Remerciements

Ce livre est issu du colloque Figurations/Transferts qui s'est tenu en septembre 2001à Paris à l'Institut de Géographie. Que tous ceux qui ont participé au succès de ce colloque soient ici chaleureusement remerciés, les membres du comité scientifique qui ont manifesté leur intérêt pour la thématique située à la frontière des champs disciplinaires et qui ont accepté d'animer les débats : Jean-Marc Besse, Gabriela Goldschmidt, Réjean Legault, Michel Lussault, Lorenza Mondada, Marie-Claire Robic, Ola Söderström, Yannis Tsiomis ; les personnels des institutions impliquées qui ont su libérer le temps nécessaire ; les étudiants qui ont pris en charge les tâches matérielles, Sandrine Arbelot, Margot Gilles, et Nader Abou-Dagga ; la graphiste Isabel Gautrey, les traductrices Céline Mansanti et Laure Lansari qui ont effectué une belle prestation écrite et orale dans des délais très courts.

La publication de cet ouvrage a bénéficié du soutien du Bureau de la recherche architecturale et urbaine du Ministère de la Culture ainsi que de l'Ecole d'architecture de Paris-la-Villette. Je tiens à remercier Éric Lengereau, chef du BRA et Jean-Pierre le Dantec, directeur de l'EAPLV, ainsi que Christiane Monsonégot, en charge de la gestion de la recherche.

J'exprime toute ma gratitude également aux directeurs et aux membres du Laboratoire Dynamiques Sociales et Recomposition des Espaces (LADYSS) qui ont encouragé cette publication, à Marie-Alix Carlander qui a su mettre à ma disposition ses compétences de responsable de l'édition.

Les compétences d'Hélène Jannière et de Virginie Tombeux m'ont été également d'un grand secours, ainsi que celles de Mireille Vachaumard qui a effectué une élégante traduction de l'italien.

Mes plus vifs remerciements vont également à Marie-Claire Robic qui n'a ménagé ni son soutien ni ses encouragements, à CNRS Éditions et tout particulièrement à Danielle Saffar, sa directrice générale, Pascal Rouleau et Marie Bellosta pour leur efficacité et leur bienveillance.

Enfin, je suis redevable aux auteurs pour leur patience et leur constance tout au long du processus éditorial.

J'espère que ce livre conserve et communique un peu de l'enthousiasme et de la générosité qui ont animé tous ceux qui y ont contribué.

Sommaire

Introduction

Figurer la ville

Frédéric Pousin

Les villes connaissent aujourd'hui des mutations qu'il est difficile de décrypter, du moins à l'aide de catégories élaborées pour des formes urbaines classiques.

L'extension et la diffusion de l'urbain portent témoignage d'une société qui, dans le territoire, a considérablement accru la mobilité à toutes les échelles temporelles. Accompagnant cette accélération, références et modèles architecturaux se renouvellent à un rythme rapide. En même temps que les relations urbaines se développent tous azimuts, l'abandon des zones industrielles et des grands services urbains de la ville du XIXe siècle dessine des vides, des poches de faible densité qui donnent l'impression que les liens caractéristiques de la ville se sont distendus.

Dès lors qu'on adopte une vision globale, limites et formes se dissolvent, nulle hiérarchie ne se dessine distinctement, à tel point que l'on qualifie l'urbanisation contemporaine de *nébuleuse* ou d'*archipel métropolitain*[1]. La relation de l'urbain au territoire est aujourd'hui plus difficile à interpréter que jamais. Si l'on considère les visions subjectives de l'urbain, l'impression de fragmentation domine, une fragmentation qui pénètre et déstabilise les logiques de construction du territoire, à moins qu'elle ne s'affirme comme le mode dominant de mise en relation d'espaces étrangers les uns aux autres. Quelles ruptures, quelles disjonctions s'établissent, quelles continuités se tissent? Ce sont les limites, les frontières qu'il nous faut pouvoir comprendre.

La ville comme totalité, mais aussi comme fragmentation, lance donc à nouveau le défi de sa *description*. La description, dans ses rapports à la figuration, est l'un des fils conducteurs des études ici rassemblées.

Les formes canoniques de la description urbaine que constituent les visions synoptiques typiques de la cartographie sont multipliées, diversifiées, plus puissantes, sous l'effet des nouvelles technologies. Et l'on peut raisonnablement supposer que l'usage des nouvelles images, satellitaires entre autres, exige de leurs utilisateurs des compétences nouvelles. Cependant, en deçà de l'explosion technologique, subsistent des permanences figuratives, des modèles de description et de mise en image. C'est en rassemblant et en superposant des cartes que l'on peut faire apparaître les transformations historiques d'un territoire. Des savoirs cumulés sous-tendent les pratiques d'intervention sur l'espace, qu'elles soient conventionnelles ou qu'elles se revendiquent innovantes. L'image est donc convoquée et manipulée en fonction à la fois d'une connaissance du territoire urbanisé, d'un projet de reconfiguration, voire d'expériences spontanées, de démarches alternatives[2].

La ville, objet de cette description, est à considérer dans son état, ses bâtiments, son architecture, mais aussi dans son engendrement, dans sa fabrication. En effet, si la ville a pu être saisie en termes d'organisme, de système et de processus par l'analyse géographique et l'analyse urbaine, elle est de longue date l'objet de projets pour les professionnels qui la façonnent, des projets qui prennent la forme de préfigurations globales ou partielles et se définissent dans les représentations figuratives et textuelles ainsi que dans l'acte d'édification même. La représentation figurative sert l'anticipation propre au projet. Ainsi, les images du projet s'inscrivent sur celles de la ville et donnent forme aux nouvelles représentations de celle-ci.

Depuis une bonne dizaine d'années, on a vu apparaître une nouvelle acception du terme «projet». Les municipalités cherchent à élaborer d'ambitieux «projets de ville» destinés à engager la ville dans une dynamique de transformation, coordonnant un ensemble d'actions, économiques, politiques, culturelles, et intégrant des opérations d'urbanisme et d'architecture. Se démarquant de l'acception habituelle du champ de l'architecture et de l'urbanisme - ensemble de documents écrits et figurés exprimant une réalité nouvelle pouvant être édifiée -, le projet désigne avant tout une forme organisationnelle qui rompt avec une approche sectorielle, programmatique[3]. Le terme projet est donc amené à changer de signification suivant les situations dont il participe. En tout cas, l'action y est aussi médiatisée par des représentations, des images qui la modèlent.

De fait, l'inflation des figurations de la ville, qu'elles soient nouvelles ou classiques, pose la nécessité d'une véritable *interrogation scientifique* sur le rôle et la place des images dans la fabrication de l'urbain ainsi que dans la connaissance de celui-ci.

Projets de villes et projets urbains n'ont pas manqué de susciter des travaux qui attestent un renouveau d'intérêt pour les discours et pour l'image. Les dispositifs discursifs des acteurs urbains, et en particulier la place qu'y occupe l'image, sont au centre de l'analyse du projet de ville en tant que production de formes et de pratiques urbaines[4]. Le projet urbain, quant à lui, est saisi au travers des divers récits qu'il suscite et met en œuvre ; les textes et les images y sont analysés pour leur capacité à formater le débat sur la ville occasionné par l'aménagement[5]. Très récemment, un ouvrage consacré au visuel en urbanisme étudie l'impact des visualisations sur la constitution de l'urbanisme en tant que pensée de l'action sur la ville[6].

Dans un tel contexte, marqué par le renouvellement d'études urbaines qui interrogent désormais conjointement les pratiques et les formes langagières qui les soustendent, il est stratégique de construire une recherche collective, coordonnée, dédiée aux images de la ville et aux relations qu'elles entretiennent avec la connaissance. Connaissance qui est à entendre ici à la fois comme connaissance *de* la ville et *au service de* la ville, de son aménagement. Autrement dit, c'est la relation des savoirs disciplinaires impliqués par la ville et l'urbain à l'image et au visuel qui constitue l'objet d'un tel projet de recherche, projet qui prend forme à la croisée de l'architecture, de l'urbanisme et de la géographie.

L'ouvrage que l'on va lire constitue un temps fort, un moment de cristallisation particulier de ce programme de recherche à long terme. Tout d'abord, il représente un premier aboutissement d'une entreprise qui a pris des formes diverses. Surtout, il témoigne d'une réflexion qui se construit à un niveau international, c'est-à-dire qui engage des confrontations entre des traditions disciplinaires et culturelles de nature à renouveler les approches en ouvrant des perspectives inédites. En effet, les auteurs qui ont participé à la présente publication viennent de pays différents d'Europe, du Moyen-Orient, d'Amérique. Ils se sont rassemblés lors d'un colloque qui a fourni l'occasion de débattre activement des problématiques abordées dans des actions préalables et d'introduire de nouveaux questionnements. C'est la richesse des débats, des confrontations, des hypothèses et propositions avancées que l'on retrouve dans le présent ouvrage[7].

Avant cette publication, deux actions majeures ont jalonné notre projet collectif de recherche.

La première, consacrée spécifiquement au pouvoir des figures au sein du projet architectural et urbain[8], a été menée durant deux années par plusieurs contributeurs ici rassemblés. Prenant comme point de départ le projet, l'étude des figures a été effectuée dans leur situation d'énonciation même, c'est-à-dire en saisissant le fait figuratif au sein d'un contexte précis incluant auteur et destinataire. Parmi les effets induits d'une telle perspective, on peut noter plusieurs avancées quant aux relations de la figuration à la connaissance et à l'action. La figure, parce qu'elle constitue un terme médian entre forme de pensée et espace concret, permet d'aborder de manière originale les questions d'ordre cognitif propres au langage. La compréhension de la relation à l'action, quant à elle, dépend de la capacité à cerner, dans les stratégies figuratives, la part propre aux destinataires - public de professionnels, concepteurs d'espaces, comme le postule Pierre Lavedan dans son *Histoire de l'urbanisme*, ou «grand public» sollicité dans les expositions internationales organisées par les urbanistes du Mouvement moderne.

La seconde a pris la forme d'un séminaire mené pendant plusieurs années avec des historiens et des épistémologues de la géographie[9], séminaire qui a permis d'explorer, entre autres, la notion de figure canonique. Parmi les formes figuratives manipulées, certaines ont acquis un statut de légitimité qui dispense de s'interroger à leur propos. Ainsi en est-il des vues syncrétiques et subjectives en géographie ou de l'articulation plan-élévation en architecture. Ces formes figuratives, dites canoniques, constituent un «impensé» disciplinaire qu'il s'agit de déconstruire. C'est dans la confrontation transdisciplinaire que nous nous sommes penchés sur les figures canoniques de disciplines qui se donnent la ville comme objet d'étude. On trouvera trace de ces réflexions ici même, car la canonicité des figures, abordée dans plusieurs des contributions de cet ouvrage, constitue une sorte de fil rouge.

Par ailleurs, une recherche collective sur la figuration et les savoirs de la ville peut permettre d'avancer des hypothèses renouvelées, grâce à la productivité des travaux dans le domaine des sciences humaines et sociales qui forment un terreau propice. Les conditions nous paraissent aujourd'hui favorables pour l'élaboration d'un véritable questionnement scientifique consacré à l'image en général et aux images de la ville en particulier.

Les principaux domaines qui viennent irriguer les travaux ici présentés ne peuvent évidemment pas faire l'objet, dans le cadre de cette introduction, d'un inventaire développé. Cependant, comme ces références croisées et partagées ont accompagné la réflexion pluridisciplinaire et internationale engagée ici, il nous a semblé justifié de prendre le risque de proposer un inventaire succinct.

Parmi les acquis dont se réclament les auteurs du présent ouvrage, on citera les recherches théoriques sur la sémantique des systèmes de représentation menées dans les années 1980 et 1990 en France[10] et aux États-Unis, notamment autour de la revue *Word and Image*[11]. En tant que système de signes, l'image y est interrogée dans son opacité, comme objet propre opérant dans le champ de la représentation, dont on sait la relation privilégiée qu'elle entretient avec le pouvoir et le champ du politique. L'image a pu ainsi être pensée de façon privilégiée dans ses effets politiques, même si c'est, plus largement, à partir d'une pragmatique que peut être menée l'interrogation sur l'*efficace* des images. Désormais, l'interrogation sur l'articulation, entre architecture, ville et politique demande d'accorder toute sa place à la représentation, comme le montreront plusieurs contributions de cet ouvrage.

On citera également des travaux théoriques menés sur la *description* dans le domaine de la théorie littéraire[12], en ethno-anthropologie[13], en linguistique[14]. C'est à partir de cette problématique de la description que sont menées les interrogations sur la spatialisation et les opérations permises par les listes, les tableaux et les diagrammes, l'articulation des divers registres sémiotiques que sont notamment le texte et l'image. Surtout, la description soulève des questions d'ordre cognitif tout autant que culturel sur la transposition d'une expérience individuelle dans un médium partageable et manipulable. La conscience que toute description est construction oriente la réflexion tant des ethnologues que des linguistes, et il s'agit de comprendre comment se *construit* la réalité dont le sujet fait l'expérience.

Par ailleurs, l'expérience vécue de la ville et des espaces urbains est au cœur de travaux menés outre-Atlantique au sein d'un ensemble que nous rattacherons autant au large domaine des études culturelles qu'à celui de la critique et des études urbaines[15]. Remarquons que de telles études empruntent aux travaux inauguraux d'Henri Lefebvre et de Michel de Certeau, et plus largement aux philosophes français poststructuralistes.

L'expérience urbaine est bien sûr au cœur des travaux menés par les écoles de sociologie urbaine en Europe et outre-Atlantique. La problématique du visuel y est majoritairement abordée à partir de l'espace public, convoquant les travaux de l'école de Francfort ou ceux de l'école de Chicago.

En France, la sociologie des sciences a ouvert des pistes de recherche sur le rôle de l'image dans l'invention scientifique[16] qui devraient connaître des prolongements. De plus, on ne peut méconnaître les recherches menées en Angleterre et aux États-Unis, sur la figuration et les savoirs, leurs interactions ou relations (M. Lynch, S. Woolgard[17], B. Stafford[18]). Ces recherches ont pu être associées, de façon discutable d'ailleurs, à une critique postmoderne de la pensée occidentale centrée sur l'écrit, qui serait par conséquent antivisuelle[19].

Dans le domaine de l'espace, de nombreux travaux et manifestations ont été consacrés, ces vingt dernières années, à l'étude de la représentation figurative. Ils ont d'abord pris pour objet la cartographie, grâce aux regards renouvelés sur la carte qu'ont impulsés aux États-Unis, en Italie et en France les recherches historiques et épistémologiques[20].

En architecture, les études inaugurales sur la figuration graphique ont été développées dans leur relation à la conception architecturale[21]. C'est la capacité de l'image à donner forme à ce qui n'existe pas encore, le projet d'édifice ou de ville en gestation, en définition, qui a été placée au centre de la réflexion. Il est vrai qu'une grande partie des images d'architecture, de ville, produites par les professionnels appartient à cette catégorie d'images dont la finalité est de faire advenir par préfiguration une réalité encore inédite. La figuration constitue de ce point de vue une entrée essentielle pour mener des investigations sur le processus de mise en forme de l'espace d'un projet. Ces dernières années, les chercheurs du domaine de la conception se sont penchés sur la question de la représentation lors de colloques internationaux en Europe[22] et aux États-Unis[23]. Si l'émergence de l'idée à travers les diverses manifestations figuratives continue de mobiliser nombre d'études à caractère expérimental, un renouvellement potentiel des études sur la conception réside dans l'étude des supports de diffusion, de circulation des projets que constitue la presse professionnelle et désormais la presse non spécialisée[24]. Les concepteurs sont pétris d'une culture disciplinaire et professionnelle qu'ils ont acquise au cours de leur formation et qu'ils reconduisent ou contribuent à faire évoluer au travers de leurs écrits et publications, comme, le cas échéant, dans leur enseignement. Ces productions de la pensée, qui accompagnent la production du bâti autant qu'elles la nourrissent et l'infléchissent, peuvent être considérées comme des supports matériels de l'activité de conception qui méritent qu'on les interroge avec finesse et discernement. Il s'agit alors d'indexer les actes de conception sur un contexte, notamment figuratif, de relier l'activité de conception à un réseau de dispositifs matériels qui la précède et la prolonge. En outre, pour certains, les pratiques de publication et de diffusion ont envahi l'espace même de la conception[25], elles peuvent même en être constitutives dans le cas d'une profession nouvellement apparue comme celle des concepteurs lumière.

De nombreuses recherches à caractère théorique et à visée poïétique ont été développées dans la littérature de langue anglaise et américaine portant sur la génération du projet, recherches qui s'inspirent de la pensée des philosophes français Michel Foucault, Gilles Deleuze et Jacques Derrida. Parce qu'elles interrogent théoriquement les modes de pensée qui sous-tendent l'activité de projet[26], souvent bien au-delà de l'activité projectuelle proprement dite, de telles investigations s'avèrent prometteuses pour interroger les représentations auxquelles le projet donne lieu. C'est ce que montrent plusieurs contributions de ce livre.

Parallèlement aux recherches sur la conception, les travaux conduits par les historiens de l'architecture n'abordent désormais plus seulement les objets construits, mais aussi les étapes préparatoires ; et, plus généralement, toute la production graphique qui accompagne la genèse d'une œuvre, y compris les projets concurrents non réalisés ou encore les modèles antérieurs. Mentionnons à ce propos les recherches en génétique de la création dont les relations avec l'architecture tendent à se développer, notamment à travers des confrontations d'ordre méthodologique[27]. Enfin, depuis une vingtaine d'années, l'histoire de l'architecture et de l'urbanisme contemporains a renouvelé ses objets et ses problématiques de recherche, en s'intéressant à la diffusion et à la circulation des images et des textes. Néanmoins, ces études ne font pas l'objet de démarches méthodologiques unifiées. Par ailleurs, une convergence doit être soulignée avec l'intérêt toujours grandissant des historiens pour l'image, intérêt qui a rencontré de longue date les études théoriques sur la représentation[28].

Dans le même mouvement, l'histoire et la géographie urbaines accordent désormais une place privilégiée aux représentations visuelles, surtout lorsqu'il s'agit de construire la biographie culturelle d'une ville.

Ces acquis permettent de bien entrevoir les directions de recherche développées par les chercheurs qui travaillent sur l'imagerie urbaine et qui sont représentées dans ce livre.

Divers corpus sont rassemblés et examinés ici : plusieurs figures marquantes de l'histoire de la représentation des villes, des cartes représentant les dimensions non visibles - notamment expérimentales - de l'urbain, des supports de diffusion des images de la ville dans les revues professionnelles d'architecture et d'urbanisme, des discours qui donnent corps à l'expérience urbaine et aux catégorisations qui les présupposent. Le corpus iconographique réuni dans cet ouvrage est intentionnellement riche, en vue de multiplier les occasions de déconstruire les fonctionnements des figures et leurs usages.

Afin de donner toute sa place à l'usage comme facteur de compréhension du phénomène figuratif, nous avons eu le souci de confronter des études portant sur des corpus historiques avec des pratiques contemporaines. En effet, par leur proximité, ces dernières permettent d'étudier minutieusement l'usage des figures et d'appréhender le rapport entre savoir et action pour expliciter la valeur de médiation de l'image. Comment la mise en image peut-elle être une modalité de préparation à l'action ? En quoi le figuratif permet-il la stabilisation d'un consensus pour l'intervention ? À l'inverse, en quoi la visualisation permet-elle un regard critique sur les formes mêmes de l'intervention ? Autant de questions qui trouveront, dans les chapitres qui suivent et à partir d'études de cas circonstanciés, plusieurs éléments de réponse.

On peut trouver un autre avantage à la confrontation de corpus historiques et de pratiques contemporaines, c'est l'effet de connaissance réciproque produit. Les pratiques actuelles permettent de porter un autre regard sur les objets du passé et la connaissance historique désenclave les pratiques de leur actualité en révélant la charge dont elles sont porteuses.

Dans les domaines très vastes que constituent l'image et la carte, l'image de la ville dessine déjà en soi un sous-continent, qui sera exploré en suivant, selon les auteurs, des perspectives différentes et croisées : l'image de la ville dans sa dimension historique, dans sa relation à l'expérience, dans ses réseaux de diffusion, de divulgation, enfin dans son rapport à une culture visuelle. Tous les auteurs examinent de façon transversale la contribution du visuel, dans ses objets et dans ses dispositifs, à la construction d'une discipline. Ce d'autant que l'image, par sa labilité, autorise de multiples circulations et permet d'aborder concrètement, dans sa matérialité, la question des transferts, que ce soit d'un champ à un autre ou encore d'un registre sémiotique à un autre. Ainsi, l'ouvrage que l'on va lire s'organise en quatre grands ensembles.

Une première partie, consacrée à l'empreinte historique des images de la ville, permet de se pencher, à travers trois contributions, sur les vues de ville telles qu'elles se sont forgées à la Renaissance et à l'Âge classique, ainsi que sur des formes de description qu'elles ont suscitées et qui ne sont pas sans conséquences sur nos façons de penser - du moins en faisons-nous l'hypothèse.

La deuxième partie porte sur les rapports de la cartographie à la production de la ville. Comment décrire et comprendre les passages entre ville et représentation suivant que l'on considère la ville réelle ou la ville projetée ? Quelles relations les usages renouvelés de la cartographie entretiennent-ils avec la crise du sens, au sein notamment de la discipline architecturale ? Plus pragmatiquement, les articles rassemblés examinent le rôle de la carte et des dispositifs de visualisation dans les pratiques de projet. La carte s'avère être un objet particulièrement pertinent pour aborder les transferts entre les champs de savoir concernés ici.

La troisième partie traite d'architecture, de communication et de culture visuelle. Les contributions analysent la manière dont les projets architecturaux et urbains mettent en scène la ville, ses problématiques, ou au contraire comment ils l'éludent. La publication architecturale peut être considérée à juste titre comme un *espace de production* - publier contribue à construire la notoriété et la commande - et, de plus, la publication constitue un espace privilégié de circulation des idées, voire des modèles. Quels dispositifs visuels sont mis en œuvre et en quoi participent-ils de la construction de cet espace de production ? Quelle évolution des vecteurs de diffusion peut-on constater, et quels en sont les effets manifestes ?

La dernière partie est consacrée aux stratégies disciplinaires portées par la figuration. L'image est au cœur des divers dispositifs qui ont contribué à façonner, à un moment et dans un contexte donnés, le regard de la géographie. Comment de tels dispositifs entrent-ils en relation avec un public ? Dans le cas de l'architecture et de l'urbanisme qui nourrissent le champ opérationnel, quel rôle le visuel joue-t-il dans la relation entre savoir et action ? Enfin, comprendre le caractère descriptible et figurable de la ville demande d'interroger, en amont, les outils d'analyse et de conceptualisation qui en font un objet ordonné et intelligible, au premier rang desquels les pratiques discursives.

Ainsi, chacune de ces parties organise un ensemble de chapitres qui contribuent à éclairer les principales déclinaisons de la thématique générale. Le parti pluridisciplinaire et international retenu cherche à privilégier des questions vives : la figurabilité de l'urbain, la performance des images appréhendées dans leur contexte culturel et politique, le rapport à l'action impliquant plusieurs catégories de savoir. Interroger architecture, urbanisme et géographie permet aussi de suivre les interactions survenant entre ville projetée et ville existante.

Cet ouvrage vise à apporter une contribution essentielle à un débat sur l'image et le visuel, à partir d'un ancrage thématique clair, celui des figurations de la ville. Il s'adresse donc tout naturellement aux spécialistes des différentes disciplines qui font de la ville un objet d'étude. Par le champ de réflexion qu'il ouvre, il intéresse aussi bien ceux qui étudient les usages actuels de l'imagerie urbaine, que ceux qui réfléchissent aux moments fondateurs de cette imagerie. Parce qu'il ne cherche pas à dresser un tableau exhaustif de la question qu'il traite, mais qu'il procède plutôt par analyse de cas symptomatiques, cet ouvrage concerne l'épistémologue ou l'historien des savoirs qui trouvera des analyses situées dans une discipline et dans un contexte historique pouvant se rapporter à un questionnement plus large. Enfin, il offre à une communauté de professionnels engagés dans la pratique tant les éléments d'une culture commune, qui reste à bien des égards encore à construire, que des sources de réflexion permettant d'accompagner et d'infléchir l'évolution des pratiques contemporaines.

NOTES

1. Cf. J.-P. PRANLAS-DESCOURS (dir.), *Territoires partagés/ L'archipel métropolitain*, Paris, éd. du Pavillon de l'Arsenal, Picard éditeur, 2001.

2. Cf. *ibid.*

3. Cf. F. POUSIN « Le projet. Repères pour un débat », *Les Carnets du paysage*, n° 7, « Autour du projet », automne 2001.

4. Cf. M. ROSEMBERG, *Le Marketing urbain en question. Production d'espace et de discours dans quatre projets de villes*, Paris, Anthropos, 2000.

5. Cf. C. CALENGE, M. LUSSAULT, B. PAGAND, *Les Figures de l'urbain*, Tours, Maison des sciences de la ville, 1997 ; M. LUSSAULT, « La politique territoriale (trans)figurée », *Espace/Temps*, 1996, p. 92-104 ; « La ville clarifiée. Essai d'analyse de quelques usages carto- et iconographiques en œuvre dans le projet urbain », *in* L. CAMBRESY et R. DE MAXIMY (dir.), *La Cartographie en débat*, Paris, Éditions Karthala et Orstom, 1995, p. 157-195.

6. O. SÖDERSTRÖM, *Le Visuel en urbanisme*, Lausanne, Payot, 2001.

7. Le colloque international « Figurations/Transferts » s'est tenu en septembre 2001 à Paris, à l'Institut de géographie, sous le patronage du CNRS, de l'École d'architecture de Paris-La Villette, du Bureau de la recherche architecturale et urbaine du ministère de la Culture.
Cet ouvrage ne correspond pas strictement à la publication des actes, dans la mesure où certains auteurs n'ont pas participé au colloque et où d'autres ont depuis notablement repris leur réflexion en fonction de l'avancée de leur recherche.

8. « Pouvoir des figures dans le projet architectural et urbain », programme de recherche CNRS, Aide à Projet Nouveau Jeune Équipe, 1999-2001, sous la direction de Frédéric Pousin et avec la participation de : Isabelle Grudet, Amine Bénaïssa, Christophe Camus, Enrico Chapel et Riccardo Palma. Les résultats détaillés sont rassemblés dans le numéro 8 des *Cahiers de la recherche architecturale et urbaine*, mai 2001, numéro auquel ont contribué également Gabriela Goldschmidt et François Thiry.

9. Ce livre est issu également du séminaire «Villes-Images-Savoirs», rassemblé autour de l'équipe Épistémologie et histoire de la géographie du CNRS (laboratoire Géographie-cités, UMR 8504).

10. L. Marin, *Utopiques : jeux d'espaces*, Paris, éd. de Minuit, 1973 ; *Le Portrait du Roi*, Paris, éd. de Minuit, 1981 ; *De la représentation*, Paris, Gallimard/éd. du Seuil, 1994; *Des pouvoirs de l'image*, Paris, éd. du Seuil, 1993.

11. Cf. le numéro spécial de *Word and Image*, n° 4, «A Journal of Verbal/Visual Inquiry», 1998.

12. Ph. Hamon, *Du descriptif*, Paris, Hachette, 1993 ; *Exposition. Littérature et architecture au XIXe siècle*, Paris, José Corti, 1989 ; J.-M. Adam, *La Description*, Paris, PUF, coll. «Que sais-je?», 1993.

13. Cf. J. Goody, *La Raison graphique*, Paris, éd. de Minuit, 1979, et C. Geertz, «La description dense. Vers une théorie interprétative de la culture» (tr. fr.), *Enquêtes*, n° 6, «La Description», 1998, p. 73-105.

14. Cf. L. Mondada, *Verbalisation de l'espace et fabrication du savoir. Approche linguistique de la construction des objets de discours*, Lausanne, Université de Lausanne, 1994 ; *Décrire la ville. La construction des savoirs urbains dans l'interaction et dans le texte*, Paris, Anthropos, 2000.

15. Cf. R. Bocok and K. Thompson (dir.), *Social and Cultural Forms of Modernity*, Cambridge, Polity Press, 1992 ; M.C. Boyer, *The Next American Metropolis : Ecology, Community and The American Dream*, New York, Princeton Architectural Press, 1996 ; S. Harris and D. Berke (dir.), *Architecture of the Everyday*, New York, Princeton Architectural Press, 1997.

16. B. Latour et J. de Noblet (dir.), *Culture technique*, n° 14, «Les "vues de l'esprit"», juin 1985 ; B. Latour, *La Science en action*, Paris, La Découverte, pour la tr. fr. 1989 ; B. Latour, «Le "pédofil" de Boa Vista, montage photo-philosophique», in *Petites leçons de sociologie des sciences*, Paris, La Découverte, 1993.

17. M. Lynch, S. Woolgard, *Representation in Scientific Practice*, Cambridge, The MIT Press, 1990.

18. B. Stafford, *Good Looking. Essays on the Virtue of Images*, Cambridge, The MIT Press, 1996.

19. J. M. Downcast, *Eyes. The Denigration of Vision in 20th Century French Thought*, Berkeley, University of California Press, 1993.

20. J.B. Harley, D. Woodward (dir.), *The History of Cartography*, vol. I, Chicago, The University of Chicago Press, 1987 ; D. Cosgrove (dir.), *Mappings*, Londres, Reaktion Books, 1999 ; G. Dematteis, «Lo spazio geografico : una metafora necessaria», *in* P. Pagnini (dir.), *Geografia per il principe*, Milan, Unicopli, 1985 ; F. Farinelli, *I segni del mondo. Immagine cartografica e discorso geografico in età moderna*, Florence, La Nuova Italia, 1992 ; C. Jacob, *L'Empire des cartes*, Paris, Albin Michel, 1992 ; G. Palsky, *Des chiffres et des cartes*, Paris, éd. du CTHS, 1996 ; M.-C. Robic (dir.), *Le Tableau de la géographie de la France de Paul Vidal de La Blache. Dans le labyrinthe des formes*, Paris, CTHS, 2000 ; R. Palma, *L'immaginario cartografico dell'architettura*, Bergame, Technograph, 2002.

21. Ph. Boudon, J. Guillerme, J. Tabouret, *Figuration graphique en architecture*, DGRST-AREA, 1976 ; Ph. Boudon, F. Pousin, *Figures de la conception architecturale*, Paris, Dunod, 1989.

22. *Research in Design Thinking* (1992), *Analysing Design Activity* (1995) ; voir aussi les sélections d'articles publiés dans la célèbre revue *Design Studies*.

23. 4th Design Thinking Symposium, *Design Representation*, G. Goldschmidt and W. Porter (dir.), MIT Cambridge USA, 1999.

24. Cf. G. Goldschmidt, «Processus privé et image publique dans la représentation architecturale», *Les Cahiers de la recherche architecturale*, n° 8, «Pouvoir des figures», mai 2001, p. 13-22 ; H. Jannière, *Politiques éditoriales et architecture «moderne»*, Paris, Arguments, 2002.

25. Cf. F. Thiry, «Paysage de la modernité, entre projet et polémique», *ibid.*, p. 69-78.

26. Cf. M. Dorrian, A. Hawker, *Metis Urban Cartographies*, Londres, Black Dog Publishing, 2002.

27. Cf. *Génésis, Revue internationale de critique génétique*, n° 14, «Architecture», numéro codirigé par P.-M. de Biasi, 2000 ; ITEM-CNRS et Réjean Legault, CCA Montréal.

28. J.-C. Schmidt, *Le Corps des images. Essais sur la culture visuelle au Moyen Âge*, Paris, Gallimard, 2002.

Première partie

L'empreinte historique des images de la ville

S'interroger sur l'empreinte historique des figures de la ville, c'est aborder sous un angle particulier et nécessairement restreint tant l'historicité des formes figuratives de la ville que la valeur des figures pour l'histoire de la ville, cela en écho aux réflexions des historiens. En effet, plutôt que de tenter de lire l'hypothétique contenu d'une image, ces derniers cherchent à en saisir la totalité, le mode propre selon lequel celle-ci parvient à faire être le réel. Le défi qui se pose à l'historien est d'analyser les formes figuratives dans leur spécificité et dans leurs relations dynamiques à la société qui les a produites[1]. Saisir l'historicité des images de la ville, c'est articuler l'historicité des objets particuliers étudiés (la représentation de telle ou telle ville) à une historicité propre à la représentation et aux dispositifs, intellectuels et pratiques, qu'une telle étude mobilise[2].

Cette partie apporte un éclairage sur trois moments historiques où s'institue un rapport entre le verbe et le visible constitutif de la représentation de la ville, dans la mesure où ils participent d'un arrière-plan que l'on peut toujours convoquer. Le rapport du verbe au visuel dans la description, question lancinante propre à la représentation, sans cesse reformulée, ne trouve de solution historique qu'inscrite dans un contexte épistémologique précis.

Nous avons choisi comme fil conducteur le transfert des savoirs entre les disciplines qui mettent la ville en images. La sélection des études de cas ne se fonde donc pas sur un recensement des principales fonctionnalités de la représentation au sein d'une discipline donnée, comme chez O. Söderström[3]. C'est ce fil conducteur qui doit pointer ce qui précisément traverse les domaines disciplinaires, les fait se rencontrer, à savoir la description, d'autant que cette dernière concerne le projet, c'est-à-dire l'édification même de la ville.

Comme le montre ici Jean-Marc Besse, le contexte intellectuel au sein duquel les vues de ville prennent place à la Renaissance est celui des discours d'éloge et des discours épidictiques (descriptifs), tous deux issus de la tradition rhétorique antique. Ainsi, dans le discours sur la ville, on loue les actions militaires et politiques importantes qui ont marqué l'histoire de la cité, mais aussi le site, l'organisation urbaine des rues et des places, la beauté de son architecture. La vue de ville nous projette dans l'espace public et politique, comme l'attestent notamment les écrits d'Alberti pour lequel le dessin de la ville incarne et concrétise la vertu civique de la population.

Pour Carlo Ravagnati, la description est bien aussi un instrument pour fabriquer la ville. Dans le traité albertien, la prescription s'appuie nécessairement sur la description. La structure du traité se fonde sur la citation des descriptions des villes et des architectures issues des sources classiques. Le texte est l'outil par lequel la mémoire de la ville ancienne devient le matériau pour le projet à venir.

Autre question, la *Descriptio urbis Romae* d'Alberti renonce au support iconographique. L'auteur voit dans le choix d'abandonner la « séduction » de l'image l'expression d'une idéologie du projet qui privilégie la transmission des règles et des techniques sur la répétition des figures canoniques. L'examen de certains passages du *De re aedificatoria* et du projet de la Citadelle vaticane illustre bien la capacité du projet à mettre en œuvre la répétition et la variation des figures décrites dans le texte.

Ce sont encore les façons de figurer la cité qu'examine Indra Kagis McEwen à partir du texte de Vitruve, fondateur de la figuration de la ville. Pour l'auteur, la textualité de la représentation vitruvienne, entreprise souvent avec beaucoup de difficultés, était dictée par un but foncièrement politique qu'il convient de restituer dans son contexte épistémologique. La représentation de la ville est liée à l'ordre de la nature dont la raison était le *logos* (verbe), qui, dans le contexte romain, est un verbe à la fois cosmique et impérial.

La traduction française qu'en fait Claude Perrault au XVIIe siècle intègre de nombreuses images qui témoignent de la révolution scientifique accomplie. Les figures du *Vitruve* de Perrault, et surtout celles de l'Observatoire de Paris dont il est l'architecte, sapent délibérément ce *logos* vitruvien. Dans la figuration iconique de Perrault est représentée non pas une cité impériale fondée sur l'ordre de la nature, mais un État moderne dont l'image à son tour est « l'homme artificiel », le Léviathan de Hobbes. Ainsi, l'article d'Indra Kagis McEwen propose une interprétation originale du paradigme classique de la représentation urbaine.

Frédéric Pousin

NOTES

1. Cf. J.-C. SCHMIDT, *Le Corps des images. Essais sur la culture visuelle au Moyen Âge*, Paris, Gallimard, 2002, en particulier « L'historien et les images », p. 35-62.

2. Cf. F. POUSIN, « La ville représentée : objet historique et sémiologique », *in* F. POUSIN et S. ROBIC (dir.), *Signes, histoire, fictions. Autour de Louis Marin*, Paris, Arguments, 2003, p. 85-99.

3. O. SÖDERSTRÖM, *Le Visuel en urbanisme*, Lausanne, Payot, 2001.

Chapitre premier

Vues de ville et géographie au XVIe siècle : concepts, démarches cognitives, fonctions

Jean-Marc Besse

Notre objectif n'est pas d'être exhaustif. Nous allons surtout concentrer notre propos sur un aspect de l'iconographie urbaine du XVIe siècle en Europe, celui qui concerne les relations entre cette iconographie urbaine d'une part, et d'autre part la géographie, c'est-à-dire le vocabulaire et les conceptions méthodologiques et épistémologiques développées par les géographes pendant la Renaissance.

En effet, il faut souligner la conjonction, curieuse et instructive, entre deux événements dans l'histoire de l'iconographie urbaine : d'une part, on assiste dans toute l'Europe, à partir du XVe siècle et surtout du XVIe siècle, à l'apparition et au développement considérable d'une pratique iconographique qui consiste à représenter de manière que l'on pourrait dire « réaliste » l'espace de la ville, sur des supports qui sont de natures et de tailles très diverses (cela va de la décoration murale aux pages d'un atlas) – en d'autres termes, l'iconographie urbaine est de moins en moins symbolique et de plus en plus descriptive ; d'autre part, et de façon concomitante, on peut considérer que c'est à la Renaissance que l'Europe commence à réaliser véritablement son éducation géographique, et cela non seulement à cause de la répercussion de la découverte des Nouveaux Mondes, mais aussi et surtout à cause d'un ensemble d'événements philologiques et intellectuels qui ont conduit à une modification très profonde des concepts et des pratiques de la géographie ; ces événements sont la réapparition dans les cultures latines de l'Occident des textes de la *Géographie* de Ptolémée (dont on a pu dire avec raison que c'était l'autre grande découverte de la Renaissance), puis de la *Géographie* de Strabon, auxquels nous ajouterons les traités de rhétorique épidictique qui, comme nous allons le voir, jouent un rôle important dans la nouvelle formule descriptive de l'iconographie urbaine. Or, on peut observer que les vues, portraits et descriptions de villes se développent en grande partie à l'intérieur du cadre intellectuel et éditorial qui est, à cette époque, défini et tracé par la géographie. Et, par conséquent, sans annuler les perspectives relevant de l'histoire urbaine proprement dite, ou bien de l'histoire générale des pratiques iconographiques, c'est cette rencontre entre l'histoire de la géographie et l'histoire de l'iconographie urbaine au XVIe siècle que nous aimerions interroger.

Nous procéderons en deux temps.

D'abord, nous nous attacherons à dresser le *cadre conceptuel et graphique* mis en place par la géographie de la Renaissance, cadre à l'intérieur duquel les vues de ville ont pu être pensées, comprises, et également désirées et projetées. Nous nous demanderons quels sont les concepts, et les mots, qui permettent de désigner les vues de ville et de les spécifier par rapport à d'autres types de représentations géographiques, et quelles pratiques intellectuelles et graphiques y sont rattachées.

Ensuite, nous nous intéresserons à la *fonction* attribuée à cette iconographie urbaine. En d'autres termes, pourquoi veut-on voir et veut-on montrer l'espace de la ville dans une image ? Quelles fonctions assigne-t-on à cette image ? Cette interrogation, nous la mènerons à partir d'une autre question, en apparence banale, mais que nous croyons très opératoire : voir la ville, c'est voir *quoi?* Quels sont les concepts de ville qui sont mobilisés dans les vues de ville au XVIe siècle? Bref, que voyons-nous ou que devons-nous voir quand nous regardons une image représentant une ville à cette époque? Une précision: nous envisageons ici non pas les représentations partielles de l'espace urbain (un bâtiment particulier ou une scène urbaine isolée), mais la ville dans sa totalité, dans sa forme globale[1].

On peut, d'ores et déjà, avancer une hypothèse, à la fois épistémologique et historiographique. C'est que l'iconographie urbaine ne peut être étudiée uniquement du point de vue de ce qu'elle offre comme information pour l'histoire des transformations concrètes des espaces urbains. Elle ne peut être considérée, non plus, uniquement en fonction du caractère plus ou moins exact ou vrai des images qui sont réalisées et mises en circulation. L'image de la ville est d'abord une image, qui possède une vocation culturelle et un destin qui lui sont propres. Il faut considérer cette image dans sa spécificité iconographique, et poser la question du type de savoir sur la ville et de pensée de la ville qu'elle permet d'instaurer. Il faut poser la question du type de message qu'elle véhicule, et par là du type de réalité sociale et culturelle qu'elle permet *en tant que telle* d'installer. Il faut l'envisager dans son efficacité propre, c'est-à-dire dans son pouvoir.

Les vues de ville dans la géographie du XVIe siècle

Comment les géographes du XVIe siècle *nomment*-ils, *conçoivent*-ils, et *utilisent*-ils les vues de ville? Tels sont les trois points que nous voudrions aborder dans un premier temps. Pour mener cette étude, nous nous appuierons sur quelques-uns des livres les plus représentatifs de cette période s'agissant de l'iconographie urbaine: la *Cosmographia universalis* de Sébastien Münster (Bâle, 1544 et 1550), l'ouvrage d'Antoine du Pinet intitulé *Plantz, pourtraitz et descriptions de plusieurs villes et forteresses* (Lyon, 1564), et enfin le fameux *Civitates orbis terrarum* conçu par Georg Braun (Cologne, 1572-1617). Ces ouvrages ont été choisis parce qu'ils se situent explicitement dans l'articulation entre géographie et iconographie urbaine.

Le nom géographique de la vue de ville

Qu'est-ce donc qu'une vue de ville au XVIe siècle? C'est une vue qui est dite *chorographique* (ou parfois topographique). L'origine du vocabulaire qui est utilisé ici se trouve chez Ptolémée. Dès les premières pages de sa *Géographie*, en effet, Ptolémée distingue entre deux types de représentations cartographiques et, au-delà, entre deux types d'activités et de références intellectuelles: d'une part la géographie, qui considère la surface de la Terre habitée dans sa totalité, de l'autre la chorographie, qui découpe dans cette surface des parties isolées, qu'elle décrit chacune séparément. Du Pinet expose cette distinction d'une façon qui permet d'éclairer les enjeux intellectuels qui s'attachent à la représentation chorographique:

> [Il] faut noter, écrit-il, que la fin de [la] Geographie est de consyderer, & mesmes representer, par certaines mesures & proportions, toute la Terre habitable, selon son naturel, & assiette: & [de] parler en general, des parties d'icelle, & des Climatz, graduations, & assiettes, tant en longitude, qu'en latitude, des Provinces, & Regions, & des choses plus notables en icelles, comme sont Isles, Golfes, Montaignes, Rivieres, Havres, & autres villes de renom [...]. Mais, sur tout, elle s'employe à faire entendre aux hommes les assiettes des lieux: & combien un lieu est eloïgné de l'autre[...]. Mais la Chorographie sert à representer au vif les lieux particuliers, sans s'amuser à mesures, proportions, longitudes, latitudes, ny autres distances Cosmographiques: se contentant de montrer seulement à l'œil, le plus près du vif qu'elle peut, la forme, l'assiette, & les dependances du lieu qu'elle depeint: comme seroyent les Fortz, Cittadelles, Temples, Rues, Colysees, Arenes, Places, Canaux, Viviers, Havres, Moles, & autres bastimens de marque qui pourroyent estre en une ville, avec le païsage d'alentour, & les traffiques d'icelle. De sorte qu'on pourra prendre la Geographie pour celle qui represente un corps en general: & la Chorographie pour celle qui espluche toutes les parties du corps, iusques au moindre poil de barbe[2].

Ce qui distingue la géographie de la chorographie, c'est donc d'abord une considération d'*échelle*. Le rôle de la géographie, comme l'indiquait Ptolémée lui-même, est de montrer la surface du globe terrestre dans sa globalité et dans sa continuité, en retenant uniquement « les traits qui entrent dans des schémas globaux et universels[3] ». La chorographie, quant à elle, découpe et étudie les lieux qu'elle a découpés de manière séparée, sans les relier au tout, c'est-à-dire au globe terrestre. Mais surtout, elle les considère de près, ces lieux, elle s'en rapproche en progressant dans les échelles pour les considérer plus en détail, au plus près du vif qu'elle peut. La chorographie s'intéresse à des traits que la géographie néglige. C'est un art du détail, comme le souligne du Pinet, qui accentue l'image de Ptolémée : la chorographie épluche les parties jusqu'au moindre poil de barbe !

Il y a donc bien deux manières de représenter la ville. La première est géographique, et la géographie consiste à mentionner sa présence en la notant par un symbole, à indiquer sa position par l'indication de ses coordonnées (ill. 1), à marquer les distances qui la séparent des autres points remarquables de la carte. En ce cas, la ville est un élément qui trouve place dans un ensemble de circulations possibles, dans un espace, et n'a de sens qu'au sein de cet espace auquel elle appartient (ill. 2). Le deuxième type de représentation de la ville est chorographique : en ce cas, la ville est pour ainsi dire isolée du monde auquel elle appartient ; elle constitue, avec son paysage environnant, comme une totalité séparée, *sui generis*. La vue de ville est la représentation de cette monade (ill. 3).

Les auteurs des livres qui rassemblent ces vues de ville sont bien conscients de cette dualité de perspectives, et en même temps ils soulignent leur complémentarité. Ainsi, Georg Braun installe délibérément le *Civitates orbis terrarum* dans l'horizon intellectuel du *Theatrum orbis terrarum* d'Ortelius, paru à Anvers en 1571. Les deux ouvrages, l'un de géographie, qui représente le monde, et l'autre de chorographie, qui représente les villes, « s'éclaircissent l'un l'autre d'une nouvelle et réciproque lumière[4] », écrit-il.

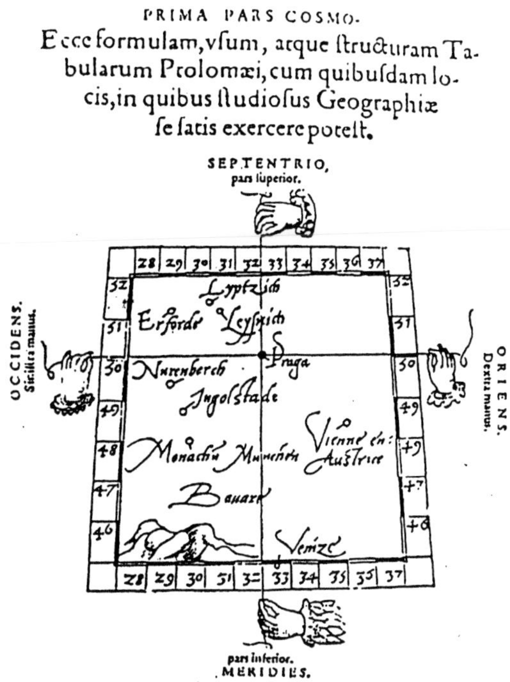

Illustration 1. Formule des tables ptoléméennes, in P. Apian et R. Gemma Frisius, La Cosmographie*, Anvers, 1544. Bibliothèque municipale de Lille.*

Les démarches cognitives

La vue de ville est donc une représentation chorographique. Aux yeux des théoriciens et pédagogues du XVIe siècle, cela signifie qu'elle met en œuvre une démarche intellectuelle et cognitive tout à fait précise. Là encore, du Pinet (qui prolonge, avec beaucoup d'autres, Ptolémée) nous fournit une indication significative. Alors que la géographie, pourrait-on dire, est un art de la *mesure* des lieux, la chorographie, quant à elle, est un art de la *peinture* des lieux.

> [...] la Geographie regarde plustost a la quantité & situation des parties de la Terre, que aux qualitez respectives d'icelles : à quoy (p. 14) elle employe & le cours du Ciel, & les Zones & Plages d'iceluy, pour remarquer les temperatures de son subiect [i.e. : la Terre], tant en general qu'en particulier [...]. Et par-ainsi peut-on dire la Geographie consister, pour la pluspart, en contemplation & observation des choses du Ciel, & en dimensions Geometriques[5].

Si la géographie est une science de la quantité, la chorographie s'intéresse quant à elle aux qualités des lieux. Et le nombre de ces qualités est indéfini par principe : tout ce qui peut servir à caractériser, à singulariser un lieu est, en droit, mobilisable (le poil de

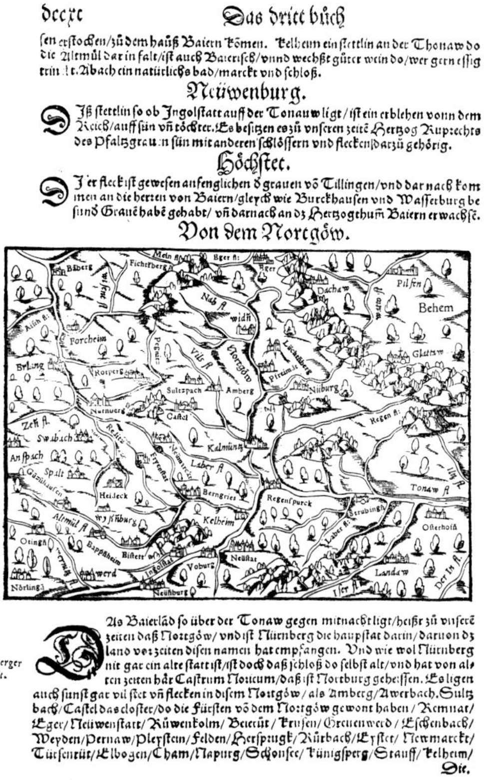

Illustration 2. Le Nordgau, in S. MÜNSTER, Cosmographia universalis, *Bâle, 1550. Bibliothèque municipale de Lille.*

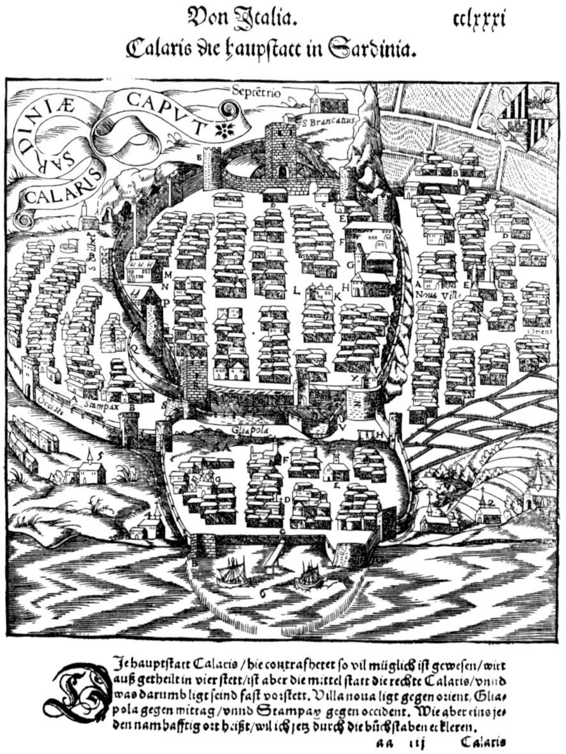

Illustration 3. Vue de la ville de Cagliari, in S. MÜNSTER, Cosmographia universalis, *Bâle, 1550. Bibliothèque municipale de Lille.*

barbe !). La forme, la grandeur du lieu, mais aussi ses caractères topographiques, la fertilité du sol, les plantes, les animaux, les populations, leurs coutumes et leurs habitudes politiques, les édifices religieux, les traces d'antiquité, les voies de circulation, jusqu'à la couleur du ciel, toutes les apparences du lieu peuvent être convoquées pour être représentées par la chorographie.

Ainsi, la problématique géographique de la mesure s'oppose à la problématique de la peinture (entendue comme représentation descriptive) caractéristique de la chorographie. Certes, il faut nuancer cette opposition. En effet, le « chorographe » n'exclut pas la considération de la mesure dans sa pratique, qui est bien souvent *aussi* celle d'un *mensurator* ou d'un *surveyor*[6].

Mais il y a plus, cependant, dans la chorographie. Il y a, pourrait-on dire, un *langage*, celui de la peinture, qui vient donner une orientation et une valeur à la mesure :

> [...] nul ne peut estre bon Chorographe, qui ne soit peintre, ou, pour le moins, qui ne sache faire un par-terre, ou Modene[7].

L'élargissement effectué par du Pinet par rapport à Ptolémée est instructif : le chorographe, c'est celui qui non seulement sait peindre, mais qui peut aussi, à tout le moins, réaliser des maquettes, plus ou moins étendues, des lieux qu'il représente. Cette généralisation permet de mettre en valeur le fait que la vocation principale de la chorographie est de mettre sous les yeux, ou devant les yeux, les lieux qu'elle représente sous la forme d'une miniature, d'un modèle réduit, qui peut être réalisé en plat, sous la forme d'une peinture, ou en relief, sous la forme d'une maquette. Il faut prendre la formule de façon presque littérale : la vue de ville est là pour faire voir la ville comme si on y était, comme si on y était présent[8]. La vue de ville met en œuvre une fonction d'évidence, ou d'autopsie, pour reprendre un vocabulaire partagé par les historiens et les rhétoriciens.

On pourrait faire deux remarques, cependant, pour nuancer et approfondir, sans la remettre en cause, cette première caractérisation de la vue chorographique. Le premier point concerne la puissance de cette pulsion visuelle qui s'exprime dans la vue de ville. Elle est certes remarquable, et l'on a souligné avec raison en quoi l'apparition et le développement de ce genre iconographique ont été accompagnés par une sorte de libération de l'image. Alors que les premières vues de ville sont encadrées par un texte descriptif, à mesure que le siècle avance, les vues prennent de plus en plus la première place devant un texte qui en devient progressivement le commentaire explicatif. La vue directe semble tenir la première place, de plus en plus explicitement. On aurait tort, cependant, d'oublier un fait : la vue chorographique placée dans un recueil n'a pas les mêmes objectifs que le tableau de peinture exposé dans une galerie. Ce n'est pas une simple *veduta* (vue), mais une image destinée à la connaissance ou du moins à l'information de ceux qui la consultent. Et, de ce fait, elle ne peut éviter de mobiliser un certain nombre d'indicateurs qui viennent éclairer à leur tour l'image et la rendre tout simplement lisible : la vue renvoie alors à la légende qui la borde et au texte informatif qui lui donne, au-delà de son immédiate apparence visuelle, une sorte de profondeur de réalité. Ainsi, Sébastien Münster, lorsqu'il demande à ses correspondants de lui fournir les vues de ville qui lui permettront d'animer et de donner de la vie à sa compilation descriptive, ne manque pas d'énoncer un ensemble de règles destinées à rendre ces vues lisibles pour tout un chacun. Dans la lettre qu'il envoie en 1548 au comte Laski, Münster 1) indique ce que doit contenir la vue (remparts, fleuves, ponts, hôtel de ville, université, églises) ; 2) indique qu'il est possible, lorsque la place manque sur la feuille, de placer près des endroits notables des lettres A, B, C, D renvoyant à une légende placée en un autre endroit de la page, et 3) donne un exemple à suivre (la vue de Paris de l'édition de 1552, ill. 4). Plus généralement, l'information chorographique ne s'épuise pas dans l'image. Ce qu'il faut envisager, c'est l'ensemble constitué par la vue et le texte, qui renvoient l'un à l'autre, sous le registre de la description, mais aussi des récits de l'histoire, comme l'indique à son tour Georg Braun.

L'usage

Une seconde remarque nous permettrait de mettre en valeur l'utilisation qui est faite au XVIe siècle de ce type d'iconographie urbaine. C'est le statut même de la représentation qui est ici en jeu dans la vue de ville. Précisons par une comparaison avec la représentation géographique au sens strict du terme. Ce qui rend nécessaire la mappemonde, selon Ptolémée, c'est une déficience pour ainsi dire de nature dans la perception humaine. Alors que l'être humain, écrit-il au début de la *Geographie*, peut contempler la totalité du ciel en levant simplement les yeux, il n'a pas, au contraire, la capacité de voir la totalité du monde terrestre en une seule fois. La mappemonde est donc nécessaire pour suppléer à l'incapacité perceptive de l'être humain. La représentation, pour ce qui concerne la géographie, est donc dotée d'une vertu singulière, qui lui assure en fait une vraie singularité : elle est ce qui rend présent, là aussi en le mettant sous les yeux de l'être humain, le monde terrestre qu'il ne peut saisir autrement ni directement. La représentation géographique est véritablement ce qui permet de voir la Terre en son absence. Le statut de l'image, dans le cas de la vue de ville, est différent. En effet, ce que l'on voit dans la vue de ville, c'est une réalité que l'on peut voir par ailleurs, au moins en droit, si l'on parvient à se placer au bon point de vue. Il ne s'agit plus, en ce cas, de voir le monde en l'absence de ce monde, si l'on peut dire, ni de rendre présent quelque chose qui serait absent. Mais il s'agit au contraire (n'hésitons pas à durcir le trait pour le rendre saisissable) de représenter une réalité présente, de redoubler cette présence de la ville, de la répéter sous la forme d'une image. Il s'agit de réfléchir l'expérience de la ville sous la forme d'une image de la ville. C'est à ce redoublement institué par l'image et à cette réflexivité

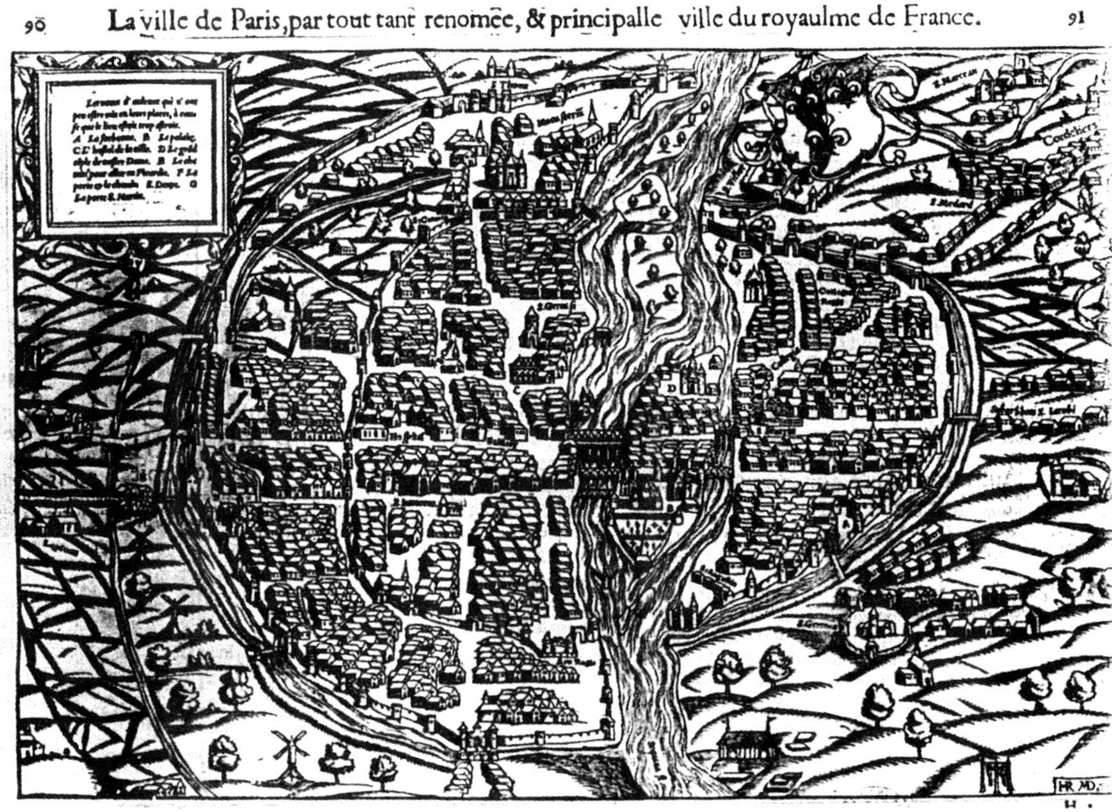

Illustration 4. *Vue de la ville de Paris,* in *S. Münster,* Cosmographia universalis, *Bâle, 1550. Bibliothèque municipale de Lille.*

mise en œuvre dans la vue de ville qu'il faudrait s'arrêter. Ils signifient sans doute que dans la vue de ville il y a un discours sur la ville qui également se déploie. Nous y reviendrons plus loin. Contentons-nous pour l'instant de souligner un aspect de cette situation : il y a ainsi deux modes de présence de la ville. D'une part le mode direct, l'expérience, la perception visuelle de la ville. D'autre part, le mode indirect, l'image, la perception visuelle de la vue de ville. Comment rendre compte de ce redoublement ? Quel est le statut de cette image ?

Du Pinet nous donne une indication de réponse en distinguant les usages respectifs de la géographie et de la chorographie. La géographie, dit-il en substance, possède trois fonctions principales : elle nous fait connaître le monde tel qu'il a été découvert par les navigateurs et les voyageurs, elle nous aide à lire les histoires, tant humaines que divines, et elle nous permet de reconnaître la providence divine. Elle est principalement un outil et un guide pour la lecture et la méditation. En cela, la géographie est plutôt un exercice privé, qui se déploie dans le retrait d'un cabinet de travail où cartes et livres se répondent. La chorographie, quant à elle, se développe dans une tout autre ambiance, selon du Pinet. Elle a d'abord un rôle militaire : elle fournit au prince et au capitaine l'avantage « d'avoir le parterre, le plan, le modene, & le paysage d'une ville, ou forteresse » qu'il souhaite conquérir ; en d'autres termes, elle fournit les informations utiles à la prise des places et éventuellement à la retraite. Mais, dans le prolongement de ces vertus militaires, la représentation chorographique possède une autre fonction, celle d'exhiber publiquement la gloire des vainqueurs :

De là vint que les capitaines, à qui on faisait entrée triomphante à Rome, faisaient porter devant eux les noms des peuples et régions, & les modenes des villes et forteresses qu'ils avaient subjuguées[9].

En d'autres termes, si la géographie engage plutôt les vertus de la lecture et de la méditation privées, la chorographie, et la vue de ville au premier chef, nous jette délibérément au cœur et dans le contexte de l'espace public et politique. La représentation chorographique se développe, si l'on en croit Antoine du Pinet, dans le contexte d'une exhibition publique, celui, par exemple, des entrées royales, qui après Mantegna, au XVIe siècle, reprennent et prolongent le modèle des Triomphes de César[10]. Elle manifeste et au fond représente dans la ville l'exercice d'un pouvoir militaire et politique (ill. 5). C'est dans l'espace public que la vue de ville développe son efficacité. Plus généralement, peut-être, il faudra souligner ce point : la vue de ville est en même temps le support et l'occasion du développement d'un discours sur la ville. Et d'un discours où il est question de pouvoir, de gloire, et de grandeur.

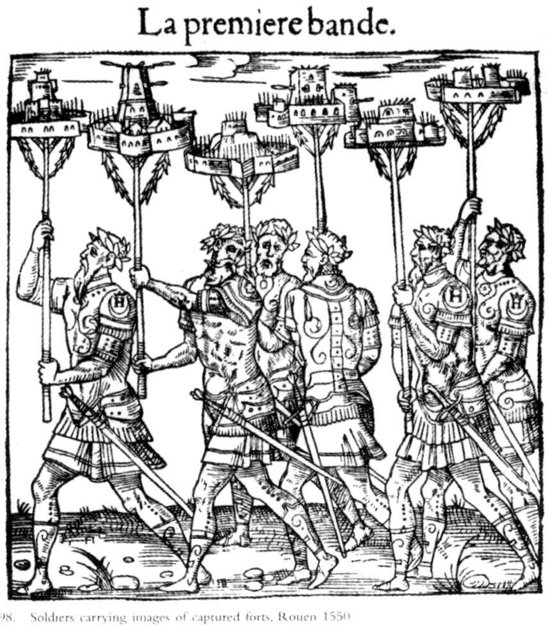

Illustration 5. «C'est la deduction du somptueux ordre plaisantz spectacles et magnifiques theatres dresses, et exhibes par les citoyens de Rouen (...)» Entrée d'Henri II à Rouen, octobre 1550, *Rouen, 1551, fol. IVr. Bibliothèque municipale de Rouen. Photographie Thierry Ascencio-Parvy.*

Rhétorique et politique de la vue de ville : l'*urbs* et la *civitas*

Les considérations précédentes nous permettent d'aborder un deuxième niveau d'interrogation. Rappelons la question : Que voyons-nous ou que devons-nous voir dans la vue de ville ? Quel est l'*objet* de cette représentation ? Donnons dès maintenant un élément de réponse : ce que nous voyons, c'est autant la ville telle qu'elle *est* que la ville telle qu'elle est *supposée être* et être vue. L'image est autant un discours sur la ville qu'une description de la ville.

L'image de ville et la rhétorique de l'éloge

Revenons un instant sur les modalités de l'élaboration de la description chorographique, telle qu'elle est mise en œuvre au XVIe siècle. Nous voudrions notamment mettre l'accent sur l'un des modèles de cette description, modèle qui est à la fois un modèle intellectuel et un modèle d'écriture.

On a souvent souligné, en effet, les relations structurelles entre les descriptions de ville et la rhétorique de l'éloge. Pour la question qui nous concerne, le rôle joué par la *Laudatio Florentinae urbis*, rédigée en 1403-1404 par Leonardo Bruni, doit être considéré comme fondamental[11]. On ne trouve pas seulement, en effet, dans cet éloge de Florence, l'exposé d'une conception républicaine de la politique et de l'histoire. On doit y voir également l'utilisation explicite d'un modèle d'écriture hérité de l'Antiquité. Bruni imite, lorsqu'il décrit la cité de Florence, l'*Éloge d'Athènes* d'Aristide (IIe siècle)[12]. Ce faisant, il se réapproprie une technique descriptive, théorisée dans la littérature épidictique du premier siècle de notre ère[13]. On retrouve chez Bruni comme chez Aristide les mêmes rubriques descriptives fondamentales : situation et forme du territoire, nature du territoire (relief, hydrographie, végétation, fertilité du sol), situation de la cité (par rapport à la terre, à la mer, au ciel, au territoire qui l'environne, aux autres cités), nature de la cité, origine de la cité (fondateur, peuplement, époque de la fondation, causes de la fondation, etc.), éducation, régime politique, mœurs (ou mode de vie) des habitants de la cité, actions et vertus (faits et gestes glorieux), édifices publics et beautés de la cité (sanctuaires, ports, théâtres, portiques, remparts).

Cette théorie et cette méthode de la description des lieux, la littérature épidictique l'avait elle-même héritée de plusieurs traditions : la poésie, la médecine, la philosophie, l'histoire, mais aussi la géographie. À l'inverse, on peut considérer que le syncrétisme du discours d'éloge, la synthèse qu'il a permis de réaliser, dans l'écriture descriptive, entre plusieurs approches du lieu, a rejailli sur les disciplines sur lesquelles il s'est appuyé, au premier chef sur l'histoire et la géographie[14]. De fait, invariablement, jusqu'à la fin du XVIe siècle au moins, les différentes rubriques dont nous venons de faire l'inventaire sont parcourues, ne serait-ce que succinctement, en tête des histoires ou des descriptions consacrées à des villes. Ainsi, comme nous l'avons vu, Leonardo Bruni reprend-il à Aristide les éléments formels de sa description de la cité de Florence. La première partie décrit la situation géographique de la cité, sa salubrité, son architecture, son territoire, ses productions agricoles. La seconde partie évoque l'origine et l'histoire de la cité. Dans la troisième partie, les relations de Florence avec les autres cités sont étudiées. Enfin, dans une quatrième partie, Bruni analyse les institutions politiques qui régissent la cité.

Le texte de Bruni va à plusieurs reprises servir de modèle descriptif pour les humanistes européens qui font de la ville leur objet. En 1436, P.C. Decembrio rédige son panégyrique de Milan, *De Laudibus Mediolanensium urbis panegyricus*, à l'imitation de celui de Bruni. Enea Silvio Piccolomini suit étroitement le modèle, voire le langage, de Bruni, en 1438, dans sa description de la ville de Bâle, puis, dans les années 1450, pour la description de la ville de Vienne[15]. De même, dans les années 1450-1460, Thomas Chaundler, pour décrire la cité épiscopale de Wells, recopie presque littéralement les paragraphes que Bruni consacre à la topographie de Florence. Dans l'aire allemande, lorsque Conrad Celtis réalise en 1495 la première version de sa *Norimberga*, il retrouve lui aussi l'héritage d'Aristide et de Bruni, par-delà les descriptions de Nuremberg laissées par ses devanciers, dont, encore une fois, Piccolomini[16]. Celtis suit le plan traditionnel des éloges de villes. Il s'arrête longuement sur le site de la ville, sur la végétation, la qualité du sol. Prolongeant la description de l'aspect physique de la cité, il en évoque les fortifications, les maisons, les rues et les monuments. Puis il s'attache au portrait moral des habitants de Nuremberg, en détaillant leurs mœurs, leur forme de gouvernement ainsi que leurs activités économiques, culturelles et artistiques. Celtis ne sera pas le dernier à ainsi décrire la cité bavaroise. Bien d'autres après lui vont s'y essayer. C'est dans cette tradition à la fois descriptive et encomiastique que Münster puise également son matériau documentaire, pour Nuremberg comme pour d'autres cités. Ainsi, pour la description de la ville d'Ulm[17], les rubriques suivantes : situation de la ville, origine du nom, statut politique (ville libre, copie de la lettre de Charlemagne), événements de l'histoire de la ville, mœurs des habitants (renvoi aux remarques générales sur les habitants du pays de Souabe), fertilité (vin, froment, arbres fruitiers, digressions sur les greffes avec référence à Varron).

C'est donc à l'intérieur de ce contexte intellectuel que les vues de ville prennent place et sont utilisées : elles montrent et décrivent, tout simplement, ce dont il s'agit dans l'éloge. Ou, plus précisément, dans l'image s'articulent les deux exigences, celle de la description, d'une part, et celle de l'éloge, d'autre part. L'iconographie urbaine se présente comme une synthèse visuelle des différents aspects de la ville, c'est-à-dire des différentes rubriques de la description. L'image met sous les yeux, non seulement les apparences de la ville, mais aussi les résultats d'une recherche documentaire et d'un acte d'écriture. La grandeur ou la gloire de la ville, c'est-à-dire les vertus particulières qui justifient la présence d'un éloge de la ville, s'incarnent dans cette description et cette image.

Mais il faut surtout retenir un aspect important du genre de l'éloge de ville : on n'y loue pas, d'abord et uniquement, les actions militaires et politiques importantes qui ont marqué l'histoire de la cité, mais aussi le site, l'organisation urbaine des rues et des places, la beauté de son architecture, soit, de manière générale, l'espace de la ville. L'espace de la ville, espace bâti et non bâti, est devenu en tant que tel, à la Renaissance, source de gloire et de grandeur politique. C'est ce que semble rappeler Giovanni Botero dans le livre I de son traité sur la cause de la grandeur des cités (1588)[18] :

parmi ces causes, on doit reconnaître la commodité du site, la fécondité du sol et la qualité des voies de communication, dit-il. Ces qualités que nous dirons géographiques sont essentielles pour que la cité puisse produire, faire du commerce et s'enrichir. Certes, la grandeur de la ville ne se réduit pas à ces seules qualités, mais celles-ci en constituent les conditions minimales et l'espace d'apparition. Les vues de ville, qui représentent visuellement cet espace, sont chargées de traduire et de manifester cette gloire et cette grandeur.

«Urbs» *et* «civitas»

On peut alors aborder de manière directe la question de ce qui est montré dans la vue de ville, de ce qui constitue l'objet de cette image.

Au XVIe siècle, les auteurs et éditeurs de vues de ville ainsi que les géographes disposent de deux termes et de deux concepts pour désigner leur objet: l'*urbs* et la *civitas*. La distinction de ces deux concepts est aussi importante que la manière dont ils sont articulés l'un à l'autre[19]. En tant que *civitas*, la ville est considérée comme une entité politique qui se définit par le type d'association qui y a été réalisé entre ses habitants. Elle est, dans le prolongement des conceptions d'Aristote et de Cicéron, désignée comme *res publica*, c'est-à-dire par la loi et, plus généralement, par le type de juridiction qui la commandent. Elle est aussi définie, dans le prolongement de saint Augustin, comme la manifestation d'une foi commune (religion). La notion de *civitas* signifie la communauté politique et religieuse, telle qu'elle a été développée dans la cité.

Considérée comme *urbs*, la ville est un ensemble de remparts et de bâtiments, elle est un espace délimité, organisé et bâti. Mais elle est d'abord une clôture, souligne Georg Braun, qui rappelle que pour les Latins, *urbare*, c'est enclore, délimiter, déterminer une discontinuité dans l'espace entre un intérieur et un extérieur. La ville est donc à la fois une cité et un espace construit, une organisation politique et un espace organisé, une idée et une réalité spatiale. Georg Braun, dans une des deux préfaces consacrées à l'histoire des villes qui sont insérées dans le *Civitates orbis terrarum*, définit la ville comme l'espace dans lequel «les citadins et bourgeois vivant sous les mêmes lois et ayant une même religion [...] se peuvent défendre et conserver contre la violence et injustice des méchants[20]». C'est à l'intérieur de cette configuration intellectuelle, marquée par l'existence de ces deux pôles conceptuels que sont l'*urbs* et la *civitas*, que les vues de ville apparaissent et se développent.

Aussi, à la question «qu'est-ce qui fait la grandeur d'une ville?», les philosophes et les historiens, ainsi que les réalisateurs de vues de ville, comme Georg Braun, répondent d'abord de la manière suivante: ce qui fait la grandeur de la ville, c'est moins la qualité de son architecture que celle de son gouvernement. La grandeur de la ville réside moins dans les murs que dans les hommes, dans leur obéissance à la loi et dans la piété qu'ils expriment. La grandeur est d'abord morale, politique et religieuse, et elle s'incarne dans des actions, c'est-à-dire dans une histoire.

On pourrait alors se demander si c'est l'*urbs* ou bien la *civitas* que les vues de ville nous mettent sous les yeux; s'il s'agit de l'espace urbain tel qu'il a été aménagé par les hommes, ou bien de l'idée qui les unit en une république. Or, comment représenter la *civitas*, comment représenter une idée, une loi, une forme de gouvernement et une piété? Il n'est pas sûr que les géographes du XVIe siècle puissent se satisfaire d'une telle alternative. Peut-être s'agira-t-il pour eux de fournir une image de la ville au sein de laquelle ces deux significations peuvent être articulées, coordonnées.

Certes, la grandeur d'une ville réside d'abord dans sa vertu, politique et religieuse. Mais cette vertu, comment se manifeste-t-elle, comment s'exprime-t-elle? Depuis Bruni, mais aussi Alberti (*De re aedificatoria*), les humanistes ont indiqué en quoi cette vertu ne s'exprimait pas seulement dans les actions politiques, les cérémonies publiques et les œuvres de charité, mais aussi dans l'architecture, dans l'édification des bâtiments civils et religieux, dans l'organisation des rues et des places, dans le dessin des palais, des façades, c'est-à-dire plus généralement dans la fabrication de la ville et de ses espaces, et dans l'organisation des relations de la ville avec son environnement naturel, son site, son sol et leurs ressources. En d'autres termes, le dessin général de la ville, son espace ainsi que son architecture, l'*urbs*, donc, *incarne* et concrétise la vertu civique de la population qui s'y trouve. L'*urbs* et la *civitas* ne doivent pas être séparées, mais au contraire articulées l'une à l'autre et, plus encore, il doit être possible de montrer comment cette articulation s'effectue, c'est-à-dire comment l'*urbs* exhibe la *civitas* et comment, à l'inverse, celle-ci se manifeste dans la fabrique concrète de la ville. C'est le rôle de l'éloge de ville, et aussi celui de la vue de ville, que d'effectuer cette connexion. Dans l'un et l'autre cas, il s'agit, en partant de l'espace, en partant du site et de son aménagement en ville par les hommes, en partant de l'espace urbain lui-même, de montrer, de faire voir, de mettre sous les yeux la vertu propre à la ville et sa part de grandeur. Nous avions avancé l'hypothèse d'un discours sur la ville qui s'exprimerait dans la vue de ville. On pourrait dire, sans trop forcer le trait, que la vue de ville, articulée comme elle l'est au XVIe siècle à la rhétorique de l'éloge, donne à voir la gloire de la ville, ou la ville dans sa gloire. L'*urbs* est la gloire de la *civitas*.

On le voit, par exemple, selon Georg Braun, à Bâle. Jouant sur une étymologie possible du nom de la ville, Bâle/Basileus, Braun cherche à souligner, dans le texte qui est joint à l'image, les données visibles de la grandeur de cette ville (ill. 6) :

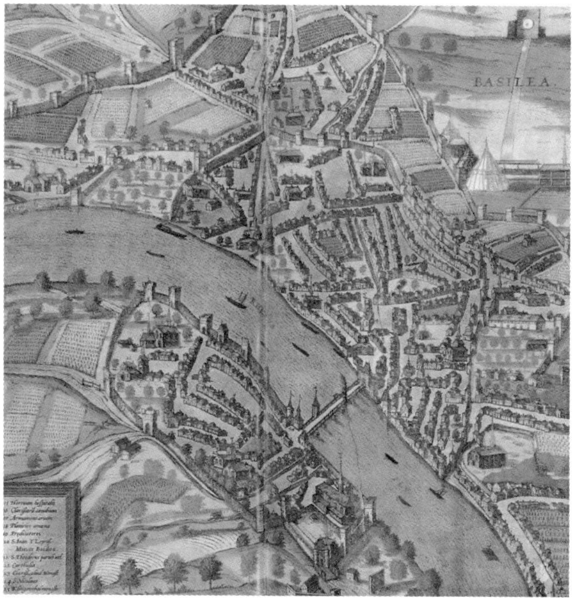

Illustration 6. *Détail de la vue de la ville de Bâle, in G. Braun et H. Hogenberg,* Civitates orbis terrarum, *t. II, Cologne, 1575. Bibliothèque municipale de Lille.*

> [...] quiconque regardera Basle [...] ne l'estimera-t-elle point ville royale ? Considérez la netteté des rues, les maisons également ordonnées et arrangées, la magnificence et joliveté d'aucunes, singulièrement de celles qui ont le jardin derrière, les grandes et amples places de Saint Pierre et des Frères Prêcheurs, et leurs beaux jardins qui ont leur regard sur le Rhin, tellement que cette ville peut donner récréation et plaisir à ceux qui ont vu et visité l'Italie[21]...

Peut-on, cependant, déceler les éléments d'un discours politique sur la ville chez les chorographes ? C'est parfois le cas, comme chez Braun, qui a soin de faire précéder son ouvrage de deux préfaces, dans lesquelles une véritable théorie du gouvernement urbain est développée, ainsi qu'une réflexion sur les origines de la ville et les causes du déclin des cités. Sans entrer dans l'analyse détaillée du propos de Braun, on peut se contenter de citer le texte qu'il écrit pour accompagner la vue de Bratislava, assez exemplaire de sa conception politique. On y trouve deux choses : d'une part, cette volonté d'indiquer que la vertu de la ville se montre dans l'image de l'espace urbain et de ses aménagements, et, d'autre part, que cette vertu, source de la grandeur de la ville, repose sur le fait que cette ville a su préserver une relative autonomie politique, qu'elle est gouvernée par un Sénat, lui-même composé de représentants de l'aristocratie et de représentants du peuple.

> Qui considérera bien l'assiette de cette ville, la magnificence des maisons, le bâtiment des tours et des temples, et l'ordre si convenable et bien séant des rues, puis la fertilité du terroir, à l'entour d'icelles, le trafic de marchandise, l'abondance de toutes choses tant de celles qui croissent en cette province joignant la ville, que d'autres qu'on y amène de diverses parties du monde, il jugera qu'elle se peut parangonner aux principales villes d'Allemagne, et que peu ou plutôt nulle ne doive être préférer à icelle.
> Ce qui est le principal ornement de la société humaine, se trouve singulièrement en cette ville, car l'Aristocratie est pleine de dignité, et la populace obéit au Sénat d'un bon courage, et lui porte le respect et révérence qui lui appartiennent.

Et quant aux lois, elles ne sont point faites afin de servir au profit particulier de quelque partie ou faction, mais pour garder toute honnêteté, maintenir la justice, et conserver égalité entre les bourgeois. Le Sénat est vigilant, et sévère en la défense des lois, en la punition des crimes, et conservation de la paix. Les Eschevins et leurs assesseurs donnent réponse à tous ceux de la province qui ont quelque doute ou quelque question de droit. On pratique aussi en cette ville tous métiers utiles à la vie humaine. Et ce qui est le principal, cette ville produit de bons esprits, et a des écoles bien réglées, où la jeunesse est instruite dans les arts libéraux, et préparée à mener quelque jour des affaires d'importance.
Il ne doit point être omis, qu'en cette ville se brasse de la bière de bonne saveur, appelée en langue vulgaire Scheffs, laquelle donne bonne nourriture, par quoi elle est préférée à toutes les autres bières de cette province, et est en grande estime auprès des nations voisines.
La longitude de cette ville est de 34 degrés et autant de minutes. La latitude de 51 degrés et 10 minutes[22].

Cette ville n'est pas une utopie politique : Bratislava est située en longitude et latitude, et, surtout, elle est montrée dans une image à partir de laquelle il sera possible de juger de sa grandeur.

Concluons rapidement en revenant sur la question des modes de figuration. Il serait peut-être possible de mettre en relation le développement, au cours du XVIe siècle, des vues perspectives de ville (au sens large, qui inclut les vues à vol d'oiseau) avec le développement concomitant d'un discours sur la ville qui cherche à en établir la grandeur et, surtout, qui cherche à établir la spécificité du fait urbain. La vue perspective, en effet, remplit mieux que les autres types de vue le programme rhétorique et politique qui consiste, d'une part, à mettre la ville sous les yeux et, d'autre part, à en montrer l'organisation interne et l'architecture. Si les vues perspectives se sont imposées, et n'ont pas disparu, c'est qu'elles permettaient, mieux que les autres types de représentations, de projeter la ville comme un monde à part entière, noyau et cercle de civilité, de vertu politique et, tout simplement, non seulement de grandeur, mais de bonheur.

NOTES

1. Nous n'aborderons pas directement la question de l'élaboration concrète, graphique de ces vues de ville, c'est-à-dire aussi des différents modes de figuration. Cette question est fort complexe, et il est difficile, aujourd'hui encore, malgré les nombreux travaux qui lui ont été consacrés, d'obtenir une compréhension d'ensemble de l'iconographie urbaine du XVIe siècle. Et cela pour une raison principale : il est tout simplement très difficile de classer les images qui représentent les espaces urbains. Le corpus n'est pas, à notre sens, encore complètement fixé, les mots qui sont utilisés pour désigner ces vues sont d'une grande diversité, et, surtout, il n'est pas toujours possible de déterminer avec exactitude le mode de réalisation technique de ces images. Sur ces questions, voir en particulier C. DE SETA (dir.), *Città d'Europa. Iconografia e vedutismo dal XV al XIX secolo*, Naples, Electa, 1996 ; ainsi que D. STROFFOLINO, *La città misurata. Tecniche e strumenti di rilevamento nei trattati a stampa del Cinquecento*, Rome, Salerne, 1999. On consultera également le catalogue de l'exposition *A volo d'uccello. Jacopo de' Barbari e le rappresentazioni di città nell'Europa del Rinascimento*, Venise, Arsenale Editrice, 1999.

2. A. DU PINET, *Plantz, pourtraitz et descriptions de plusieurs villes et forteresses*, Lyon, Jean d'Ogerolles, 1564, p. 13-14.

3. C. PTOLÉMÉE, *Géographie*, I, I, 1, tr. fr. G. Aujac, in *Claude Ptolémée astronome, astrologue, géographe. Connaissance et représentation du monde habité*, Paris, CTHS, 1993, p. 305-306.

4. G. BRAUN, *Civitates orbis terrarum*, Cologne, apud Petrum a Bruchel, 1572-1617, préface au vol. III (orthographe modernisée).

5. A. DU PINET, *op. cit.*

6. Voir sur ce point les travaux de L. NUTI, et en particulier « Misura e pittura nella cartografia dei secoli XVI-XVII », *Storia urbana*, 62, 1993, p. 5-34. J. BOUTIER insiste également fortement sur la nécessité de nuancer cette distinction entre peinture et mesure dans *Les Plans de Paris, des origines (1493) à la fin du* XVIII*e siècle* (avec la collaboration de J.-Y. SARAZIN et M. SIBILLE), Paris, BNF, 2002.

7. A. DU PINET, *op. cit.*

8. C'est le sens de la remarque de Cristoforo Sorte dans ses *Osservazioni sulla pittura* : « … *ho alcuni siti disegnati in modo che i prattici de' loro paesi possono conoscere i luoghi senza leggere le lettere de' nomi* » (« J'ai des lieux dessinés de façon que ceux qui ont pratiqué leur pays puissent les reconnaître sans lire les légendes ») (cité dans L. NUTI, *op. cit.*, p. 23).

L'évidence du dessin rend inutile, d'une certaine manière, l'éclaircissement que pourrait fournir la légende.

9. A. du Pinet, *op. cit.*

10. Du Pinet a sous les yeux, si l'on peut dire, plusieurs exemples d'entrées triomphales, calquées sur le modèle romain, qui ont eu lieu un peu partout en Europe, et notamment en France, au XVIe siècle. Ces événements ont donné lieu à toute une iconographie, soit sous forme imprimée, soit sous forme de frises sculptées. Cf. M.M. Mc Gowan, *The Vision of Rome in Late Renaissance France*, New Haven et Londres, Yale University Press, 2000, spécialement chap. VIII. Le propos de Du Pinet est proche de celui de Philibert de L'Orme, qui explique ainsi l'origine de l'arc de triomphe : « Qui me faict penser que tel ordre de colonne composée fut trouvé du temps que l'on faisoit les arcs triomphants aux Empereurs et vaillants Capitaines, apres avoir obtenu quelques grandes victoires : car oultre les grands honneurs et magnifiques entrées, on leur faisoit aussi des arcs triomphants, les plus riches dont on se pouvoit adviser, avec sculpture sur les marbres, representant (comme histoire) les païs et royaumes qu'ilzs avoient conquestez... », Ph. de L'Orme, *Le Premier Tome de l'architecture*, Paris, F. Morel, 1567-1568, fol. 201v.

11. L. Bruni, *Laudatio Florentine urbis*, réédition S. U. Baldassarri, Sismel, Edizioni del Galluzzo, 2000.

12. « *[...] habuimus Aristidem, celebrem apud Graecos oratorem, eloquentissimum hominem, cuius extat oratio pulcherrima "De laudibus Athenarum". Illius sermo tanquam magister michi fuit [...]* », L. Bruni, *Epistolario* VIII.4, p. 111, cité dans *Laudatio Florentine urbis*, *op. cit.*, p. XIX. P. Aelius Aristides, « The Panathenaic oration » (trad. anglaise), *in* C.A. Behr (dir.), *The Complete Works*, vol. I, Leiden, Brill, 1986, p. 5 et suivantes.

13. Voir, pour cette question et les lignes qui suivent, L. Pernot, « L'éloge des cités », in *La Rhétorique de l'éloge dans le monde gréco-romain*, t. I, Paris, Études augustiniennes, 1993, p. 178-216. Sur le rôle de « modèle épistémologique » joué par la rhétorique pour la mise en forme de la description géographique au XVIe siècle, voir J.-M. Besse, *Les Grandeurs de la Terre : aspects du savoir géographique à la Renaissance*, Lyon, ENS Éditions, 2004, deuxième partie.

14. On peut ajouter que d'une certaine manière, par l'intermédiaire des vues de ville, une circulation a pu être établie entre plusieurs disciplines et, plus généralement, qu'une culture visuelle et un imaginaire urbain ont pu se développer, dans lesquels la géographie, l'urbanisme, l'architecture, entre autres, ont croisé leurs destinées.

15. Cf. I. Nuovo, « La *Descriptio urbis Viennensis* di Enea Silvio Piccolomini », in *Pio II e la cultura del suo tempo. Atti del I Convegno internazionale - 1989*, Milan, Guerni e Associati, 1991, p. 357-372 (spécialement p. 365 et suivantes).

16. C. Celtis, *De origine, situ, moribus et institutis Norimbergae*, édité par A. Werminghoff sous le titre *Conrad Celtis und sein Buch über Nürnberg*, Fribourg, 1921. Le texte remanié est publié en 1502 dans le même volume que les *Amores*.

17. S. Münster, *Cosmographia universalis*, Bâle, H. Petri, 1544 et 1550, éd. de 1550, p. 669-670.

18. Parmi plusieurs editions du traité mentionnons G. Botero, *Della ragion di stato libri dieci con tre libri delle cause della grandezza e magnificenza delle città*, Venise, Gioliti, 1589.

19. Voir, sur ce point, R. Kagan, *Urban Images of the Hispanic World, 1493-1793*, New Haven et Londres, Yale University Press, 2000, p. 1-18 ; ainsi que Id., « Urbs and Civitas in sixteenth- and seventeenth-century Spain », *in* D. Buisseret (dir.), *Envisionning the City. Six Studies in Urban Cartography*, Chicago et Londres, Chicago University Press, 1998, p. 75-108.

20. G. Braun, *op. cit.*, préface au t. V.

21. *Ibid.*, *op. cit.*, t. II (orthographe modernisée).

22. *Ibid.*, t. IV.

Chapitre II

Représentation textuelle de la ville et figures de projet

Projet de la « Civitas Dei » *du Vatican d'après le* De re aedificatoria *d'Alberti et ses sources*

Carlo Ravagnati

Traduit de l'italien par Mireille Vachaumard

La question que nous nous apprêtons à approfondir à la lumière de cette étude revêt un double aspect. Le premier est une réflexion sur les caractères de représentation urbaine tels que définis par Leon Battista Alberti dans *De re aedificatoria* (un des textes fondateurs de l'architecture de la Renaissance et, de manière plus générale, de l'architecture moderne). Le second concerne plus directement le projet urbain. En effet, parallèlement à la rédaction d'un texte de comparaison entre Alberti et ses sources, nous avons également élaboré un certain nombre de plans dans le cadre d'une expérience projectuelle illustrant le rapport entre texte et figure.

À travers son traité sur l'architecture, *De re aedificatoria,* Leon Battista Alberti est le premier de son époque à décrire exclusivement par écrit un projet architectural. D'ailleurs, pour la première fois, l'architecture est pensée en tant que projet. Contrairement à Vitruve qui, dans son traité, présente l'architecture comme une discipline complexe s'appuyant sur la description du patrimoine bâti déjà existant et des systèmes cognitifs, Alberti considère l'architecture comme ce qui n'existe pas encore et doit être conçu au moyen d'une série de règles et de normes. Bien qu'il conserve la même structure en dix livres héritée de Vitruve - fait qui mériterait d'être approfondi mais sur lequel nous ne pouvons nous attarder -, il est intéressant de noter qu'Alberti intitule son traité autrement. Ainsi, du *De architectura* de Vitruve, on passe au *De re aedificatoria* d'Alberti. L'irruption de ce caractère novateur, qui implique l'idée même de projet, est en réalité l'une des plus hautes expressions du rapport entre répétition du déjà existant et production du nouveau. C'est précisément le processus de construction du texte qui, en ayant recours au projet -, autrement dit à un texte normatif qui entend fournir les instruments nécessaires à l'élaboration dudit projet -, permet de reproduire les cités antiques décrites par les sources classiques. Par son caractère doublement descriptif, le texte normatif éclaire considérablement la question que nous allons examiner à partir du traité albertien. En effet, comme l'ont remarqué à maintes reprises les spécialistes du *De re*, de nombreux passages du traité coïncident avec certaines des solutions proposées et partiellement mises en œuvre dans le cadre du projet de la « Civitas Dei » du Vatican, sur décision du pape Nicolas V Parentucelli et d'Alberti. Par conséquent, deux éléments fondamentaux - l'architecture des cités antiques et le projet albertien pour la citadelle vaticane - étayent cet objectif prescriptif. Ainsi, les règles régissant le nouveau sont établies au moyen d'un processus de répétition s'appuyant entièrement sur le texte, sans aucun recours à l'iconographie.

Texte et répétition des figures

Quelle est la nature exacte de la collaboration entre Leon Battista Alberti et le pape Nicolas V ? Ce mystère n'a pu être élucidé. Le pontificat de Nicolas V dure huit ans, de 1447 à 1455. Bien que de courte durée, il a de nombreuses répercussions sur la transformation de la ville de Rome. À la même époque, Leon Battista Alberti rédige la *Descriptio urbis Romae*. Dans cette description de la ville de Rome, Alberti entreprend un relevé d'une précision remarquable - excepté pour l'orientation - du tracé des murs, de l'emplacement des portes d'accès à l'Urbe et du cours du Tibre, tout en dressant un inventaire des édifices les plus marquants de l'Antiquité et du christianisme (ill. 1). Une hypothèse a été avancée selon laquelle «cet outil cartographique n'avait été conçu que dans la perspective du jubilé, thèse d'ailleurs confirmée par la nature même des interventions de Nicolas V, lequel envisage avant tout une restauration des murs et particulièrement des portes de Rome, tandis que le programme de rénovation des monuments semble coïncider avec l'inventaire dressé par Alberti[1] ». Cette hypothèse, émise par Franco Borsi, s'oppose à celle de Luigi Vagnetti pour qui la partialité de la *Descriptio* résiderait plutôt dans l'illustration méthodologique d'une technique de relevé urbain. Toutefois, pour les besoins de notre discours, il serait plus utile de voir dans une représentation partiale la volonté de sélectionner des éléments urbains en vue d'élaborer un projet. Selon Borsi, la *Descriptio* ferait autorité en matière de cartographie moderne. En effet, un plan s'élabore à partir d'une sélection rigoureuse de faits urbains marquants et fonctionnels. Selon Franco Farinelli, «la logique symbolique de la cartographie consiste avant tout en une logique d'exclusion et de renoncement à l'expression totale du sensible[2].» De fait, la partialité tend à estomper la limite entre la description et le projet. Ainsi, il est difficile de déterminer dans quelles proportions le choix d'une représentation partiale relève de la simple description ou du projet.

Cette forme de représentation urbaine telle que la conçoit Alberti mérite une première observation et suscite des questions. Devant un programme de construction pontifical à l'échelle de la ville, et en l'absence de plans orthographiques de Rome, excepté celui de l'époque du plan marmoréen sous Septime Sévère et celui de Bufalini en 1551, Alberti avait-il songé à élaborer, à partir de ses propres indications consignées dans *De re aedificatoria,* un instrument

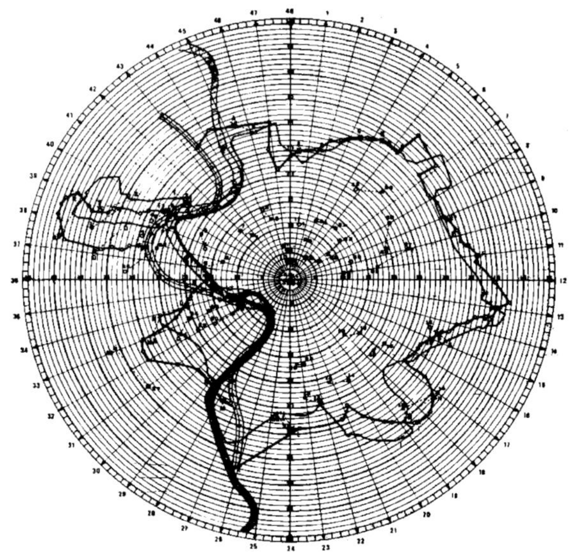

Illustration 1. *L.* VAGNETTI, «Descriptio urbis Romae» *di Leon Battista Alberti, Università degli studi di Genova,* Quaderno *n° 1, octobre 1968.*

technique servant à représenter des éléments urbains et architecturaux[3] ? Et un tel outil de contrôle de la structure urbaine peut-il être assimilé à une représentation cartographique conçue en vue d'élaborer un projet ? Pourquoi Alberti préfère-t-il alors offrir une représentation graphique alphanumérique plutôt qu'une représentation cartographique sous forme d'image de la ville de Rome ? De fait, dans la *Descriptio*, Alberti pallie l'absence d'images en mettant au point une méthode descriptive permettant à chacun de ses lecteurs d'obtenir, de façon précise, son propre dessin sans connaître au préalable l'objet de la représentation. Enfin, que signifie vouloir mettre en rapport un projet et une représentation urbaine non figurative ? Pour tenter de répondre à ces questions, nous allons nous intéresser, de façon plus générale, aux rapports entre la description littéraire et le projet architectural.

Dans l'ensemble de ses traités consacrés à l'architecture, à la statuaire et à la peinture, Alberti théorise une possible «renaissance» de la tradition classique à travers la transmission d'un savoir fondé sur un certain nombre de techniques et de règles, s'opposant en cela à une théorie s'appuyant sur la répétition de modèles figuratifs. Ses ouvrages représentent la volonté de fonder une discipline artistique à travers l'instauration d'un code linguistique. D'ailleurs, le classicisme d'Alberti a souvent été considéré comme une alternative au néoclassicisme de Vitruve. En réalité, plusieurs raisons sont à l'origine de l'absence d'images dans ses trois traités. Au-delà des problèmes théoriques que nous allons aborder, tout au moins en ce qui concerne les conséquences, se posent également des problèmes d'ordre technique. Jusqu'à l'introduction de la xylographie en tant que technique d'impression, images et figures n'étaient pas reproductibles. En effet, la reproduction manuelle d'une image manquait toujours de précision par rapport à l'original, lequel par conséquent perdait de sa valeur, d'où la décision d'Alberti de parer à ce danger. Dans le *De re*, la description des ordres architectoniques et des ornements architecturaux est emblématique. Ainsi, soubassements, chapiteaux et corniches sont réduits à des signes alphabétiques laconiques afin de faciliter leur reproduction et d'éviter toute erreur d'interprétation dans leur description. Toute connotation figurative fait l'objet d'une description analogique réduite, l'analogie étant la figure rhétorique utilisée par Alberti pour codifier les règles de transmission du savoir.

Toutefois, au sein même de ce schéma de répétition, la description écrite du *De re* fonctionne sur un double registre. Car, si l'analogie est utilisée de façon ponctuelle pour illustrer des éléments de construction ou de décoration nécessitant une définition précise, une interprétation personnelle ou équivoque est tout aussi essentielle dans l'élaboration d'un projet ; autrement dit, dans l'élaboration de cette nécessaire différence entre les éléments de référence et les figures de projet. Selon Alberti, certains éléments doivent être copiés, tandis que d'autres peuvent ou bien doivent être modifiés. Nous souhaiterions attirer l'attention sur cette seconde analogie dans la construction du *De re,* lequel insiste sur la façon dont les « figures » intégrées dans le texte peuvent influencer la production d'un projet urbain.

Description de la ville et projet de la « Civitas Dei » par Nicolas V et Leon Battista Alberti

Comme le fait observer Cecile Grayson[4], le *De re aedificatoria* se compose de fragments de citations. En effet, sur un grand nombre de pages, Alberti se contente d'assembler des phrases. Cette technique de composition d'écriture - qui mériterait d'être confrontée au concept de composition architectonique albertienne afin précisément de définir la composante architectonique du texte du traité - nous est utile dans la mesure où elle met en évidence le lien unissant les trois éléments présents tout au long du traité (la cité antique et ses différentes architectures, le projet conçu par Alberti et Nicolas V pour la « Civitas Dei » du Vatican, les prescriptions comportementales de l'architecte). Chacun de ces éléments joue un rôle facilement identifiable.

La *description* des cités antiques sert de référence formelle à l'élaboration de projets ; il s'agit en fait de remonter aux traditions en vue de les transmettre. La *représentation* des cités antiques dans la littérature, souvent l'unique mémoire de cette époque disparue, est susceptible d'être interprétée de différentes façons ou d'être déformée au niveau local. La description sert de règle plutôt que de modèle. En revanche, le projet de la « Civitas Dei » représente une sorte d'expérimentation sous-jacente jamais révélée ; la construction d'une règle, un projet qui tente de se construire à partir de références littéraires. La *prescription*, objectif manifeste du traité d'Alberti, représente l'espoir d'une pratique projectuelle s'appuyant à la fois sur la répétition et la production de différences par rapport à l'Antiquité. Il y a donc nécessairement coïncidence entre prescription et description d'autres architectures[5]. Contrairement au manifeste avant-gardiste qui prétend fonder l'architecture à partir d'un « nouveau degré zéro », le traité albertien entend renouveler cette discipline en puisant aux sources des références littéraires des cités antiques et en les utilisant comme éléments médiateurs entre le nouveau et l'antique. De fait, selon Alberti et tous les autres auteurs de traités sous la Renaissance, « l'architecture est essentiellement ce qui n'est pas et reste encore à faire[6] ».

Au sein même de cette triade d'éléments, nous assistons à un moment décisif dans la formation du projet, celui du passage de la description littéraire à la production de figures, élément que l'on retrouve dans les projets d'aujourd'hui grâce à la planification, qui n'est rien de moins qu'un texte servant à illustrer des attentes culturelles auxquelles l'architecte est chargé de donner une solution formelle. Cette complexité projectuelle, bien que passée sous silence dans *De re aedificatoria,* est plus manifeste dans le projet de la «Civitas Dei». Ainsi, aux fragments d'écriture du traité correspond, point par point, l'élaboration du projet de la citadelle vaticane. Carroll William Westfall[7] affirme que le projet urbain du Borgo Vaticano n'a pas été élaboré de façon unitaire mais, au contraire, par morceaux, de façon épisodique. Cette fragmentation est d'ailleurs accentuée par la réalisation même du projet. Ainsi, pour reprendre les mots de Vasari, «Il n'y a rien à dire sur le plan de Nicolas, sinon qu'il ne produisit aucun effet». Le plan n'a été réalisé ni dans son ensemble ni à partir de la définition de ses parties individuelles. Citons, à titre d'exemple, la construction, autour de la basilique Saint-Pierre et du Palais apostolique, de la forteresse amputée de sa grande tour gauche, laquelle était probablement destinée à abriter le Vatican sous la forme de «palais, château ou cité, je ne sais comment l'appeler[8].» Par conséquent, nous nous trouvons face à la réalisation partielle d'un projet dont la stratégie d'origine reposait déjà sur le parcellement et la fragmentation. Analysons dès à présent le projet point par point.

Le cadre général dans lequel se déroulèrent les transformations du Borgo Vaticano[9] nous est livré de façon claire et synthétique par Giorgio Vasari, dans *Vie de Antonio et Bernardo Rossellino*, dont voici un extrait :

> Celui-ci [Nicolas V] eut le courage de réduire la taille de la forteresse et de faire du Vatican une ville à part entière dans laquelle il avait tracé trois voies conduisant à Saint-Pierre, là où se trouvent actuellement, si je ne me trompe, le Borgo Vecchio et le Borgo Nuovo. Ici et là, il avait fait surmonter les voies de loges abritant des boutiques d'une grande utilité, tout en ayant soin de séparer les corporations les plus nobles et les plus riches des plus petites, en regroupant chacune d'elles dans une rue différente. Il avait déjà conçu la grande tour qui s'appelle toujours le donjon de Nicolas. Loges et boutiques étaient surmontées de maisons à la fois magnifiques et fonctionnelles, dotées d'une architecture conjuguant le beau et l'utile, tout en étant à l'abri de tous les vents néfastes qui sévissent à Rome. Levés également les obstacles (problèmes d'eau, saletés) qui rendent l'air irrespirable. [...] Mais il n'y a rien à dire sur le plan de Nicolas, sinon qu'il ne produisit aucun effet. Il voulait en outre édifier le palais papal avec tant de faste et de grandeur, et l'agrémenter de tant de commodités et lui donner tant de grâce qu'il s'agissait du plus grand et plus bel édifice du christianisme. [...]
> En somme, jamais depuis la création du monde n'y aurait-il eu de chose plus grandiose que ce «palais, château ou cité, je ne sais comment l'appeler», du moins par rapport à ce que l'on connaît aujourd'hui[10].

Cette brève description met en évidence tous les points essentiels du projet nicolo-albertien : la confirmation de la construction de la «Civitas Dei» sur la colline du Vatican ; la fortification de la citadelle vaticane depuis la basilique Saint-Pierre jusqu'au château Saint-Ange ; la reconstruction du Borgo Leonino.

Analysons en premier lieu pourquoi il fut décidé de «refonder» la «Civitas Dei» sur la colline du Vatican. En fait, il ne s'agit pas d'un choix délibéré, mais plutôt d'une volonté projectuelle eu égard aux mauvaises conditions d'hygiène qui sévissaient alors dans le Borgo Leonino – déjà incendié en 847 –, conditions fort bien décrites par Léon Homo[11] et Pierre Lavedan[12]. À l'époque médiévale, le Borgo, et en réalité la ville de Rome tout entière, avait «régressé» au point de retomber dans des conditions rurales prérépublicaines. Pour cette raison, l'effort de planification entrepris par le pape était ambitieux ; il s'agissait en effet, tout en conservant l'emplacement de la basilique en raison de sa valeur symbolique liée à la présence de la tombe de l'apôtre saint Pierre, de construire un Borgo qui, par l'ampleur des travaux prévus, ressemblerait plus à la fondation d'une cité qu'à sa restructuration. Évoquant dans son ouvrage les caractéristiques du site idéal pour la construction d'une cité, Alberti fait les observations suivantes :

> À mon avis, le meilleur emplacement pour fonder une cité se situe soit dans une zone de plaines située en montagne, soit sur une hauteur en plaine[13].

Il y a convergence immédiate entre le choix du site du Borgo Vaticano et les prescriptions albertiennes en matière d'implantation urbaine. En effet, la colline du Vatican, qui s'étire sur un léger plateau en direction du méandre du Tibre, apparaît comme le site idéal pour y construire une ville. Toutefois, cet endroit présente un inconvénient par rapport aux vents « néfastes de Rome » dont il n'est pas protégé, d'où la nécessité d'une intervention projectuelle. Si Vasari a bien répertorié cet élément, il n'a en revanche fourni aucune information concernant la solution adoptée. L'orientation de la ville, objet d'un long développement par Alberti dans ses livres I et IV, s'entrecroise avec sa description de la nature et des vents principaux[14].

> Les Anciens, notamment Platon, recommandent de fonder les villes à dix milles de distance de la mer. S'il n'est toutefois pas possible de construire à une telle distance, il suffit de choisir un lieu où les vents maritimes arrivent indirectement après avoir perdu de leur force et s'être purifiés. Il convient donc de construire une ville à l'abri de quelque hauteur qui, tel un obstacle, s'interposera pour atténuer toute influence nocive en provenance de la mer. [...] Ainsi, Aristote juge plus saines les zones dont l'atmosphère est continuellement balayée par les vents. [...] Néanmoins, il convient de s'assurer que les vents susceptibles d'occasionner de sérieux dégâts ne sévissent ni de façon excessive ni importunément[15].

Alberti reconnaît dans son ouvrage qu'il existe encore quelques textes illustres. Citons, par exemple, deux extraits de la *Politique* d'Aristote :

> Dans l'idéal, il serait opportun de construire les cités en fonction de la position de la mer et de la terre.
>
> (Aristote, *Politique*, VII, 1327a.)
>
> [...] tout en respectant quatre conditions dont la première, essentielle, est la salubrité ; les cités exposées à l'est et aux vents d'est sont plus salubres ; viennent ensuite celles qui, protégées par la tramontane, bénéficient d'hivers plus doux.
>
> (Aristote, *Politique*, VII, 1330a.)

Il faut rappeler à ce propos que, durant toute la Renaissance, l'orientation urbaine et architecturale dépend de la représentation de la rose des vents ; d'où une coïncidence entre orientation et incidence des vents. Les observations albertiennes en la matière, qui reprennent directement celles de Vitruve[16], proposent une solution destinée à réduire la force des vents. Le plan de Palladio illustrant le tracé urbain dans l'édition du *Vitruve* de Daniele Barbaro indique également comment les voies doivent être orientées par rapport à la rose des vents octogonale, laquelle s'inspire de la tour des Vents d'Athènes d'Andronicos de Cyrrhos[17] (ill.2). Le caractère abstrait de ce plan, non ancré dans une réalité topographique, est dénoncé par la superposition criante d'une structure orthogonale et d'une géométrie radiale des murs. La nécessité d'occuper un espace de forme allongée entre Saint-Pierre et le château Saint-Ange oblige Alberti à déformer le modèle original[18]. C'est lui-même qui le constate :

> On comprendra aisément que le périmètre d'une cité et la répartition de ses différents quartiers varient selon les lieux[19].

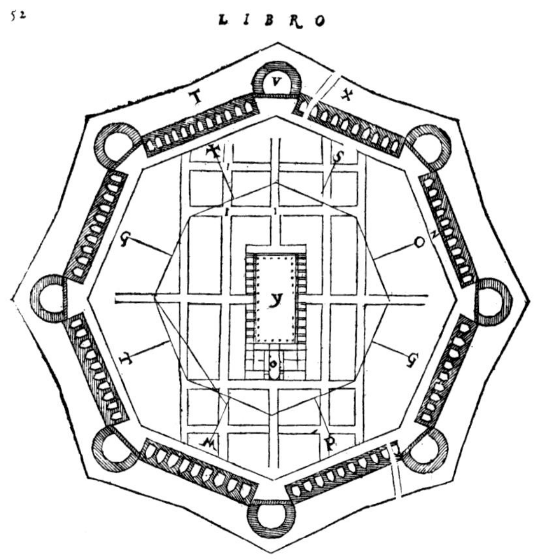

Illustration 2. *A.* PALLADIO, Orientation de la ville selon Vitruve, *tiré de l'édition illustrée du Traité de Vitruve dans l'édition de Daniele Barbaro en 1567, éd.* Vitruvio, I dieci libri dell'architettura tradotti e commentati da Daniele Barbaro (1567), *con un saggio di M. Tafuri, Il polifilo, Milan, 1987.*

La figure qu'utilise Palladio dans son ouvrage pour illustrer l'emplacement et l'orientation des villes est reprise par Alberti dans son traité, puis utilisée pour le projet de la «Civitas Dei» après avoir été opportunément déformée par rapport aux caractéristiques du site (ill. 3). Puis elle est transmise en tant que prescription à caractère général. Ce mouvement pendulaire, qui du général passe au particulier avant de repasser à nouveau au général, révèle le fonctionnement d'un des aspects du projet architectural, ce schéma étant amené à se répéter dans tous les points du traité.

Le second point du projet concerne le système de fortifications. Les fortifications dont hérite Nicolas V datent du Moyen Âge et sont les seules à avoir été érigées sur la rive droite du Tibre dans le cadre de travaux exécutés entre 848 et 852, sur décision de Léon IV. Cette structure, obsolète et délabrée, est remplacée par de nouvelles fortifications qui, soit font l'objet d'un nouveau tracé, soit sont construites en récupérant et en renforçant les anciennes. Le projet de la «Civitas Dei» s'inscrit dans un vaste programme de renforcement des murailles urbaines à travers la restauration de l'enceinte aurélienne qui encercle la ville de Rome. Ce programme prévoit notamment la construction d'un premier mur d'enceinte autour de la basilique et du palais papal, puis d'un second qui entourerait le Borgo et relierait le château Saint-Ange à la basilique Saint-Pierre grâce au *passetto*, passage creusé à l'intérieur des murs permettant au pape de s'enfuir rapidement du palais et de se réfugier au château. Sont également prévus le percement de nouvelles portes, la construction de tours ainsi que la consolidation du système de défense du château Saint-Ange.

Bien que s'agissant d'une restructuration totale du système de défense de la ville de Rome, il importe avant tout de protéger le palais apostolique, d'où la construction de la Turris Nova dont la fonction, analogue à celle du château Saint-Ange par rapport à la cité, est de servir de forteresse au palais. Le projet de fortification, considéré sous cet angle, est un thème cher à Alberti. D'ailleurs, il ne manquera pas de l'évoquer à diverses reprises dans son traité, établissant des sortes «d'analogies graduelles» entre les parties qui constituent la ville, la maison et les éléments propres à l'architecture.

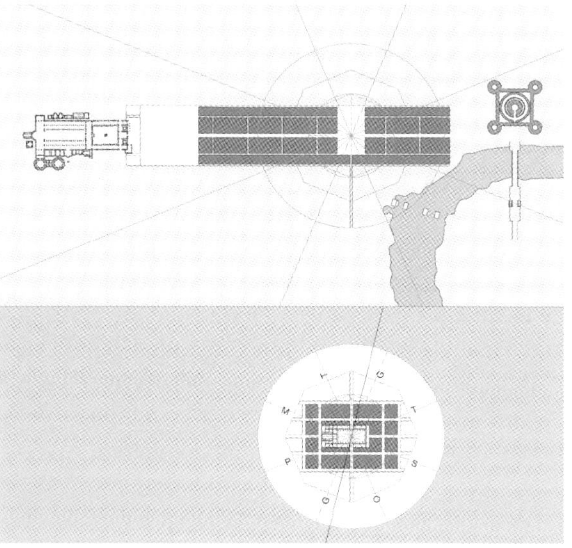

Illustration 3. C. Ravagnati, projet pour la «Civitas Dei», Vatican. Orientation.

> Et si l'on en croit les philosophes, [...] la cité est une grande maison, et la maison une petite ville[20].

Le glissement graduel des rapports de composition entre les parties devient la *forma mentis* du projet de fortification de la «Civitas Dei». À l'échelle de la ville entière, la fortification du Borgo voulue par Nicolas V représente une sorte de forteresse de la ville ceinte par les Murs auréliens nouvellement restaurés ; à l'échelle de la partie de la ville dénommée «XIV Regio» - division administrative comprenant le château Saint-Ange, le Borgo Vaticano, la basilique Saint-Pierre et les palais du pape -, le château Saint-Ange, transformé de façon définitive en forteresse après l'adjonction de nouvelles tours, domine la citadelle pontificale ; à l'échelle du palais apostolique, c'est la Turris Nova qui se dresse tel l'ultime rempart de la résidence papale (ill. 4). À l'intérieur même de ce choix, lequel s'apparente essentiellement à une sorte de subdivision interne de la ville, on retrouve à nouveau une correspondance entre les sources, les caractères généraux du traité albertien et les particularités du Borgo Vaticano. Analysons maintenant quelques passages du *De re aedificatoria* sur le thème des murailles urbaines.

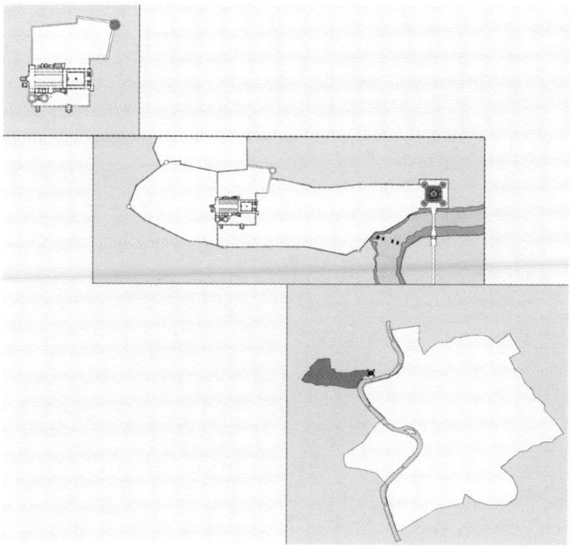

***Illustration 4.** C. Ravagnati, projet pour la «Civitas Dei», Vatican. Les fortifications.*

Selon Tacite, la meilleure défense de la cité serait celle dont les murs présentent des contours sinueux, comme ce fut le cas pour Jérusalem.
[...] tandis qu'Hérodote relate que la cité d'Ecbatane, bien que située en hauteur, fut entourée de sept murailles par Deioces[21].

L'image faisant suite à une telle description évoque une solution projectuelle consistant à placer l'ensemble du palais apostolique et de la basilique au centre d'un système aménagé en boucles successives. Autrement dit, la défense repose sur une stratification de murailles : comme pour la cité du tyran décrite dans le *De re,* la cité pontificale doit pouvoir se défendre des ennemis provenant aussi bien de l'extérieur que de l'intérieur (noblesse romaine). D'ailleurs, en reprenant l'exemple du Caire, Alberti suggère par la suite une subdivision interne de la cité.

Il convient, pour subdiviser une cité, d'y construire une muraille. Ceci, à mon avis, ne doit pas s'effectuer de façon transversale par rapport à un plan, tel un diamètre, mais plutôt sous la forme d'un cercle à l'intérieur d'un cercle plus grand[22].

Avant d'ajouter :

[...] La configuration la mieux appropriée pour construire une forteresse consiste à relier entre elles toutes les murailles d'enceinte de la cité, telle une lettre O qui viendrait s'insérer dans une lettre C majuscule dont les extrémités seraient rabattues, sans toutefois l'encercler complètement, au risque de voir se détacher plusieurs rayons de la lettre O en direction du circuit extérieur. De cette façon, la forteresse ne se trouve ni à l'intérieur, ni à l'extérieur de la cité, comme nous venons de le suggérer[23].

Le texte normatif du *De re* reproduit spéculairement quelques textes descriptifs de Jérusalem et de Babylone.

Mais la cité, déjà imprenable de par sa situation en hauteur, avait été fortifiée au cours de travaux de construction d'une telle ampleur que même en plaine, elle aurait été parfaitement sûre. En effet, ses deux collines élevées s'inséraient dans un système de murailles construites en oblique comportant des renfoncements et des saillies : ainsi, quiconque lançait une attaque agissait à découvert tout en restant vulnérable sur les côtés.

(Tacite, *Histoires*, V, 11.)

[Deioces] construisit une grande et solide forteresse - celle qui s'appelle maintenant Ectabane - constituée d'enceintes concentriques. Celle-ci est construite de telle façon que seuls les créneaux dépassent des enceintes. Dans une certaine mesure, une telle disposition est influencée par le site - en l'occurrence, une colline - bien que celui-ci fût, dans une large mesure, aménagé en ce sens. Les enceintes sont au nombre de sept, la dernière abritant le palais et le trésor.

(Hérodote, *Histoires*, Livre I, 98.)

La cité [de Babylone], divisée en son milieu par un fleuve, se compose de deux parties. Dans chacune de ces parties s'étire une muraille, laquelle forme un angle au point de rencontre du fleuve avant de se rabattre et de s'étirer le long des quais du fleuve.

[...] L'enceinte que j'ai décrite - véritable bouclier de la cité - abrite une autre enceinte, plus étroite mais non moins solide que la première. Au milieu de chacune des deux parties de la cité se trouvait un corps fortifié : d'un côté, le palais [...], de l'autre, le sanctuaire.

(Hérodote, *Histoires*, Livre I, 180, 181.)

On peut facilement retrouver chacun des éléments décrits ci-dessus dans le système de défense du Vatican ainsi que dans le programme de réaménagement des fortifications de Rome. Ainsi, le *passetto* représente une structure architectonique qui, non seulement parcourt les fortifications de façon transversale, mais, dans une certaine mesure, traverse aussi physiquement les différentes « échelles » du projet. De même, les figures représentées dans le texte de référence à l'Antiquité peuvent, par leur caractère éphémère, être modifiées et adaptées en fonction du site. En effet, il n'existe pas, entre les deux descriptions, de correspondance au niveau des figures. Et c'est précisément dans cet espace - cet écart entre la représentation littéraire et la représentation figurative - qu'intervient le projet architectural.

Le troisième thème du projet nicolo-albertien prévoit le réaménagement urbain du Borgo Vaticano. Les faits marquants ayant ponctué l'urbanisation de ce site se résument en quelques événements essentiels. Pour répondre tour à tour à des raisons d'ordre religieux et à la volonté du pouvoir pontifical, l'aménagement de l'espace urbain a connu diverses transformations, depuis la construction spontanée d'un habitat destiné aux pèlerins qui affluaient vers l'ancienne basilique Saint-Pierre, jusqu'à la restauration humaniste des ordres et caractéristiques des cités antiques, laquelle ne prit fin qu'au Quattrocento. Le concept urbain élaboré par Nicolas V et Alberti est considéré sans aucun doute comme la transformation la plus radicale et la mieux planifiée.

L'emplacement urbanistique du projet albertien est déterminé par un axe longitudinal reliant le pont et le château Saint-Ange à la basilique Saint-Pierre et consistant en une succession de places reliées entre elles par trois voies à arcades. Selon Manetti, ces rues, dont le point de départ était un carrefour - une sorte de forum -, étaient dotées de fonctions diverses. Les rues situées le plus à l'extérieur étaient destinées à des activités artisanales et commerciales, tandis que la rue principale remplissait une fonction plus noble.

Examinons à nouveau, en prenant quelques extraits du traité d'Alberti, les prescriptions pouvant servir à décrire le projet du Borgo. Ainsi, au sujet des voies urbaines, Alberti écrit :

J'ai noté à propos que les Anciens ne leur attribuaient jamais une largeur inférieure à huit coudées [...]. Ensuite, il existe un autre type de rues qui reprennent les caractéristiques d'une place. Il s'agit de rues auxquelles on attribue un usage spécial, principalement d'ordre public, telles que celles menant aux temples, aux pistes de courses ou aux basiliques[24].

La description du rapport entre rue et architecture par Alberti est encore plus pertinente lorsqu'il évoque la structure du système urbain, lequel consiste en une succession d'éléments - arc, pont, carrefour, forum - disposés le long d'un axe principal et s'harmonisant avec le fronton du temple.

Mais certaines rues jouent un rôle bien plus important, aussi bien à l'intérieur qu'à l'extérieur de la cité, que celui qui leur est assigné de par leur nature. Il en est ainsi des rues conduisant aux temples, basiliques et lieux de spectacles [...]. Nous apprenons qu'il y avait notamment à Rome deux rues de ce type, dignes des plus grandes merveilles : l'une reliait la porte jusqu'à la basilique San Paolo [...] tandis que l'autre, reliant le pont à la basilique Saint-Pierre, était longue de 2 500 pieds et surmontée d'un portique en marbre recouvert d'un toit perpendiculaire[25].

[...] Quant aux rues de la cité, elle seront non seulement décorées de façon remarquable, mais elles seront également parfaitement propres et dotées d'un bon dallage ainsi que de deux rangées d'arcades identiques et de maisons de la même hauteur. Les ponts, carrefours, forums et lieux de spectacles exigent une décoration toute particulière. En réalité, un forum n'est qu'un grand carrefour tandis qu'un lieu de spectacles n'est rien d'autre qu'un forum entouré de gradins.
Nous commencerons donc par le pont, celui-ci étant l'élément constitutif principal d'une rue. Un pont se compose de piles, d'arches et d'un dallage. [...] Certains ponts sont également recouverts d'un toit, comme le pont d'Hadrien, le plus splendide de Rome. [...] Ce pont, surmonté d'un toit constitué de poutres et reposant sur quarante-deux colonnes de marbre, était recouvert de cuivre et magnifiquement décoré[26].

[...] Seules les dimensions permettent de différencier un carrefour d'un forum. De fait, un carrefour n'est qu'un forum de petites dimensions. [...] Enfin, l'aménagement d'un élégant portique, aussi bien aux carrefours qu'à l'intérieur d'un forum, fera certainement bel effet[27].

[...] Les forums construits par les Grecs étaient de forme carrée et entourés de doubles portiques ornés de colonnes et d'architraves en pierre sur lesquelles étaient aménagées des loges destinées à la promenade. Chez nous, en Italie, la largeur du forum équivalait à deux tiers de sa longueur. Et comme, selon une coutume antique, il servait de lieu de combats de gladiateurs, les colonnes soutenant les galeries étaient plus rares. Quant à nous, nous recommanderons également un forum dont la surface se compose de deux carrés, de telle sorte que la galerie et les autres constructions intérieures s'harmonisent avec la surface découverte selon des proportions déterminées. Ainsi, elle ne doit apparaître ni trop vaste par rapport aux constructions environnantes trop basses, ni sembler trop étroite au milieu d'un ensemble de constructions érigées en hauteur. L'idéal serait que les toits mesurent en hauteur un tiers de la largeur du forum, ou tout au moins deux septièmes.
[...] Les arcs ornant l'entrée des rues constituent un élément de décoration très important des forums et des carrefours. En effet, un arc ressemble à une porte toujours ouverte. [...] De façon idéale, un arc doit être construit au point de débouché d'une rue sur une place ou un forum, surtout s'il s'agit d'une rue « royale », comme j'ai coutume de nommer la voie urbaine la plus importante. À l'image d'un pont, un arc sera percé de trois passages [...][28].

S'agissant de l'emplacement du temple le plus important de la ville en tant que point culminant du développement linéaire, Alberti écrit :

Dans l'idéal, les temples principaux seront situés au centre de la cité, bien qu'il serait respectivement plus noble et plus digne de les construire à l'écart des zones les plus peuplées ou sur une hauteur [...].
En somme, il convient de construire un temple en un lieu lui conférant le maximum de vénération et de grandeur. Dans l'ouvrage sur les frontières écrit par l'architecte Nigrigeneo, j'ai lu que, selon les architectes de l'Antiquité, les édifices sacrés étaient construits selon le goût si leur façade était exposée à l'ouest. Cet usage cultuel fut toutefois abandonné par la suite, lorsque l'on préféra orienter temples et frontières en direction du ciel, là où le soleil commence à illuminer la terre [...][29].

Avant d'ajouter :

[...] devant la façade sera construite une place dont les dimensions seront comparables à celles du temple. Tout autour seront aménagées de larges rues pavées ou, mieux encore, d'imposantes places afin que les constructions puissent être parfaitement vues de chaque côté[30].

Comme le fait observer Portoghesi[31], ce système urbain, constitué d'une séquence d'éléments de nature différente, montre combien pour Alberti l'espace urbain équivaut à une continuité qui s'interrompt de temps à autre pour satisfaire les exigences de ses habitants. Alberti, en pensant la ville en termes autres qu'utopistes, admet une grande variété de solutions spatiales (ill. 5). Des solutions variées qui, puisant aux sources de références diverses - il n'est que de le constater à la lecture des passages cités ci-dessus - s'élaborent « de façon éclectique ». Il s'agit d'un éclectisme « technique », produit directement par la technique ayant servi à sa création. L'inventaire textuel correspond à une disposition d'éléments urbains : arc, pont, carrefour, forum, temple, telle une chaîne, une liste d'éléments construits le long d'un

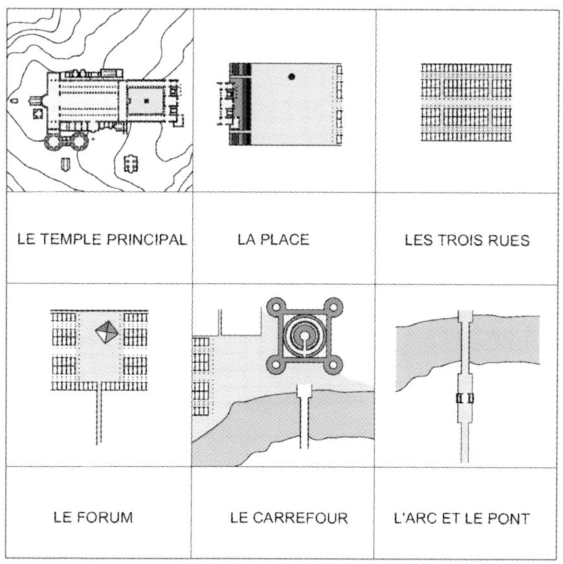

Illustration 5. *C. Ravagnati, projet pour la « Civitas Dei », Vatican. La structure urbaine.*

axe principal. À chaque description d'édifice correspond la description d'un édifice antique. Voici à titre d'exemple la description du forum grec selon Vitruve :

> Les Grecs construisent des forums de forme carrée ornés de doubles portiques imposants, d'épaisses colonnes, d'architraves en pierre qu'ils peuvent également décorer de marbre. Les loges deviennent des promenoirs. Toutefois, dans les cités italiennes, les forums sont construits pour une autre raison. En effet, nous avons hérité de nos ancêtres l'usage de donner des présents aux gladiateurs : mais en bordure des spectacles, il est nécessaire de ménager de plus larges intervalles entre les colonnes, tandis que les portiques abriteront des boutiques d'orfèvres et qu'au-dessus seront construits des balcons dotés d'entrées publiques.
>
> (Vitruve, *De Architectura,* V, I, 1.)

La citation, par sa nature même et sa position dans le texte, devient une autre figure que le projet se charge de représenter.

Forme du texte et du projet : questions de rhétorique

Notre *promenade** à travers les écrits albertiens et certaines de ses références nous a permis de voir comment un texte normatif ayant recours à des citations littéraires révèle une double problématique projectuelle. Car si le texte résout certains problèmes grâce à l'établissement de règles jugées essentielles et non modifiables (orientation des rues par rapport aux vents, critères en matière de fortifications urbaines et division interne de la ville, emplacement de certains éléments essentiels par rapport aux caractéristiques du site), il n'en évoque pas moins la nécessité de modifier quelque peu les références citées - s'agissant notamment des techniques de composition. Nous pourrions même affirmer que les règles régissant la recomposition sont dictées par la structure même du texte, par le lien constant que celui-ci établit avec les sources de l'Antiquité.

Partant de ces observations, nous avons essayé de dessiner le projet de la « Civitas Dei » en élaborant des plans qui, plutôt que d'en représenter la reconstruction à travers l'interprétation du projet nicolo-albertien, entendent expérimenter directement la possibilité de bâtir un projet urbain à partir d'un texte à la fois descriptif et normatif (ill. 6).

* En français dans le texte (N.d.T.)

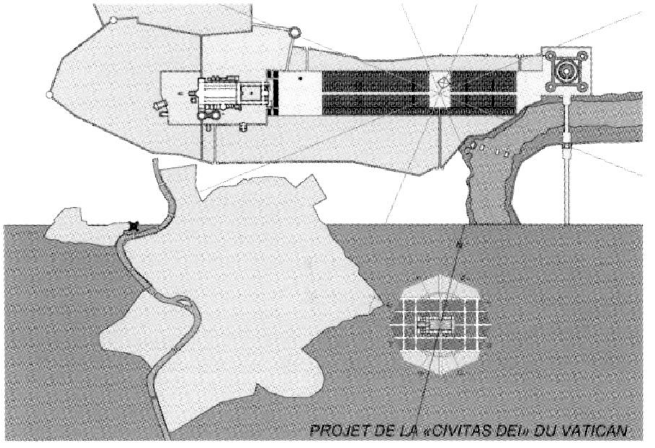

Illustration 6. *C. Ravagnati, projet pour la* « Civitas Dei »*, Vatican. Plan général*

Notes

1. Cf. F. Borsi, *Leon Battista Alberti. L'opera completa,* Milan, Electa, 1980, p. 33.

2. F. Farinelli, *I segni del mondo,* Florence, La Nuova Italia, 1992, p. 20.

3. Cf. L.B. Alberti, *De re aedificatoria,* Livre I, chap. i. Les citations qui suivent sont extraites de l'édition traduite par Giovanni Orlandi. Introduction et notes de Paolo Portoghesi, Milan, Polifilo, 1989.

4. C. Grayson, « The Composition of L.B.Alberti's Decem Libri *De re aedificatoria* », *Münchener Jahrbuch der bildenden Kunst,* III, XI, p. 152-161.

5. Sur ce point, il serait utile de citer un autre traité italien du xve siècle : *Trattato di Architettura,* de Filarete. Dans cet ouvrage, l'auteur utilise un grand nombre d'exemples de constructions à Milan, Pavie et dans la plaine du Pô. À la différence d'Alberti, la nécessité de produire une nouvelle architecture en utilisant les matériaux déjà produits par cette discipline est déclarée ouvertement au moyen d'un vaste

répertoire iconographique. Sforzinda, une des premières villes idéales de la Renaissance, décrite par Filarete, est pensée à travers une composition d'architectures déjà existantes.

6. Cf. G. Motta et A. Pizzigoni, *L'orologio di Vitruvio,* Milan, Unicopli, 1998, p. 27.

7. C.W. Westfall, *L'invenzione della città. La strategia urbana di Nicolo' V e Alberti nella Roma del Quattrocento,* Rome, La Nuova Italia Scientifica, 1984.

8. Nicolas V cité par G. Vasari, *Les Vies des meilleurs peintres, sculpteurs et architectes* (1550), trad. et éd. commentée sous la dir. d'A. Chastel, t. III, XVe siècle, 3e éd. revue et corrigée, Paris, Berger-Levrault, 1989.

9. Le *Borgo Vaticano* est la partie de Rome située au-delà du Tibre, entre le château Saint-Ange et la basilique Saint-Pierre. C'est un faubourg formé spontanément à l'époque médiévale, qui recevait les pèlerins se rendant à la basilique. Au xve siècle, le pape Nicolas V et Alberti sont intervenus pour dresser un nouveau projet de ce quartier. Déduite du texte de saint Augustin, la définition de la *«Civitas Dei»* incarne cette nouvelle idée de plan pour le *Borgo Vaticano*.

10. G. Vasari, *Les Vies des meilleurs peintres*..., *op. cit.*, trad. à partir de l'édition sous la dir. de G. Milanesi, Florence, Sansoni, 1878.

11. L. Homo, *Rome médiévale, 476-1420. Histoire, civilisation, vestiges,* Paris, Payot, 1934, et P. Lavedan, *Histoire de l'urbanisme. Renaissance et Temps modernes,* Paris, Henri Laurens, 1941.

12. P. Lavedan, *op. cit.*

13. L. B Alberti, *De re...,* livre IV, chap. ii, p. 148.

14. *Ibid.*, livre I, chap. iii, p. 18.

15. *Ibid.,* livre IV, chap. ii, p. 148-149.

16. Vitruve, *De architectura,* livre I, chap. vi, p. 57.

17. Il est intéressant de noter comment ce même texte vitruvien donne naissance à deux solutions qui, bien qu'étant dotées de figures radicalement opposées, n'en demeurent pas moins cohérentes avec le texte. Ainsi, l'aménagement de Palladio fait penser à un développement urbain constitué de mailles orthogonales, tandis que celui proposé par Cesare Cesariano dans l'édition illustrée par ses soins représente une figure radiocentrique.

18. Il est à noter que l'écart d'environ neuf degrés entre l'orientation suggérée par Vitruve - représentée par le dessin de Palladio - et le tracé du Borgo d'Alberti correspond de près à l'erreur d'évaluation de l'orientation de la ville de Rome dans le *Descriptio urbis Romae.* On peut alors supposer qu'Alberti, en reprenant l'aménagement idéal conçu par Vitruve, ait choisi de suivre de façon fidèle les normes du traité tout en le soumettant à une «déformation» et en allongeant la ligne de périmètre en une figure longitudinale. La centralité de l'implantation est ainsi "étirée" pour obtenir une figure similaire à celle des villes linéaires issues de certaines expériences de l'urbanisme moderne. Une telle déformation est régie par l'emplacement topographique réel d'une figure taxinomique.

19. L. B Alberti, *De re...,* livre IV, chap. iii, p. 152.

20. *Ibid.*, livre I, chap. ix, p. 36. Cette question, abordée à plusieurs reprises dans le traité, a souvent été mise en évidence par l'historiographie.

21. *Ibid.*, livre IV, chap. iii, p. 155.

22. *Ibid.*, livre V, chap. i, p. 176.

23. *Ibid.*, livre V, chap. iv, p. 184.

24. *Ibid.*, livre IV, chap. v, p. 160.

25. *Ibid.*, livre VI, chap. vi, p. 389. P. Portoghesi écrit, dans l'annotation à la traduction: «Alberti se réfère ici à la soi-disante *portica* qui partait de l'arc de Graziano, situé sur la rive gauche du fleuve pour traverser le pont Elio et arriver à la *cortina Sancti Petri,* place occupant le devant de la basilique. Construite vers 379 par les empereurs Graziano, Valentiniano et Teodosio, la *portica* était reliée aux *porticus maximae* qui s'étendaient jusqu'au centre de Rome afin de protéger du soleil et de la pluie les foules de pèlerins venus vénérer le sépulcre de Pierre. Des ruines de cette *portica* étaient peut-être encore visibles à l'époque d'Alberti. Cf. *Liber pontificalis,* éd. Duchense, p. 507.»

26. *Ibid.*, livre VI, chap. vi, p. 390-391.

27. *Ibid.*, livre VI, chap. vi, p. 392.

28. *Ibid.*, livre VI, chap. vi, p. 393-395.

29. *Ibid.*, livre V, chap. vi, p. 189.

30. *Ibid.*, livre VII, chap. iii, p. 293.

31. *Ibid.*, p. 391.

Chapitre III

Figures de l'Observatoire de Paris, préfiguration d'un « État » moderne ?

Indra Kagis McEwen

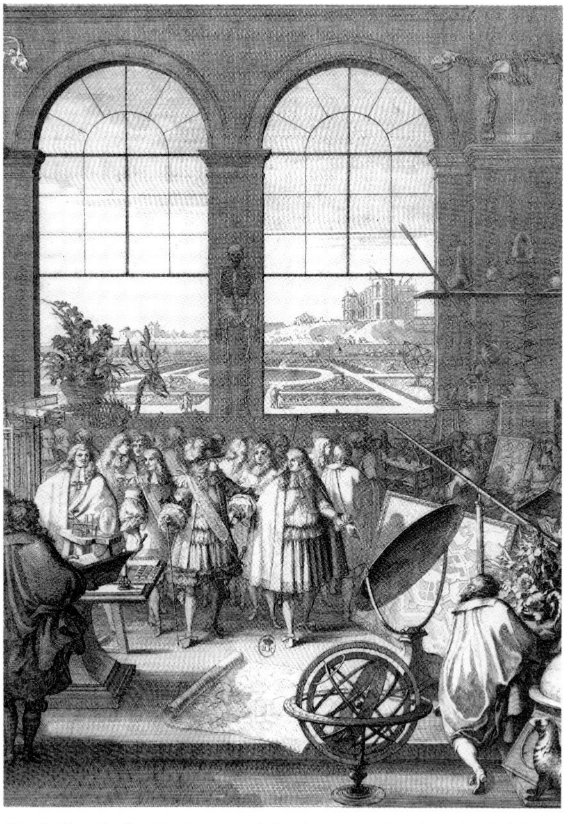

Illustration 1*. Frontispice par S. Leclerc, représentant Louis XIV et Colbert rendant visite à l'Académie des sciences. L'Observatoire de Paris, alors en chantier, paraît au loin à travers la fenêtre. In Cl.* Perrault, Mémoires pour servir à l'histoire naturelle des animaux *(Paris, 1671). Cliché BnF.*

Dans ce chapitre nous analyserons deux façons très différentes de figurer la cité : celle du romain Vitruve et celle de son traducteur français au XVIIe siècle, Claude Perrault.

Une première section concernera le *De architectura* de Vitruve, qui paraît sans images en 25 av. J.-C. environ[1]. Dans ce texte fondateur, la figuration de la ville, écrite (non iconique), lie son sujet avec l'ordre de la nature dont la raison immanente est le *logos* (ou verbe) qui, dans ce contexte romain, est un verbe à la fois cosmique et impérial. Le caractère textuel de la représentation que Vitruve entreprend, avec beaucoup de difficulté souvent, est alors dicté par un but foncièrement politique.

Nous étudierons ensuite la traduction française de Vitruve par Claude Perrault, qui paraît en 1673 avec de nombreuses images[2]. Même s'il ne s'agit pas du premier Vitruve illustré, cet ouvrage est le premier à paraître après la révolution scientifique dont témoignent les images. Les figures du Vitruve de Perrault, surtout celles de l'Observatoire de Paris, dont il est l'architecte, sabotent délibérément le *logos* vitruvien. C'est dans cette perspective que nous analyserons les images de l'Observatoire que contiennent les premières pages du Vitruve de Perrault, et nous tenterons de déchiffrer la cité implicite dans cette figuration non verbale : il ne s'agit plus d'une cité impériale fondée dans l'ordre de la nature mais d'un État moderne, dont l'image est désormais « l'homme artificiel », le Léviathan de Thomas Hobbes.

Le Vitruve romain

Le *De architectura* de Vitruve paraît à la fin des années de transition de la République à l'Empire, c'est à dire au moment où s'achève le passage tumultueux d'une oligarchie à un système essentiellement monarchique, où un seul homme détient tout le pouvoir et cela en permanence[3]. L'œuvre de Vitruve est écrite pour le premier de ces monarques, César Auguste, premier empereur romain.

Le défi relevé par Vitruve fut de créer une représentation verbale, cohérente et entièrement *linguistique* de sa discipline ; d'écrire, comme il le dit à plusieurs reprises, « le corps de l'architecture », ou encore « le corps *parfait* de l'architecture[4] ». Le *De architectura* que Vitruve écrit pour César Auguste à la fin des guerres civiles paraît sans images, à l'exception d'une dizaine de schémas géométriques aujourd'hui disparus qui illustrent (par exemple) la construction de l'*entasis* d'une colonne, de la rose des vents ou encore celle de la volute ionique[5]. Ce « corps » de l'architecture originaire est représenté par le verbe, de même que le célèbre homme dit « vitruvien » l'est[6].

Pourquoi *écrire* le corps de l'architecture ? Pourquoi ne pas l'illustrer ? Mario Carpo, auteur de *L'architettura dell'età della stampa*, dont la traduction anglaise est parue en 2001, émet l'hypothèse que l'absence d'images chez Vitruve s'explique par l'impossibilité d'une reproduction fidèle. En effet, avant l'invention de l'imprimerie, il semblait inutile d'introduire des images dans un manuscrit[7].

En revanche, Pierre Gros, expert reconnu de Vitruve, insiste, dans un article paru il y a quelques années, sur la nécessité de lire Vitruve en termes de *parole*[8]. Le théoricien romain souhaite dépasser la simple transmission du savoir technique et façonner une véritable *disciplina* architecturale dont la formulation, en tant que telle, ne peut être que linguistique.

La parole est la clef de la philosophie stoïcienne, dont le monde culturel et cognitif de Vitruve et de son empereur est pétri. Le *logos* grec et la *ratio* latine – la raison immanente et ordonnatrice de tout le cosmos – sont essentiellement parole. Selon la pensée stoïcienne, la capacité de parole qui distingue la personne humaine de toute autre créature fait de lui la voie unique et privilégiée de communion avec l'ordre universel et la réflexion même de cet ordre[9]. L'homme dit « vitruvien » (dont, comme nous venons de signaler, la représentation vitruvienne est purement verbale) en est témoin.

La parole en tant que *ratio* lie les choses pour souder la cohérence de tout ce que l'on dénomme « corps » – le corps d'une pierre ou d'une plante, le corps d'un homme, bien sûr, le *corpus rei publicae* (corps politique) et le corps de l'univers[10]. La locution *corpus imperii*, le corps de l'Empire, cette expression clé apparue pour la première fois pendant le règne de César Auguste et qui deviendra ensuite presque un cliché, résume un monde romain représenté par l'image simultanée du corps impérial (celui de l'empereur) et du corps cosmique[11].

Chez les stoïciens, même la vérité (*hê alêtheia*) est corps, la vérité étant, comme tous les corps, définie par sa totalité cohérente[12]. La vérité a, de plus, un rapport étroit avec ce qui est valorisé. Vérité et valeur vont de pair, et on ne se pose surtout pas de questions à ce propos[13]. Face à la vérité, les stoïciens posent ce qu'ils appellent « le vrai » (*to alêthes*). Le vrai concerne exclusivement les faits : « le ciel est bleu », par exemple. Le vrai, selon les stoïciens, est à la fois sans corps et sans valeur. Le vrai ne contribue en rien à l'ordre du monde – la vérité, oui.

La vérité stoïcienne est inébranlable, s'émerveille Caton le jeune, stoïcien romain de la fin de la République. Sa cohérence, constate-t-il, dépasse même celle de l'ordre de la nature, dont cette philosophie prétend donner le compte rendu complet[14]. Caton est républicain et l'ascension inexorable de la monarchie à Rome le conduit à se donner la mort. Mais le système stoïcien que Caton revendique, son inébranlable cohérence, fournit à César Auguste et à ses successeurs le fondement rationnel du projet qui consiste à faire du monde une seule cité, un seul corps romain.

Le même fondement rationnel, le même projet impérial et la même vérité romaine sous-tendent le dessein vitruvien « d'écrire le corps de l'architecture » pour l'empereur, dont l'écrivain partage, bien entendu, les valeurs. L'esprit divin, écrit Vitruve au début de son sixième livre, a placé la ville du peuple romain au centre, dans la région la plus tempérée, « afin qu'elle fût capable de commander à toute la terre[15] ». Le pouvoir romain est fondé sur la raison divine - Vitruve n'est pas le seul à l'affirmer. Que cela fût *vrai* importe peu. C'est une composante essentielle de la vérité, du mot d'ordre romain.

Le *De architectura* de Vitruve, dans lequel l'emploi du mot *ratio* (cité 331 fois) est plus fréquent que tout autre nom, est saturé de raison[16]. L'acharnement avec lequel l'architecte s'attaque à la rationalisation de sa discipline n'est qu'un indice parmi d'autres de sa volonté de figurer le corps architectural à l'image de l'ordre *naturel* et *impérial*. Un corps entier donc, et comme toute totalité classique, tripartite : « l'architecture elle-même comprend trois parties : la construction des bâtiments, la gnomonique et la mécanique », cette dernière partie étant largement vouée à la construction d'engins de guerre[17]. Il faut souligner que cette définition est celle de Vitruve exclusivement. Il n'existe aucun témoignage pour attester qu'une telle structure tripartite fût un *fait*. On doit croire Vitruve sur parole - ou pas. En revanche, le plus étonnant est que l'*aedificatio*, la *gnomonice* et la *machinatio* - le corps de l'architecture tel que Vitruve l'a énoncé - ont façonné l'incontournable vérité spatiale que l'on nomme *Empire romain*.

Pour résumer cette première partie, on peut dire que la figuration verbale que Vitruve entreprend a pour but de démontrer l'alliance de l'architecture avec l'ordre naturel. Cela non pas en tant que fin en soi, mais dans l'intention foncièrement politique de prouver que *sa* discipline est, plus que toute autre, celle qui fait du monde un seul corps romain[18]. Il serait difficile, voire impossible, d'expliciter comment le schéma verbal du *De architectura* a été transposé sur l'immense étendue géographique que fut l'Empire, mais il est tout à fait possible d'y déchiffrer sa concrétisation. Le vaste projet d'urbanisation qui débuta avec le règne du premier empereur aboutit à la constitution d'un réseau de villes - nouvellement construites dans l'Occident « barbare », reconstruites sur le modèle romain dans le monde grec de l'Orient - et qui offrait, dans sa globalité, le même caractère sémantique que le « corps » du *De architectura*[19].

Le Vitruve de Perrault

Grâce aux écrits de Joseph Rykwert, Alberto Pérez Gómez et Antoine Picon, entre autres, les historiens de l'architecture sont conscients de l'importance de Claude Perrault en tant que théoricien qui a arraché l'architecture au fondement naturel que Vitruve postulait avec tant d'acharnement[20].

Si, comme je viens de le proposer, ce fondement vitruvien est foncièrement politique, quelle sera la politique de son arrachement ? Et si le fondement naturel de l'architecture dépend chez Vitruve de sa figuration verbale, quelle sera la politique de sa refiguration en *images* qui, dans le Vitruve français de Claude Perrault, prime la parole pour y jouer un rôle à la fois déstabilisateur et déterminant ?

Médecin de formation, Claude Perrault (1613-1688) était membre fondateur de l'Académie royale des sciences, fondée par Jean-Baptiste Colbert en 1666 sous la protection du roi Louis XIV.

Dans l'année qui suivit la fondation de l'Académie, Colbert confia à Perrault deux commandes importantes : la traduction de Vitruve et le dessin d'un observatoire astronomique qui devait être le siège de cette nouvelle institution[21]. Le Vitruve de Perrault, paru en 1673, est abondamment illustré afin, prétend son auteur, d'éclaircir l'invraisemblable obscurité du texte ancien[22]. Ce sont ces figures, écrit Perrault dans sa préface, qui soumettent les propos de Vitruve au jugement de la vue - jugement oculaire qu'il évoque ailleurs comme étant l'infaillible témoin de la vérité[23]. Notons que « verité » en cette deuxième moitié du XVIIe siècle français, signifie « une proposition vraye, & certaine ; un dogme constant, & incontestable ; une maxime claire, & évidente[24]... ». La révolution scientifique a fait de la « vérité » stoïcienne un synonyme du « vrai ». L'œil, pour Perrault, en est le juge. Écrite probablement par son frère cadet Charles qui était son plus grand défenseur, l'épitaphe, au bas du portrait de Claude Perrault, publiée dans *Les hommes illustres qui ont paru en France pendant ce siècle* souligne la primauté que ce dernier prêtait à l'observation : « Il n'usa de toute sa lumière/Que pour voir non pour estre vû[25]. »

La figure qui domine les premières pages du luxueux Vitruve de Perrault est celle de l'Observatoire de Paris, édifice de la science nouvelle qui, effectivement, accorde foi non pas à la vérité des anciens mais au *vrai* (ill. 2). Quelle en est la politique?

La page titre du volume est reproduite dans son frontispice, face à la véritable page titre qui, elle, est centrée sur les armes du roi (ill. 2 et 3). Dans la fausse page titre, c'est-à-dire dans celle qui est représentée dans la planche, l'espace où paraît le blason royal demeure vide. Mais ce vide est justement ce que pointe du doigt la figure allégorique de l'avant-plan. Plus haut, la figure de l'abondance placée derrière celle de la France répond avec un geste qui réfère aux édifices encadrant l'espace intermédiaire.

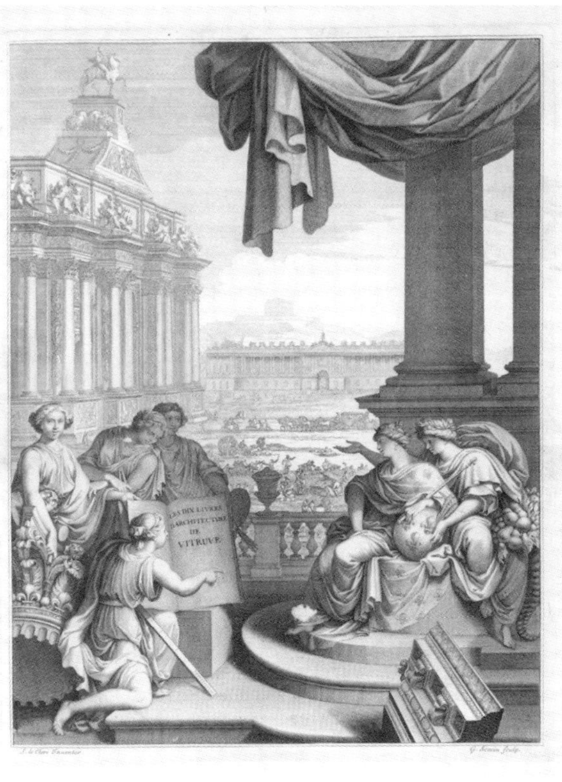

Illustration 2*. Page 1, dédicace de Vitruve à César Auguste, in* Les Dix Livres d'architecture de Vitruve, *traduit par Cl. Perrault, 1673. Collection Centre Canadien d'Architecture/Canadian Center for Architecture.*

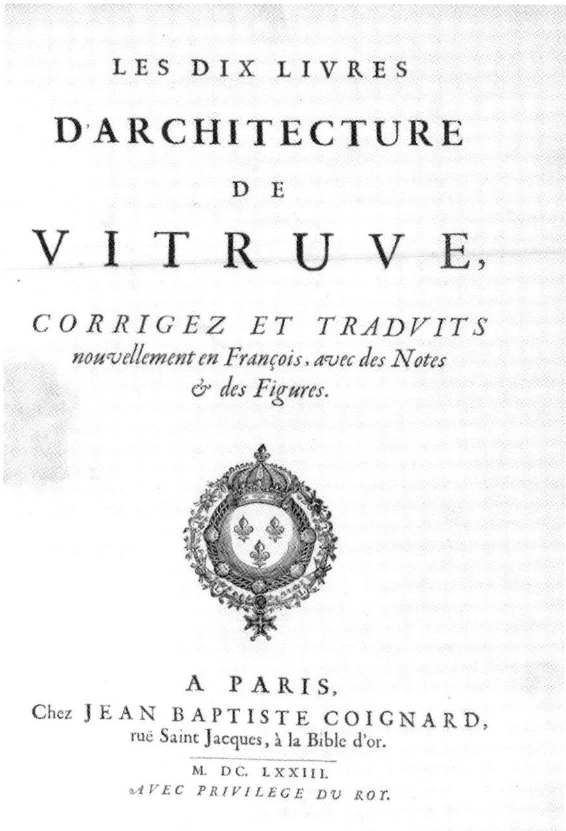

LES DIX LIVRES

D'ARCHITECTURE

DE

VITRUVE,

CORRIGEZ ET TRADVITS

nouvellement en François, avec des Notes & des Figures.

A PARIS,

Chez JEAN BAPTISTE COIGNARD, ruë Saint Jacques, à la Bible d'or.

M. DC. LXXIII.

AVEC PRIVILEGE DU ROY.

Illustration 3*. Page de titre, in* Les Dix Livres d'architecture de Vitruve, *traduit par Cl. Perrault, 1673. Collection Centre Canadien d'Architecture/Canadian Center for Architecture.*

Tous sont des projets parisiens, tous dessinés par Perrault pour le roi : l'Arc de triomphe de la porte Saint-Antoine, la Colonnade du Louvre et, dominant le tout du haut d'une colline au loin, l'Observatoire royal de Paris, point de fuite de l'image et cible austère, ordonnatrice de cette triade de monuments et de la capitale française.

Dans l'espace figural, l'observatoire remplace à la fois le vide de la fausse page titre au bas de l'image et le blason gravé de la vraie page titre en face. D'ailleurs, quoique invisibles dans la représentation, les armes du roi étaient effectivement sculptées dans le fronton de la façade septentrionale qui surplombait la ville de Paris à sa limite au sud. Cette face nord est en effet celle que représente le frontispice de Perrault. Les armes du roi étaient le seul ornement de cette singulière « maison royale», dont le minimalisme inusité, rappelant à certains les conventions de l'architecture militaire, avait à l'époque fait l'objet de nombreux commentaires[26]. Notons que ce même blason est aussi le seul ornement de la page titre du Vitruve de Perrault, et cela à une époque où les pages titres avaient coutume d'être fortement ornées.

L'Observatoire de Paris, tel qu'il apparaît dans le frontispice de cette édition, est la représentation d'un roi irreprésentable, un roi «vrai». La difficulté de représenter un vrai roi préoccupa déjà Jean Errard, auteur d'un traité sur la fortification dont la première édition était dédiée à Henri IV en 1600.

> Les admirables victoires & plus que Heroiques exploits de Vostre Majesté, SIRE, ont tellement remply la terre, tellement ravy les yeux & les oreilles de tout le monde, qu'il n'y a langue si diserte, ny main si industrieuse qui osast entreprendre de les representer dignement en l'une ou l'autre manière... Ce que la plus docte plume, ou le plus habile pinceau traceroit, tesmoigneroit plustost la foiblesse de l'ouvrier qu'il n'exprimeroit l'excellence du sujet[27].

Répondant au défi de représenter l'irreprésentable, Jean Errard propose comme véritable portrait sa propre méthode de fortification qui consiste, dit-il, en «demonstrations Geometriques qui donnent à tous assurance infaillible».

Soulignons le propos remarquable suivant lequel le roi serait le mieux figuré par une *méthode*.

L'essai *Le Portrait du roi* qu'André Félibien écrit en 1663 sur Louis XIV fournit à Louis Marin le titre de sa célèbre étude éponyme[28]. Comme Jean Errard, Félibien est désemparé devant la grandeur de son sujet, «un sujet si excellent, qu'il n'y a point d'ornemens qui puissent l'enrichir, ni de traits qui le puissent dignement exprimer[29]». Comme nous venons de le constater, la vérité est maintenant synonyme du vrai, et la vérité du roi, selon Félibien, réside en son âme, que le dictionnaire d'Antoine Furetière affiche en tête de deux pages de définitions comme «le principe interne de tous les mouvemens[30]...». L'âme serait donc un principe purement mécanique. Comment le représente-t-on?

Revenons à l'Observatoire de Paris, édifice que l'on voulait «tout savant», et que son architecte Claude Perrault conçut, dit-il, comme une machine, le dessinant «de telle sorte qu'il peut suppléer tout seul à tous les principaux instrumens d'astronomie dont on se sert pour les observations[31]».

«Voicy la seconde fois que l'Architecture de Vitruve a l'honneur d'estre dediée au plus grand Prince de la Terre», écrit Perrault dans la dédicace de sa traduction au roi Louis XIV (ill. 4). Au centre de la vignette du haut de la page, le blason du roi réapparaît entre un Apollon assis devant une image de la colonnade du Louvre et, à droite, une Minerve coiffée d'un casque guerrier. La Minerve (le savoir) est cachée dans l'ombre du piédestal qui porte les armes du roi, mais sa main gauche sort de cette ombre pour pointer avec une règle une image - en pleine lumière - de la façade sud de l'Observatoire.

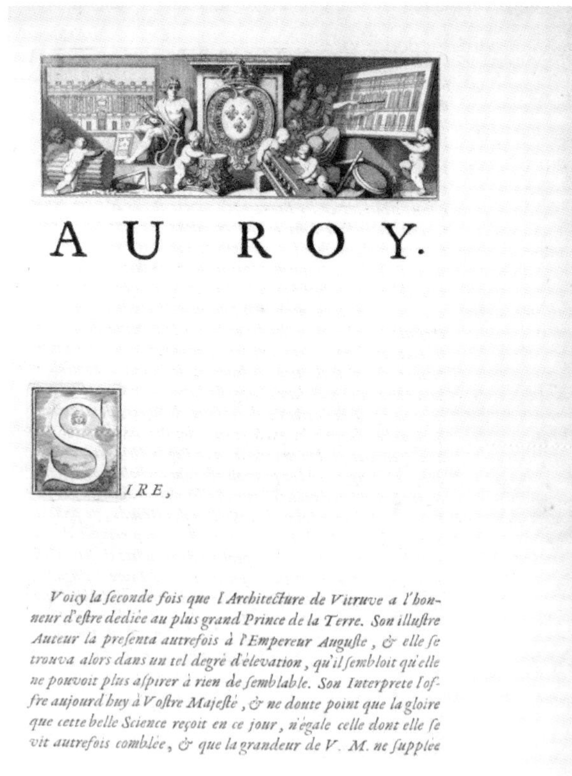
AU ROY.

SIRE,

Voicy la seconde fois que l'Architecture de Vitruve a l'honneur d'estre dediée au plus grand Prince de la Terre. Son illustre Auteur la presenta autrefois à l'Empereur Auguste, & elle se trouva alors dans un tel degré d'élevation, qu'il sembloit qu'elle ne pouvoit plus aspirer à rien de semblable. Son Interprete l'offre aujourd'huy à Vostre Majesté, & ne doute point que la gloire que cette belle Science reçoit en ce jour, n'égale celle dont elle se vit autrefois comblée, & que la grandeur de V. M. ne supplée

***Illustration 4**. Dédicace de Perrault au roi Louis XIV, in* Les Dix Livres d'architecture de Vitruve, *traduit par Cl. Perrault, 1673. Collection Centre Canadien d'Architecture/Canadian Center for Architecture.*

C'est Vitruve lui-même qui apparaît au centre de la vignette à la tête de sa propre dédicace, Vitruve qui, avec un geste rappelant celui de la Minerve dans la vignette précédente, présente à César Auguste non pas son livre, mais une image, la vue intérieure du seul édifice dont il prétend avoir été l'architecte, la basilique de Fano (ill. 5)[32]. Nous reconnaissons le sujet de cette représentation parce qu'elle est une réduction de la planche qui apparaît plus loin à la page 146, où le sujet est clairement identifié. Bien que voilée, la référence de la vignette au-dessus de la dédicace de Vitruve est aussi celle de l'Observatoire dont Perrault, le nouveau Vitruve, est l'architecte et dont les voûtes, écrit celui-ci dans sa note sur le descriptif de la basilique de Fano, dépassent de loin celles du Romain en hardiesse[33].

À la treizième ligne de la dédicace de Vitruve traduite par Perrault, relevons le mot « Estat », qui pose de redoutables problèmes de traduction. Le mot qu'emploie Vitruve en latin n'est pas « Estat », bien entendu, « Estat » étant un mot français. Le terme latin que Perrault traduit par « Estat » est *res publica*, « la chose publique » qui selon Cicéron, entre autres, était corps - corps qui, avec la chute de la République, est devenu corps impérial, comme nous l'avons suggéré plus haut[34]. Dans sa dédicace, Vitruve cite la *cura* d'Auguste pour cette « chose publique » - ses soins pour la *res publica* - parmi les raisons qui l'ont incité à présenter son *De architectura* au nouvel empereur. Une œuvre écrite, soulignons-le à nouveau, et non pas une image de la basilique de Fano qui, à son tour, renvoie de façon voilée à l'Observatoire de Paris et à la nouvelle science du vrai dont l'œil, selon Claude Perrault, est le seul juge infaillible.

Un peu plus de cent ans auparavant, en 1547, Jean Martin, le premier traducteur français de Vitruve, se sert du mot « république » pour traduire *res publica*[35]. « Estat », le terme que Perrault prête ici à l'auteur romain, est donc une nouveauté. Le mot *status* serait, strictement parlant, son équivalent latin.

Dans son essai « From the State of Princes to the Person of the State », l'historien anglais Quentin Skinner démontre qu'avant le XVIIe siècle, la notion d'un *status* - littéralement, une façon de se tenir, une position ou une condition (un « état » en Français, *Staat* en Allemand, *state* en Anglais) - était inconcevable sans sujet[36]. Un état avait toujours été l'état (la façon de se tenir ou la condition) *de* quelque chose. Politiquement, dans une monarchie ou un principat par exemple, l'état était celui du roi ou du prince, l'autorité politique étant impensable sans la ou les personnes qui la détenaient. Comme le constate Skinner, c'est dans les écrits de Thomas Hobbes (qui d'ailleurs aurait pu croiser le jeune Perrault dans les salons scientifiques qu'il a fréquentés pendant son long séjour en France au milieu du XVIIe siècle) que l'on voit apparaître pour la première fois et sans équivoque un « état » tout court : un pouvoir souverain qui ne réside ni dans un peuple, ni dans ses gouvernants, mais dans la figure que Hobbes appelle un « homme artificiel », conçue à partir d'une conception foncièrement mécaniste du monde[37].

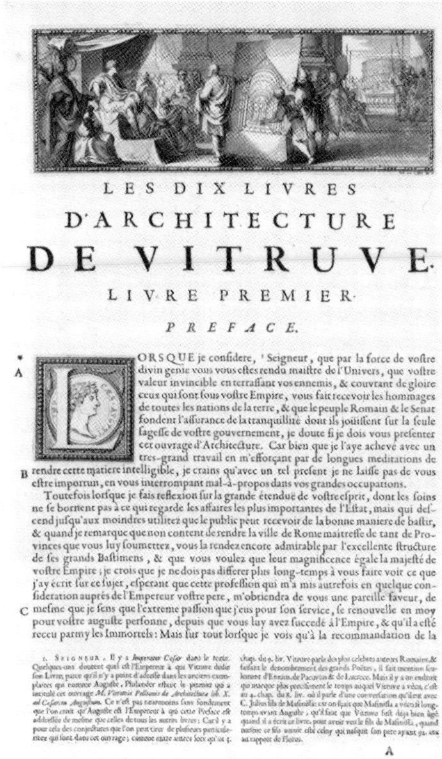

LES DIX LIVRES
D'ARCHITECTURE
DE VITRUVE.
LIVRE PREMIER.
PREFACE.

A LORSQUE je considere, [1] Seigneur, que par la force de vostre divin genie vous vous estes rendu maistre de l'Univers, que vostre valeur invincible en terrassant vos ennemis, & couvrant de gloire ceux qui sont sous vostre Empire, vous fait recevoir les hommages de toutes les nations de la terre, & que le peuple Romain & le Senat fondent l'assurance de la tranquillité dont ils joüissent sur la seule sagesse de vostre gouvernement, je doute si je dois vous presenter cet ouvrage d'Architecture. Car bien que je l'aye achevé avec un tres-grand travail en m'efforçant par de longues meditations de
B rendre cette matiere intelligible, je crains qu'avec un tel present je ne laisse pas de vous estre importun, en vous interrompant mal-à-propos dans vos grandes occupations.

Toutefois lorsque je fais reflexion sur la grande étenduë de vostre esprit, dont les soins ne se bornent pas à ce qui regarde les affaires les plus importantes de l'Estat, mais qui descend jusqu'aux moindres utilitez que le public peut recevoir de la bonne maniere de bastir, & quand je remarque que non content de rendre la ville de Rome maitresse de tant de Provinces que vous luy soumettez, vous la rendez encore admirable par l'excellente structure de ses grands Bastimens, & que vous voulez que leur magnificence égale la majesté de vostre Empire ; je crois que je ne dois pas differer plus long-temps à vous faire voir ce que j'ay écrit sur ce sujet, esperant que cette profession qui m'a mis autrefois en quelque consideration auprés de l'Empereur vostre pere, m'obtiendra de vous une pareille faveur, de
C mesme que je sens que l'extreme passion que j'eus pour son service, se renouvelle en moy pour vostre auguste personne, depuis que vous luy avez succedé à l'Empire, & qu'il a esté receu parmy les Immortels : Mais sur tout lorsque je vois qu'à la recommandation de la

Illustration 5. *Frontispice par S. Leclerc, in* Les Dix Livres d'architecture de Vitruve, *traduit par Cl.* Perrault, *Paris, 1673. Collection Centre Canadien d'Architecture/Canadian Center for Architecture.*

Cet «état» hobbesien est résolument sans fondement naturel. L'état naturel, selon Hobbes, est celui de la guerre : «*The state of nature is a [...] war of all against all*», écrit-il. Dans cet état, selon la célèbre formulation du *Léviathan* de 1651, «*there is continual fear and danger of violent death, and the life of man, solitary, poor, nasty, brutish and short*[38]».

La seule façon d'échapper à l'enfer de cette condition naturelle est la création par des moyens purement factices et *mécaniques* (la convention collective, le contrat social) de l'homme dit «artificiel» - «*of that great Leviathan called a Commonwealth, or state, which is but an artificial man; though of greater stature and strength than the natural, for whose protection and defence it was intended*[39]».

Revenons de nouveau à Perrault et à son Observatoire. L'Observatoire réapparaît, en gros plan et d'une façon particulièrement stratégique, aux pages 11 et 13 de sa traduction de Vitruve pour illustrer ce qu'il appelle «les manières de représenter la Disposition d'un Bastiment», c'est-à-dire les formes de la représentation architecturale. Vitruve les dénomme *ichnographia*, *orthographia* et *scaenographia*: le plan, l'élévation et la «*scaenographia*» que Perrault prend pour perspective (Ill. 6 et 7)[40]. À ces trois formes, Perrault ajoute la coupe, qu'il appelle «sciographie[41]».

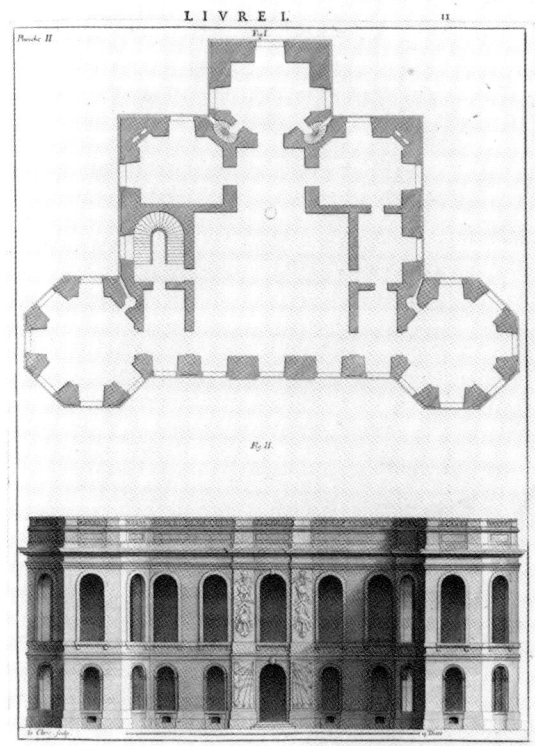

***Illustration 6**. Planche II : plan et élévation de l'Observatoire de Paris, in* Les Dix Livres d'architecture de Vitruve, *traduit par Cl. Perrault, 1673. Collection Centre Canadien d'Architecture/Canadian Center for Architecture.*

L'ichnographie, l'orthographie et la scénographie font référence aux manières conventionnelles de représenter l'état d'un édifice, «la Disposition d'un Bastiment», de n'importe quel bâtiment, puisque ces manières ou méthodes sont génériques et non spécifiques. Dans la formulation écrite de Vitruve, ces procédures sont non spécifiques, elles s'appliquent à tout projet d'architecture. Or, la figuration en images que Perrault ajoute les rend spécifiques. Cette figuration affiche la disposition d'un édifice précis - celle de l'Observatoire royal de Paris - comme image de la condition générale.

Remarquons que cela n'est pas nouveau. Dans son Vitruve italien de 1521, par exemple, Cesare Cesariano présente la «disposition» de la cathédrale de Milan avec sans doute des motifs tout aussi précis que ceux de Perrault[42]. Pourtant, il est certain que ni Cesariano ni Perrault n'ont voulu proposer que tout édifice dût désormais ressembler à la cathédrale de Milan ou à l'Observatoire. Mais dans le Vitruve de Perrault, le plan, l'élévation, la coupe et la perspective de l'Observatoire de Paris font partie d'une *suite* d'images, dont la première, le frontispice, figurait déjà le rôle ordonnateur d'un édifice dont la représentation volontairement épurée était celle du «vrai» roi irreprésentable.

L'emplacement de l'Observatoire, «[...] un Edifice que le Roy a fait bastir à la sortie du Faux-bourg S. Jacques en un lieu eminent», selon la légende de Perrault, a été choisi par les membres de la nouvelle Académie des sciences avec grande solennité au solstice d'été de l'année 1667[43]. Son orientation nord-sud fournit une méridienne d'une très haute précision ; les faces des tours octogonales aux angles donnent, dit

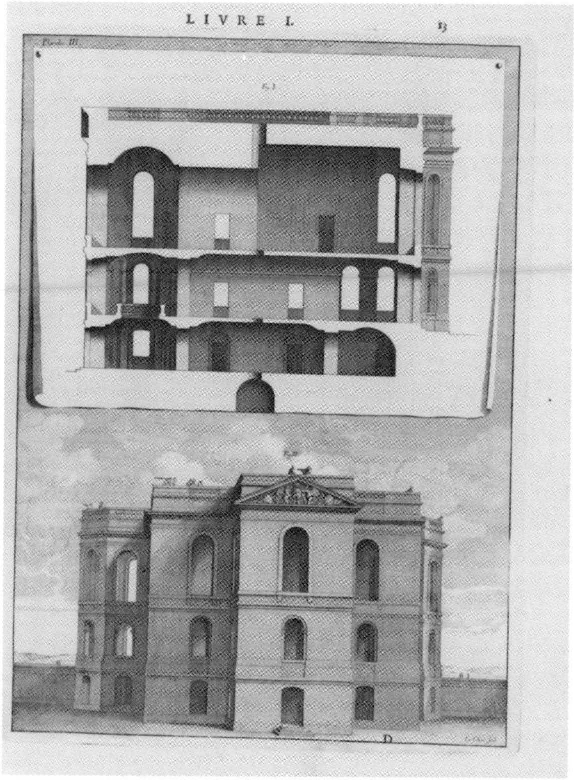

Illustration 7. *Planche III : coupe et perspective de l'Observatoire de Paris, in* Les Dix Livres d'architecture de Vitruve, *traduit par Cl.* PERRAULT, *1673. Collection Centre Canadien d'Architecture/ Canadian Center for Architecture.*

Perrault, le levant et le couchant des équinoxes et des solstices, de même que l'ouverture qui transperce l'édifice de fond en comble donne, précisément, le zénith[44].

Cet édifice « tout savant » est conçu comme un mécanisme d'horlogerie, cela est souligné par les représentations de sa « disposition » que Perrault propose comme modèle de toute représentation architecturale. Ces figures ont pour but, rappelons-le, d'éclaircir l'obscurité du texte de Vitruve et de le soumettre au jugement de la vue, dont l'Observatoire est justement l'emblème absolu[45]. Dans la perspective au bas de la planche III, on peut noter les « observateurs » humains situés sur le toit de l'édifice, dont l'un directement au-dessus du fronton où apparaissent les armes du roi. L'Observatoire figuré sur les planches II et III du Vitruve de Perrault est très austère, plus austère encore qu'il ne l'apparaît en vérité. De plus, les figures le rendent singulièrement *vide*, lui prêtant une vacuité qui transforme le roi, auquel le bâtiment fait explicitement référence, en « état » (façon de se tenir, condition) sans sujet, en automate, en « homme artificiel ». On peut faire l'hypothèse que le célèbre (quoique probablement fictif) constat du roi, « l'État, c'est moi, » serait l'annonce de sa propre disparition[46].

C'est à la page 12, dans la note qui est placée directement en face de cette troisième planche, que Perrault présente pour la toute première fois la distinction entre les beautés positives et les beautés arbitraires, distinction qui signe l'arrachement de l'architecture au fondement naturel traditionnel. Positives sont les beautés « vraies », voire fonctionnelles - solidité, salubrité, commodité - qu'Antoine Picon a perçues avec raison comme formatrices du dessin de l'Observatoire[47]. Arbitraires, donc artificielles, sont toutes les autres beautés, celles qui dépendent uniquement, dit Perrault, de l'autorité et de l'accoutumance. Si le jugement proposé ici est, de toute apparence, esthétique, les images le transforment en prophétie politique.

Terminons avec le cul-de-lampe qui illustre la conclusion du premier livre de Vitruve, au bas de la page 26 du volume de Perrault (ill. 8). Le thème, « La Vérité dévoilée par le Temps » - sujet traité entre autres par Le Bernin dans une de ses œuvres - est un *topos* assez conventionnel[48]. Sans trop entrer dans le détail, notons que dans l'iconographie traditionnelle la « Vérité », en tant que totalité cohérente, demeurait celle des anciens, et le Temps qui normalement la dévoilait était un vieux Saturne, non pas un jeune Apollon, tel qu'on le présente ici, en référence encore une fois au roi Louis XIV. Le roi, bien sûr, est aussi évoqué par le soleil au centre du médaillon, entouré d'une légende latine : *per me quod eritque fuitque estque patet* (« par moi est révélé tout ce qui sera, tout ce qui fut et qui est »). Au bas de la console, le propos de l'exergue est transposé en vers français.

Tout ce que le Passé cache en ses replis sombres
Tout ce que le Présent produit de toutes parts
Tout ce que l'Avenir couvre de ses ombres
Est découvert par mes regards.

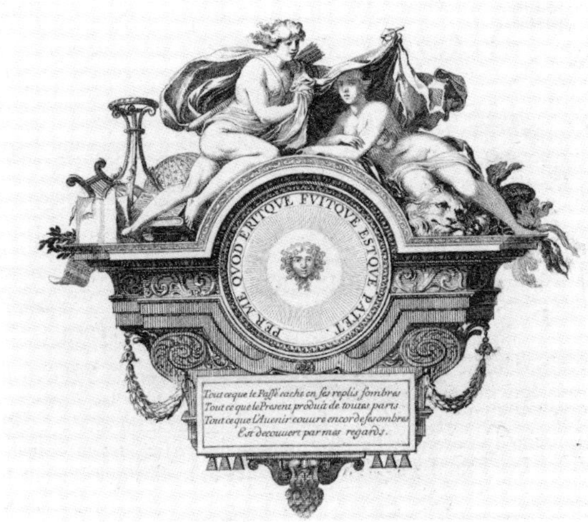

Illustration 8. Cul-de-lampe au bas de la page 26, in Les Dix Livres d'architecture de Vitruve, *traduit par Cl. Perrault, 1673. Collection Centre Canadien d'Architecture/Canadian Center for Architecture.*

L'exergue latin soutient le propos de l'iconographie traditionnelle : le temps révèle la vérité. Mais, dans cette édition française de Vitruve, l'image et les mots français qui accompagnent l'exergue inversent le sens de ce *logos* traditionnel et l'ultime arbitre de la vérité, que *cache* le temps à la suite de cette inversion moderne, devient le regard du roi. Le regard du roi Louis XIV ? Pas tout à fait. Dans la suite des images que nous venons de repérer et surtout dans l'illustration 8, le *vrai* roi, c'est l'Observatoire et le regard puissant de la science symbolisé par l'édifice[49] (voir illustration 1). Les jours du roi lui-même sont comptés.

Notes

Je tiens à remercier Frédéric Pousin d'avoir bien voulu corriger mon expression française.

1. Sur les illustrations de Vitruve, voir Ph. Fleury, Introduction, *Vitruve. De l'architecture. Livre I*, Paris, Collection des universités de France, 1990, p. LXII-LXVIII ; P. Gros, « Les illustrations du *De Architectura* de Vitruve : histoire d'un malentendu », *in* C. Nicolet et P. Gros (dir.), *Les Littératures techniques dans l'Antiquité*, Genève, Fondation Hardt, 1996, p. 19-44 ; M. Carpo, *Architecture in the Age of Printing*, Cambridge, Mass. et Londres, MIT Press, 2001, p. 16-22, traduction française à paraître.

2. Cl. Perrault, *Les Dix Livres d'architecture de Vitruve*. Corrigez et traduits nouvellement en François, avec des Notes & des Figures, Paris, Jean-Baptiste Coignard, 1673 ; réédité avec une préface d'Antoine Picon, Paris, Bibliothèque de l'image, 1995.

3. L'œuvre fondamentale concernant cette période de transition est R. Syme, *The Roman Revolution*, Oxford, Oxford University Press, 1939, traduction française de R. Stuveras, *La Révolution romaine*, Paris, Gallimard, 1967. Pour des bibliographies récentes, voir les IXe (J.A. Crook *et al.*) et X^e^ (Alan K. Bowman *et al.*) volumes de la 2e édition du *The Cambridge Ancient History*, Cambridge, Cambridge University Press, 1994 et 1996.

4. « *Corpus emendatum architecturae* » : Vitruve, *De architectura*, livre IX, chap. VIII, 15. Voir aussi livre II, chap. I, 8 ; livre IV, préface, 1 ; livre V, préface, 5 ; livre VI, préface, 7 ; livre VII, chap. x, 10 ; livre VII, préface, 14 ; livre X, préface, 4 ; livre X, chap. xvi, 12. Le texte latin suivi est celui de l'édition de la Collection des Universités de France (Paris, 1969) pour tous les livres sauf les V et VI, qui ne sont pas encore parus dans cette édition. Pour ces deux derniers, le texte est celui de *Vitruv. Zehn Bücher über Architektur*, traduit et annoté par Dr. Curt Fensterbusch, Darmstadt, Wissenschaftliche Buchgesellschaft, 1964.

5. Sur ces images, voir les auteurs cités, *supra*, note 1.

6. Vitruve, *De architectura*, livre III, chap. i, 3.

7. M. Carpo, *op. cit.*

8. P. Gros, *op. cit.*

9. A.A. Long, « Language and Thought in Stoicism », *in* A.A. Long (dir.), *Problems in Stoicism*, Londres, Athlone Press, 1971, p. 75-112. Voir aussi A.A. Long, *Stoic Studies*, New York, Cambridge University Press, 1996, p. 246 : « *The central insight of he Stoics is that the human soul is a capacity for living as a language animal.* »

10. Sénèque, *Epistulae*, chap. 102, 6-7 ; Pomponius, *Digesta*, livre XLI, chap. 3, 30 ; Sextus Empiricus, *Adversus mathematicos*, chap. 9, 78-79. A.A. Long, *Stoic Studies*, *op. cit.*, p. 224-249.

11. J. Béranger, *Recherches sur l'aspect idéologique du principat*, Basel, F. Reinhardt, 1953, p. 218-252 ; D. Kienast, « *Corpus imperii* », *in* G. Wirth *et al.* (dir.), *Romanitas-Christianitas*, Festschrift [volume en hommage à] J. Straub, Berlin, Walter de Gruyter, 1982, p. 1-17 ; J.S. Richardson, « *Imperium romanum* : Empire and the Language of Power », *The Journal of Roman Studies*, 81, 1991, p. 1-9. Voir aussi I.K. McEwen, *Vitruvius: Writing the Body of Architectur*, Cambridge, Mass. et Londres, MIT Press, 2003, ch. iv.

12. Sextus Empiricus, *Adversus mathematicos*, 7, 38-42, A.A. Long, « Language and Thought... », *op. cit.*, p. 98-103.

13. Par exemple, si un médecin mentait pour le bien de son patient, ou un général pour encourager ses soldats, la vérité, en tant que corps et valeur cohérente, n'était pas trahie, mais plutôt soutenue et même augmentée.

14. Cicéron, *De finibus*, 3.74, A.A. Long, « Language and Thought... », *op. cit.*, p. 103 ; G. Striker, « Following Nature : a Study in Stoic Ethics », *Oxford Studies in Ancient Philosophy*, 9, 1991, p. 2-13.

15. Vitruve, *De architectura*, livre VI, chap. i, 11.

16. L. Callebat *et al.*, *Vitruve. De Architectura. Concordance*, Hildesheim, G. Olms, 1984.

17. Vitruve, *De architectura*, livre I, chap. iii, 1.

18. I.K. Mc Ewen, *op. cit.*

19. Sur l'urbanisation augustéenne, voir J. Alarcão (dir.), *Symposion de ciudades augusteas: Bimilineario de la colonia Caesaraugusta*, Saragosse, Talleres editoriales libreria general, 1976 ; D. Kienast, *Augustus, Prinzeps und Monarch*, Darmstadt, Wissenschaftliche Buchgesellschaft, 1982, p. 336-365 ; C. Goudineau et A. Rebourg (dir.), *Les Villes augustéennes de Gaule*, Autun, Société éduenne des lettres, sciences et arts, 1991 ; P. Gros, « Les nouveaux espaces civiques du début de l'Empire en Asie Mineure, les exemples d'Éphèse, Iasos et Aphrodisias », *in* C. Roueché et R.R. Smith (dir.), *Aphrodisias Papers*, III, Ann Arbor, Michigan, *Journal of Roman Archaeology, 1996*, p. 111-120 ; G. Woolf, *Becoming Roman : the Origins of Provincial Civilization in Gaul*, Cambridge, Cambridge University Press, 1998, p. 106-168. Pour une synthèse et des références additionnelles, voir I.K. Mc Ewen, *op. cit.*, chap. iv.

20. J. Rykwert, *The First Moderns*, Cambridge, Mass. et Londres, MIT Press, 1980 ; A. Pérez Gómez, *Architecture and the Crisis of Modern Science*, Cambridge, Mass. et Londres, MIT Press, 1983 ; A. Picon, *Claude Perrault, 1613-1688, ou la Curiosité d'un classique*, Paris, Picard, 1988. Voir aussi W. Herrmann, *The Theory of Claude Perrault*, Londres, A. Zwemmer, 1973 ; I. K. Mc Ewen, « Claude Perrault : Modernising Vitruvius », *in* V. Hart (dir.), *Paper Palaces : The Rise of the Renaissance Architectual Treatise*, New Haven et Londres, Yale University Press, 1998, p. 320-337 ; M. Petzet, *Claude Perrault und die Architectur des Sonnenkings*, Munich et Berlin, Deutscher Kunstverlag, 2000.

21. Cl. Perrault, *Mémoires de ma vie*, éd. de P. Bonnefon, Paris, Librairie Renouard, 1909, rééditée avec une préface d'Antoine Picon, Paris, Macula, 1993, p. 14 et 239-243 ; C. Wolf, *Histoire de l'Observatoire de Paris, de sa fondation à 1793*, Paris, Gauthier-Villars, 1902 ; M. Petzet, « Claude Perrault als Architekt des Pariser Observatoriums », *Zeitschrift für Kunstgeschichte*, XXX/1, 1967, p. 1-54 et M. Petzet, *Claude Perrault und die Architectur...*, *op. cit.*, p. 355-398 ; A. Picon, *Claude Perrault, 1613-1688*, *op. cit.*, p. 15-34 et 197-222.

22. Cl. Perrault, *Les Dix Livres d'architecture de Vitruve*, *op. cit.*, préface.

23. Cl. Perrault, *Ordonnance des cinq espèces de colonnes*, Paris, Jean Baptiste Coignard, 1683, p. 105-106 ; I.K. Mc Ewen 1998, *Claude Perrault : Modernisation Vitruve*, *op. cit.*, p. 333-337.

24. A. Furetière, *Dictionnaire universel, contenant généralement tous les mots françois*, 2e édition, La Haye, Pierre Husson *et al.*, 1727 ; première édition 1684 ; rééd. Hildesheim, G. Oms, 1972, entrée « Vérité ».

25. Cl. Perrault, *Les hommes illustres qui ont paru en France pendant ce siècle*, Paris, Antoine Dezaller, 1697-1670 ; rééd. Genève, Slatkine Reprints, 1970.

26. G. Perelle, *Vues des belles maisons de France fait par Perelle*, Paris, N. Langlois, 1660-1679, légende au bas de la planche 45 où est représenté l'Observatoire ; F. Lecomte, *Cabinet des singularités d'architecture, peinture, sculpture et gravure*, Paris, Étienne Picart, 1699-1700, rééd. Genève, Minkoff Reprints, 1972, notice sur Claude Perrault ; P. Hurtaut, *Dictionnaire historique de la ville de Paris*, Paris, Moutard, 1779, rééd. Genève, Minkoff Reprints, 1973, p. 664.

27. J. Errard, *La fortification demonstrée et reduicte en art*, Paris, 2e éd., 1620, dédicace « Au Roy ».

28. A. Félibien, « Le Portrait du Roy » dans *Recueil de descriptions de peintures et d'autres ouvrages faits pour Le Roy*, Paris, La veuve de Sebastien Mabre-Cramoisy, 1689, p. 71-94 ; L. Marin, *Le Portrait du roi*, Paris, éd. de Minuit, 1981. C'est R. Demoris qui affirme que l'essai a été écrit en 1663 dans « Le corps royal et l'imaginaire au xviie siècle : *Le Portrait du Roy* par Félibien », *Revue des sciences humaines*, 44/172, 1978, p. 23.

29. A. Félibien, *op. cit.*, p. 88.

30. A. Furetière, *op. cit.*, entrée « Âme ».

31. *Histoire de l'Académie royale des sciences depuis 1666 jusqu'à 1699*, Paris, Compagnie des libraires, 1729-1733, I, p. 43 ; note autographe de Claude Perrault, dans J.-B. Colbert, *Lettres, instructions et mémoires de Colbert*, Paris, P. Clément, 1861-1882, V, p. 516.

32. Cl. Perrault, *Les Dix Livres d'architecture de Vitruve*, *op. cit.*, p. 1 ; la basilique de Fano est décrite par Vitruve dans *De*

architectura, livre V, chap. I, 5-10 (p. 144-147 dans la traduction de Perrault). La planche XL de la page 146 de la traduction de Perrault en donne une vue intérieure, avec sa voûte.

33. Cl. PERRAULT, *Les Dix Livres…*, *op. cit.*, p. 144-45, note 2.

34. CICÉRON et le *Corpus rei publicae* : *De inventione* 2.168 ; *Pro Murena* 51 ; *Philippiques* 8.15 ; *De officiis* 1.85, 3.22, 3.32.

35. *Architecture, ou, Art de bien bastir de Marc Vitruve Pollion, autheur romain antique ; mis de Latin en Francoys par Ian Martin*, Paris, Iaques Gazeau, 1547.

36. Q. SKINNER, « From the State of Princes to the Person of the State », *Visions of Politics II*, Cambridge, Cambridge University Press, 2002, p. 368-413.

37. *Ibid.*, p. 394-404.

38. T. HOBBES, *Leviathan*, Londres, Andrew Crooke, 1651, chap. XIII, p. 89 dans l'édition de R. Tuck, Cambridge, Cambridge University Press, 1996 ; trad. fr., F. Trécaud, Paris, éd. Sirey, 1971.

39. *Ibid.*, introduction, p. 9 dans l'édition de R. Tuck.

40. VITRUVE, *De architectura*, livre I, chap. II, 2 ; Cl. PERRAULT, *Les Dix Livres…*, *op. cit.*, p. 9-10.

41. Le terme *sciographia* est celui de Daniele Barbaro, qui l'avait substitué au *scaenographia* de Vitruve. Barbaro voulait que la *sciographia* (*scaenographia*) réfère à l'élévation rendue avec des ombres. Voir Cl. PERRAULT, *op. cit.*, p. 10, note 1, et *I dieci libri dell'architettura di M. Viruvio ; tradotti e commentati da Daniel Barbaro*, Venise, Francesco de Franceschi et Giovanni Chrieger, 1567.

42. *Di Lucio Vitruvio Pollione De architectura libri dece traducti de Latino in vulgare affigurati : commentati & con mirando ordine isigniti*, Come, P. Magistro Gotardus da Pote, 1521.

43. Cl. PERRAULT, *Les Dix Livres…*, p. 10 ; *Histoire de l'Académie royale des sciences*, *op. cit.*

44. Note autographe de Claude PERRAULT dans J.-B. COLBERT, *op. cit.*

45. A. FURETIÈRE, *op. cit.*, entrée « Observer » : « Observer se dit plus particulièrement & absolument des astres. » Voir aussi entrée « Absolument » : « Souverainement, indépendamment, avec une autorité absoluë […] Il signifie, Imperieusement & decisivement. »

46. Le constat est cité pour la première fois et sans référence par J.A. DULAURE, *Histoire physique, civile et morale de Paris*, Paris, 1824, VI, p. 306.

47. A. PICON, *op. cit.*, p. 212.

48. Sur ce thème, voir F. SAXL, « *Veritas filia Temporis* », *in* R. KLIBANSKY et H.J. PATON (dir.), *Philosophy and History : Essays Presented to Ernst Cassirer*, Oxford, The Clarendon Press, 1936, p. 197-222 ; A. PIGLER, *Barockthemen : eine Auswahl von Verseichnissen sur Ikonographie des 17. und 18. Jahrhunderts*, Budapest, Akadémiai Kiado, 1974, II, p. 524-527. Sur la sculpture du Bernin, voir M. WINNER, « Berninis "*Verità*" », *in* T. BUDDENSIEG et M. WINNER (dir.), Munuscula discipulorum : *Kunsthistorische Studien, Hans Kauffmann sum 70. Geburtstag*, Berlin, B. Hessling, 1968, p. 393-413 ; I. LAVIN, *Bernini and the Unity of the Visual Arts*, New York, Oxford University Press, 1975, p. 70-74 ; R. WITTKOWER, *Bernini : the Sculptor of the Roman Baroque*, 4e éd., Londres, Phaidon Press, 1997, note 49.

49. Sur le frontispice des *Mémoires pour servir à l'histoire naturelle des animaux*, œuvre scientifique de Claude Perrault publiée à l'Imprimerie royale en 1671 deux ans avant sa traduction de Vitruve, Louis XIV rend visite à l'Académie des sciences réunie dans la bibliothèque du roi (voir ill. 1). L'Observatoire alors en chantier paraît à travers la fenêtre pour représenter le double du roi et jouer le même rôle ordonnateur que sur le frontispice du Vitruve de Perrault. Dans sa préface au premier ouvrage, la préoccupation principale de Perrault est, précisément, la revendication de l'observation comme voie d'une vérité qui n'est plus celle des anciens.

PARTIE II.

Cartographier/produire la ville

Si les travaux menés au titre de l'analyse urbaine ont permis de construire un champ d'interrogation sur les tracés urbains, leur genèse, leur fonction et leur signification dans la production de la ville[1], de nombreux travaux en histoire et épistémologie de la géographie ont, depuis lors, permis de reconsidérer les rapports que la carte entretient avec le territoire qu'elle représente[2]. Informés par une approche critique et théorique de la représentation, ces travaux ont conduit à inscrire la cartographie dans les processus de *territorialisation*, au sens d'ensembles d'opérations techniques et symboliques par lesquels les sociétés marquent leurs espaces, se les approprient, en leur donnant sens et identité[3]. Ainsi s'est vu éclairé un pan entier de la dimension productive des cartes.

Parallèlement, la cartographie a été réinvestie par les artistes du *land art* pour faire apparaître les dimensions à la fois réflexives et créatrices de la carte, révélant son potentiel d'interprétation et de transformation du territoire[4].

En architecture en général et dans la littérature anglophone en particulier, la valeur générative du tracé cartographique a fait l'objet d'investigations approfondies, comme l'expose Marc Dorrian. Pour d'autres, le paradigme cartographique semble pouvoir offrir aujourd'hui un modèle de description efficace et un modèle théorique, à l'intérieur duquel il est possible d'étudier les figures et le fonctionnement d'un imaginaire cartographique de l'architecture[5]. Il faudrait ici aussi évoquer la relation problématique du tracé et du site en urbanisme. Dans une étude consacrée à la cité industrielle de Tony Garnier, Pieter Uyttenhove a montré qu'un projet, si emblématique d'une utopie soit-il, peut néanmoins être fondé sur un territoire existant[6].

Au travers des chapitres rassemblés ici, seront examinés les liens entre les formes de description de la ville existante et celles de la ville projetée. Existante ou imaginée, la ville représentée est une construction intellectuelle. Comme l'ont montré les historiens de la cartographie, une projection plane est avant tout un construit, dont les procédures dépendent certes de l'état du savoir géographique, mais aussi plus largement du cadre épistémologique dans lequel la carte s'inscrit, en particulier du régime de représentation dont elle participe[7].

Les différentes études explorent les processus de figurabilité du projet architectural et urbain. Le processus est, on le verra, approprié à un régime de représentation qui n'est pas uniquement redevable au visible et qui doit être rapporté à son ancrage épistémologique et aux situations sociales et politiques au sein desquelles il opère.

Pour Panayotis Tournikiotis, le processus de figuration ne peut être envisagé qu'en distinguant différentes catégories d'images. Tandis que la photographie aérienne, par sa valeur indiciaire, témoigne de ce qui a été, le plan de ville exige nécessairement de réduire l'information. Mais la véritable ligne de partage passe entre ville existante et ville projetée. À la différence de la ville existante, dont les représentations sont nécessairement multiples et éphémères au vu de l'évolution de la ville, la ville projetée est fondée sur une figure unique qui s'incarnera dans une diversité de situations. Une telle figure marquera par la persistance de ses traces l'évolution de la ville.

Mark Dorrian explore les sources de l'intérêt très actuel pour les formes et procédés cartographiques ainsi que leur valeur «générative» dans les projets d'architecture contemporaine. Bien que l'engouement pour les «stratégies cartographiques» relève de systèmes de valeurs divergents, de telles valeurs se démarquent des valeurs «humanistes» définissant les systèmes précédents. L'auteur fait alors l'hypothèse d'un véritable «tournant cartographique» qu'il tente de caractériser d'un point de vue historique et idéologique. Il en interroge d'abord les conditions de possibilité dans l'ordre de la représentation, puis il examine les réponses à la crise du sens qui a frappé l'architecture dans les années 1960, à travers l'œuvre de deux architectes, Daniel Libeskind et Peter Eisenman. Ainsi s'éclairent les orientations productivistes, antisymboliques de l'architecture contemporaine et le surinvestissement dans la figure du diagramme au sein des discours sur l'architecture.

Le «plan Voisin» de Le Corbusier constitue une icône de l'urbanisme moderne en même temps qu'il incarne un rapport radical au site. Analysant les figures de description du site et leur usage au sein du projet, Denis Delbaere montre que Le Corbusier appuie son projet pour Paris sur des tracés cachés que révèle la photographie aérienne du centre. Ce procédé lui permet de disqualifier le centre de Paris, d'en faire un matériau neutre qu'il manipule librement, comme en témoigne le réemploi des vues photographiques dans divers photomontages du projet. L'analyse des figures de description fait apparaître une logique qui vise successivement la disqualification, puis l'abstraction, et enfin la structuration de ce site.

L'impact de la cartographie dans la production théorique de l'architecture est étudié par Riccardo Palma. La carte y a partie liée tant avec la production du sens qu'avec le processus de projet. En outre elle joue un rôle d'opérateur de transfert moyennant un «détournement épistémologique» qui libère la figure cartographique de sa valeur cognitive originelle. Deux études de cas servent de support à la démonstration: l'usage fait par les architectes du mouvement situationniste des représentations cartographiques issues des travaux des géographes et sociologues français, d'une part, l'emploi des cartes fonctionnelles produites par les géographes de l'École de Chicago, dans la théorie de «*la citta per parti*» formulée par Aldo Rossi, d'autre part.

Ainsi, la figure cartographique apparaît comme un opérateur d'inscription participant de la configuration du projet suivant des modalités variées. Elle est également un véhicule de transfert disciplinaire concernant la connaissance et l'action sur la ville. Enfin, en tant que figure spatiale, elle permet de mettre en relation des phénomènes temporellement dissociés.

Frédéric Pousin

NOTES

1. Cf. P. PANERAI, J.-C. DEPAULE, M. DEMORGON, *Analyse urbaine*, Paris, Parenthèses, 1980, rééd. complétée 1999; P. PINON, *Composition urbaine*, t. I, *Repères*, t. II, *Projets*, Paris, éd. du STU, 1992; R. PALMA, *L'immaginario cartographico dell'architettura*, Bergame, Technograph, 2002.

2. C. JACOB, *L'Empire des cartes*, Paris, Albin Michel, 1992; D. COSGROVE (dir.), *Mappings*, Londres, Reaktion Books, 1999; F. FARINELLI, *I segni del mondo. Immagine cartografica e discorso geografico in età moderna*, Florence, La Nuova Italia, 1992; J. BOUTIER (avec la coll. de J.-Y. SARAZIN et M. SIBILLE), *Les Plans de Paris des origines (1493) à la fin du XVIIIe siècle*, Paris, BNF, 2002; J.-M. BESSE, *Face au monde*, Desclée de Brouwer, 2003,

3. L. CAMBREZY, R. DE MAXIMY (dir.), *La Cartographie en débat. Représenter ou convain*cre, Karthala, Orstom, Paris, 1995; B. DEBARBIEUX, M. VANIER (dir.), *Ces territorialités qui se dessinent*, Paris, éd. de l'Aube, Datar, 2002.

4. C. BUCI-GLUCKSMANN, *L'Œil cartographique de l'art*, Paris, Galilée, 1996; G. TIBERGHIEN, *Nature, art, paysage*, Arles, Actes Sud, 2001.

5. R. PALMA, *op. cit.*

6. P. UYTTENHOVE, «Au fond de la cité industrielle: Givors», *in* A. CHARRE (dir.), *Les Nouvelles Conditions du projet urbain*, Liège, Mardaga, 2001, p. 17-27.

7. C. JACOB, *op. cit.*

Chapitre IV

La terre et le papier

Panayotis Tournikiotis

> […] par IMAGE, on entend cette espèce de Métaphore, qui, pour donner de la couleur à la pensée, et rendre un objet sensible s'il ne l'est pas, ou plus sensible s'il ne l'est pas assez, le peint sous des traits qui ne sont pas les siens, mais ceux d'un objet analogue. […] L'IMAGE suppose une ressemblance, renferme une comparaison ; et de la justesse de la comparaison dépend la clarté, la transparence de l'IMAGE.
> Nicolas Beauzée, article « Image » de l'*Encyclopédie*.

Le mot *image* doit être rattaché à la racine de *imitari*[1]. Pour nos dictionnaires modernes, l'*image* est « ce qui imite, ce qui ressemble, ressemblance[2] » ou bien la « représentation d'une personne ou d'une chose par la peinture, la sculpture, le dessin etc.[3] ». L'*image* est re-présentation de la chose, re-présentation de la terre, de la ville et souvent de leurs images aussi, en devenant re-présentation au second degré.

Le plan d'une ville est une image qui renferme des significations susceptibles d'analyses et de lectures multiples. *Le plan de la ville n'est pas une image neutre, objective.*

Il ne s'agit pas d'une photographie, dont l'irréalité développée sur le papier, son *être-ici* devant nos yeux, est enrobée d'une réalité incontestable (l'*avoir-été-là* devant les faits), réalité essentiellement personnelle par le choix de la présence et de la prise de vue, quoique mécaniquement captée sur la pellicule, à l'abri de tout codage culturel (ill. 1).

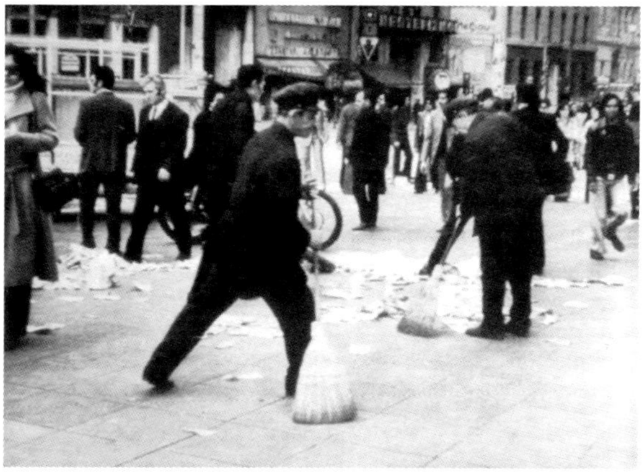

Illustration 1*. Lendemain d'élections à Athènes. Photo des années 1920.*

Il ne s'agit pas non plus d'une photographie aérienne, dont la prise frontale, totalement mécanique, sans truquage ni cadrage spécifique, garantit l'objectivité, en étant l'enregistrement neutre de la réalité : un ensemble de messages sans code (ill. 2).

L'éventualité de l'*avoir-été-là* face à la réalité, sujet regardant, acteur potentiel, est tout simplement évacuée de la photographie aérienne : le naturel est absent. Le point de vue, ce lieu parfaitement réel à partir duquel le regard pourrait embrasser et « fouiller » la ville en tant qu'ensemble et totalité, est extérieur à la ville, inaccessible à ses habitants. C'est un lieu qui appartient à l'œil divin, au regard souverain du pouvoir. Et l'image de la ville captée à partir de ce lieu – la photographie aérienne – est d'emblée une image cachée, presque magique et souvent interdite. C'est la représentation de la ville qui réunit objectivement des messages, des informations sans sélection ni codage, une représentation qui se libère donc du sujet regardant et peut se donner comme la seule image de la ville qui exclut toute idéologie.

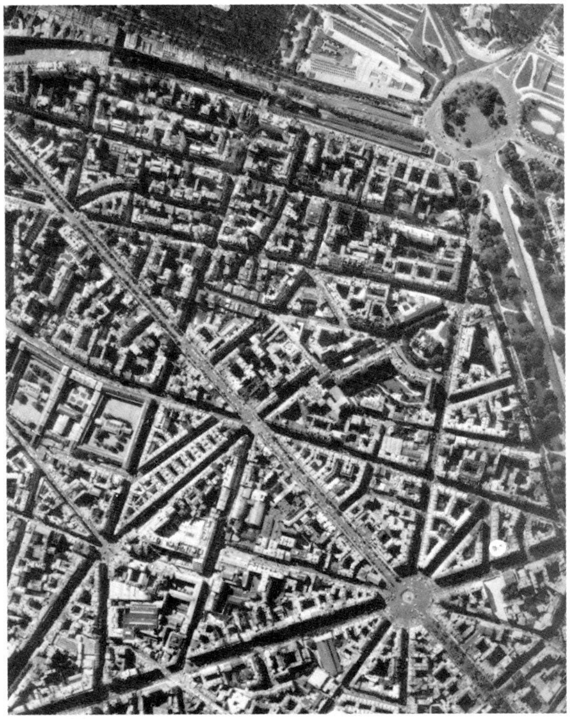

***Illustration 2**. Photo aérienne des quartiers de l'Ouest de Paris. Source :* Paris Projet *10-11, p. 98. © IGN Photothèque nationale.*

Le plan de la ville est bien autre chose. À l'image sur-naturelle de la photographie aérienne, il substitue la re-présentation par l'intermédiaire de la culture. *Le plan ne reproduit pas tout.* Il s'établit par l'intermédiaire d'un sujet, d'une culture, pour transmettre des informations, des messages plus ou moins consciemment sélectionnés, à l'aide de signes discontinus et de règles de transformation analogique, qui sont historiques et nécessitent un apprentissage. C'est une construction mentale, une mise en figure qui entreprend la représentation d'une totalité non perceptible en tant que telle, totalité qui échappe au visible et rencontre le discursif. Ainsi, les nombreux plans qui représentent la même ville se différencient entre eux par les messages qu'ils veulent transmettre, par le découpage de la réalité qu'ils entreprennent, par les règles de transposition analogique de cette réalité en image et par la facture même du dessin. Par conséquent, *tous les plans de la ville ne sont pas identiques*. Pour mieux saisir leurs significations, nous proposons leur distinction en deux niveaux de lecture opposés :

- d'une part, *la représentation de la ville existante*, établie à partir d'un *lieu* - « relevé » d'éléments réels qui constituent, après leur mise analogique sur le papier, une image de la ville déjà construite-et-habitée (ill. 3) ;

- de l'autre, *la représentation de la ville inexistante* (projetée), établie à partir d'un *non-lieu* - « relevé » d'éléments mentaux qui constituent, après leur mise analogique sur le papier, une image de la ville-à-venir.

Le projet de réaménagement ou de restructuration de la ville existante est une superposition de ces deux niveaux. Nous pourrions y reconnaître un troisième réunissant leurs caractéristiques principales dans une imbrication inévitablement complexe, mais nous avons préféré nous limiter à cette dichotomie essentielle pour mieux marquer l'opposition.

Quel que soit le cas, nous sommes régulièrement confrontés, dans nos recherches et nos travaux, à plusieurs plans qui, tout en étant des représentations fragmentaires de la même ville, ne se recoupent que partiellement. Leur nombre et leur diversité, qui sont généralement imposés par la différence dans le découpage de la réalité et la multiplicité des aspects représentés, nous amènent à distinguer deux autres niveaux de lecture :

- d'abord, *les plans « clairs »*, comme le tracé des rues, le parcellaire, la représentation volumétrique des constructions, la répartition de divers équipements, des lieux de commerce, des monuments, etc., c'est-à-dire des plans qui mettent sur le papier des informations "évidentes", parce que virtuellement perceptibles par n'importe qui, à l'échelle de la vie quotidienne (ill. 4) ;

- ensuite, *les plans « obscurs »*, comme les divers réseaux, dont certains sont souterrains, les répartitions socio-économiques de la population et autres statistiques, les réglementations administratives de la construction, etc., qui échappent à l'« évidence » de la perception, même si tout le monde en a une vague image et y participe quotidiennement, d'une manière ou d'une autre (ill. 5).

Cette distinction, qui constitue le fonds commun de la précédente, reste en partie secondaire pour celui qui représente - celui qui *sait* ou qui *peut* représenter -, dont le regard se déploie sur la ville et s'imprime sur le

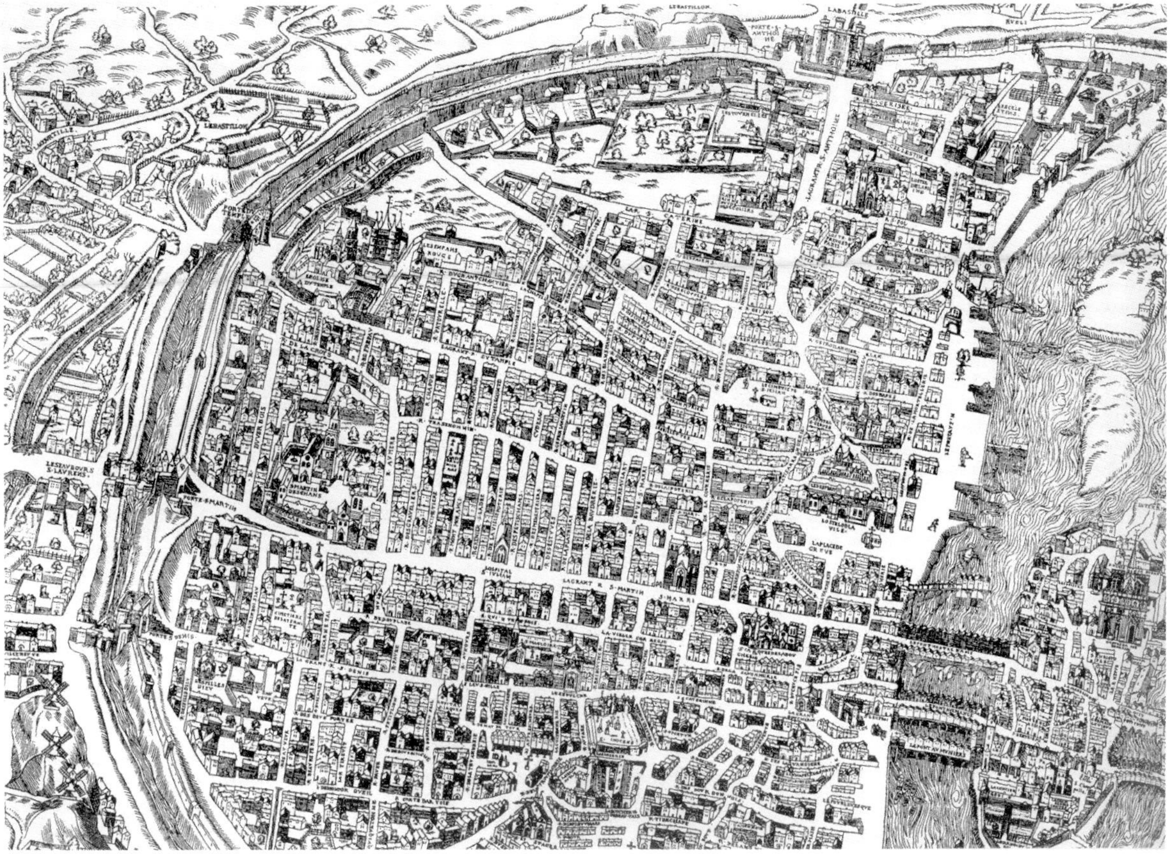

***Illustration 3**. La rive droite de Paris vers 1550. Plan de Truschet et Hoyau dit « Plan de Bâle ». Source :* Paris Projet *2, p. 54. © BHVP.*

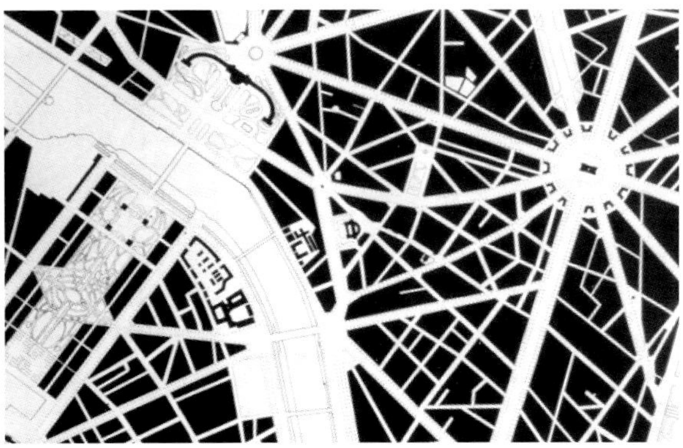

***Illustration 4**. Plan de Paris entre Étoile et Trocadéro. © BHVP.*

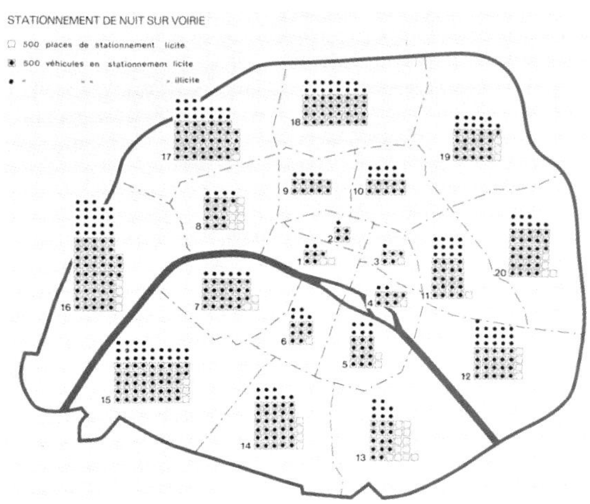

***Illustration 5**. Paris. Stationnement de nuit sur voirie (licite/illicite) - SDAU. Source :* Paris Projet *19-20, p. 59. © APUR.*

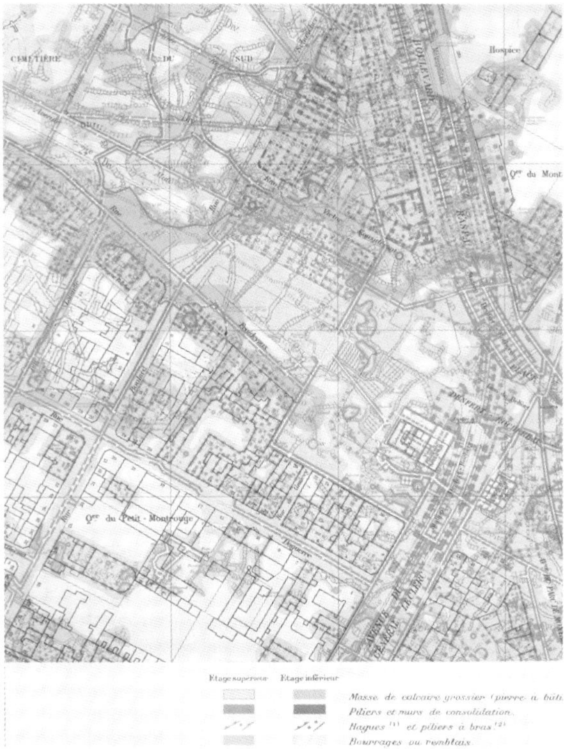

Illustration 6*. Plan des carrières souterraines de Paris. Source :* Paris Projet *3, p. 19. © APUR.*

papier sans vraiment différencier l'« évidence claire » de l'« évidence obscure » (ill. 6). En revanche, son importance est décisive pour tous les autres, dont la ville est écrite sur le papier au moyen de signes qui renvoient de manière analogique au visible, dans sa forme de constituant « reconnaissable ». Les plans de la ville renferment des éléments qui dépendent de leur destinataire. Par conséquent, leur contenu dépend à la fois des moyens utilisés pour représenter la complexité réelle sur le papier et des acquis disponibles pour déchiffrer les signes de cette représentation.

De toute évidence, *les plans de la ville existante* sont des images destinées à faire comprendre clairement certains systèmes de signes. Les plans de tourisme en sont un exemple remarquable, d'autant plus que leur caractère intentionnel est explicite et soutenu par le texte de guides. La ville, découpée et représentée, s'offre à la lecture de ses visiteurs ; et c'est bien ce plan nécessairement « clair » qui sera effectivement visité, dans la limite de parcours généralement préétablis. Parfois, ce sont des parcours flexibles qu'il faut construire soi-même en liant les nœuds reconnaissables des sites à voir sur un plan d'ensemble qui met en relief ses éléments singuliers. D'autres fois, ce sont des parcours prédécoupés qui font abstraction de la grande masse des villes à ne pas voir, en travaillant à l'inverse des figures utilisées par Kevin Lynch dans son *Image de la cité*[4]. La situation n'est pas fondamentalement différente dans les divers *plans de ville* qui ont la forme de petits livres indispensables à ceux qui voudraient dépasser les terrains familiers de leurs quartiers sans risquer de se perdre dans les labyrinthes de nos métropoles contemporaines. Il en va de même pour toute sorte de représentation « claire » ou « obscure », imprimant sur le papier un état conditionné du monde réel. L'essentiel, dans tous ces plans, c'est que *leur point de départ commun est la ville déjà construite et habitée*, une ville en progrès, qui s'immobilise instantanément par un artifice conceptuel et se fixe, se met en figure, par l'intermédiaire d'une grille de lecture, d'un codage.

Les plans de la ville inexistante sont eux aussi des images destinées à faire comprendre clairement certains systèmes de signes. Mais cette fois, la chose est totalement différente. Si l'on écarte l'utopie explicite, peinture ou fiction, qui dépasserait notre préoccupation, la représentation de la ville inexistante serait un projet soutenu par une *idée de ville qui n'a pas*, comme dans le cas précédent, *un seul point de départ*. Concevoir le plan, construire l'image d'une ville nouvelle, d'une extension ou bien d'un réaménagement de la ville existante, est une opération dont les présupposés se réfèrent au domaine immense des idées et des expériences reçues de réalités très diverses. La représentation de la ville inexistante devrait donc être virtuellement celle de *toutes les villes déjà vues* (en réalité ou en image), de *toutes les villes déjà lues ou rêvées*, avant d'être celle de la ville-à-venir. Son plan est la représentation d'une situation mentale, d'une culture ; ses signes sont « relevés », non pas d'un lieu donné, comme dans le cas précédent, mais d'un non-lieu peu précis, dont l'étude est indissociable de celle du lieu visé, concerné. D'autant que plusieurs « images » (projets ou contre-projets) se rencontrent souvent devant leurs objets communs et se confrontent parfois quand il s'agit d'en choisir une - c'est le cas des concours où les figures juxtaposées de l'absence font ressortir la définition de la présence. En fait, l'essentiel dans la représentation de la ville inexistante, c'est qu'elle constitue *le* point de départ de cette structure complexe qu'est la ville existante.

Les représentations *multiples* de la ville existante, tout au long de son évolution, sont des abstractions éphémères qui dérivent de tentatives de lecture de sa complexité insaisissable. À l'inverse, la représentation *unique* qui se trouve à l'origine de la ville inexistante est celle d'une abstraction, d'une idée de ville qui conditionne, par l'impression de ses traces sur la terre et la persistance consécutive du plan sur les lieux, l'évolution de la ville qui s'y construit. C'est le cas de nombreuses villes, parmi lesquelles l'Athènes moderne, qui fut développée au XIXe siècle à partir d'un plan néoclassique en trident - celui qui domine toujours la forme et le tissu de la ville contemporaine. Cette représentation originale et unique de la ville encore inexistante - son plan initial - est soumise, en tant que support de la complexité urbaine qui va y prendre vie, à des glissements successifs, des déformations et des reformations importantes qui se «cachent» derrière la continuité apparente et unifiante d'une succession de plans toujours actuels. Des plans «instantanés» qui «cachent» en même temps la clarté unique de la forme initiale. À Athènes comme ailleurs, le plan générateur fut partiellement appliqué sur le terrain historique, lui aussi partiellement bâti, et la ville n'a pas cessé depuis de s'agrandir et de se modifier, de telle manière que nous disposons de centaines de figures qui représentent le même objet sans être les mêmes. Voilà assurément la différence capitale dans la représentation des villes: les relevés multiples de leur situation existante se trouvent toujours en décalage.

En effet, *voir la ville* est une opération visuelle nécessairement actuelle qui exclut toute sorte de représentation (ill. 7). Mais la perception de ce monde réel est à la fois synchronique et fragmentaire; elle appartient inévitablement au présent, à la faculté de voir du sujet, qui n'est pas et ne peut pas être médiatisée.

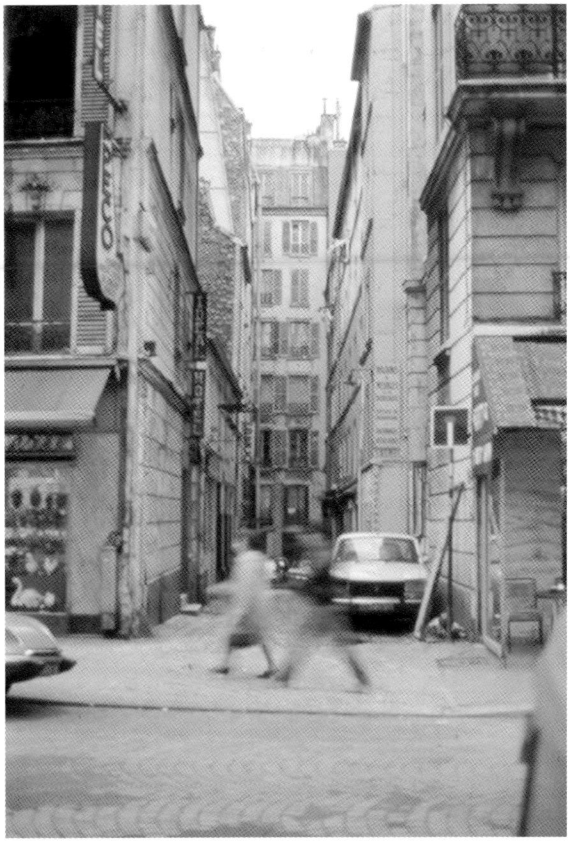

***Illustration 7**. Paris dans les années 1970. Photo de P. Tournikiotis.*

En revanche, *voir un plan de la ville actuelle*, ce n'est pas voir la ville elle-même. C'est voir une figure totalisante, voir une représentation - manifestement «invisible» - de la réalité. Or, la perception de cette figure n'équivaut pas du tout à la perception de la ville. Elle est une opération libérée du champ de la vision proprement dite pour travailler dans le champ des signes. La perception de cette image totalisante est synchronique par rapport à elle-même et par rapport à l'état de la ville figée sur le papier, mais elle se trouve en décalage définitif par rapport à la ville réelle incessamment actuelle. En d'autres mots, n'importe quel plan de la ville actuelle est un *plan déjà passé*. Le présent de la ville, inévitablement fugitif, appartient à la perception directe de la réalité. Le présent de l'image, indiscutablement stabilisé, appartient doublement au passé: premièrement en tant que présent unique (et métaphorique) d'une représentation établie dans un temps passé; ensuite en tant que présent des perceptions et des lectures renouvelées d'une image de ville déjà passée. Dans les deux cas, la ville et sa représentation se trouvent en décalage. C'est ce décalage qui fait qu'il n'y a qu'une seule terre pour un nombre immense de papiers. Toutefois, pour *reconnaître* autant que pour *faire naître* la ville, nous sommes obligés de faire appel à sa figuration graphique, de mettre devant nos yeux du papier.

Notre impossibilité de percevoir et de gérer la grande ville en tant que terre, en tant que réalité, est nécessairement reflétée dans la médiation de la figure, qui se présente comme une réalité analogue. Or cette analogie manifeste cache en elle-même une différence fondamentale : le fait que l'on ne dessine pas la ville, mais le plan de la ville. Une feuille de papier conforme se substitue à la ville de telle manière que le papier devienne en fin de compte la réalité de la ville. On pourrait même dire une *hyperréalité*. Nous pouvons mieux saisir la situation dans le cas des plans « obscurs », tels ceux des réseaux des communications, des égouts et d'électricité, en l'absence desquels la réalité quotidienne de la ville s'effondre. Ce n'est pas seulement la perte de la situation géographique des lignes, des câbles et des tuyaux, mais bien plus que cela : c'est l'ensemble de leur mise en rapport qui se met en suspens par l'absence des éléments et des clés qui permettent le décodage du fonctionnement du réseau. Dans nos grandes villes, c'est le papier qui domine la terre, il est bien plus réel que la terre. En son absence, la complexité réelle de la ville est un labyrinthe sans issue. D'ailleurs, dans les grandes villes où nous vivons, il est des quartiers entiers qui existent, dans le sens officiel de la collectivité, puisqu'ils sont marqués sur les plans, mais leur existence réelle s'est éclipsée de notre conscience collective. Et, à l'inverse, il est des rues et des places, des îlots et des espaces libres qui font figure officielle, mais n'ont pas de lieu réel. La ville décrétée n'a pas toujours existé.

L'hyperréalité du plan, du papier, dans sa forme nécessairement décalée, constitue donc la *différence* essentielle, qui s'avère dominante si nous prenons conscience qu'il est désormais impossible de lancer n'importe quelle opération ponctuelle ou globale ni de gérer la ville sans la médiation de ses plans. La réduction du réel en représentation, de la terre en papier, se présente comme un présupposé de la réalité du réel. En quelque sorte, c'est la représentation qui offre l'existence à la matière visible. C'est bien elle qui socialise et communique la ville à ses habitants. Tous ceux qui ont travaillé pour saisir la masse urbaine de capitales comme Athènes ne s'étonneront pas de l'absence de certains quartiers dans ce que l'on appelle un « plan de ville », ni de la représentation de rues et d'îlots qui n'existent pas encore ou qui n'existeront jamais.

Les plans de ville sont d'une certaine manière des *transparences* qui devraient nous permettre de voir en filigrane, avec une profondeur inimaginable, l'ensemble de ces plans complémentaires superposés, constituant ce que nous pourrions appeler son image discursive totale. Les plans sont des *filtres* qu'il faut manier selon les règles, en gardant conscience de leurs qualités sans oublier leur condition fragmentaire – puisque la ville ne peut pas être reconstituée par la superposition de ces filtres. Sa réalité tridimensionnelle ne résulte pas du volume des plans complémentaires, malgré la précision et la multiplicité des approches. La superposition de ces *transparences*, de ces *filtres*, ne peut construire qu'un hyperplan, qui restera toujours en décalage insurmontable par rapport à la terre.

La différence entre le discursif et le réel ne sera donc pas anéantie ; mais, en prenant comme point de départ le champ du discursif – ces représentations qui médiatisent l'existence de la ville –, nous avons intérêt à saisir sa profondeur et sa complexité. Nous devons saisir cette forme discursive qui ne peut dépendre ni s'occuper que du discours des villes, à savoir le discours des figures, celui des plans et des modalités de la mise en plan. Pour ce faire, nous devons reconnaître l'immatérialisation décisive de la ville – de ses odeurs et de ses crasses – par le plan, par ce papier sans lequel on ne peut plus saisir la réalité du monde.

NOTES

1. R. BARTHES, « Rhétorique de l'image », *Communications 4*, Paris, éd. du Seuil, 1964, p. 40.

2. LITTRÉ, *Dictionnaire de la langue française.*

3. *Petit Larousse*, Paris, éd. 1978.

4. Cf. K. LYNCH, *L'Image de la cité*, Paris, Dunod, 1971, p. 38.

Chapitre V

Architecture's «Cartographic Turn»

Mark Dorrian

Over the past thirty years something of a «cartographic turn» has taken place in key areas of architectural theory and practice[1]. What I mean by this is that there has been an increasing use of mapping as a generative - that is as a formal, formative, and not simply analytical - process within architectural projects. While this has been commented upon[2], there has been little attempt to analyse the historical or ideological basis of this phenomenon. It is evident - and this is one of the main points of interest - that cartographic strategies have been used to orientate the architectural project in contrasting ways: as well as supplying procedures supporting avowedly «post-humanist», «weak», or «abject» architectures, such approaches are also deeply implicated in the closest thing we have to a contemporary «visionary» architecture, one whose discourse is saturated with references to spirit, faith and hope. Both call upon the resources of the map in the context of a rhetoric of ends: of man, humanism, architecture and its possibilities. But equally, an important aspect of the «cartographic turn» is the emergence, more recently, of a new «productivist» ethos informed, in particular, by the work of Gilles Deleuze and Félix Guattari. The emphasis here falls upon what the architectural strategy/representation *does* rather than what it *means*[3]: what is valued is the maximisation of effects rather than any single determination[4]. This valorisation is cognate with a politico-aesthetics of mobility deployed in the face of processes of «subjectification» (the carcereal spectre that haunts the thought not only of Deleuze and Guattari, but also of Foucault and Derrida[5]) and it is one of the peculiarities of the situation that the map, historically so complicit with those very processes, is drawn upon in the refusal of them. Or rather it is, more frequently, the diagram: but map and diagram are closely related for Deleuze and Guattari and not easily separated, and, as this paper will show, the characteristics which lead to the new productivist valorisation of the diagram are already present in the two tendencies mentioned above.

In the semiology of Charles Sanders Peirce, whose categories Deleuze and Guattari accept but reformulate, the diagram appears as a sub-group of the *icon*, a sign characterised by relations of similitude between the signifying material and the referent. Peirce outlines three sub-groups of the icon: the image (similitude through «simple qualities»); the diagram (similitude through analogous internal relations); and the metaphor (similitude through a parallel representative characteristic)[6]. In his terms, insofar as it is an icon, the map would be both image and diagram, although it would tend toward only the latter when the rules which establish its graphic relations alienate it from the «simple qualities», as Peirce puts it, that bind it to its referent. So, for example, a map of a country scaled according to train journey times between its cities retreats from the image, and while in Peirce's terms technically it may have no greater a claim to diagrammatism than does a conventional ichnographic plan of the territory, *our sense of it* as a diagram is heightened through the diminution of the apparent immediacy of its relation to the referent.

This point has some relevance to the current architectural discourse on the diagram which, importantly, seems to offer a strategic detachment from the referent and hence considerable interpretive and experimental mobility in the way that the image does not. In turn, this perception has underpinned an opposition that has increasingly been made between the diagram and the drawing[7]. Although in Peircean terms, the conventional architectural projections of plan, section, and elevation actually are diagrams, based as they are upon measured, proportional relations (and not « simple qualities » disclosed to the eye), the opposition demands to be understood in the context of Deleuze and Guattari's redescription of Peirce's schema whereupon the diagram/drawing opposition maps onto their deterritorialisation/reterritorialisation distinction. Thus one question to be put to the various 'diagrammatic' practices in architecture today is to what extent is the diagrammatic detachment from the image (the « drawing ») achieved? Or do we, with the so-called instrumentalisation of the diagram in architectural production, conversely have a practice that, as it departs from the image, formalises the diagram and so turns out never to have left[8]?

In this paper I aim to do two things: firstly, to engage directly with the themes of this book by setting out a series of interconnected propositions regarding architecture and its representational forms; and secondly, by expanding the last of these, to suggest what the start of a genealogy for architecture's « cartographic turn » might look like, and what is at stake in it.

Proposition 1

Architectural representations are not, in any straightforward way, transcriptions of prior mental images. The idea recalls Marx's aphorism that the difference between the worst of architects and the best of bees is that the former makes a building in his mind first. However, the architectural image - particularly in the speculative, design stages of a project - is less projected onto the surface of representation than *constructed upon* it through the interplay of a wide range of technical, material, somatic and mental informants. Thus it is problematic to speak of representation here at all, at least insofar as it pertains to the relationship between a mental and a material image. I am of course not arguing that nothing passes from head to paper when we draw, but that the transactions are multiple and complex.

Proposition 2

The cognitive status and developmental possibilities of the architectural object are radically affected by the representational regime within which it is instantiated[9]. In a design process in which the architectural object is sequentially submitted to differing representational regimes, its « identity » is continually placed in hazard to the extent that we are, in a sense, continually presented with different proposals. No matter how stable and familiar the codes or to what extent they appear to corroborate one another (for example, plan, section, and elevation) in describing a stable reality, the conceptual horizon they implicate, the possibilities they project, what is immanent within them, differs. The project is continually, through its representational forms, taking flight in differing ways. Its alternate states hold out different promises to the designer whose implications may as easily be programmatic as formal.

Proposition 3

The regimes of representation deployed continually produce alienation-effects as they instantiate the architectural object. Even if we are a master of a technique or we employ the most conventional, technical, and stable representational mode, the result is always to some extent surprising and unanticipated. It is always « other » and is open to being read in ways we did not imagine. If we are interested in sites of productive architectural conjecture and experimentation, we should direct our attention not to the identity of the architectural object as it passes through varying representational modes, but rather to those moments in which that identity lapses, where the materiality of the signifier asserts itself, and where codes of representation and reading become unhinged. These are the moments where representation thought as identity fails, where the opacity of the signifier is felt, where it « thickens » and diverts us. This is not of the order of a mistake; it is an inevitable condition of representation.

Proposition 4

When the architectural project is exploratory and experimental - its end-condition necessarily uncertain and provisional - the mode of persuasion and explanation of the work in institutional situations switches to a narrative form, or better, a series of narrative «attempts». All discursive persuasion that seeks to explain or legitimise a work, over and above the eloquence of the object itself, bears witness to a certain crisis of shared values while, at the same time, appealing at the same time precisely to shared values, albeit at another level. If the high modernist mode of persuasion operated by projecting a vision *in total* of a renewed society to which the architectural object bore anticipatory witness, the kind of work I'm thinking of tends to replace this with a more «minor» account of the procedural and narrative negotiations involved in the generation of the work itself. How does this then act, in an institutional setting, as persuasion? Through the ability of the narrative to build a «thick» culture around the work, a culture which might appear, in the first instance, to be not-at-all «architectural». In these projects, persuasion occurs through a kind of increased density of meaning, in which what becomes important is not so much the value *per se* of the early procedural gestures as the way they ramify and proliferate. Pleasure is taken less in the lucidity of a work than in its thick inter-textuality. A good example of persuasion working this way is contained in Daniel Libeskind's account of his meeting with Berlin planning officials over his Jewish Museum project, and his presentation using lined musical manuscript paper, introduced as part of the conceptual «culture» of the project. The opening that this created for his project was a kind of interruption of the official, institutional, discourses[10].

Proposition 5

Mapping as an architectural strategy has its roots in the varied responses to the crisis of meaning that erupted within architectural discourse in the later 1960s. This was precipitated by the influence of developments (such as French Structuralism and the Critical Theory of the Frankfurt School) in related fields. Historically the «cartographic turn» seems to take two forms, one of which precedes the other but interacts with it. On one hand we have approaches that develop the architectural object through a logically endless series of permutational moves so that the assemblage comes to be the composited sequence of transformational states; on the other we have an architecture whose formal impulse derives from something that is in some sense already there: part of the site, its history, representations, social practices, or modes of appropriation. Rather than defining form the architect proceeds by identifying strata or constellations of pre-existents and the formal character of the work accrues as an effect of the processes and codes through which they are mapped and brought into relationship with one another. In both cases the presumption is that form is generated by the application of processes rather than being produced out of the deep interiority of the subject. As will be seen, this does not presuppose a non- or anti-auratic outcome. A result is that technique is foregrounded and a descriptive vocabulary of procedures arises: layering, grafting, scaling, excavating, etc.

Both approaches are oppositional strategies insofar as they share a suspicion of «everyday» reality or consciousness and thus are proximate to modernist projects that aimed at the critical transformation of objects to consciousness[11]. This is well illustrated in the cartographic projects which, by mapping hidden and «other» conditions - suppressed and alternative histories, mythic events, «minor» phenomena - denaturalise the urban map by unhinging it from its conventional concerns, its economic, legal, military and administrative values, while trading upon the basic codes which ensure cartographic legibility. The success of cartographic procedures within architecture derives, at least in part, from the strategic immediacy of their contact with conventional projective architectural representation: this allows direct transfer of the full disruptive force of these alternative cartographies while by-passing the need for any accommodating transformation. Thus a project like Libeskind's entry for the Potsdamer Platz competition, which «traces the contortions of [a] nonexistent Angel» becomes, in a sense, literally a map inscribed upon the city[12] (fig. 1).

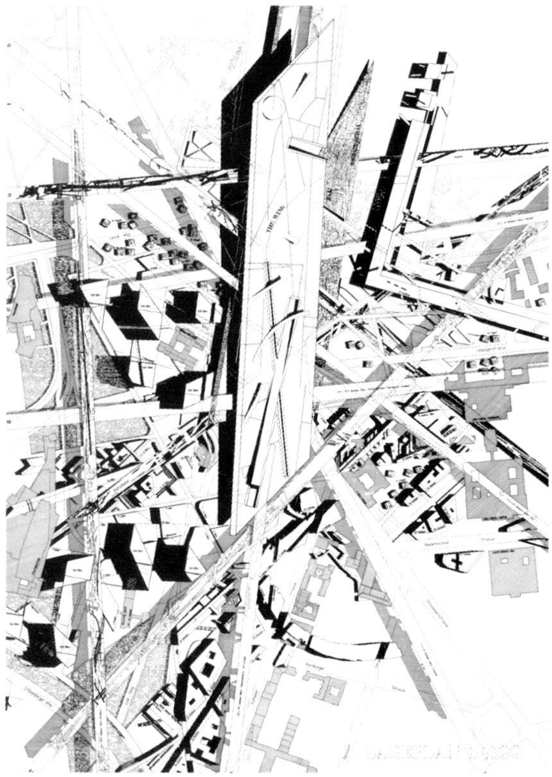

Figure 1*. Daniel* L*IBESKIND, Site Plan,* in *«Out of Line, Urban Competition, Potsdamer Platz, Berlin, 1991». © 1997, by Prestel-Verlag, Munich/New York and Daniel Libeskind.*

To unpack some of the complexities of architecture's «cartographic turn» it is helpful to consider two architects whose discourses illustrate the contradictory tendencies outlined at the start of this paper: Daniel Libeskind and Peter Eisenman. Both architects have used the map, not so much to implant architecture within its site as to unground it, to detach it from its accommodation to the dominant discourses within which the identity of the site is construed. Of his work Libeskind has written: «What I tried to do with the problem of architecture [...] was to disengage it from its position on earth [...] to send it to its stellar source[13].» My argument will stress the extent to which at the stellar source we find the earth again, repeated, but with a difference.

Libeskind and Eisenman share a common point of departure in a «critique of functionalism» - if, at least, we mean by functionalism an ideology which insists on the use-value of architecture as its principal determinant and thus always places it, as an instrument, in the service of other ends. Eisenman situates this critique within the broader problem of humanism: in its radical anthropocentrism functionalism appears as the logical consequence of humanism. His work then develops as a pursuit of the consequences of the exile of the «subject of humanism» from architecture.

If Eisenman's work would call for a certain debasement of architecture, Libeskind's critique of functionalism, aligned with the German phenomenological tradition - Husserl, Heidegger, and the strands of their thought that fed into the Critical Theory of the Frankfurt School - attacked architecture because it was already debased, brought low by rationalisation and instrumentalisation, entrapped by a bureaucratic and administered world. Furthermore, the historical trajectory of scientific rationality led, he argued, to a contemporary «victory of the invisible» achieved at the expense of a radically desublimated and indeed detheologized visual field, now shorn of any revelatory or prophetic potential[14]. Recently Libeskind's work has been described as «crucially an architecture of memory[15]»; and certainly, after the Berlin projects, this is true; but this sits within a prior thematic, an insistence on *witnessing*, of bringing into visibility; and it is on the basis of this, as well as the more general and historical associations of the term (the appearance of the transcendental in emblematic form), that his practice might be described as «visionary». Introducing his project for Alexanderplatz in 1994, he spoke of «[...] the need to resist the erasure of history, the need to respond to history, the need to open the future. That is, to delineate the invisible on the basis of the visible[16]». When seen this way, the conceptualization of the Jewish Museum seems close to Walter Benjamin's reflections on the moral claim the dead have upon the present, on the need to recognise the dead and thus bring them, in their absence, to «life[17]». The way this works its way out will be through an architecture that operates as a cartography.

Thus Eisenman and Libeskind's architectural trajectories both develop rhetorically out of «ends»: the end of humanism, of anthropocentrism, of architecture dignified by its foundation in the «human», of technological, postivist utopias. How then to respond to these ends? For Eisenman it would be to inhabit their unhomely terrain and initiate a process that would ceaselessly demonstrate them. Thus, even while architecture would be collapsed, it at the same time had to be assiduously protected as a medium. In contrast, Libeskind's emphasis fell on the surpassing or overcoming of the «ends» giving a Nietschean tone to his writing. Responding to Eisenman's essay *The Futility of Objects*, he wrote that, at its end, «insofar as the architect [...] discerns [...] his true authority» humanism gives way to a humanism of a «higher sort» in which his relation to the process of making is returned to a more primordial condition[18]. Yet at the same time, this met with apocalyptic and revelatory themes in Libeskind's discourse. So when the drawing is relieved from service and returns to itself, it displays a «prophetic» or «divinatory» power[19]. By submitting to «mechanisms that provoke and support objective accomplishments» (the procedural conditions of drawing), the work develops in a non-teleological, structured, yet open way[20] (fig. 2). The technique of drawing overcomes drawing as technique. In such an encounter one never in any absolute sense dominates or is the master of the work, rather it is experienced as the place of appearance of an oracular and emblematic «other» which might even be, as Libeskind put it when speaking of a certain kind of city map, a «final apocalyptic image». Later in the same interview he went on: «The true prophetic qualities of drawings [...] are the ones that cannot be controlled, not even by the people who drew them [...]. What cannot be controlled is real[21].»

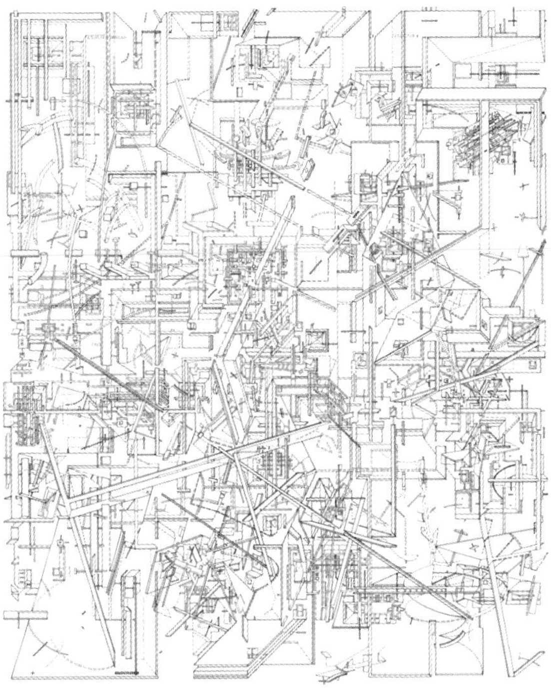

***Figure 2**. Daniel Libeskind, The Burrow Laws, in «Micromegas: the Architecture of End Space», 1979. © 1991, the Academy Group Ltd and Daniel Libeskind.*

Its visionary character is something that places Libeskind's work in a very unique position in the field of contemporary architecture. It is certainly difficult to think of another architect of comparable prominence, in an era which has been characterised as one of the failure of the universal, who has found themselves able to so insistently invoke its vocabulary or to attack the implications of onto-theology while maintaining theological concepts centrally in their discourse. From this perspective, Libeskind's work looks less a break with modernism than the afterimage of the powerful (and historio-politically complicated) mystical and visionary traditions within it. Certainly these traditions were no strangers to a logic of exemplarity - whereby a group, privileged by exemplary status, ascends through that status to the universal - a logic which Derrida detected at work in Libeskind's thought and about which, during a discussion of the Jewish Museum, he inquired[22].

The visionary character of Libeskind's work finds support in its insistently linear character: it draws upon the full descriptive, associative, and narrative possibilities of the line, and these in turn depend upon its suggestion of an active, unwinding temporality: the line is drawn, traced, pulled - it ramifies over time. Thus it can be life, fate, path, trajectory, incision, emblem, script, map. Its importance in the projects is its «oscillation», its ability to structure a relationship between the finite and the infinite, the present and the future. In the line the material and the ideal seem to communicate: there is the poignant description of one within the other. Like those other oscillating emissaries, angels, to which Libeskind has increasingly referred, the line comes to bear some message as did the line in the sky (« a sign from heaven ») seen through the railway carriage door in the story told by a holocaust survivor and famously quoted by Libeskind as the epigraph to « Chamberworks »[23]. Thus too the conceit that one might through the agency of the line produce a cartography of the soul (as in Libeskind's description of the matrix of lines in his Alexanderplatz project as a « histogram of invisible realities and their relations, a graph in time and space describing the equation of a city's soul[24] », or Hejduk's exclamation - « we see the very soul » - in his essay for « Chamberworks »)[25].

How did Libeskind's work move from his early drawings (in which the line was supported by a page whose blankness was crucial) to a condition where the « surface » of the drawing was the densely-weighted topography of the city (in particular, Berlin)? In two ways. On one hand the line became its own support. Instead of the fluctuating volumetric effects in « Micromegas » or the notational choreography of « Chamberworks », the line acquired a vertiginously recursive quality as it was inscribed upon itself and proliferated at differing scales through the work. This complication of the line was very much played out upon the surface: often the multiplying lines, whether text or graphic, were wrapped over the three dimensional surface of the supporting line (fig. 3); depth in the architecture was most frequently found through the projection of a graphic (a line, for example, as void projected into a solid). And on the other hand, the projects embraced the texture of the city - its geographies, histories, and artefacts. When Robin Evans reviewed the « Chamberworks » drawings he stressed their « near total disengagement from signification of any kind[26] ». If we accept this, the immediacy of Libeskind's engagement with the city seems curious. But even in the early drawings the line was, at least conceptually, being brought into contact with very specific material conditions - hence the allusion to the vapour-trail in the sky, or his comment in « End Space » which links the « Micromegas » drawings to Husserl's reflections on geometry and to its origins in land-surveying, in the measurement of the earth[27].

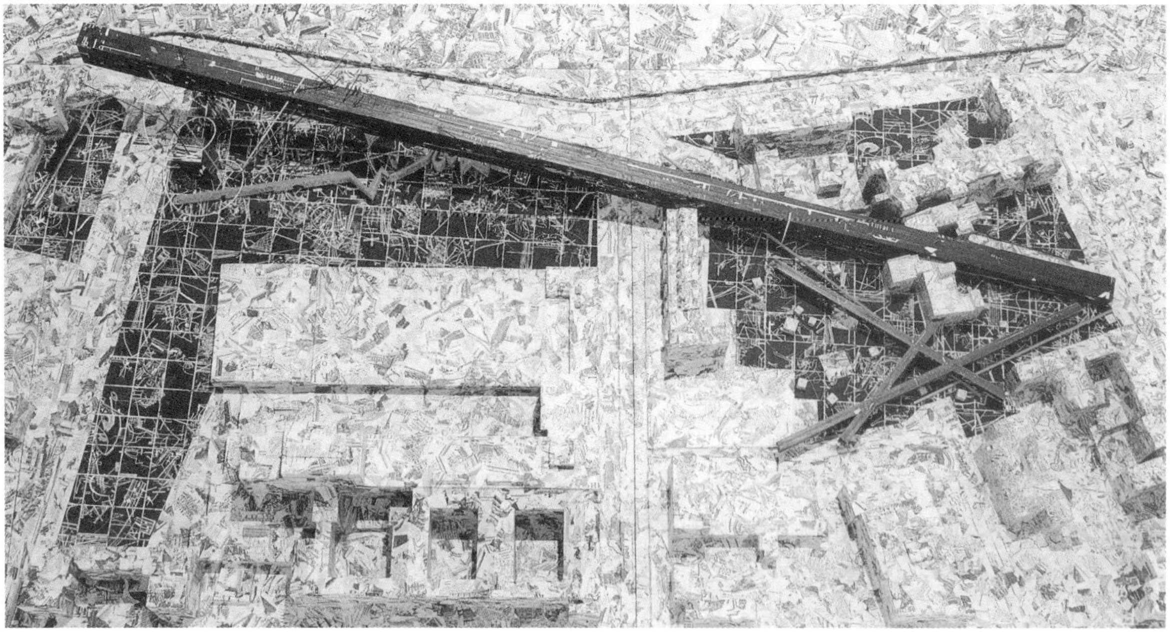

***Figure 3**. Daniel Libeskind, Model, in « City Edge, Urban Competition, Berlin, 1987 ». © 1996, El Croquis, s.l.*

Both speculative and empirically grounded cartographies are in operation in many of Libeskind's projects, but perhaps most eloquently so in his Jewish Museum where he conceptually resituated the project's ground by plotting a matrix of lines that connected addresses of emblematic German and Jewish inhabitants of Berlin and related them to the figure of a distended Star of David. In an interview with Anne Wagner, he argued the need for a kind of building he described as a «icon» and likened to an angel, a witness that can only appear as a kind of rupture in the logic of the city[28]. From our point of view, the Jewish Museum seems to figure Walter Benjamin's angel of history, who wanted to wake the dead, as a cartographer. The project emerges from a kind of contextualism, but one that, by way of a cartographic refounding of the context which the building instantiates, finds a radically different form of architecture than the kind we usually associate with that term.

In his editorial to the sixth issue of *Oppositions* (1976) Eisenman argued that «functionalism is really no more than a late phase of humanism rather than an alternative to it[29]». Referring both to Claude Lévi-Strauss and Michel Foucault, he continued: «[...] the symptoms [...] suggest a displacement of man away from the centre of his world. He is no longer viewed as an originating agent[30].» This displacement, which implicated both architect and user, inspiring strategies for the effacement of the former and the exile of the latter, established the keynote for the subsequent playing-out of Eisenman's discourse. In his writing the evidence was accumulated: from the structuralist dispersion of the subject; to the collapse of the technological utopia after Auschwitz and Hiroshima; to the destabilisation of reality by new media and information technologies.

In «Misreading», published eleven years later, Eisenman reiterated his earlier argument. Once again, modernist architecture was indicted of an underlying conservatism expressed in the centrality it accorded to function. This preserved, the argument ran, a deep-seated classical-humanist metaphysics[31]. What is, however, striking about this text is that the imperative to establish a post-humanist architecture - one that would not assuage man's unmediated confrontation with existential anxiety - is linked to a quasi-therapeutic principle of invention. Eisenman called this «dislocation»: and it is this, he argued, that inaugurates the new in the face of a frozen institutionalism and thereby unveils hitherto repressed possibilities for architectural form[32]. As an example of this he cited his «House IV». Supposedly «self-generating» - arising from a process of sequential transformations - and hence distanced equally from author and recipient - it seemed to present a distinctly a-functional object[33]. So too did «House VI» where, as a result of its generative process, columns fell within the dining area appearing, from the point of view of the social institution of dining, an absurd disruption. «Nonetheless, these dislocations», wrote Eisenman, «these "inappropriate forms" have, according to the occupants of the house, changed the dining experience in a real, and more importantly, unpredictable fashion. The design process [...] intended to move the act of architecture from its complacent relationship with the metaphysic of architecture by reactivating its capacity to dislocate, thereby extending the search into the possibilities of occupiable form[34].»

With this, Eisenman's project to evict the classical subject from architecture begins to meet with a productivism: it becomes an architecture grounded in invention[35]. With the insistence on the dispersion of the subject, the loss of anthropocentrism, and the imminence of annihilation one might have thought that architecture's prospects were not good. But it seems that the opposite is the case and we are faced (theoretically at least) with a cornucopia as architectures, freed from any teleology (functional, aesthetic, etc.), proliferate. Rather than confronting a void, «man», to follow the logic, looks onto a world of indifferent objects[36].

If the imperative to symbolise the loss of control of the subject over its meanings contravenes its aim by presupposing - in its symbolic agenda - the opposite case (that is, control over meaning), and maintains the idea of architecture as a representational art[37], then by the «Misreading» essay, which is situated well within the period of what I'll call the «cartographic» projects, the symbolic locus of the work has become dispersed as a series of effects resulting from operational procedures. The symbolic mechanism works through a process of sequential alienation, the conclusion being that the expulsion of the subject from architecture is best realized through the productivity of the latter. This shift seems related to Eisenman's move away from the concept of «autonomy» which he described as the goal of the early houses (waning after «House VI»)[38]. The «turning inward» of the early designs toward some notional depth condition governed by the concept of autonomy led to a more monolithic symbolic condition (underwritten, metaphorically and metonymically, by the insistence on the «House») than in the work that followed, whose «horizontal», intertextual expansion was fuelled by a constantly developing set of operational procedures that Eisenman subsequently tabulated in *Diagram Diaries*[39].

Eisenman's early house projects seem proximate to a certain kind of cartographic approach insofar as they can be described as arising from a composited mapping of the serial states of the object[40]. Understood in this way, the originary rectilinear frame from which they developed played the part of a cartographic graticule whose role was to calibrate the transformations of the object. However, the «cartographic projects» which Eisenman developed from 1978[41] entailed a shift to a situation whereby the project came to be constituted within a field of texts (maps, plans, photographs, narratives, etc.) whose selection established something like a shifting internal culture for each work[42]. This move also inaugurated a series of operational terms (excavation, scaling, etc.) within which a new degree of value was invested and which overcoded the earlier, less voluble procedures (rotation, doubling, etc.). The new situation is illustrated well by the lengthy exposition on scaling at the beginning of his introduction to *Moving Arrows, Eros and Other Errors*, and in particular Eisenman's statement that: «Scaling yields a new mode of architectural intervention which has the potential to destabilize the heretofore intransigent and now untenable centrisms of the metaphysics of architecture: first, the value that architecture gives to presence; and, second, the value that architecture gives to origin[43].»

While the earlier projects were established as volumetric from the beginning, the cartographic projects, hitched as they were to the representational form and codes of the map, were, as Yves-Alain Bois puts it, a «surface strategy[44]» (the exception to this being the occasions on which Eisenman drew upon historical photographs to produce a simulated object which «stood upon» the surface, such as the tower of the Old Armory in the Wexner Center, or the oil derrick in the Long Beach project). If the serial transformations of the early houses were always referrable to - and delimited by - a primary condition (the pure geometric form), the loss of origin in the cartographic projects brought to the fore the question of how to stage the interplay of the representations deployed. Here a procedure such as scaling - the much-vaunted symbolic and operational counterpart to a post-humanist, non-anthropocentic architecture - shows its convenience; for now not only could every representation solicted «hit the target» of the site to which it was directed, but it could also recur in concatenations of scales within it. Through this process, representations which referenced extreme differences in scale were able to be engaged in ways that promoted dissonance upon the screen of interaction that was the site.

How, then, might one sum up the work that cartography - and, more specifically, cartographic representation - does in these projects? Most obviously, Eisenman drew upon the map as a procedural and symbolic instrument in his continuing pursuit of a post-humanist architecture. Firstly, the archive of selected cartographic material, which replaced the supposed immediacy of the geometric frame, allowed the claim to be maintained - however far from «self-generating» the projects were - that the author was unseated. The sequential manipulation of volumetric geometric form was replaced by a sequential manipulation of cartographic material over which (despite its admittedly highly compositional character) the architect exercised at most a loose strategic control. Furthermore, the switch to cartography from the geometrical frame enabled, in a way that had not been previously possible within the anti-subjective terms of the latter's representational code, the intrusion of mimetic, figurative elements inherited from the documents deployed - such as the fortifications of Verona in the *Moving Arrows* project, or the river in the Long Beach scheme (fig. 4). These could, it seems, legitimately step through the hole left by the cancelled author-

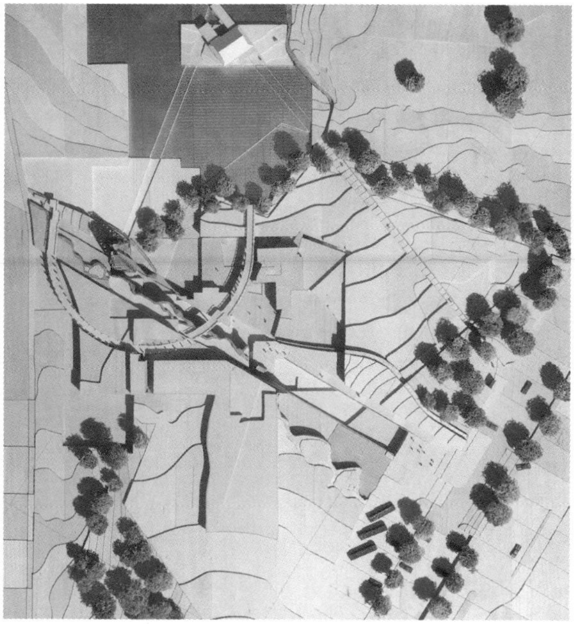

Figure 4. Eisenman/Robertson Architects, Model, University Art Museum, phase 4, California State University at Long Beach, 1986. ©*Eisenman Architects.*

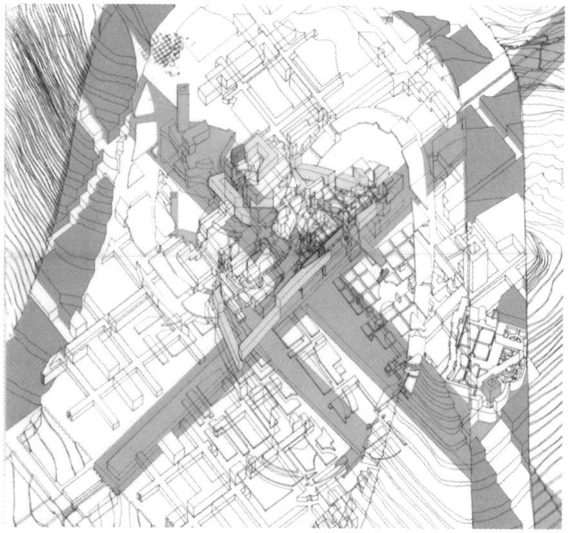

Figure 5. Eisenman/Robertson Architects, Moving Arrows, Eros and Other Errors – An Architecture of Absence, *1980-1986.* © *Eisenman Architects.*

subject: «I am so wary, Eisenman commented, of personal figuration that I have used cartography as a prosthetic device, to manufacture figuration[45].»

Secondly, the deployment of maps facilitated an assault upon the «ground» insofar as ground is understood as a closed contextual condition or origin from which an architecture could be construed. And this entailed, in complete contrast to the pure figure of the early houses, an architecture that merged with the ground in order to rewrite it. The architecture then developed in three dimensions through the assignation of varying degrees of buoyancy to the various compartments within this thickened surface[46] which became projected onto - and excavated from - the topography of the site in a parody of archaeological procedure. Thus maps, paradigmatically contextual documents, were manipulated as imported texts precisely to disturb context, both formally (in that there was a remaking of the ground condition) and by re-narrativising it through the new (intentionally fictive) internal culture that each project established. The relatively arbitrary character of the assemblages produced (which allowed them to stand as a critique of origin) mark their difference from Libeskind's cartographic practice in the Jewish Museum. The former are without the indexical traits of the latter; that is, the way that it «points» to its originating pre-existents. In Eisenman's cartographic projects, the pre-existents are themselves already representational documents (as opposed to being unmediated conditions «on the ground») which are then organised through his catalogue of operational procedures into productive but non-necessary relationships.

Thirdly, the manipulation of maps brought an unprecedented graphic complexity to Eisenman's work, dispersing the project through the interference-effects produced by the superposition of layers (fig. 5). Throughout the cartographic projects there was a compulsive movement toward increased complexity, yet this tendency remained strangely under-theorised in Eisenman's discourse during the period. Certainly one result that this pluralisation seemed likely to support was the displacement of the project beyond the reach of any totalising narrative, including its own operative fiction. Yet even in the apparent absence of a master narrative, the degree to which Eisenman's discourse continued to divert the productive effects of his architecture into what, in the end, was exactly a master narrative, is striking: once again, a productivism served the turn of Eisenman's project of negation, a project whose instrument - a *symbolic* architecture - consequently remained insisted upon. Thus, for example, the reiteration, in the preamble to the Long Beach project, of the symbolic imperative even while «the traditional role of architecture» to «represent and symbolize [its] sheltering function» was being called into question: «Instead of symbolizing its function, it could symbolize that it shelters nothing[47]...»

It is tempting to characterise Eisenman's work at this point as being poised between a high modern (symbolic) practice of negation and an architectural productivism. But it would be more accurate to say that the latter tendency, which developed in his work through the cartographic projects, was forced into compliance with the former, even as its momentum led it constantly to outstrip it. It is as if the sign of the «ruin» was mobilised to cancel the strange futurity its form, despite itself, projected (thus Eisenman's description of his Berlin project as a «suspended object, a frozen fragment of no past and no future[48]...»). This relationship was mirrored in the persistent didacticism of Eisenman's writing which tended to spell out the symbolic value of the elements and procedures he deployed while submitting their productivities - the multiple architectural conditions produced - to the projects' regime of signs, thus entrapping them within it.

This, then, is an outline account of the operation of map-based strategies in the work of two architects whose discourses seem, to me at least, to be key to understanding architecture's «cartographic turn». Clearly it is partial and can hardly do justice to the complexities involved, not the least of which are developments in the architects' practices in the wake of the period discussed. But certainly one of the reasons why the focus on Libeskind and Eisenman is useful - and in particular on the enunciative character of drawing in the work of the former and the alienation strategies in the work of the latter - is its ability to cast light on the often surprising prehistory of contemporary architecture's anti-symbolic, productivist orientations and investment in diagrammatism.

NOTES

1. The term has also been used by Bruno Bosteels to characterise developments in recent critical theory. He writes: «From the textual analysis of writing as much as from an ethical dimension of acting [...] the emphasis is shifting to the cultural study of literary, artistic, and ideological forms of mapping.» B. BOSTEELS, «From Text to Territory: Félix Guattari's Cartographies of the Unconscious», *in* E. KAUFMAN and K.J. HELLER (eds), *Deleuze and Guattari: New Mappings in Politics, Philosophy, and Culture*, Minneapolis and London, University of Minnesota Press, 1998, p. 146.

2. See, for example, James CORNER's interesting essay, «The Agency of Mapping: Speculation, Critique and Invention», *in* D. COSGROVE (ed.), *Mappings*, London, Reaktion Books, 1999, p. 213-252.

3. «In contrast, practices imply a shift to performance, paying attention to consequences and effects. Not what a building, a text or a drawing means, but what it can do: how it operates in - and on - the world.» S. ALLEN, «Introduction: Practice vs. Project», *in Practice: Architecture, Technique and Representation*, Amsterdam, G+B Arts International, 2000, p. XXV.

4. So, James Corner writes how cartographic strategies can act to «emancipate potentials, enrich experiences and diversify worlds»; mapping can be «a productive and liberating instrument, a world-enriching agent», it «unfolds potential [...] re-makes territory over and over again, each time with new and diverse consequences». J. CORNER (1999): 213. Or, arguing for an approach to architecture conceived as practice (as opposed to «project»), Stan Allen writes: «The practitioner looks for performative multiplicities in the interplay between an open catalogue of procedures and a stubbornly indifferent reality»: S. Allen (2000), p. XVIII.

5. Thus Foucault's famous conclusion to the introduction of *The Archaeology of Knowledge*: «I am no doubt not the only one who writes in order to have no face. Do not ask who I am and do not ask me to remain the same: leave it to our bureaucrats and our police to see that our papers are in order.» M. FOUCAULT, *The Archaeology of Knowledge*, London and New York, Routledge, 1991, p. 17, éd. originale [*L'archéologie du savoir*, Paris, Gallimard, 1969]. So too Derrida's comment: «[...] you wonder how I would describe what is called "woman's place" [...] Why must there be a place for a woman? And why only one, a single, completely essential place? [...]. The joyous disturbance of certain women's movements, and of some women in particular, has actually brought

with it the chance of a certain risky turbulence in the assigning of places within our small European space [...] Is one then going to start all over again making maps, topographics, etc.?, distributing sexual identity cards?» J. DERRIDA, «Choreographies» in *Between the Blinds: a Derrida Reader*, Hemel Hempstead, Harvester Wheatsheaf, 1991, p. 442-443.

6. C. HARTSHORNE and P. WEISS (eds), *Collected Papers of Charles Sanders Peirce*, vol. II, *Elements of Logic*, Cambridge, Mass., Belknap Press, 1965, p. 157.

7. R.E. SOMOL, «Dummy Text: or the Diagrammatic Basis of Contemporary Architecture», *in* P. EISENMAN, *Diagram Diaries*, London, Thames and Hudson, 1999, p. 7-8.

8. Somol's description of Eisenman's use of the fold, for example, which he describes as «a map of the event [...] *a diagram of the virtual*», casts it in the role of an *Aufhebung* which negates and recuperates the formal characteristics of the two phases of his earlier work according to what amounts to the following formula: early house projects = section but no figure; intermediate archaeological projects = no section but figure; late fold projects = complex section *and* figure. R.E. SOMOL (1999), p. 21.

9. As Robin Evans writes: «Architectural drawing affects what might be called the architect's field of visibility. It makes it possible to see some things more clearly by suppressing other things [...]. We have to understand architectural drawing as something that defines the things it transmits. It is not a neutral vehicle transporting conceptions into objects, but a medium that carries and distributes information in a particular mode». R. EVANS, «The Developed Surface: An Enquiry into the Brief Life of an Eighteenth-Century Drawing Technique», in *Translations from Drawing to Building and Other Essays*, London, Architectural Association, 1997, p. 199.

10. «[...] I went to the meeting, and I had the brief in front of me written on the yellow musical notation paper. There were about thirty administrators and politicians sitting around the table [...] After about forty minutes of discussion [...] the meeting was over. Everybody left, and I didn't actually understand what had happened, because we hadn't discussed the issue. We had not discussed the line of the street [...] We had only discussed the music notation paper. Anyway, it was incredible, because some time later I received from the Planning Administration of the Senate of Berlin an approval for breaking the street line. I have always believed that these events were truly not arbitrary; they were not disconnected. The musical line penetrates even the most prosaic meetings of the Berlin Senate and there it explodes and reformulates itself and becomes kind of a network of a web that cannot even be conceived of in any simple storyline»: «Chamberworks: Architectural Meditations on the Themes from Heraclitus: Lecture, Berlin, 1997», *in* D. LIBESKIND, *The Space of Encounter*, New York, Universe Publishing, 2000, p. 54.

11. See Rosalind Krauss' comments on the relationship between Eisenman's early work and formalist theory in «Death of a Hermeneutic Phantom: Materialization of the Sign in the Work of Peter Eisenman», *in* P. EISENMAN, *Houses of Cards*, Oxford and New York, Oxford University Press, 1987, p. 166-179. But also Libeskind's statement: «The poverty of the so-called "real world" must be unmasked as a form of ruling ideology whose interests and ambitions do not necessarily coincide with our full existence and its aspirations.» D. LIBESKIND, «Symbol and Interpretation», in *Radix-Matrix: Architecture and Writings*, Munich and New York, Prestel, 1997, p. 154.

12. D. LIBESKIND, «Out of Line: Urban Competition, Potsdamer Platz, Berlin, 1991», in *The Space of Encounter* (2000), p. 142.

13. D. LIBESKIND, «The Pilgrimage of Absolute Architecture (a Conversational Explanation)», in *Countersign*, London, Academy Editions, 1991, p. 42.

14. D. LIBESKIND, «Perspective - Emblem of Sacrifice», *Daidalos*, 11, 1984, p. 117.

15. A. HUYSSEN, «The Voids of Berlin», *Critical Inquiry*, 24, autumn 1997, p. 39.

16. D. LIBESKIND, «Traces of the Unborn», *in* N. LEACH (ed.), *Architecture and Revolution: Contemporary Perspectives on Central and Eastern Europe*, London and New York, Routledge, 1999, p. 127.

17. Axel Honneth argues that Benjamin projected «a historiography that can disclose the past in such a way that the dead victims assume anew the form of animated beings. A "Messianic power" falls to us today to the extent that we represent [*vergegenwärtigen*] the historical process in such a manner that its losers again appear as interacting partners in our present experiences and thereby become members of the moral community». A. HONNETH, «A Communicative Disclosure of the Past: On the Relation Between Anthropology and Philosophy of History in Walter Benjamin», *in* L. MARCUS and L. NEAD (eds), *The Actuality of Walter Benjamin*, London, Lawrence and Wishart, 1998, p. 129.

18. D. LIBESKIND, «Peter Eisenman and the Myth of Futility», *Harvard Architecture Review*, 3, 1984, p. 62.

19. D. LIBESKIND, «Perspective - Emblem of Sacrifice» (1984), p. 107 et 117.

20. D. Libeskind, « Micromegas : the Architecture of End Space », in *The Space of Encounter* (2000), p. 84.

21. D. L. Bates, « A Conversation Between the Lines with Daniel Libeskind », *El Croquis, 80: Daniel Libeskind 1987-1996*, 1996, p. 19 et 28.

22. J. Derrida, « Response to Daniel Libeskind », *in* D. Libeskind, *Radix-Matrix : Architecture and Writings* (1997), p. 111. The same logic seems in evidence in Libeskind's 1984 essay, *Perspective : Emblem of Sacrifice*, when he comments that the cardinal phenomenon of (European) 20th century architecture was its « trans-historical » (and apparently trans-cultural) meaning. D. Libeskind, « Perspective – Emblem of Sacrifice » (1984), p. 118-119.

23. D. Libeskind, « Chamberworks : Architectural Meditations on Themes from Heraclitus », in *Countersign* (1991), p. 110.

24. D. Libeskind, « Traces of the Unborn », *in* N. Leach (ed.), *Architecture and Revolution : Contemporary Perspectives on Central and Eastern Europe* (1999), p. 129.

25. J. Hejduk, « The Albatross Screeched », *in* D. Libeskind, *Countersign* (1991), p. 122.

26. R. Evans, « In Front of Lines that Leave Nothing Behind », *AA Files*, 6, 1984, p. 90.

27. D. Libeskind, « Micromegas : the Architecture of End Space », in *The Space of Encounter* (2000), p. 87.

28. « Resisting the Erasure of History : Daniel Libeskind Interviewed by Anne Wagner », *in* N. Leach (ed.), *Architecture and Revolution : Contemporary Perspectives on Central and Eastern Europe* (1999), p. 133.

29. P. Eisenman, « Post-Functionalism », *Oppositions* 6, fall, 1976, p. 10.

30. P. Eisenman, « Post-Functionalism » (1976), p. 11.

31. P. Eisenman, « Misreading », *in* P. Eisenman, *Houses of Cards*, Oxford and New York, Oxford University Press, 1987, p. 169-170.

32. P. Eisenman, « Misreading » (1987), p. 167-169.

33. *Ibid.*, p. 177.

34. *Ibid.*, p. 169.

35. « The essence of the act of architecture is the dislocation of an ever-reconstituting metaphysic of architecture » ; « The current work is looking for an architecture that is far more *real* than architecture ever is », *ibid.*, p. 167 and 186.

36. Libeskind clearly recognizes this in his essay on Eisenman. He writes : « By divesting itself of humanism, architecture makes visible the *horror pleni*, not *vacui*, of reality. The sign of architecture in the present – its authentic post-modernity – is a trace of the nonhuman haunted by the image of its own inhumanity. » D. Libeskind, « Peter Eisenman and the Myth of Futility » (1984), p. 62. Given Eisenman's stress on *occupiable* form, we might suspect the degree to which these objects are in fact indifferent.

37. « Incapable of believing in reason, uncertain of the signification of his objects, man [has lost] his capacity for signifying [...]. There is now merely a landscape of objects ; new and old are the same ; they appear to have meaning but speak into the void of history. The realization of this void, at once cataclysmic and claustrophic, demands that past present and future be reconfigured. To have meaning, both objects and life must acknowledge and symbolize this new reality. » P. Eisenman, « Introduction », *in* K. Frampton (ed.), *Aldo Rossi in America : 1976-1979*, New York, IAUS, 1979, p. 3

38. P. Eisenman, « Misreading » (1987), p. 181-182.

39. P. Eisenman, *Diagram Diaries*, London, Thames and Hudson, 1999, p. 238-239.

40. Although this is certainly not the only way they could be described. On their *cinematic* character, see R.E. Somol (1999), p. 16-18.

41. J.-F. Bédard (ed.), *The Wexner Center for the Visual Arts, Moving Arrows, Eros and Other Errors*, and the projects collected in *Cities of Artificial Excavation : the Work of Peter Eisenman, 1978-1988*, Montréal, Canadian Centre for Architecture/Rizzoli, 1994.

42. The grid of Le Corbusier's Venice Hospital, Eisenman's House 11a, and the martyrdom of Giordano Bruno in the Cannaregio project ; the sequence of six maps and historical photographic documentation in the Long Beach project, etc.

43. P. Eisenman, « Moving Arrows, Eros and Other Errors » (printed as part of John Whiteman's paper « Site Unscene ») in *AA Files*, 12 (1986), p. 77.

44. Y.A. Bois, « Surfaces », in *Cities of Artificial Excavation...* (1994), p. 42.

45. « Conversation with Peter Eisenman », in *Cities of Artificial Excavation...* (1994), p. 123.

46. An evidently uncomfortably subjective intervention : « Each of the artificial excavation projects [...] are two dimensional [...] I did not know how to activate the third dimension ». « Conversation with Peter Eisenman » (1994), p. 120.

47. P. Eisenman, « The Museum Rediscovered », in *Cities of Artificial Excavation...* (1994), p. 131.

48. P. Eisenman, « The City of Artificial Excavation » (1994), p. 76.

Chapitre VI

La description «infralocale» du centre de Paris dans le plan Voisin de Le Corbusier

Denis Delbaere

Notre propos[1] est d'analyser dans quelle mesure les projets d'urbanisme supposant la destruction du site dans lequel ils s'installent sont exclusifs de toute démarche paysagiste[2], comme le postule assez unanimement le discours urbanistique contemporain, opposant parfois diamétralement l'approche paysagiste du projet et la pratique de la *table rase* urbaine. Nous examinons, dans ce cadre, de tels projets à travers le filtre d'un certain nombre de critères que l'on pourrait convoquer pour y évaluer la présence, ou l'absence, de logiques de conception paysagiste. Parmi ces critères, l'un veut que la démarche paysagiste suppose, en amont de l'activité de conception à proprement parler, une forte prise en considération du lieu destiné à recevoir le projet. Cette prise en considération peut passer par des données analytiques ou sensibles médiatisées par des *figures de description du lieu* telles que des schémas analytiques, des cartes et des plans approximatifs, des croquis réalisés sur place, ou encore le rassemblement de vues photographiques du lieu.

Or, le moment de la description du site est, dans toute démarche de projet, une phase délicate de la conception. Comme le souligne en effet une approche anthropologique du projet[3], un projet trouve sa légitimité dans l'affirmation de son inscription naturelle, logique, adéquate, dans un lieu. Le discours de projet, en ce sens, doit éviter de le faire apparaître comme une simple alternative au lieu, qui lui serait imposée de façon plus ou moins arbitraire. Les enjeux de la description du site sont alors, d'une part, de légitimer le projet au regard du lieu - en l'appuyant sur ce qui aura été analysé comme relevant de sa dynamique interne - et, d'autre part, de disqualifier ce même lieu afin de justifier sa transformation.

Ces enjeux de description sont d'autant plus lisibles dans le cas de projets d'urbanisme pratiquant une table rase violente imposée au lieu, comme, par exemple, le «plan Voisin» de Paris que Le Corbusier dessine et présente en 1925 à l'Exposition internationale des arts décoratifs de Paris. Ce projet prévoyait la destruction de 240 hectares du centre de Paris, sur sa rive droite, pour construire deux cités d'affaires, c'est-à-dire un ensemble de gratte-ciel de verre contenant des bureaux, et une cité de résidence, c'est-à-dire un ensemble aéré d'immeubles d'habitation. Le tout devait être relié à la campagne par des «autodromes» percés dans le tissu urbain environnant, et devait être dressé sur une trame de voiries de 400 mètres de côté, formant des îlots de «verdure».

Dans le cas d'un tel projet, la description du site voit ses objectifs accrus en raison de l'irrecevabilité culturelle de son idée centrale: la destruction d'une grande partie du centre ancien de la capitale française. En effet, si le débat urbanistique parisien de 1925 est notamment axé sur la question de la restructuration du centre de la ville, nécessaire pour lutter contre le déplacement des fonctions administratives et économiques vers la périphérie, la valeur accordée à la dimension historique de ce site n'autorise alors que des propositions modérées. Le projet corbuséen ne pouvait que choquer l'opinion et la profession, ce dont Le Corbusier avait fait l'expérience en 1922 lorsqu'il avait présenté au Salon d'automne son projet de « Ville pour trois millions d'habitants » en suggérant déjà son application au cas du centre de Paris. Revenant sur son échec en 1956, l'architecte l'explique par le fait que son projet « manquait de commentaires et [que] les plans ne se lis[ai]ent pas par chacun[4] ». On ne saurait mieux dire que, à partir de cette date, la question de la figuration du projet, de son programme et de son site acquiert chez Le Corbusier une place fondamentale, sinon centrale.

Quelles formes prend alors cette description ?

Tout d'abord, conformément au double objectif de la description du site tel que nous l'avons défini (disqualifier le site tout en montrant que le projet s'y insère naturellement), cette description doit être considérée à deux niveaux : celui, littéral, de la description du site, et celui, implicite, de la description du projet lui-même. Tout élément de description du site est aussi un outil de préfiguration du projet, soit en plein (quand le projet est donné comme perfectionnement d'un aspect heureux du site), soit en creux (quand le projet est présenté comme solution apportée à un manque). Notre analyse considérera donc deux ensembles de matériaux : descriptifs et prospectifs.

Ensuite, il est évident que l'énonciation de la description du site et du projet prendra chez Le Corbusier une forme essentiellement graphique. Dans son commentaire de 1956, il relègue le texte dans une fonction de « commentaire », attribué à des figures qui doivent se lire « par chacun[e] », c'est-à-dire qu'elles doivent acquérir une forte autonomie discursive. Alors que l'esquisse de son premier traité d'urbanisme (« La Construction des villes », qui fait l'objet de rédactions successives entre 1910 et 1915, pour être finalement abandonné) est encore très littéraire, très influencée par l'œuvre de Camillo Sitte, *Urbanisme* est essentiellement un *recueil de figures* de toutes sortes, dont les liens avec le texte sont infiniment plus complexes que dans le cas d'une simple numérotation de figures dans le corps du texte.

Enfin, le corpus de figures de description du site et du projet, tel que nous le présentons ici, résulte d'une sélection. Nous n'avons retenu que des figures apparaissant dans *Urbanisme*, afin de respecter l'unité historique de l'énoncé étudié[5]. Parmi ces figures, nous avons réalisé un classement faisant apparaître les catégories suivantes : coupures de presse, schémas et diagrammes statistiques, photographies de Paris, schémas historiques et géographiques, croquis sur la régularité des tracés, vue du pavillon de « l'Esprit nouveau », plans et esquisses, perspectives, photographies aériennes et photomontage, vues de Manhattan et enfin, « figures métaphoriques ». Ces différentes catégories n'ont ni le même poids, ni surtout la même récurrence. Ainsi, les coupures de presse, les photographies de Paris, les croquis sur la régularité des tracés et la vue du pavillon « l'Esprit nouveau » n'ont pas fait l'objet d'autres publications par Le Corbusier. En revanche, dans les autres catégories, certaines figures ont eu pour Le Corbusier une fonction majeure en raison de leur capacité particulière à exprimer son point de vue. C'est pourquoi ces quelques figures réapparaissent dans le cadre des nombreuses reformulations ou republications du plan Voisin en 1926, 1933, 1935, 1941, 1945 et 1956. Nous estimons que ces figures, plus que d'autres, répondent au programme figuratif corbuséen, car leur mobilité confirme leur autonomie. Ce sont ces figures que nous présentons dans les tableaux et que nous nous appliquons à décrire.

Les figures de description du lieu dans le plan Voisin

Les figures de description du site du centre de Paris se distinguent par leur schématisme. Elles produisent toutes une image imprécise des lieux. Bien que présentant des formes très variées, ces figures peuvent être regroupées en quatre catégories, dont nous donnons un exemple représentatif dans le tableau 1.

La première catégorie comprend des cartes schématiques de Paris, représentant la ville dans un passé très lointain et destinées à appuyer l'analyse que fait Le Corbusier de la formation urbaine du site. Ces figures, au nombre de seize dans notre corpus, présentent Paris selon des modes de représentation (plan, croquis) et des échelles (des alentours de Notre-Dame à l'ensemble de la ville) variés. Nous y distinguons aisément deux sous-ensembles : tandis que les plans

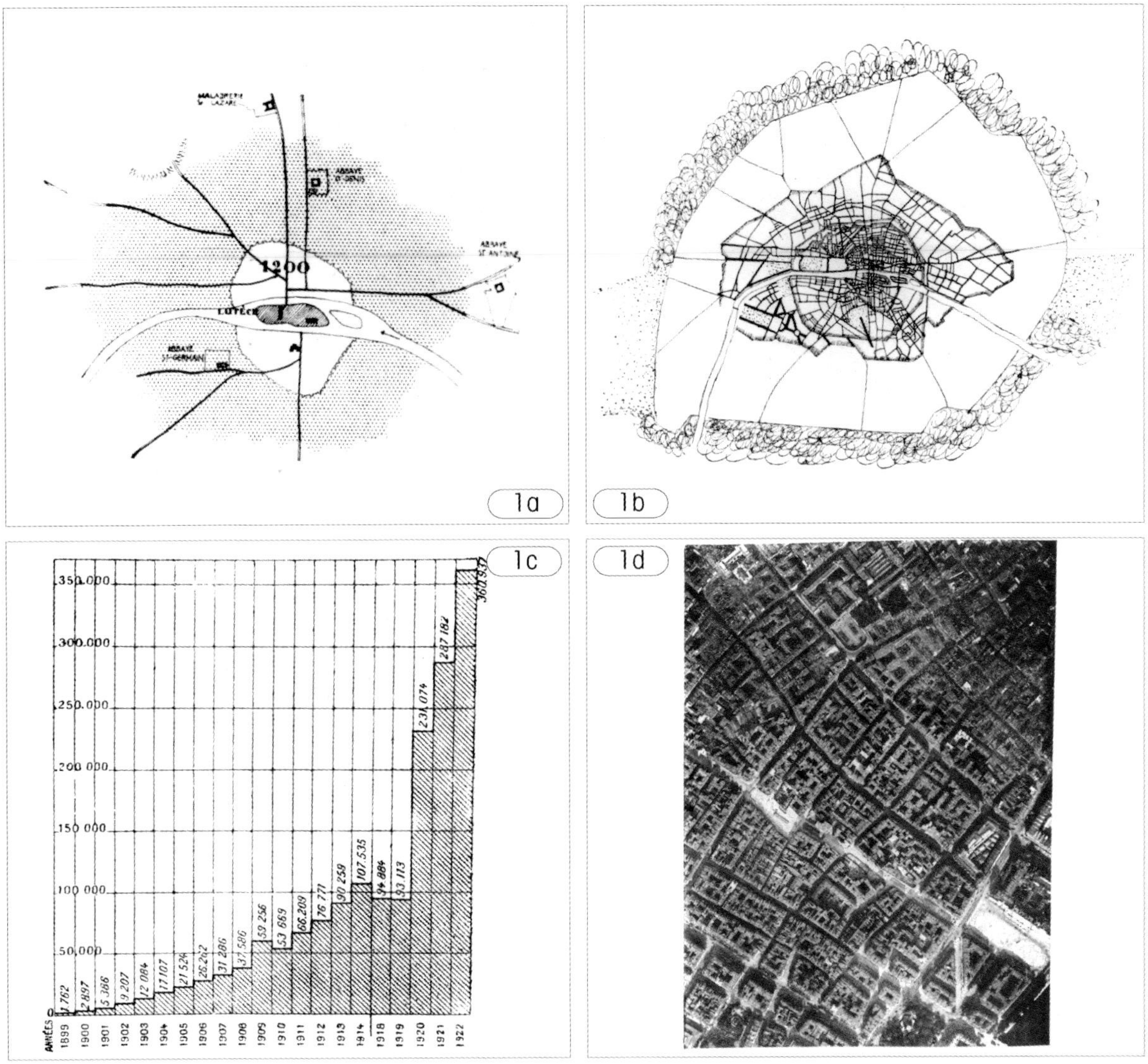

Tableau 1. *Les figures de description du site du centre de Paris dans le plan Voisin,* in Le Corbusier, Urbanisme, *Paris, éditions Crès, 1925.*

schématiques décrivant les grands projets parisiens de l'époque classique proviennent en général des recherches effectuées par Le Corbusier en archives durant les années 1910-1920, les cartes considérant l'ensemble de la ville semblent avoir fait l'objet d'une élaboration plus tardive, sans doute en vue de la publication d'*Urbanisme*. C'est ce deuxième ensemble de figures qui a retenu notre attention, le premier n'ayant pas été réutilisé après 1925, alors que le second a été complété ultérieurement par d'autres figures publiées tardivement.

Le Corbusier s'est concentré de plus en plus sur ces cartes figurant tout Paris et offrant un résumé toujours plus lisible de son histoire urbaine. La plus proche de ce programme est sans aucun doute une petite carte décrivant Lutèce[6], augmentée par la première enceinte de la ville, et traversée par une série de routes dont les plus évidentes évoquent le *cardo* et le *decumanus*[7] de la ville (ill. 1a). Ce type de figure illustre l'analyse historique du site que produit Le Corbusier au premier chapitre de la partie d'*Urbanisme* consacrée au «centre de Paris».

Le schématisme de la figure provient ici de son traitement graphique épuré. Le dessin est réalisé au trait et à main levée. Une trame permet de griser les parties hors-les-murs de la ville, sans alourdir le dessin. Le tracé des axes principaux n'en ressort que mieux.

Le schématisme est dû aussi à la brièveté du commentaire: «Lutèce d'abord, Paris, ensuite. Les édifices restèrent au même endroit. - Notre-Dame, le Palais - les voies des provinces du Nord, de l'Est, du Midi, d'Issy, de Clichy, des provinces maritimes, du temple de Mercure (Montmartre), demeurent toujours. Les abbayes fixeront les jalons définitifs. En tant qu'urbanisme, c'est du hasard, de l'accommodement. Haussmann essayera tant bien que mal de charcuter la ville. Elle reste tracée sur le chemin des ânes.» Remarquons que les différents édifices et tracés évoqués sont difficilement repérables: la plastique seule de la figure fait démonstration.

Enfin, le schématisme découle du recoupement complexe de plusieurs niveaux de lecture à l'intérieur d'une seule figure. On a sous les yeux la superposition d'au moins trois époques - Antiquité, Haut et Bas Moyen Âge - et le commentaire convoque même l'époque moderne avec Haussmann.

Cette figure fournit des indications dont l'approximation, voire la fausseté, est démontrée par la connaissance archéologique que l'on pouvait avoir en 1925 de l'histoire du centre de Paris, vulgarisée depuis quelques années déjà par les conférences et les écrits de Marcel Poëte: la Lutèce antique s'est développée sur l'île de la Cité et sur la rive gauche, mais pas sur la rive droite. Par ailleurs, la ville gallo-romaine n'a jamais possédé de *decumanus*. La «grande croisée» ici décrite est un mythe, que Le Corbusier n'est pas le seul à entretenir. Mais en supposant même que l'auteur ait fait preuve de légèreté dans son exposé historique, comment ne pas voir que *le schématisme graphique et l'efficacité qui en résulte occultent l'imperfection de l'information que la figure est pourtant sensée apporter*?

La deuxième catégorie comprend d'autres cartes schématiques, destinées cette fois à présenter la géographie urbaine de Paris. La figure que nous reproduisons illustre «les six ceintures successives de Paris[8]» (ill. 1b).

Le schématisme tient encore au traitement graphique épuré et sélectif, décrivant finement certains tracés de voiries tout en en laissant d'autres dans l'ombre. L'imprécision augmente au fur et à mesure qu'on s'éloigne du centre de la ville, pour finir par l'évocation des faubourgs sous la forme d'un simple gribouillis. Le trait, tout schématique qu'il soit, acquiert ici une fonction appréciative, puisque le recours au gribouillis pour dessiner les faubourgs dit non comment ils sont, mais ce que l'architecte en pense.

La figure tend donc à caricaturer l'information géographique, en donnant à penser que la trame viaire se relâche considérablement en périphérie, et présente, par effet de contraste, une densité excessive dans la partie centrale. Le desserrement périphérique de la voirie parisienne est, certes, une donnée géographique exacte dans son principe, mais dont la réalité cartographique est loin d'être claire et simple. D'ailleurs, est-ce volontairement que cette figure occulte tout ce qui en nuancerait le propos, comme l'existence des grandes percées haussmanniennes du centre de Paris, non figurées ou illisibles? Toujours est-il que le schématisme graphique relaie à nouveau la partialité de la description du site.

Une troisième catégorie est formée par les graphiques statistiques que l'architecte compile dans un chapitre qui leur est spécialement consacré, et qu'il dissémine ensuite dans tout l'ouvrage en les reproduisant. Cette logique de dissémination confirme l'autonomie de la figure. Seules deux de ces figures apparaissent dans la partie d'*Urbanisme* consacrée au plan Voisin. La figure que nous présentons[9] illustre l'«accroissement de la circulation des véhicules automobiles en France au cours des vingt-trois dernières années» (ill. 1c). Elle donne à voir un effet d'augmentation d'abord lent et progressif entre 1899 et 1919, puis ascendant et exponentiel entre 1919 et 1922. Les données chiffrées sont portées en ordonnées selon un mode de présentation par paliers étagés.

Le schématisme tient ici d'abord au mode de figuration, qui ne peut cette fois être imputé à l'architecte, lequel ne fait que prélever ce tableau dans un rapport préexistant dont il cite la source («Rapport Massart»). Évidemment, l'auteur ne précise pas les méthodes employées pour réaliser ce comptage.

En fait, Le Corbusier modifie substantiellement la figure en la rendant illisible. Le détail de l'information est perdu en raison de la petite dimension de l'image, qui en rend la lecture fastidieuse. Par contraste, l'évidence du mouvement hyperbolique du graphique incite le lecteur à se satisfaire d'un niveau de lecture purement formel. Ce qu'il retient de cette information, ce n'est pas le comptage précis de la circulation pour une année particulière, mais la certitude que celle-ci n'a toujours fait que s'accroître et qu'elle continuera à le faire indéfiniment.

Un détail, que la petitesse de l'image rend presque invisible, nous montre que c'est bien la volonté de présenter cette courbe ascendante qui conduit l'architecte à la choisir. Les années 1915, 1916 et 1917 sont purement et simplement supprimées, et l'on aperçoit une trace de montage entre les chiffres 1914 et 1918. Le commentaire précise en effet que «après un léger recul durant les années de guerre, cette progression [celle de la circulation] a fait un bond formidable en 1920, 1921 et 1922». Nous ne saurons pas jusqu'à quel point les colonnes des années de guerre auraient brisé l'effet ascendant du schéma. Mais il est ici certain que Le Corbusier manipule l'information à des fins d'expression strictement plastique de la figure, et que la réduction de l'image sert encore l'approximation de la description.

Un dernier groupe comprend des photographies à vol d'oiseau ou, pour la partie consacrée au plan Voisin, des photographies aériennes du centre de Paris. Ce groupe, peu représenté dans *Urbanisme* (Le Corbusier a peiné à se procurer, tardivement, ces documents), fait en revanche, après 1925, l'objet de multiples expérimentations. Ainsi, le projet pour l'organisation de l'Exposition internationale de 1937 sera présenté entièrement en photomontage sur une couverture photographique aérienne complète de Paris. Mais en 1925, le corpus ne contient que deux clichés, empruntés à la Compagnie aérienne française, et présentés en vis-à-vis sur une double page[10]. Ces deux photographies prétendent donner accès à une information supposée exacte, puisque photographique.

Mais là encore, c'est la visée schématique qui organise la figure. Le cadrage des vues est tel, en effet, que le lecteur ne peut en tirer d'autre impression que celle d'un fouillis labyrinthique. Les vues sont peu localisées: le commentaire qui les accompagne les associe, l'une au quartier des Champs-Élysées, et l'autre à celui du Temple et des Archives. Par ailleurs, les deux photographies présentent des orientations différentes. Et surtout, le cadrage place hors champ tout ce qui aurait pu faciliter l'orientation: alors que les deux clichés sont pris à proximité de la Seine, celle-ci n'apparaît que sous la forme d'un triangle noir dans un coin, si bien que son tracé est caché. Les grands monuments sont également exclus. Le cadrage sélectif réduit l'information en apparence précise de la figure à un simple constat, qu'accompagne le commentaire: les rues forment un «dédale» où «la tuberculose, la démoralisation, la misère, la honte triomphent sataniquement».

Il apparaît donc que les figures de description du site, bien qu'elles fournissent en apparence un ensemble riche de données pour comprendre les dynamiques et formes qui régissent le site du centre de Paris, s'attachent finalement à en donner une vision schématique et dirigée. Le Corbusier déclare d'ailleurs que le rôle des données analytiques, et notamment des statistiques, est d'offrir un «tremplin lyrique[11]» à l'architecte. Autant le détail de l'information noierait l'architecte dans la complexité du réel, autant le schématisme des figures descriptives transforme l'analyse en prémonition d'un mouvement clair et unanime du site vers le projet. Ce qui préside en effet à l'élaboration de cet appareil iconographique, c'est la volonté de réduire l'information à la suggestion de *formes* et d'*images*: croix de la grande croisée, cercles des enceintes successives, hyperbole verticale des schémas statistiques, «croûte aride» du Vieux Paris.

Les figures de description du plan Voisin

Dans la mesure où nous avons postulé que le rôle des figures de description est simultanément de disqualifier le site et d'y lire les dynamiques qui y préfigurent le projet, nous devons compléter notre analyse par l'examen des figures de description du projet lui-même, afin de comprendre quels liens elles entretiennent avec les premières.

À l'inverse de la «Ville contemporaine pour trois millions d'habitants», le plan Voisin, qui est présenté comme son application rigoureuse au cas du centre de Paris, fait l'objet d'une description moins détaillée[12]. On peut aisément présenter l'ensemble de ces figures de description dans le tableau 2.

Le premier groupe de figures descriptives du projet correspond aux vues en plan. *Urbanisme* n'en contient que deux.

La première figure de description du projet contenue dans *Urbanisme* est le plan de masse d'ensemble[13]. Occupant une double page dans l'ouvrage, cette figure est en réalité un très grand plan, tracé sur un fond de plan de ville préexistant, et dont les dimensions peuvent être évaluées selon certaines sources photographiques à 2 m sur 3 m environ.

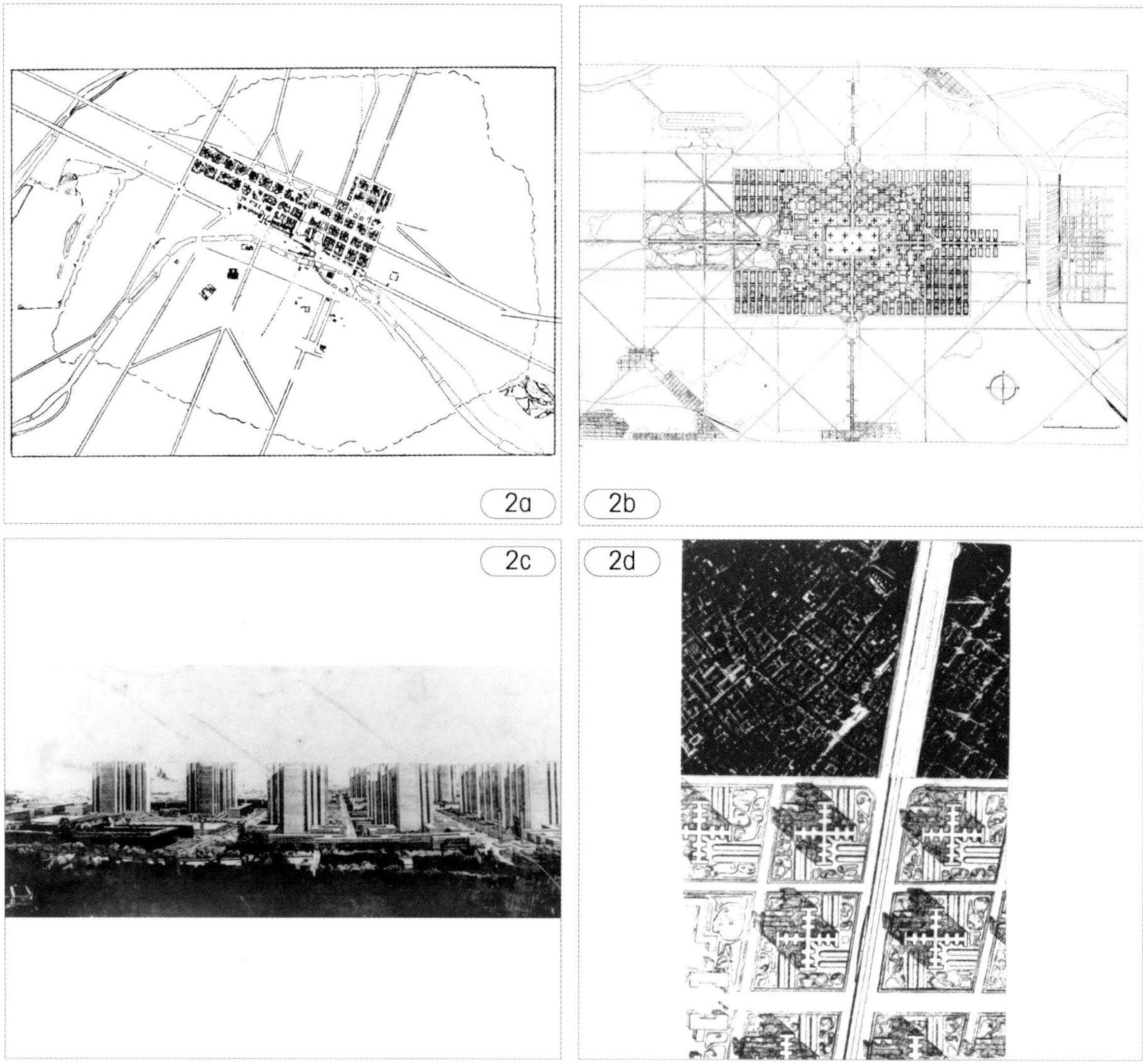

Tableau 2. *Les figures de description du plan Voisin, in* Le Corbusier, Urbanisme. *©Fondation Le Corbusier.*

La lisibilité de ce document est incertaine, du fait de la faible dissociation entre le fond de plan et le tracé du projet, lesquels présentent des densités assez comparables. Les limites du plan Voisin y sont difficiles à cerner. La réduction du plan fait aussi disparaître de nombreux éléments d'information, que l'architecte a d'ailleurs choisi de rehausser à la couleur dans la première édition de son livre : les espaces consacrés aux plantations et les monuments historiques conservés dans l'emprise du projet y sont indiqués respectivement en vert et en rouge. Le statut de cette figure est extrêmement ambigu. Occupant une double page, elle est dissociée du reste du texte, ce qui lui confère une autorité certaine. D'un autre côté, dans la mesure où elle brise la continuité de la lecture, cette position incite le lecteur à ne regarder la figure que brièvement. De même, si l'espace de la double page permet *a priori* une reproduction plus large du plan, la pliure centrale se situe forcément sur la partie la plus riche d'informations. Ainsi, une figure d'une grande précision devient, par le jeu de la mise en page, une figure schématique.

La deuxième figure (ill. 2a) est une esquisse au trait, datée de 1922. C'est elle qui a eu la plus grande postérité, en raison de sa reproduction aisée et de sa grande lisibilité, contrastant avec les imprécisions du plan d'ensemble.

L'esquisse de 1922 présente le site au travers de trois éléments : la Seine, l'enceinte de Thiers et quelques ensembles urbains monumentaux, allant du Champ-de-Mars au Louvre. Le projet à proprement parler occupe l'essentiel de la figure, centrée sur le plan Voisin, d'où rayonnent plusieurs séries d'autodromes.

Les dimensions de l'image sont très réduites[14] : elle occupe dans l'édition originale d'*Urbanisme*, d'un format légèrement supérieur à la récente réédition, une vignette de 12 cm sur 8 cm. Pour cette raison, les informations se réduisent à un aperçu de l'agencement général du projet et à l'établissement d'un rapport d'échelle entre son emprise et celle de la ville. Quel contraste avec la grande précision voulue pour le plan d'ensemble ! Or, nous avons vu que ce dernier est, dans sa version publiée, peu lisible. On se reporte alors avec plaisir à l'esquisse de 1922, perçue comme la véritable synthèse du tracé général du plan Voisin. Or, il n'en est rien : entre cette figure et le plan final, de substantielles modifications ont eu lieu, touchant l'implantation et l'orientation des autodromes, de la gare, des monuments conservés. Entre 1922 et 1925, Le Corbusier renonce à «rétablir» la grande croisée de Paris, pour concentrer son projet sur ce qui deviendra avec la Ville radieuse des années 30 la colonne vertébrale du projet parisien : la grande traversée Est-Ouest. L'auteur ne mentionne pas dans le texte ces modifications, qui nous apportent pourtant d'utiles informations sur la façon qu'il a eu de penser l'insertion géographique et paysagère de son projet. Ce silence légitime le statut que la logique graphique schématique confère à tort et sciemment à l'esquisse, celui de représentation exacte des tracés du plan Voisin.

Le deuxième ensemble de figures correspond aux plans de la Ville contemporaine de 1922, et en particulier à son plan de masse (ill.2b). Autant le plan de masse du plan Voisin a été peu diffusé, en raison, sans doute, de son caractère illisible, autant celui de la Ville contemporaine a fait l'objet de nombreuses publications. Il figure dans *Urbanisme*, sur l'affichette centrale. Le Corbusier l'a utilisé à plusieurs reprises dans des articles censés traiter pourtant du plan Voisin, favorisant ainsi une confusion qui n'avait toujours pas été levée jusqu'à récemment. Pour ces raisons, il est impossible de considérer l'ensemble figuratif du plan Voisin sans prendre en compte cette figure.

Le troisième ensemble de figures correspond aux perspectives, au nombre de deux. Le Corbusier avait prévu, pour l'exposition du projet, la production de deux perspectives dioramiques, dont une seule put être réalisée. L'autre est restée au stade d'esquisse et fournit une autre vue à vol d'oiseau du projet[15]. Le grand diorama (ill.2c) demeure donc la seule véritable vue en perspective du plan Voisin. Sa réduction dans *Urbanisme* la rend illisible. Bien qu'occupant une double page, la vignette du grand diorama le réduit aux dimensions d'un rectangle de 18 cm × 7,5 cm. Même un agrandissement ne parvient pas à livrer le secret des multiples détails que renferme cette savante perspective. L'impression générale fait dominer les gratte-ciel, à la verticalité soulignée par les redans de leur plan cruciforme, au-dessus d'une masse urbaine assez indéterminée. Et le commentaire qui renvoie dans le texte à cette figure présente les mêmes paradoxes. Le Corbusier insiste fortement sur la grande précision de l'image « dessiné[e] rigoureusement » et sur la capacité qu'elle doit avoir à présenter précisément le projet. Mais la description littéraire n'est pas plus précise que la réduction de l'image. On y apprend sommairement que le Vieux Paris y subsiste « avec tous les monuments qui sont un héritage inaliénable », et que le paysage urbain, loin de ressembler à celui de Manhattan, présente « le rythme majestueux des surfaces verticales se prolongeant au loin par l'effet de la perspective et déterminant des volumes purs ». Et rien de plus. Mais ces deux assertions sont plusieurs fois répétées.

Le dernier document de description du projet est un photomontage en plan réalisé sur une frange du plan Voisin[16] (ill.2d). Il y est cette fois finement dessiné, avec ses ombres portées sur le sol. Du quartier des affaires jaillit un autodrome qui court à travers le tissu urbain ancien. Celui-ci est figuré par l'une des photographies aériennes du tableau précédent.

Or, il apparaît que l'orientation des deux vues est différente. Alors que le détail du plan Voisin ne peut correspondre qu'à sa façade orientale, ce qui situerait le nord en bas de l'image, l'orientation de la photographie aérienne indiquerait le nord en haut à gauche. En fait, Le Corbusier a orienté la photographie aérienne de façon à ce que ses ombrages et ceux de son plan ne se contredisent pas. Un choix d'expression plastique a prévalu sur l'exactitude de la représentation architecturale. Ce choix était d'autant plus aisé à faire que, comme on l'a vu, les photographies aériennes de Paris sont cadrées de manière à exclure tout point de repère, et donc à désorienter le lecteur.

L'examen de ces quatre types de figures descriptives du projet nous montre que, malgré leur précision apparente, le schématisme préside à leur conception. Entre une esquisse très schématique, un plan de masse peu lisible, une vue dioramique saisissante mais également confuse, et un photomontage tronqué, la lecture du projet demeure délicate. Le texte, d'ailleurs, ne nourrit pas davantage la description[17]. Il en découle une description qui sacrifie la précision à la capacité d'évocation : les tracés francs de l'esquisse, la position centrée du plan de masse, la verticalité du diorama et l'effet de contraste du photomontage participent plus d'une construction mentale du projet que de sa description exhaustive.

Les ponts iconographiques entre les figures de description du site et du projet

Il apparaît donc que les figures de description du site et du projet présentent un mode de construction comparable, régi par une logique de schématisation de l'information destinée à la rendre « lyrique », pour reprendre le terme de l'auteur. Ces deux ensembles de figures, pour cette raison, nous apparaissent tendus vers un objet qui échappe en apparence à leur référent. Ainsi, le référent des premières n'est qu'en apparence le site : c'est en réalité ce qui, dans ce site, préfigure, et cela de la façon la plus formelle, le projet. De même, le projet n'est qu'à un niveau littéral le référent des secondes, en fait tournées vers l'expression d'une structure première, pure et désincarnée du projet. Le référent de ces figures n'est ni le centre de Paris, ni le plan Voisin : c'est un niveau d'existence du projet qui les subsume tous les deux, présent en eux mais non épuisé par eux, ce que l'on pourrait appeler un « infralieu ».

Ce qui nous autorise à poser l'hypothèse de ce référent « infralocal », c'est le fait que l'on trouve dans l'appareil iconographique du plan Voisin un troisième ensemble de figures, que nous présentons dans le tableau 3. Ces figures ont un statut ambigu, puisqu'elles assemblent des vues du site avec des vues du projet, dans un dispositif dont la cohérence est assurée soit par le traitement graphique d'ensemble, soit par la mise en page. Là encore, nous pouvons rassembler ces figures en quatre catégories.

La première catégorie relève à nouveau de ces cartes schématiques de Paris, à caractère historique et géographique. Une telle carte fut publiée dans *Urbanisme* sous l'intitulé « Paris d'aujourd'hui »[18] (ill. 3a). Ce plan présente à l'échelle de la ville un ensemble de tracés, soit existants, comme l'axe des Champs-

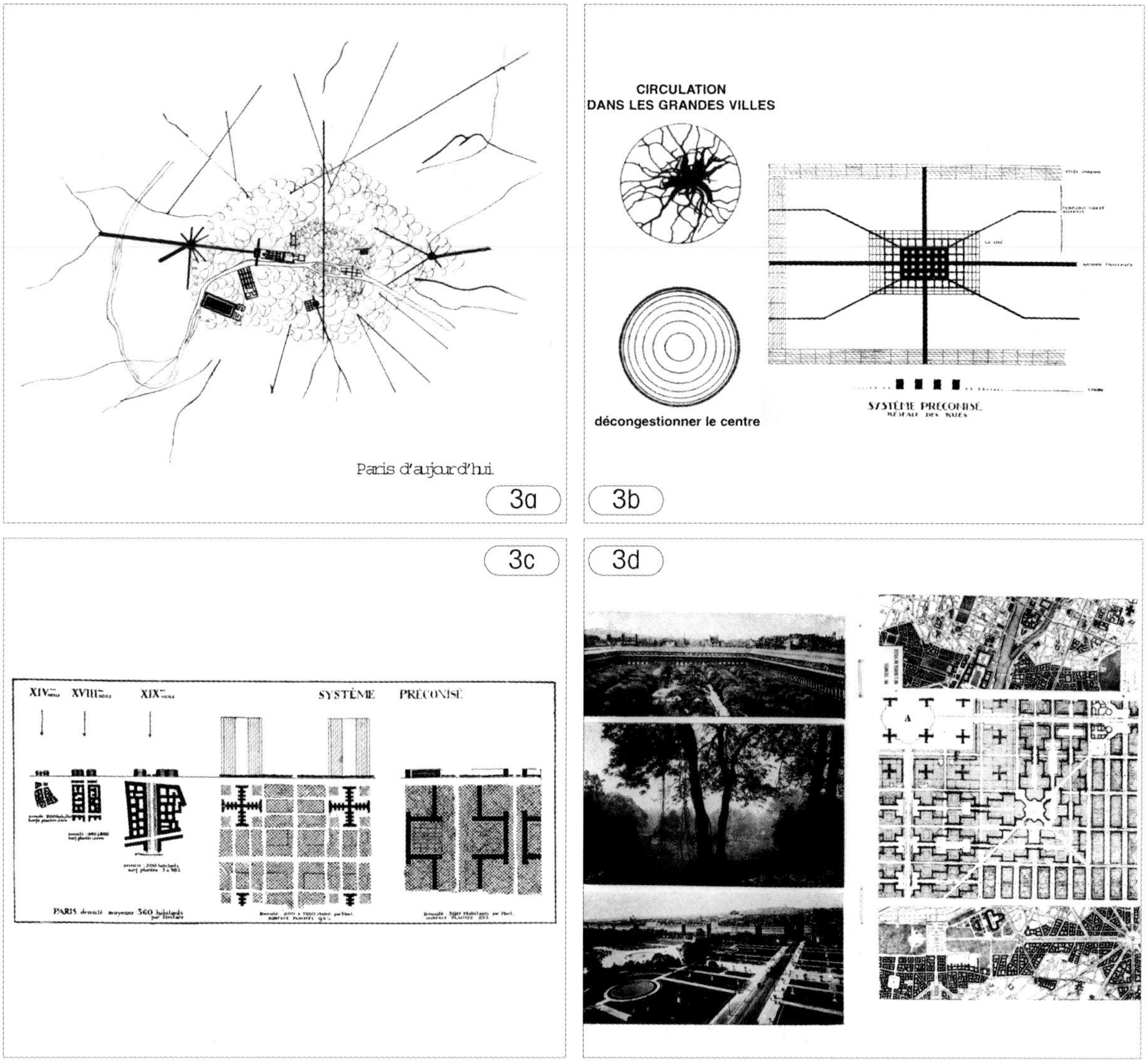

Tableau 3. Les ponts iconographiques entre description du site et du projet, in LE CORBUSIER, Urbanisme. *©Fondation Le Corbusier.*

Élysées, soit virtuels, comme celui qui traverse la capitale en ligne droite du sud au nord. Ces tracés sont figurés au milieu d'un gribouillis, très dense au centre de Paris, plus aéré en périphérie. Le tracé de la Seine y est repris avec précision ainsi que celui de quelques voies autour de la ville.

Le deuxième groupe de ces figures complexes est constitué par un ensemble de schémas circulaires, ponctuant le texte, et dont certains reviennent avec insistance dans le texte. C'est notamment le cas de deux d'entre eux, presque toujours présentés conjointement[19] (ill. 3b). Le premier, intitulé «Circulations dans les grandes villes», représente à l'intérieur d'un cercle parfait la convergence au centre d'une multitude de lignes au tracé sinueux ou brisé, finissant par former une masse noire et informe au milieu du schéma. Le second, intitulé «Décongestionner le centre», figure le même cercle, mais y inscrit une série de cercles plus petits, autour du même centre, en réservant entre les circonférences successives un éloignement croissant au fur et à mesure que l'on s'approche du centre. Ces deux schémas circulaires sont immédiatement suivis, sur la planche de présentation de la Ville contemporaine de 1922, par un troisième, intitulé «Système préconisé - réseau des rues», qui synthétise leur expression. La figure prend alors non plus une forme circulaire, mais rectangulaire. On y trouve à la fois la convergence de tracés vers le centre, occasionnant une zone de plus forte densité à cet endroit, et l'aération générale du deuxième schéma circulaire.

Un troisième groupe de figures complexes est formé par des planches destinées à comparer les rapports de pleins et de vides dans les formes actuelles et projetées de la ville. Ce type de montage associe des modes de représentation variés (plan et coupe, ou plan et vue photographique), affectés à des ensembles urbains d'époques et de formes différentes qui deviennent comparables du fait même de l'identité de leur traitement graphique. Bien qu'encore peu représentée dans *Urbanisme*, cette sorte de planche deviendra par la suite l'un des modes de figuration les plus singuliers de l'architecte. Les planches didactiques produites pour les congrès internationaux d'architecture moderne (CIAM) en témoignent[20].

Celle que nous présentons[21] (ill. 3c) juxtapose de gauche à droite cinq couples de vues en plan et en élévation de différents morceaux de la ville. Elle décrit un groupe d'îlots datés des XIVe, XVIIIe et XIXe siècles, puis deux extraits du plan Voisin, correspondant respectivement à la cité d'affaires et à la cité de résidences.

Une dernière figure, appartenant à la même catégorie que la précédente, juxtapose une vue en plan du plan Voisin[22] à des vues du Paris de 1925, mais cette fois il s'agit de vues photographiques (ill. 3d). Trois couples de figures sont associés. La première figure juxtapose une vue à vol d'oiseau du Palais-Royal avec un extrait du plan de Paris correspondant au quartier qui l'environne. La seconde fait voisiner une carte postale du parc Monceau avec un extrait de plan de la Ville contemporaine de 1922. La troisième associe une vue à vol d'oiseau des Tuileries avec un nouvel extrait du plan de Paris correspondant au quartier des Champs-Élysées. La juxtaposition des photographies et des plans implique un rapport de coexistence. Le Palais-Royal appellerait une organisation urbaine semblable au quartier dans lequel il s'insère, tout comme les verdures du parc Monceau suggéreraient l'aération de la ville proposée par le plan Voisin.

Dans la mesure où elles confondent la description du site et celle du projet, ces figures suggèrent bien l'existence d'un référent infralocal. Elles montrent toutes l'émergence, dans l'observation même du site, des figures du projet. On peut d'ailleurs les lire inversement comme la représentation de la «descente» du projet dans son site. Ce surgissement de l'information infralocale aimante littéralement les autres ensembles de figures, comme si ce troisième groupe, en raison de son ambiguïté, opérait un passage idéal, quoique irrationnel, entre les figures de description du site et du projet. C'est ce que montre le tableau 4, qui reprend les illustrations des tableaux précédents en un schéma général.

La première colonne à gauche (groupe a) montre comment la figure infralocale du «Paris d'aujourd'hui» forme un véritable *pont iconographique* entre la carte schématique de Lutèce et le plan d'ensemble du plan Voisin. Le rapprochement apparaît d'abord dans la nature des figures concernées: des plans plus ou moins schématiques de la ville. La transition est d'abord chronologique: Lutèce parle du passé, le «Paris d'aujourd'hui» décrit le présent, et le plan du plan Voisin correspond au futur. Mais l'évolution est aussi graphique. Lutèce forme une figure claire, où la grande croisée se lit distinctement, car l'extérieur de la ville est représenté par le tramage grisâtre. Avec le «Paris d'aujourd'hui», les tracés se complexifient, tandis que la masse grisâtre pénètre jusqu'au centre de Paris sous la forme d'un gribouillis qui évoque aussi bien un nuage de pollution que la poussière envolée d'un vaste chantier. Avec le plan du plan Voisin, le gris a tout envahi et les tracés sont difficilement lisibles. Il y a progression du plus schématique et du plus intelligible au plus précis et au moins lisible. On notera aussi que ces trois figures se suivent dans le déroulement du texte (p. 9, 15 et 274-75).

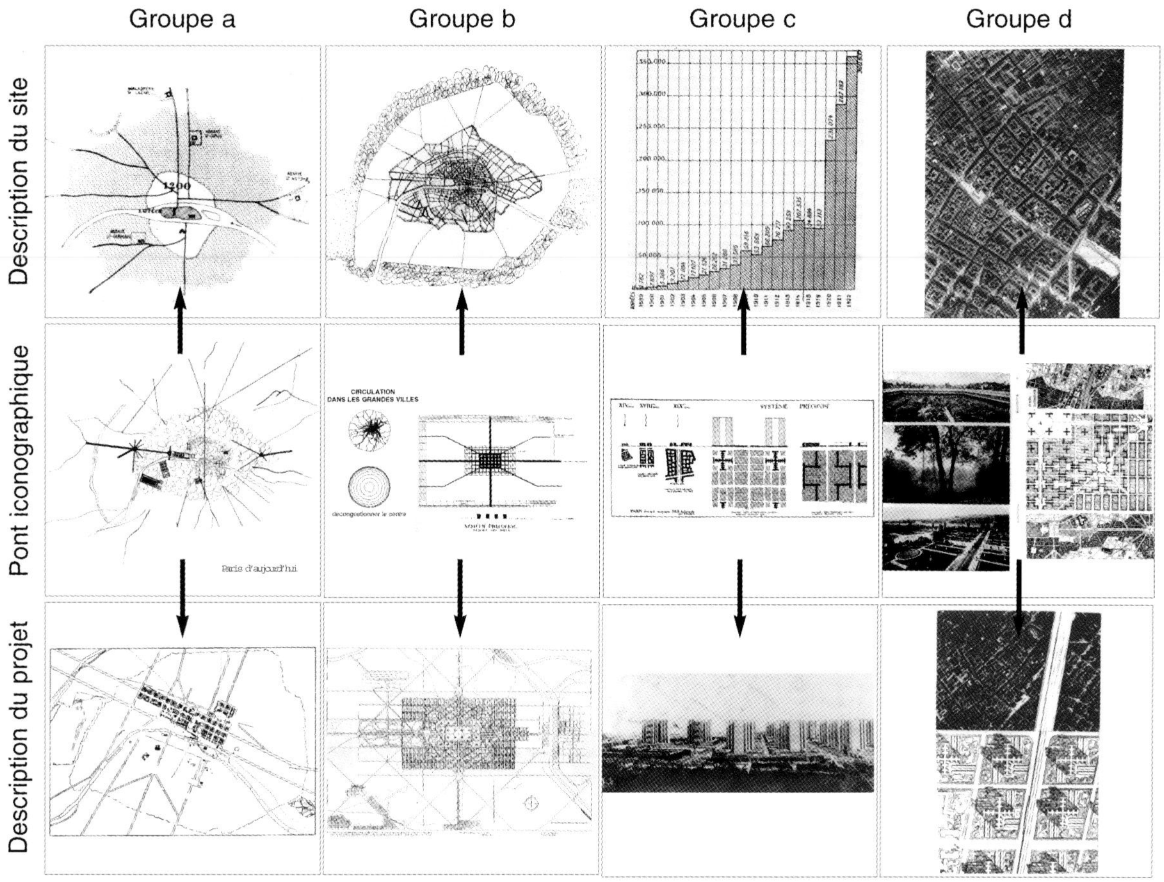

Tableau 4. *Les figures de description du centre de Paris dans le plan Voisin,* in Le Corbusier, Urbanisme. *©Fondation Le Corbusier.*

La deuxième colonne à gauche (groupe b) propose de lire les schémas de fonctionnement viaire comme un pont iconographique entre la carte de la voirie parisienne mise en relation avec les enceintes successives de Paris et le plan de masse de la Ville contemporaine. Là encore, l'identité du sujet favorise le rapprochement des figures : toutes sont des plans schématiques ayant pour sujet principal la voirie. La figure du haut semble compiler les données schématiques des trois figures centrales : comme la première, la carte noircit le centre avec des tracés anarchiques ; comme la deuxième, elle assombrit la périphérie du dessin ; enfin, la troisième semble la version géométrique de cette carte. Quant au plan de masse de la Ville contemporaine, elle reprend dans toute sa composition les dispositions du schéma central : masse noire et orthogonale au centre, parties grisées en périphérie et, entre les deux, réseau de tracés droits et pratiquement perpendiculaires. Là aussi, les trois figures se suivent dans le déroulement du texte (p. 85, affichette centrale, p. 265).

La troisième colonne (groupe c) permet de lire le pont iconographique réalisé entre le schéma statistique et le diorama par le montage des plans et élévations historiques et prospectives de Paris. Le lien est plus subtil, car il combine des rapprochements de genre et de forme. En ce qui concerne les rapprochements de genre, la figure centrale appartient au genre « statistique » autant que le schéma du haut, puisqu'il propose une lecture synchronique de faits dispersés dans le temps, afin de donner à saisir une évolution globale (celle de la circulation dans un cas, celle du bâti dans l'autre). De même, la figure centrale et le diorama relèvent du même genre en cela qu'ils présentent des élévations du Vieux Paris et du plan Voisin mis côte à côte, si l'on veut bien admettre que l'extrême éloignement du spectateur dans le diorama rapproche la perspective d'une vue géométrale. Quant aux rapprochements de forme, le schéma statistique et le montage central présentent le même mouvement ascendant et exponentiel, tandis que ce même montage et le diorama montrent tous deux les gratte-ciel du plan Voisin dressés au-dessus du Vieux Paris.

La dernière colonne (groupe d) montre le pont iconographique opéré par le montage des vues et plans de Paris et du plan Voisin, entre les photographies aériennes du centre de Paris et le photomontage du plan Voisin. Le lien entre la photographie aérienne et le photomontage - l'une étant le support de l'autre - apparaît assez direct ici pour ne pas nécessiter de passage par un pont graphique. Cependant, on peut s'étonner du glissement subtil qu'opère la présence de la figure centrale, où Le Corbusier légitime graphiquement ce qui risquerait d'être perçu comme un simple « plaquage » du plan Voisin sur une photographie aérienne. La figure centrale, en effet, associe des photographies de Paris avec des plans, dont celui du plan Voisin. Mais il ne s'agit encore que de juxtaposition. En mêlant des figures de projet avec des figures de description du site, Le Corbusier gomme la frontière entre le présent et le futur puisque, si le plan Voisin n'existe pas encore, il est déjà inscrit ici dans la réalité actuelle de Paris sous la forme du parc Monceau, qui lui est associé.

Le dispositif iconique des figures de description du site dans le plan Voisin nous renseigne donc sur le moyen utilisé par Le Corbusier pour opérer, dans le contexte délicat d'un *urbanisme de table rase*, à la fois la disqualification du centre de Paris et le détournement de certaines de ses caractéristiques pour fonder le projet dans son contexte.

Il s'agit pour lui, d'abord, de réduire les figures descriptives à une expression très schématique, en ce qui concerne aussi bien la représentation du site que le projet lui-même. Cette réduction du site et du projet à quelques linéaments essentiels, à une structure plus qu'à des formes sensibles, aurait pu produire un défaut d'information. Or, *la production d'un groupe de figures intermédiaires, décrivant le site et le projet à travers le filtre d'une seule et même réalité structurelle, a permis de conférer aux figures de description une validité nouvelle, en brouillant le référent des images*. Que décrivent ces figures ambiguës : ni le site, ni le projet, mais les deux ensemble.

Le niveau de réalité de cet « infralieu » que devient alors le centre de Paris installe le discours de projet dans une scène qui lui est propre, et dont il nous semble qu'il faudrait chercher le vocabulaire et la syntaxe dans un langage spécifique à la conception architecturale. Car se pose nécessairement la question de la fonction discursive exacte de ces figures. Relèvent-elles d'une simple rhétorique, sciemment produite par l'architecte pour falsifier l'information à son profit et promouvoir son projet auprès de l'opinion ? Certaines manipulations patentes des images peuvent nous inciter à le croire. Mais le fonctionnement souvent subtil des ponts iconographiques autorisés par ces figures intermédiaires nous invite aussi à voir ici l'œuvre d'une imagination dont Le Corbusier n'est pas tout à fait maître. Le caractère obsessionnel et souvent, semble-t-il, volontairement tourné vers l'échec, de la production urbanistique de Le Corbusier ne démontre-t-il pas l'inefficacité de ces procédés, incompatibles avec leur visée rhétorique ?

Notes

1. Le présent chapitre est nourri par un travail de recherche mené dans le cadre d'une thèse de doctorat intitulée « Table rase et paysage. Projet d'urbanisme et contextualité spatiale dans le plan Voisin de Le Corbusier (1925) et la cité Concorde de Le Maresquier (1954) », sous la direction de F. Pousin, École des hautes études en sciences sociales, juin 2004.

2. Nous désignons sous ce terme l'ensemble des discours théoriques et doctrinaux et des techniques opérationnelles de projet produits par les architectes paysagistes. Cet ensemble complexe n'ayant pas fait l'objet d'une conceptualisation systématique, nous en proposons une lecture globale en nous appuyant principalement sur une synthèse des traités d'art des jardins, d'urbanisme végétal ou encore d'aménagement du territoire.

3. J.-P. Boutinet, *L'Anthropologie du projet*, Paris, PUF, 1990.

4. Le Corbusier, *Les Plans Le Corbusier de Paris*, Paris, éd. de Minuit, 1956, p. 36.

5. Ce choix nous a conduit à exclure de la présente analyse certaines figures de description du plan Voisin qui, bien que largement médiatisées par l'architecte et ses commentateurs après 1925, n'apparaissaient pas dans *Urbanisme* (ouvrage publié en 1925 aux éditions Crès, rééd. Flammarion, Paris, 1994). Notamment, les maquettes et l'axonométrie du plan Voisin font l'objet d'une analyse spécifique dans notre recherche. Enfin, pour des raisons de lisibilité nous n'avons pas pu reproduire les légendes qui accompagnent les figures dans *Urbanisme*.

6. Le Corbusier, *Urbanisme*, *op. cit.*, p. 7.

7. Le *cardo* et le *decumanus* désignent respectivement les axes Nord-Sud et Est-Ouest tracés lors de la fondation des villes romaines.

8. Le Corbusier, *Urbanisme*, *op. cit.*, p. 85.

9. *Ibid.*, p. 242.

10. *Ibid.*, p. 268-269. Dans l'illustration 1d nous ne reproduisons que la page 268, car c'est celle qui a été utilisée par Le Corbusier pour le photomontage du plan Voisin, cf. *supra*.

11. *Ibid.*, p. 99-100: «La Statistique est le Pégase de l'urbaniste. Affreusement maussade, minutieuse et sans passion, impassible, elle est le tremplin du lyrisme, le socle d'où le poète peut s'élancer vers l'avenir et ses inconnues, ses pieds étant solidement appuyés sur des chiffres, des courbes, sur des vérités humaines; en réalité, ce lyrique-là va pouvoir nous intéresser puisqu'il parlera notre langage, s'occupera des choses qui nous préoccupent, nous animera dans le sens de notre mouvement en ne nous désignant que des solutions de notre système.»

12. La confusion entre l'iconographie de la «Ville» de 1922 et du plan Voisin, entretenue par l'architecte lui-même dès 1926, et manifeste dès les premières publications relatives à l'œuvre de Le Corbusier, demeure aujourd'hui encore un travers fréquent. Notre travail a consisté aussi à restituer à chacun de ces deux projets leur univers graphique propre.

13. *Ibid.*, p. 274-275.

14. *Ibid.*, p. 265.

15. Cette esquisse préalable figure dans l'ouvrage en page 266, dans une vignette de 12 cm par 4 cm, intitulée: «1925. Croquis du "centre de Paris".»

16. *Ibid.*, p. 274.

17. L'analyse de l'énoncé textuel du plan Voisin fait apparaître au contraire un niveau de description encore plus réduit, ramené à la répétition de quelques formules évoquant le surgissement des «cristaux purs de verre» au-dessus des «frondaisons».

18. *Urbanisme*, p. 15.

19. Ces deux schémas circulaires apparaissent en pages 89 (avec un autre schéma circulaire), 92 (seuls), 106, en page centrale, puis en page 157 (deux fois pour le premier, une fois pour le second).

20. Ces procédés graphiques ont fait l'objet d'une analyse précise lors de la communication de E. Chapel, «Les figures du quantitatif dans l'urbanisme des années 1930», communication dans le cadre de la journée «Pouvoir des figures dans le projet architectural et urbain» du 24 janvier 2000, École d'architecture de Paris-La Villette, animée par F. Pousin.

21. *Urbanisme*, p. 94. Cette figure est reprise sur la page centrale de l'ouvrage, pour la description de la Ville contemporaine. Il s'agit de la réduction d'une planche beaucoup plus grande, ce qui rend ses nomenclatures illisibles et justifie l'adjonction d'un commentaire.

22. *Ibid.*, p. 192-193.

Chapitre VII

Détournements
Les figures cartographiques de la géographie dans le projet architectural

Riccardo Palma

Les cartes produites par les situationnistes ainsi que les représentations des géographes publiées dans le livre d'Aldo Rossi, *L'architettura della città*, sont étudiées ici à partir du point de vue d'une épistémologie générale qui permet d'interroger les modalités suivant lesquelles le projet architectural, pour produire ses figures, entre en relation avec les figures issues d'autres disciplines.

Il s'agit en effet d'analyser les relations entre la discipline architecturale, les études urbaines et les représentations urbaines des géographes. Notre objectif est de montrer comment la production des études théoriques en architecture s'appuie souvent sur une sorte de migration des images d'une discipline à l'autre. De plus, la migration des images géographiques dans les domaines de la théorie de l'architecture et du projet architectural joue un rôle déterminant, productif, tant du côté de la production des figures que du côté des propositions théoriques auxquelles elles sont liées.

Un tel déplacement, ou plutôt « détournement », comme nous le verrons par la suite, suppose une condition particulière de la pensée : une condition que nous pourrions qualifier de « grammatologique » à la suite de Jacques Derrida[1]. En effet, la possibilité d'abandonner ou de négliger le sens originaire d'une image est une condition proprement grammatologique qui présuppose l'existence d'une dimension textuelle et donc autonome de l'image même.

Les deux études de cas réunies par-delà leur différence théorique semblent bien, chacune à sa manière, relever de cette condition. À travers l'idée développée par Rossi d'une modalité « constructive » de la pensée théorique en architecture et à travers la notion de « détournement » promue par les situationnistes, nous montrerons comment les images des géographes peuvent être mises à profit dans la formulation d'une théorie urbaine, dans un cas, dans la production des figures du projet, dans l'autre.

Dans l'introduction à l'édition portugaise de son livre, Aldo Rossi écrit : « Je me rends compte que l'utilisation des textes des géographes pour traiter d'une discipline dont l'intérêt est très fort dans ce livre s'affirme comme l'objet d'une recherche rigoureuse, mais fermée. J'ai utilisé les textes comme on utilise un matériel de construction ; le problème est de se servir de ce matériel pour la science urbaine et pour la théorie de l'architecture[2]. » Rossi parle donc d'une modalité constructive de la théorie dans laquelle les contributions des autres disciplines sont exploitées comme matériel ouvert à plusieurs possibilités de signification.

De son côté Guy Debord, dans un essai intitulé « Le détournement comme négation et comme prélude[3] », explique comment le double mouvement du « détournement » se développe, soit par la perte d'importance de chaque élément autonome détourné, soit par l'organisation d'un autre ensemble signifiant qui confère à chaque élément une dimension nouvelle. Il écrit : « Le détournement se révèle ainsi d'abord comme la négation de la valeur de l'organisation antérieure de l'expression[4]. » Nous avons donc affaire à un dispositif qui fonctionne à travers le déplacement d'une figure dans un autre contexte de signification, en vertu d'une déconstruction qui mine l'origine de la figure même en tant que présence de l'auteur, de sa signification originaire, de son vouloir-dire.

Par conséquent nous pouvons donc voir une similitude entre les propositions de Rossi et de Debord : toutes les deux se fondent sur une perspective grammatologique *ante litteram* qui a ses caractères distinctifs dans l'institution d'une différence originaire, produisant la perte d'origine de l'objet « détourné » ou des propositions provenant d'une autre discipline.

Dans cette perspective qui revendique une valeur théorique, nous essaierons de mesurer le « travail de construction » effectué par la dimension grammatologique de la figure dans les deux cas étudiés.

Aldo Rossi et la « ville en parties »

Comme on le sait, le livre de Rossi est « construit » sur les recherches des géographes, historiens de la ville et sociologues, notamment français : Sorre, Chabot, Poëte, Lavedan, Tricart, Demangeon, Halbwachs. Plusieurs notions clés du livre sont empruntées à ces auteurs : la permanence du plan, l'importance de la rue dans la formation de la ville, les éléments primaires, l'individualité des phénomènes urbains. Nous soulignerons la notion de « ville en parties » qui représente l'idée d'une ville constituée de portions distinctes, ayant chacune sa propre identité architectonique.

L'émergence théorique de cette notion est intéressante : à la suite de la critique de ce qu'il appelle le « fonctionnalisme ingénu », Rossi développe une série d'arguments qui s'appuient sur les études des géographes fonctionnalistes comme Chabot, Burgess, etc. Selon lui, ces géographes développent un bon système descriptif de la ville mais ils butent sur l'analyse de sa structure[5]. Il dénonce alors une insuffisance théorique de la géographie fonctionnaliste dans son explicitation de la ville, mais en même temps il en utilise les aspects descriptifs, c'est-à-dire les images de la ville qu'elle a produites. Des images qui sont, par conséquent, privées de leur signifié idéologique ou théorique originel. De plus, ces images sont des cartes.

Pour expliquer une telle utilisation, on peut analyser un épisode significatif dans la construction du livre. En effet, lorsque au cours de son raisonnement Rossi parvient à la formulation de la théorie de la « ville en parties », apparaît une carte de Chicago subdivisée en zones ethniques qui provient des études de l'école de Burgess[6] (ill. 1). Cette image, qui a, dans son contexte d'origine, une signification spécifiquement sociologique, est utilisée par Rossi en tant que figure architectonique de ville dans laquelle l'autonomie formelle de chaque quartier, nécessaire à la formulation de la théorie de la « ville en parties », trouve sa représentation. On constate donc une sorte de détournement disciplinaire : à une image créée dans un but déterminé est attribuée une autre signification.

De plus, il semble que ces représentations n'aient pas valeur seulement analogique ou descriptive d'une théorie développée ailleurs, mais qu'elles aient un rôle structurel dans la formulation théorique, car elles donnent à Rossi la possibilité même de penser l'espace

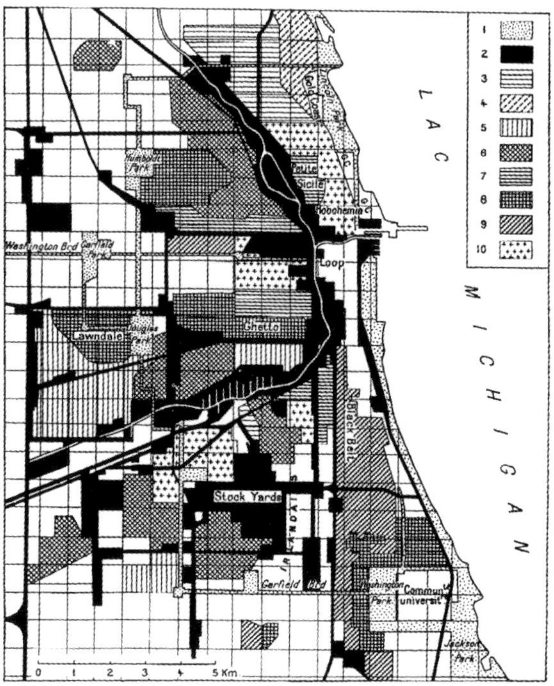

Illustration 1. *« Chicago, Divisione della città per zone etniche », in E.W. Burgess, « The Determination of Gradients in the Growth in the City »*, Publication of American Sociological Society, *XXI, 1927.*

de la ville comme discontinu et subdivisé en portions distinctes.

Le dispositif épistémologique qu'autorise un tel phénomène est contenu dans la valeur conventionnelle de toute description, ce dont parle Rossi dans l'introduction de son livre, notamment à propos du fonctionnalisme. La description, lorsqu'elle s'exprime dans une représentation - nous pourrions ajouter, dans une dimension grammatologique -, perd son signifié au profit d'un simple contenu formel. Dans le domaine d'une théorie de l'architecture comme celle de Rossi, le rôle des cartes de géographes est donc strictement lié à une opération de privation du signifié originaire, une perte d'origine, tout à fait constructive, ou mieux dé-constructive.

Les cartes psycho-géographiques

Les situationnistes, eux aussi, ont eu des rapports très importants avec la géographie et la sociologie urbaines en tant que disciplines. En particulier avec l'école fonctionnelle de Burgess et l'école sociologique française d'Henri Lefebvre, ainsi qu'avec les études sur Paris de Paul Henry Chombart de Lauwe, ou encore avec celles de Marcel Poëte. La *Critique de la vie quotidienne* (1946) par Lefebvre et les études sur Paris par Chombart de Lauwe, *Paris et l'agglomération parisienne* (1952), sont des livres fréquemment cités dans les écrits théoriques de Guy Debord.

Nous voici de nouveau face à un dispositif théorique qui se construit de manière programmatique sur l'adoption de données issues d'une géographie sociale. Dans le cas du situationnisme, cette importation est, à première vue, plus proche des contenus théoriques originaires. En effet, la formulation d'une possible psychogéographie de la ville contemporaine s'appuie sur la notion de ville en tant que phénomène complexe qui doit être étudié grâce à plusieurs niveaux d'analyse, parmi lesquels les niveaux perceptif et psychologique provenant de la géographie sociologique de Chombart de Lauwe. Selon cette géographie, l'espace de la ville se stratifie en une multiplicité d'espaces: topographique, biologique, anthropologique, économique, géographique total, etc.[7].

L'objet théorique devient le statut de cet espace, ses limites, ses représentations. Dans l'introduction à *Paris et l'agglomération parisienne*, Chombart de Lauwe s'interroge: «Dans quel espace se situent les populations, les structures, les groupes et les personnes sur lesquels portent les recherches? Quelles sont ses limites et ses divisions? Quels sont les rapports entre les structures inscrites dans cet espace et les représentations collectives et individuelles? [...] Il s'agit, ajoute-t-il, en réalité d'une série d'espaces juxtaposés dont les structures parfois se recouvrent et parfois échappent à toute superposition[8].» D'un point de vue général, ces interrogations, et surtout l'idée d'espace urbain qu'elles sous-tendent, sont exportées directement dans les études des situationnistes et la nouvelle discipline de la psychogéographie qu'est l'«étude des lois et des effets précis d'un milieu géographique, consciemment aménagé ou non, agissant directement sur le comportement affectif[9]».

Les cartes de la ville produites par les situationnistes résultent d'études très précises menées par l'observation directe des caractères de la ville, observation développée au cours de «dérives». Le but de la dérive est la «reconnaissance d'unités d'ambiance, de leurs composantes principales et de leur localisation spatiale, on perçoit leurs axes principaux de passage, leurs sorties et leurs défenses[10]». L'objectif de ces cartes est ainsi de définir dans la ville des «unités d'ambiance», c'est-à-dire des zones dont les caractères psychophysiques sont homogènes. Elles sont donc, en même temps, représentations des parties qui subdivisent la ville d'un point de vue psychogéographique, et représentations du mouvement de la dérive dans la ville. Les unités d'ambiance peuvent être aussi des objets urbains comme un pont (Pont-Neuf) ou une rue (quai aux Fleurs).

On relève ici une importante analogie avec l'ouvrage théorique de Rossi: dans les deux cas, il est question de «quartier» ou de «partie» pour désigner une portion caractérisée de la ville. Même si la direction théorique est différente, l'une formelle, l'autre sociopolitique, ces notions proviennent, dans les deux cas, des études de la géographie sociale, et une telle relation est médiatisée par les représentations cartographiques. La ville est, de toute façon, une structure multiple: «il n'y a pas de sens à contraindre [les différentes zones de la ville] dans une unique loi formelle[11] », écrit Rossi dans *L'architettura della città*. Tant pour Rossi que pour Debord les analyses des géographes sont les lieux où se révèle la multiplicité de la ville.

Pour Debord, la principale activité situationniste est une activité analytique, et la dérive coïncide avec la recherche du relief de la ville. Debord écrit : « La part aléatoire est ici moins déterminante qu'on ne croit : du point de vue de la dérive, il existe un relief psychogéographique des villes, avec des courants constants, des points fixes, et des tourbillons qui rendent l'accès ou la sortie de certaines zones fort malaisées[12]. » Les cartes rendent compte de ce relief. Debord poursuit : « L'exploration d'un champ spatial fixé suppose donc l'établissement de bases, et le calcul des directions de pénétration. C'est ici qu'intervient l'étude des cartes, tant courantes qu'écologiques ou psychogéographiques, la rectification et l'amélioration de ces cartes[13]. »

Les situationnistes ont donc produit plusieurs cartes et leur élaboration est l'un des objectifs principaux du groupe. Les plus fameuses sont « The naked city » (ill. 2) et « Guide psychogéographique de Paris : discours sur les passions de l'amour » (ill. 3). Il existe en outre toute une série de cartes d'étude de la ville, publiées dans la revue l'*Internationale situationniste*[14]. On y trouve par exemple une étude très analytique, développée par Abdelhafid Kathib, sur les Halles : la détermination des frontières externes de la zone, la subdivision de ses parties internes et l'individuation des pôles de convergence de ces parties avec le rôle de plaques tournantes constituent un des exemples les plus significatifs d'analyse psychogéographique de la ville.

Ces cartes empruntent aux cartes fonctionnelles à plusieurs titres. En effet, elles utilisent des flèches pour représenter les parcours de la dérive et les relations d'attraction ou de répulsion entre les différentes zones de la ville. Les flèches montrent les points fixes, les courants constants, les vortex. Les parties de la ville individualisées en tant qu'« unités d'ambiance » sont isolées, puis déplacées par des rotations selon les « pentes » psychogéographiques mises en évidence par la dérive. Il y a des déformations qui portent sur l'échelle métrique, la direction, ou la distance réciproque.

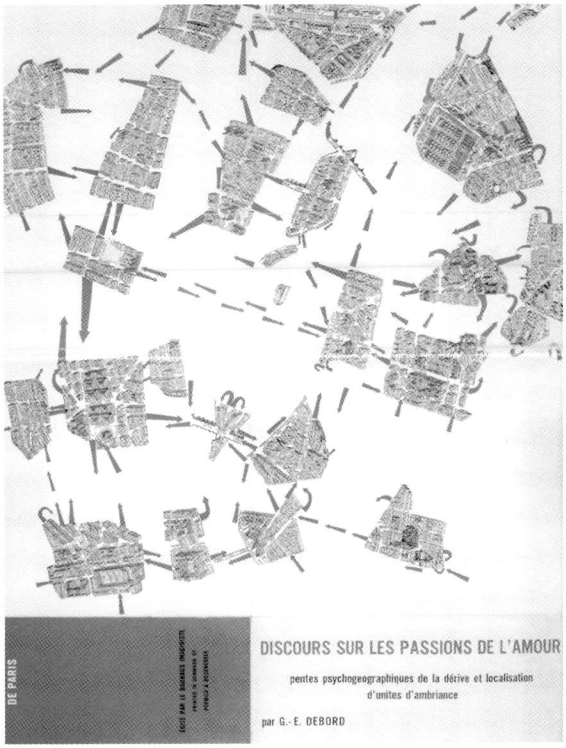

***Illustration 3**. G. Debord, A. Jorn, « Guide psychogéographique de Paris : discours sur les passions de l'amour », 1956, carte sérigraphiée, Rijsbureau voor Kunsthistorische Documentatie, The Hague.*

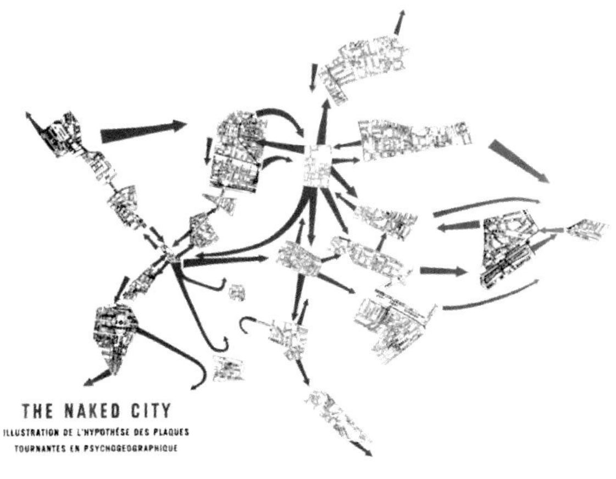

***Illustration 2**. G. Debord, A. Jorn, « The naked city » : illustration de l'hypothèse (sic) des plaques tournantes en psychogéographie (sic), 1957, sérigraphie. Rijsbureau voor Kunsthistorische Documentatie, The Hague.*

Il s'agit donc de cartes techniquement fonctionnalistes, mais qui conduisent les conventions de la représentation fonctionnelle au-delà de ses objectifs. Ces cartes déconstruisent le fonctionnalisme en opérant directement sur ses mécanismes internes.

On constate donc un caractère éminemment productif dans les cartes situationnistes. D'après Debord: « On mesure les distances qui séparent effectivement deux régions d'une ville, et qui sont sans commune mesure avec ce qu'une vision approximative d'un plan pouvait faire croire. On peut dresser, à l'aide de vieilles cartes, de vues photographiques aériennes et de dérives expérimentales, une cartographie influentielle qui manquait jusqu'à présent, et dont l'incertitude actuelle inévitable avant qu'un immense travail soit accompli n'est pas pire que celle des premiers portulans, à cette différence près qu'il ne s'agit plus de délimiter précisément des continents durables, mais de changer l'architecture et l'urbanisme[15]. »

Le véritable problème étant celui de la suppression des franges entre une unité et une autre pour viser une meilleure individuation, on aboutit à la constitution de parties très bornées de la ville. L'intérêt de cette subdivision coïncide avec les buts des études de Chombart de Lauwe qui écrit, par exemple, que « [...] l'existence d'unités résidentielles élémentaires très différentes des quartiers administratifs doit contribuer à faciliter un nouveau découpage de certains secteurs de l'agglomération[16]. »

La rupture d'un espace urbain continu et isotrope est la condition pour qu'il y ait production cartographique des parties de la ville. Car c'est dans cette division que peuvent être considérées des relations d'analogie ou d'opposition, voire d'autres encore, qui auparavant ne pouvaient être envisagées dans une figure unique et bloquée de la ville[17].

Il apparaît donc que le « travail » de ces cartes consiste en la transformation de la ville en une sorte d'archipel. Une fois encore, la carte territorialise la ville grâce à une figure qui relève d'une logique intrinsèque: la logique insulaire. L'insulaire, en vertu du vide qui le fonde, est déjà un espace psychogéographique, car c'est ce vide, éminemment cartographique, qui permet la rupture de l'espace continu de la ville classique. Dans ce nouvel espace il est donc possible de tracer les routes des dérives situationnistes.

Il faut citer ici Bruno Fortier qui a observé que les premiers relevés de relief de la ville ont été effectués grâce à une méthodologie développée dans la cartographie nautique, permettant le repérage dans la ville de caps, d'îles, etc.[18].

À cet égard on peut faire l'hypothèse que cette manipulation de la figure urbaine se fonde sur une conception de l'espace produite dans les représentations cartographiques des géographes urbains de l'école fonctionnelle et sociologique. Il s'agirait donc d'un véritable « transfert » interdisciplinaire.

En effet, ce nouvel espace est en quelque sorte déjà présent dans les cartes que Paul Chombart de Lauwe a publiées dans son livre *Paris et l'agglomération parisienne* (ill. 4). Dans les deux cas, il y a un même découpage de l'espace urbain, une même rupture de sa continuité topographique au profit d'un espace fragmenté, discontinu; la géographie de Chombart de Lauwe se fonde sur la production d'un espace de représentation dans lequel il est possible de tracer des flèches ou des vecteurs, d'isoler des parties grâce à des hachures différentes, et dans lequel le vide fait irruption avec une violence extrême. Naturellement les enjeux de ces cartes sont très différents de ceux des cartes situationnistes.

Pour les géographes urbains, ces cartes montrent par exemple le rôle, « le regroupement ou la dispersion des parcelles d'habitat parmi les lieux d'activité [...] la constitution de petites unités résidentielles [...] leur physionomie propre. Le rôle des stations de métro, les divers mouvements de la rue, la répartition des boutiques[19]... ». Si, par ailleurs, nous lisons ce qu'écrit Debord de ces mêmes cartes, nous noterons l'apparition d'une sorte de « détournement » conceptuel: « [...] les données mises en évidence par l'écologie et si borné que soit *a priori* l'espace social dont cette science se propose l'étude, ne laissent pas de soutenir utilement la pensée psychogéographique[20] ». Notre hypothèse est alors que ce « soutien » est rendu possible par une utilisation détournée des représentations cartographiques qui supposent un « fondu » épistémologique commun lié à la notion de cartographie. En effet, la cartographie est, comme l'écrit Louis Marin, « une représentation de représentation, le schème géométrique

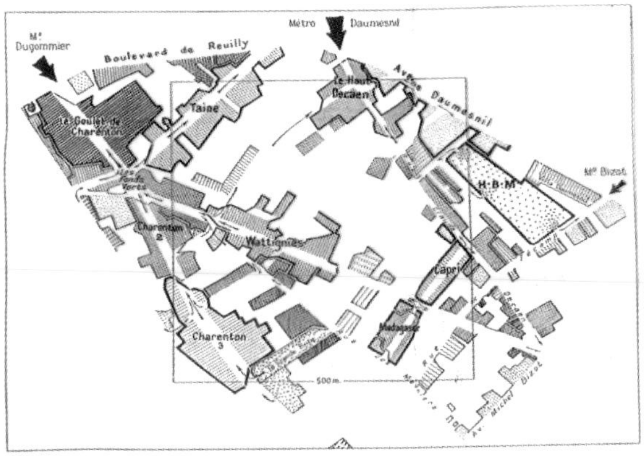

Illustration 4. *«Les unités résidentielles du secteur "Wattignies" dans le XXᵉ arrondissement de Paris»*, in *H.* CHOMBART DE LAUWE, Paris et l'agglomération parisienne, *PUF, 1952.*

d'un paysage[21]». Donc elle a toujours déjà perdu son origine, l'objet de sa représentation, car elle est deux fois éloignée de celui-ci. Pour ces motifs la carte est soit une représentation disposée à la resémantisation, soit une représentation qui produit des figures dont les caractères sont très abstraits et définis, par conséquent très proches des caractères des figures architectoniques.

La confrontation entre «The naked city» et les cartes des livres de Chombart de Lauwe montre une identité figurale qui dépasse les différences disciplinaires. Du point de vue des figures de la ville que ces cartes produisent, il n'y a pas de différence: le jeu du plein et du vide est le même.

Les projets situationnistes

Notre hypothèse, qui se fonde sur l'analyse des projets des architectes liés au mouvement situationniste, est celle d'un «transfert architectonique» des figures de la ville produites par les cartes situationnistes à certains projets architecturaux. Selon cette hypothèse, lors du transfert des figures de la carte au projet, ces figures se répètent en se monumentalisant, c'est-à-dire en développant pleinement leur caractère architectonique.

Ainsi, les infrastructures vouées au déplacement dans les projets des Smithson pour Berlin Haupstadt sont considérables en ce qu'elles transposent le réseau des lignes tracées par la dérive à la ville. Leur apparente indifférence à la topographie de la ville située au-dessous dessine une trame qui rend la dérive «monumentale», véritable événement architectonique. Rappelons l'importance qui est donnée au thème des parcours dans la culture architectonique des années 1950, notamment chez les jeunes architectes qui contestent l'idéologie du CIAM. Dans le projet des Smithson, les infrastructures des parcours, en découpant la ville en nouveaux secteurs, semblent concrétiser en une architecture construite l'espace virtuel qui sépare les unités d'ambiance dans les cartes situationnistes.

En effet, le réseau du projet de Berlin Haupstadt ne supprime pas la ville, mais trace sur elle une nouvelle possibilité de la parcourir (ill. 5). Dans le même temps, à l'instar des cartes situationnistes, il subdivise la ville en parties, bornées justement par l'architecture du projet. Ainsi, les cartes, autant que les projets, produisent une répartition de la ville qui, indépendamment de la finalisation du projet, possède une valeur analytique, c'est-à-dire une valeur de description.

Une telle valeur descriptive doit être soulignée en tant que manifestation de l'indécidabilité entre différence et répétition, inhérente au projet architectural et à ses outils. En effet, quand, surmontée de mégastructures *high-tech*, la ville est niée par l'avant-garde, elle reste toutefois la figure nécessaire à la production des figures du projet. La ville joue donc un double rôle, d'élément nié et d'élément décrit.

À ce propos, le travail de l'architecte hollandais Constant Nieuwenhuis, qui a longtemps été l'un des membres les plus représentatifs du mouvement, est significatif. Son projet «New Babylon» a fourni une version architectonique de la ville situationniste[22]. La mégastructure territoriale de «New Babylon», malgré son apparente indifférence au territoire en tant que stratification des dessins de l'histoire, manifeste en réalité à plusieurs reprises une attention aiguë au «bon» découpage du territoire. Nous renvoyons au cas du projet pour *Amsterdam* - «New Babylon» où la ville est subdivisée en respectant ses parties historiques.

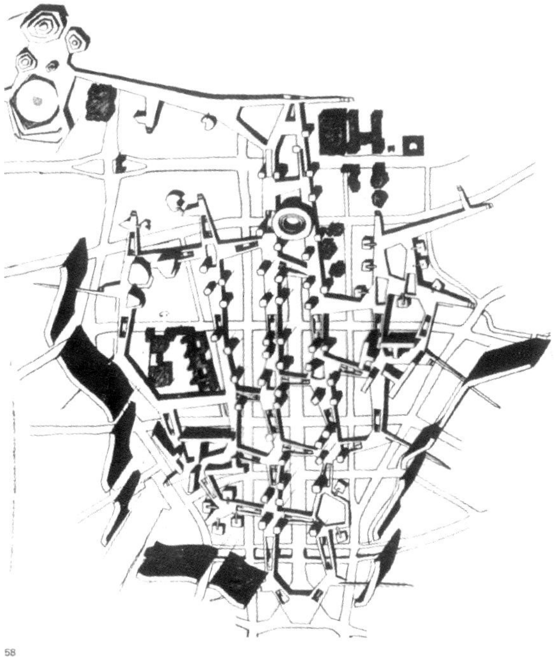

Illustration 5. *A. et P.* SMITHSON, *« Projet for Berlin Haupstadt », 1957-1958, in A. et P.* SMITHSON, Urban structuring. Studies of Alison and Peter Smithson, *London/New York, Studio Vista/Reinhold Art Paperback, 1967.*

Les secteurs de « New Babylon » découpent la ville en se superposant à des parties devenues moins importantes et en libérant d'autres zones qui stabilisent de nouvelles relations réciproques. Aussi ces secteurs prennent-ils la place du vide des cartes situationnistes. Le vide devient architecture monumentale à l'échelle du territoire.

Il est important de remarquer que la possibilité de cette transformation provient des caractères spécifiques de la représentation cartographique, c'est-à-dire de ses propriétés graphiques. C'est en effet seulement sur la carte que le vide peut avoir la même valeur figurative que le plein.

De plus, à cette échelle, la figure de « New Babylon » est, elle aussi, une répétition cartographique. Il existe un rapport strict entre le paysage dessiné par cette figure du projet et la cartographie historique où le dessin des frontières revêt une grande importance. On voit le montage cartographique où « New Babylon » est superposée à une carte du Middlesex du XVIe siècle. Rappelons d'autre part qu'un des buts principaux des cartes situationnistes est l'individuation exacte des bornes des unités d'ambiance et la diminution maximale des zones de frontière.

Le thème de la limite et des frontières assume en outre un signifié plus général dans les rapports entre cartes situationnistes et projet. Les vides de « The naked city » ne sont pas des non-lieux, des blancs sans signifié. Ils se produisent en tant que bornes entre les différentes parties de la ville, ils sont donc des *terrains vagues*, des lieux où la ligne de la frontière se fait bande dotée de largeur - où se produit une sorte d'espace et où la limite peut se manifester en tant que *figure de la limite*. Les architectures en bandes de « New Babylon » sont les figures architectoniques de cet espace/limite. À l'échelle urbaine, elles jouent un double jeu : d'une part elles découpent l'espace apparemment continu de la ville en identifiant les parties homogènes, d'autre part elles définissent par elles-mêmes une figure en proposant à nouveau l'image d'un territoire cartographique délimité en ses confins (ill. 6).

Sur les plates-formes de « New Babylon », une nouvelle population peut se déplacer d'un lieu à l'autre, en vivant continûment l'expérience de la dérive dans une architecture qui est aussi un unique et immense système de parcours. Il faut noter que cette aspiration à produire une architecture qui soit la réification concrète de la dérive renferme une contradiction insurmontable : celle qui consisterait à prétendre fixer la dérive dans une figure architectonique qui soit par définition une figure bloquée une fois pour toutes.

La notion de parcours qui découpe l'espace du territoire de « New Babylon » évoque un autre thème important de l'architecture qui a toujours été lié aux figures cartographiques du territoire. Il s'agit du jardin paysager, où les parcours ont souvent le rôle d'éléments de division entre des zones caractérisées par différents paysages. La ville découpée par les infrastructures des architectes situationnistes prend l'aspect d'un énorme jardin ou archipel, dont les parties, les îles, doivent justement une bonne part de leur caractérisation aux figures, apparemment si violentes, qui les ont découpées.

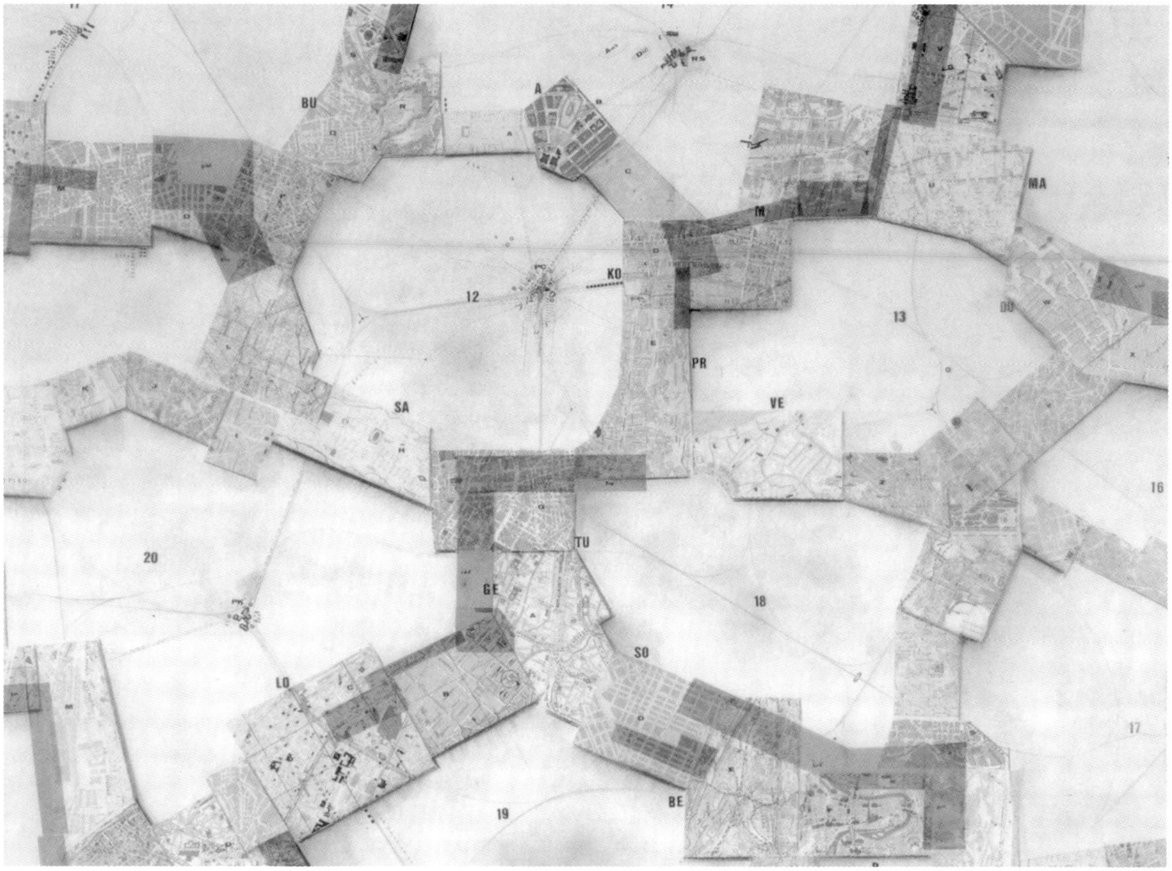

***Illustration 6**. Constant, «Symbolic representation of New Babylon» (Représentation symbolique de la Nouvelle Babylone), 1969,* in *M. Wigley,* Constant's New Babylon: The Hyper-Architecture of Desire, *Rotterdam, 010 Publishers, 1998.*

Ces hypothèses ne prétendent pas fournir une étiologie du projet: elles cherchent seulement à comprendre les déplacements de figures provenant des études de géographes, notamment les cartes qui se retrouvent dans les figures du projet. Nous avons essayé de montrer le rôle de la carte comme dispositif de «transfert», dispositif qui a perdu le lien direct qui le rattachait à sa discipline d'origine et qui se présente à la discipline architecturale pour son contenu formel, devenant ainsi l'un des terrains dans lequel le projet puise ses figures.

Au-delà des différences culturelles et théoriques, la ville situationniste et la ville rossienne montrent en effet une étrange ressemblance: il s'agit d'une ville constituée de parties différentes, de morceaux autonomes, une ville dont l'espace est désormais fragmenté, multiplié, une ville-catalogue faite de quartiers vus comme des architectures, une ville qui est donc une architecture.

Nous avons vu comment «l'architecture de la ville» en tant qu'objet théorique trouve ses figures dans les cartes mêmes où, en vertu d'un fonctionnement autonome de la représentation, la ville est déjà mise en forme en tant qu'architecture. Par conséquent, les détournements ici analysés ne se produisent pas au prix d'une sorte de violence sur la structure épistémologique originaire de la cartographie; ils se fondent, beaucoup plus subtilement, sur cette architecture que l'on continue obstinément à appeler «carte».

NOTES

1. Cf. J. DERRIDA, *De la grammatologie*, Paris, éd. de Minuit, 1967.

2. A. ROSSI, Introduction à l'édition portugaise de *L'architettura della città*, (R. Bonicalzi ed.), «Scritti scelti sull'architettura e la città. 1956-1972», Milan, Clup, 1975, p. 443-453 (traduction par l'auteur).

3. G. DEBORD, «Le détournement comme négation et comme prélude», *Internationale situationniste*, n° 3, 1959, p. 10-11.

4. *Ibid.*, p. 10.

5. A. ROSSI, *L'architettura della città*, Milan, Clup, 1978, [1re éd. Padoue, Marsilio Editori, 1966] notamment les p. 47-48.

6. Cette carte se trouve à la page 67 de A. ROSSI, *op. cit.*

7. Voir P.-H. CHOMBART DE LAUWE, Introduction à *Paris et l'agglomération parisienne*, t. I: *L'Espace social dans une grande cité, 1952-1964*, Paris, PUF, 1952, p. 19-23. Voir aussi *ibid.*, p. 54, la référence à l'étude de G. BARDET, *Le Nouvel Urbanisme*, Paris, 1948, dans lequel l'espace urbain est subdivisé en différentes échelles empruntées à la topographie sociale: l'échelle familière, l'échelle patriarcale, l'échelle paroissiale.

8. *Ibid.*, p. 20.

9. A. KATHIB, «Essai de description psychogéographique des Halles», *Internationale situationniste*, n° 2, 1958, p. 13-17.

10. G. DEBORD, «Théorie de la dérive», *Les Lèvres nues*, n° 9, 1956, republié dans l'*Internationale situationniste*, n° 2, 1958, p. 23.

11. A. ROSSI, *L'architettura della città*, *op. cit.*, p. 63 (traduction par l'auteur).

12. G. DEBORD, «Théorie de la dérive», *op. cit.*, p. 19.

13. *Ibid.*, p. 23.

14. *Internationale situationiste*, 1958-1969, 12 numéros, rédaction à Paris. Pour les cartes voir par exemple: n° 1, juin 1958, p. 20, 28; n° 2, déc. 1958, p. 14, 16; n° 3, déc. 1959, p. 14, 37-38; n° 4, juin 1960, p. 6; n° 5, déc. 1960, p. 43.

15. Guy DEBORD, «Théorie de la dérive», art. cit., p. 19.

16. P.-H. CHOMBART DE LAUWE, Introduction à *Paris et l'agglomération parisienne*, t. I, *op. cit.*, p. 26.

17. Sur l'«espace cartographique situationniste» voir: D. PINDER, «Subverting Cartography: the Situationist and Maps of the City», *Environment and Planning A*, vol. 28, 1996; T. MC DONOUGH, «Situationist space», *October*, n° 18, 1994; A. BONNETT, «Situationist, Geography and Poststructuralism», *Environment and Planning D*, vol. VII, 1989; le paragraphe «A Passion for Maps», *in* S. SADLER, *The Situationnist City*, Londres, Cambridge Mass., The MIT Press, 1998, p. 82-90.

18. Voir B. FORTIER, «L'Atlante di Parigi. 1», *Casabella*, n° 517, 1985, p. 46-55.

19. P.-H. CHOMBART DE LAUWE, *Paris et l'agglomération parisienne*, t. I, *op. cit.* p. 131.

20. G. DEBORD, «Théorie de la dérive», *op. cit.*, p. 19.

21. L. MARIN, *Utopiques: jeux d'espaces*, Paris, éd. de Minuit, 1973, p. 284.

22. Sur l'œuvre de Constant Nieuwenhuis (dit Constant) voir: M. WIGLEY, *Constant's New Babylon: the Hyper-Architecture of Desire*, Rotterdam, 010 Publishers, 1998; F. CARERI, *Constant: New Babylon, una citta nomade*, Turin, Testo e Immagine, 2001.

PARTIE III

Architecture, communication et culture visuelle

Depuis le début du XXe siècle, une culture visuelle propre aux arts de l'espace a pris son essor, en Europe d'abord, puis aux États-Unis. Le statut nouveau dévolu aux médias et la place acquise par cette culture visuelle sont venus relayer une activité de publication sur l'architecture et une politique d'exposition qui s'étaient constituées au siècle précédent[1]. La photographie y joue un rôle important dans la mesure où c'est elle, plus que les représentations canoniques, qui autorise la consommation de masse[2]. Parce qu'elle participe de la diffusion des édifices et des ensembles urbains qui font la ville, de même qu'elle contribue à la connaissance de celle-ci, la production photographique concourt à l'inscription sociale des disciplines concernées par la ville. Il convient donc d'appréhender le phénomène de la publication depuis la culture architecturale[3], urbaine, et la culture visuelle, mais aussi dans un objectif pluridisciplinaire, à partir de la dimension cognitive et sociale que peut porter un projet photographique.

Dans le cadre de cette étude centrée sur l'imagerie urbaine, nous faisons le choix de saisir l'image en tant que figure dans un contexte de diffusion auprès d'un large public. En effet, le champ de l'architecture et de l'urbain ne cessant de s'ouvrir, les publications sur la ville ne relèvent plus seulement d'une presse spécialisée, même si celle-ci continue de jouer un rôle clé dans la constitution d'une culture, voire d'une identité professionnelle. Outre l'espace public, elles ont envahi l'espace de la production même du projet, qui s'est transformé sous l'impériosité de la communication et du débat public[4], au point que le processus même de projet s'approprie les techniques de médiatisation[5]. Au point également que, sous l'influence des études urbaines, certains reconsidèrent la démarche de projet jusqu'à la penser comme une conduite culturelle impliquant des compétences professionnelles plutôt que comme l'exercice strict de professions[6].

Dans cette partie, les auteurs interrogent tour à tour la culture visuelle dans la relation propre qu'elle entretient avec l'urbain et avec les figurations de la ville au sein de publications plus ou moins spécialisées, voire de publications municipales et de publications supports d'un projet alternatif pour l'aménagement d'espaces urbains. La construction de ces images et leurs usages sont invoqués pour décrire une efficace qui soit propre aux figures, tant du côté des savoirs disciplinaires que du côté du savoir ordinaire.

Christophe Camus invoque la tradition sociologique issue de l'école de Chicago, venue d'Allemagne, qui établit un rapport entre l'expérience moderne de la ville et le développement d'une culture de l'image. À partir du point de vue qui fait de la ville un *milieu*, où la culture visuelle ne peut plus être pensée comme la compétence spécifique de quelques spécialistes, celui-ci interroge la description écrite des projets d'architecture dans les grandes revues nationales d'architecture qui concernent, de fait, un public plus large que celui des seuls professionnels. Interprété selon une logique communicationnelle, et non pas seulement selon une logique publicitaire portée par l'image, le texte descriptif s'adresse aux interlocuteurs étrangers au monde de l'architecture. La présentation des réalisations se joue alors dans la tension entre le monde social de la commande et le monde de l'architecture. La ville, mise en images par ces présentations, serait aussi bien réduite au rôle de réservoir de motifs pour les concepteurs que réinscrite dans une «civilisation de l'image» interrogée ici même.

La recherche exploratoire de Vasiliki Petridou et Elias Constantopoulos s'appuie sur l'examen systématique des principales revues et monographies d'architecture grecques publiées dans les trente-cinq dernières années. Elle souligne l'importance de la représentation dans la construction d'un discours sur l'architecture pour un public mal identifié. Les auteurs constatent la faible pertinence de la relation de l'architecture à la ville, aussi bien du point de vue de la compréhension de l'architecture que de sa conception. De même, la «culture visuelle» s'avère un sujet peu débattu.

La focalisation sur l'objet architectural au détriment de la ville et de l'espace public confirme les hypothèses de Christophe Camus quant au rôle joué par la culture visuelle pour sortir le discours sur l'architecture de sa scène strictement professionnelle. Elle rejoint également l'hypothèse d'Hélène Jannière suivant laquelle la ville est représentée par des objets.

À partir de la publication de projets d'urbanisme et de villes modernes par la revue *Quadrante* dans l'Italie des années 1930, Hélène Jannière interroge l'efficace de la publication, c'est-à-dire non seulement ce que disent les figures publiées, mais aussi ce qu'elles produisent. À travers une rhétorique particulière et un nombre limité de projets, se construit, dans et par la revue, une représentation de la «ville rationnelle» qui participe aussi bien d'une entreprise de consolidation d'un discours professionnel sur l'urbanisme que d'un débat sur la ville fasciste. Mais, surtout, c'est à travers le visuel et notamment grâce à quelques images emblématiques qu'accède à l'énonciation un projet corporatiste cher au régime et porté par la revue. Ici les figures assurent une valeur démonstrative de premier plan, et c'est à une analyse détaillée des procédés de mise en images dans la publication que nous convie l'auteure.

Heliana Angotti-Salgueiro confronte les représentations portées par deux professionnels dont l'action diverge fondamentalement, l'ingénieur-polytechnicien Aarao Reis, fondateur du plan de Belo Horizonte, ville nouvelle de la fin du XIXe siècle, et le géographe Pierre Monbeig, témoin de la croissance de São Paulo au milieu du XXe siècle. L'auteure examine les transferts de modèles à l'œuvre dans la construction culturelle de ces deux villes à travers la circulation des images et le rôle des publications. Elle prête à Monbeig l'intention d'esquisser une géographie de l'image architecturale de São Paulo en interrogeant la mutation de la ville vers de nouvelles formes de visibilité. La verticalisation, signe majeur de l'image des deux villes étudiées, trahit une incapacité à construire avec le site et une culture visuelle du «laisser-faire».

Rachel Kallus et Tali Hatuka proposent de caractériser les nouvelles représentations de la ville à partir d'une expérience de projet conduite dans le cadre du City Project Area de l'International Women University. Elles explorent les effets de phénomènes communautaristes sur la manière dont la ville postindustrielle est perçue, discutée et pratiquée. Ce sont les représentations mentales des groupes et des individus qui s'expriment dans les diverses formes visuelles du guide alternatif de la ville de Kassel qu'elles analysent. Les auteures font l'hypothèse que les pratiques quotidiennes participent de la production de la ville et elles proposent de lire les expériences urbaines dans l'entre-deux des polarités qui structurent le discours architectural canonique sur l'espace urbain. L'idée *d'entre-deux* sert également de fil conducteur pour comprendre les représentations postmodernes de l'urbain, travaillées par la tension entre deux pôles théoriques, la globalisation et le corps.

Frédéric Pousin

NOTES

1. Cf. J.-M. LENIAUD et B. BOUVIER (dir.), *Les Périodiques d'architecture, XVIIIe-XXe siècle : recherche d'une méthode critique d'analyse*, Paris, école des Chartes, 2001.

2. B. COLOMINA, *La Publicité du privé*, HYX, Orléans, 1998, éd. orig. MIT Press, 1994.

3. Cf. le récent colloque « Les revues d'architecture dans les années 1960 et 1970 », organisé par l'Institut de recherche en histoire de l'architecture (IRHA), au Centre canadien d'architecture, Montréal, 6 et 7 mai 2004.

4. Cf. P. HEALEY, « The Communicative Turn in Planning Theory and its Implications for Spatial Strategy-Making », *Planning and Design*, vol. 23, p. 217-234 ; P. AMPHOUX, « De théories en pratiques. Trois principes d'hybridation pour la ville », *in* O. SÖDERSTRÖM *et al.* (dir.), *L'Usage du projet*, Lausanne, Payot, 2000, p. 39-51.

5. Cf. KOOLHAAS Rem, MAU Bruce, S, M, L, XL, Rotterdam, 010 Publishers, 1995.

6. Cf. M. GROSJEAN, J.-P. THIBAUD, *L'Espace urbain en méthodes*, Marseille, Parenthèses, 2001.

Chapitre VIII

Pouvoir des images de la ville dans les textes architecturaux

Christophe Camus

Notre approche étudie la manière dont les présentations de projets architecturaux, inscrits et déterminés par un espace urbain, mettent en scène la ville et ses questions. Nous interrogerons l'imaginaire social des architectes et leur manière de le communiquer au moyen du discours. Pour ce faire, nous privilégierons la presse architecturale, qui joue un rôle clé dans la constitution de l'identité professionnelle des architectes maîtres d'œuvre et offre un large éventail de présentations de projets.

Il apparaît qu'au-delà de leurs stratégies médiatiques, ces présentations de projets d'architecture illustrent des manières de gérer le rapport entre la production d'objets architecturaux et l'adaptation à des *mondes sociaux*[1]. Ces *mondes* sont extrêmement divers en raison de la multiplicité des commanditaires et des situations de production rencontrées (entreprises, enseignement, activités artistiques, etc.). Et nous faisons l'hypothèse que la ville abrite un certain nombre de *mondes sociaux* susceptibles d'intéresser les architectes dans leur travail de conception.

Pour vérifier cela, nous avons lu et analysé des présentations de réalisations architecturales caractérisées par une inscription urbaine explicite et assumée. En effet, en dépit du fait qu'un grand nombre de réalisations d'architecture s'inscrivent dans le processus d'urbanisation de nos sociétés, l'environnement urbain n'est pas automatiquement thématisé dans les comptes rendus de projets architecturaux. Nous avons donc sélectionné des opérations situées en ville et se préoccupant de l'urbain. Ce premier repérage montre que la presse architecturale et les architectes ne s'occupent pas spécialement de la ville ou des problématiques urbaines, mais les utilisent au même titre que d'autres éléments influençant leurs choix ou leurs réalisations.

Pour aborder cette question, nous reviendrons sur la nécessité de présenter les projets architecturaux et urbains au moyen de textes et de récits en avançant une hypothèse « communicationnelle » (Habermas, Ricœur). Nous poursuivrons par une lecture socio-sémiologique d'exemples de présentation de projets architecturaux publiés dans la presse spécialisée. Enfin, nous interrogerons la spécificité de l'objet urbain dans ces textes, au moyen d'hypothèses liant l'urbanisation et le développement d'une culture visuelle (Simmel, Wirth, Sennett).

Images, textes et récits architecturaux

Pour comprendre le pouvoir des images de la ville, nous nous intéressons aux textes de présentation de projets architecturaux et urbains. Ce choix théorique et méthodologique appelle une première question : *pourquoi se polariser sur des textes écrits alors que nous avons affaire à des publications largement illustrées par des images ?*

Ces publications font appel à une grande quantité de photographies, de plans ou de dessins qui réduisent la part du texte. Pourtant, ces présentations imagées ne vont jamais sans un minimum de texte. D'autant plus descriptif qu'il est réduit[2], ce texte constitue un recours pour les profanes tout en s'inscrivant dans un contrat que nous qualifierons de *communicationnel* en référence aux travaux de Jürgen Habermas[3].

Rappelons que pour Habermas l'*agir communicationnel* «concerne l'interaction d'au moins deux sujets capables de parler et d'agir […] qui recherchent une entente sur une situation d'action». Ce qui se déroule entre les acteurs repose sur une *interprétation* où «le langage occupe, comme nous le verrons, une place prééminente»[4].

Signées par un journaliste spécialisé ou par leur concepteur, les présentations de projets architecturaux diffusées par la presse peuvent être replacées dans une logique publicitaire facilement identifiable. Ainsi, la presse architecturale fonctionne comme un index des architectes et des projets distingués. Souvent peu critique, cette médiatisation des projets prolonge le discours stratégique produit par les agences pour soutenir leurs réalisations. La communication du projet peut se limiter à une indication du nom de l'architecte ou à l'identification du commanditaire judicieusement accompagnée d'images du bâtiment conçu ou construit.

Les présentations, replacées dans une logique communicationnelle, ne sont plus uniquement destinées à des pairs connaissant le milieu et appréciant l'imagerie architecturale. Elles s'adressent également à un destinataire générique qui a besoin d'un minimum d'indications pour adhérer à un projet. Et nous pouvons faire l'hypothèse que le texte explicatif constitue une concession à la nécessité de tenir compte d'un interlocuteur étranger au monde de l'architecture. Alors que les images photographiques sont souvent préservées ou nettoyées de toute la réalité sociale environnante pour laisser s'exprimer une architecture, le récit permet d'intégrer cette réalité à moindres frais.

Le langage, l'écrit ou, plus encore, le récit constitue une concession communicationnelle au plus grand nombre: le profane ou le public. Comme le rappelle Paul Ricœur, «il existe entre l'activité de raconter une histoire et le caractère temporel de l'expérience humaine une corrélation qui n'est pas purement accidentelle, mais présente une forme de nécessité transculturelle[5]». Cela justifie le recours au récit pour faire partager et comprendre un projet spatial ou architectural[6].

À partir de ces remarques, il est possible de comprendre comment le discours tenu sur un projet architectural permet de mobiliser un commanditaire qui doit souvent rendre compte de son propre projet ou de son choix auprès de différents interlocuteurs: investisseurs, électeurs, personnels, syndicats, associations, etc. Dans la pratique, la nécessité de tenir des propos plus ordinaires sur les projets architecturaux se trouve régulièrement rappelée par les différents partenaires des architectes[7].

Mais, si le récit et la discussion sont de bonnes manières de défendre l'architecture auprès d'un public profane, il faut également rappeler que le positionnement professionnel des architectes se fait à l'intérieur d'un champ culturel où le pouvoir des images reste déterminant. Les architectes évoluent donc entre le monde social du commanditaire, auquel il faut s'adapter et dont il faut tenir compte, et le monde de l'architecture, qui est doté de ses propres règles et de ses codes spécifiques. C'est dans cette tension qu'apparaissent les textes de présentation de réalisations. Et il serait beaucoup trop simple et réducteur de penser que les images d'une présentation de réalisation sont destinées aux pairs alors que le texte s'adresse aux profanes.

Villes écrites à travers quelques présentations de projets

Partant de ces hypothèses, nous nous intéresserons au cas particulier des images de la ville dans des présentations médiatiques de bâtiments urbains conçus par des architectes. Nous nous appuierons principalement sur deux textes, publiés par la même revue, qui présentent des réalisations différentes du point de vue de l'époque, du concepteur ou de la ville d'accueil[8].

Le premier texte date de novembre 1981 et nous parle du VIIe arrondissement de Paris[9]. Un jeune architecte reconnu, puisqu'un dossier du numéro de la revue lui est consacré, évoque un projet au cœur de la capitale dans un quartier jugé «triste» et face à un «terrible immeuble». Ce quartier sans problèmes sociaux particuliers est tout le «contraire des quartiers désagrégés et chaotiques des périphéries où [il a] généralement à réfléchir».

Au risque de sortir de la clôture du texte, il faut signaler que l'époque est importante puisque, au-delà du changement politique de cette année 1981, il se situe en amont d'une politique de transformation de l'architecture française[10] avec ses futurs grands projets présidentiels. La question de ville n'a pas encore été redéfinie à la faveur d'une crise sociale des banlieues débouchant sur une *politique de la ville*. Même si cela ne répond pas à un choix délibéré de notre part, avec Christian de Portzamparc nous sommes à l'orée d'une jeune architecture qui va devenir médiatique. Les propos donnent d'ailleurs l'impression d'un changement de posture de l'architecte familier de la périphérie qui se confronte au cœur de capitale, à la grande industrie française aussi bien qu'à l'architecture des années 1950. Le prétendant qu'a pu être Portzamparc est en passe de s'établir en imposant sa critique de ce qui précède («l'aveuglement architectural») et en refusant de se conformer à une certaine logique de l'espace architectural de ce quartier («Ajouter deux façades pour terminer l'angle de ce carrefour apporterait peu»).

Entre le chaos des banlieues et l'ordre des beaux quartiers, l'architecte impose son microcosme urbain. En effet, sur une parcelle qui ne demandait qu'à se refermer en enfermant son concepteur dans des codes formels et peut-être sociaux auxquels il n'adhère pas, ce projet vient rompre l'alignement en proposant un petit monument qui s'en détache.

Cette posture introduit une nouvelle architecture et un nouvel urbanisme dans la ville tout en introduisant un nouvel architecte dans un espace médiatique en construction.

Pour parvenir à cela, l'architecte s'appuie sur ses commanditaires (la Régie immobilière de la Ville de Paris et «sa volonté de bâtir de l'architecture dans Paris») et également sur une décomposition du programme. Ce projet recouvre deux *mondes sociaux*: musique et personnes âgées. En effet, le programme comprend un conservatoire de musique et une résidence pour personnes âgées. Le premier programme intéresse plus l'architecte que le second. Le futur maître d'œuvre de la Cité de la musique s'enthousiasme et se fait lyrique pour le «thème de la musique» dont le caractère «sacré» justifie le monument.

Si les personnes âgées peuvent être intégrées aux immeubles du quartier, la musique, pour faire l'objet d'un culte singulier, ne doit pas s'y mêler. L'idée même d'un bâtiment qui abriterait ces deux *mondes sociaux* est rejetée avec véhémence dans une charge contre les «équipements intégrés» qui relèveraient d'une autre époque (les années 1970) ou d'autres lieux (les banlieues).

L'analyse minutieuse de ce premier article peut être croisée avec une lecture plus rapide d'un autre exemple. En 1981, à la même époque que le projet de Portzamparc mais dans une autre revue et surtout dans une ville nouvelle, une présentation de projet d'architecture utilise une image de la ville pour légitimer les choix qui président à l'organisation d'un bâtiment[11]. D'après ce texte, la ville nouvelle de Marne-la-Vallée incarne une modernité problématique. La description de la ville insiste sur un lieu irréel («décor hollywoodien») qui soigne ses entrées et ses sorties et qui vit au rythme des moyens de transport modernes (autoroutes, RER) utilisés par les employés des nombreuses entreprises qui s'y sont installées. Cette ville dense mais sans âme est vouée au culte de l'économie et des firmes qui y implantent des bâtiments juxtaposés. Signe de cette croissance irraisonnée, la description s'attarde sur des tours inoccupées à côté desquelles surgit le siège d'IBM France dont traite cet article.

Ce bâtiment, qui accueille du personnel en formation (33 000 m^2 pour 1 200 personnes), se distingue par son gigantisme et son adaptabilité. Alors que la ville nouvelle rencontre des difficultés de gestion de son image, de sa densité et de son évolution, ce projet d'architecture se caractérise par sa capacité à résoudre, pour son propre compte, le même type de problèmes. Le projet architectural est donc présenté en termes d'urbanisme en insistant sur les circulations, le repérage, la densité, les rythmes, etc. Autrement dit, l'image de l'environnement met en valeur un bâtiment qui est également une petite ville que des architectes sont parvenus à formaliser et à gérer correctement.

Quittons les années 1980 et abordons le deuxième article sélectionné dans la même revue d'architecture que la présentation de Portzamparc mais dans un tout autre contexte[12].

En 1998, la régénération symbolique et économique de l'architecture française a eu lieu et s'est même essoufflée dans une crise de la construction et un tarissement des commandes. De plus, la seconde moitié des années 1980 a mis au jour un malaise des banlieues dont les diverses formes d'une politique de la ville ne sont pas venues à bout[13]. Le dossier dans lequel s'inscrit ce second article est consacré à de jeunes architectes *engagés* qui sont prêts à refaire le monde, au moins symboliquement. Leur engagement est dans la ville et cette sélection présente des projets inscrits dans des problématiques urbaines (quartiers Nord de Marseille, Hérouville-Saint-Clair) et sociales (collèges ou cinéma au sein d'une ZUP).

Construire deux collèges au sein des quartiers Nord de Marseille a effectivement toutes les chances de constituer un enjeu urbain et social important. Les propos des journalistes introduisant l'article évoquent un site qui est « le pire qu'on puisse imaginer », mais contrebalancent cette affirmation par le fait que ces quartiers ont le même âge que les architectes qui y interviennent. La problématique urbaine ou sociale se trouve donc naturalisée et surtout architecturalisée par la jeunesse des concepteurs.

D'ailleurs, ces derniers ne parlent pas de cités ou de jeunes à problèmes, mais de matériaux et de formes. Le « béton » incarne ici le malaise de certains quartiers et la politique urbaine qui les a produits. Autrement dit, le problème urbain, architectural et social se trouve représenté par des matériaux de construction qui forment un paysage, voire une *nature*.

Mais, alors que Portzamparc apportait la banlieue et un certain désordre au cœur d'un Paris bourgeois, la démarche des jeunes architectes marseillais se fait beaucoup plus ironique. Leur projet travaille le béton et la géométrie pour produire de l'architecture reconnaissable par les spécialistes et les pairs. Cette architecture doit néanmoins se fondre dans l'environnement et résister à une dégradation prévisible - dégradation qui n'est d'ailleurs nullement discutée comme problème à résoudre.

Si les problèmes de l'enseignement auprès de jeunes en difficulté sont évoqués, c'est au détour de la description d'un projet qualifié par ses auteurs de « carcéral ». Les usagers des collèges sont présumés être attirés par cette architecture puisque, selon les architectes, ces jeunes aiment les « lieux réputés laids ». Attirés par la laideur, retenus par le dispositif spatial ou tentés de le dégrader, les jeunes de ces quartiers de Marseille valident ainsi la proposition architecturale qui leur est adressée.

L'objectif de cette démarche se réduit à un geste dans un environnement définitivement hostile où l'on risquerait de se perdre en conjectures et en études alors qu'il faut faire du solide et tenir ferme contre toutes les oppositions (un proviseur, certains enseignants, certains collégiens, etc.).

Paru deux ans avant la présentation des collèges marseillais, le commentaire de l'aménagement d'une ville de la banlieue de Rouen s'avère historiquement proche de ce que nous venons d'analyser. Dans cet article[14], la problématique urbaine est exprimée plus littéralement. La place de l'hôtel de ville de Sotteville-lès-Rouen est présentée comme un « *no man's land* rectangulaire, laissé entre un paisible tissu pavillonnaire et un grand parc par diverses interventions de l'après-guerre dont un grand ensemble de Marcel Lods ». La seule qualité attribuée à cet espace tient à la réalisation de l'architecte nommé. La problématique est immédiatement traduite en termes de *sens* et d'*interprétation*, et l'article cite l'architecte en mentionnant qu'il a tenté d'apporter une « signification urbaine positive ». La solution littérale apportée à cette place vide et désorganisée consiste à rassembler les trois modes de transport qui la desservent (tramway, bus, taxi) sous une même « arche » reliant les marges de la place. Une fois cette mission urbaine accomplie, la présentation du projet peut se préoccuper de l'esthétique de cette arche, commentée à grand renfort d'artistes largement reconnus (Miró, Kandinsky et même Michel-Ange) qui semblent prêter un peu de leur renommée au maître d'œuvre.

Que peut-on retenir de ces images de la ville et de leur utilisation au profit de projets d'architecture urbaine ?

Il faut, tout d'abord, noter que ces présentations de projets architecturaux inscrits dans un espace urbain ne se préoccupent pas obligatoirement de cet environnement. La ville peut être réduite au lieu qui atteste une certaine réalité du projet.

Dans la plupart des autres cas, la ville peut être incarnée par un certain nombre d'éléments visuels qui permettent de légitimer un projet architectural. Ainsi, la ville ou le quartier du projet de Portzamparc sera un ensemble de façades tirées au cordeau et un bâtiment incarnant les errements d'une architecture appartenant à un passé proche. Dans l'exemple marseillais, le discours fera voir un quartier où prédominent le béton et un paysage géométrique de grands ensembles. Cette ville montrée plus qu'analysée, et peuplée de bâtiments observables, invite les architectes à ruser ou à jouer avec un espace urbain dont ils essaient de se démarquer.

Notons que ces deux projets d'architecture s'emparent de l'urbain alors qu'ils ont en charge des programmes comprenant plusieurs bâtiments. La complexité urbaine induite par ce type de programme peut également s'incarner dans un grand bâtiment.

Succédant à une image négative d'une ville nouvelle de Marne-la-Vallée, le centre de formation d'IBM se présente comme une vraie ville qui palpite au rythme d'une économie en plein développement. Alors que les promoteurs sont incapables de remplir certaines de leurs tours de bureaux et que l'espace de la ville nouvelle semble anarchique, un architecte parvient à gérer un programme complexe et gigantesque en produisant une architecture de qualité.

L'exemple de Sotteville-lès-Rouen apparaît plus proche d'un programme urbain classique : le site est présenté aussi rapidement que précisément, les enjeux de l'installation d'une ligne de tramway sont signalés, le concours et le programme sont mentionnés. Mais la précision technique est vite oubliée au profit de l'image d'une « arche » couvrant la place, reliant les morceaux de ville, abritant les équipements de transport et donnant un sens visible à cet espace. La présentation de l'objet architectural conçu par l'architecte peut alors se focaliser sur l'esthétique de cette sculpture urbaine qui semble hésiter dans son dialogue formel avec la ville.

Les exemples étudiés montrent la ville tel un élément parmi d'autres que peut sélectionner l'architecte pour concevoir et promouvoir son projet.

Bien entendu, la ville devient un peu plus intéressante si elle fait l'objet des préoccupations communes du commanditaire et de son architecte, comme cela pourrait être le cas dans les projets de Portzamparc ou Anselmi. La ville est également importante pour les architectes au nom d'un *intérêt public* dont ils se font parfois les témoins ou, plus directement, parce que cet environnement visuel constitue l'écrin de toute œuvre architecturale.

La ville comme fabrique du regard

Les textes construisent une image de la ville pour défendre une réalisation. Cette analyse conduit donc à relativiser la spécificité de l'environnement urbain dans la problématique des projets architecturaux et urbains. La ville y devient un réservoir d'objets[15], architecturaux ou non, qui alimentent la démarche visuelle d'un travail de conception.

Neutralisée, réifiée ou imagée, la ville se trouve ainsi réinscrite dans la « civilisation de l'image » qu'elle aurait contribué à produire. C'est cette thèse, défendue par certains théoriciens, qu'il nous faut discuter à la lumière des enseignements tirés des présentations de projets architecturaux.

Un ensemble de discours euphoriques ou pessimistes s'intéresse à l'avènement et aux impacts d'une civilisation de l'image. Le culte des images ou sa dénonciation ont pu revêtir diverses formes historiquement datées tout en s'inscrivant dans un mouvement cyclique. Nous avons choisi de nous limiter au XXe siècle, lorsque la production et la consommation de masse s'emparent des images et invitent à se questionner sur celles-ci. Aux États-Unis comme en France, l'avènement du phénomène et les inquiétudes suscitées ne sont pas simultanées, mais suivent les différences de développement technique, industriel et économique.

En France, les recherches de Roland Barthes sont un bon indicateur de ce mouvement. Le sémiologue s'intéresse à la mode et à son image à partir de 1957, il écrit sur la photographie dès 1961 et signe en 1961 et en 1964 deux comptes rendus d'ouvrages consacrés à la « civilisation de l'image[16] ». La prise de conscience sociale du rôle des images accompagne le développement des réflexions théoriques sur le langage et les signes. Si les travaux de Roland Barthes ou de Umberto

Eco sont emblématiques de cette tendance, d'autres recherches vont dans ce sens sans se rattacher à la mouvance structuraliste.

Durant cette même période (1962), les recherches lexicologiques de Georges Matoré[17] se rattachent à cette tentative de compréhension du rapport de l'homme moderne à l'image : « De l'homme de la rue au philosophe, chacun de nous vit dans un monde explicité seulement par le regard, et dont la vue semble la clé[18]. » En marge du structuralisme, ses recherches analysent la présence et l'usage des métaphores spatiales dans le langage écrit des journalistes, des intellectuels, des écrivains ou des artistes[19].

Si le recours à des « mots primitivement destinés à marquer des rapports spatiaux pour exprimer des relations de nature différente » constitue un phénomène normal au cours du développement des langues[20], le lexicologue enregistre un renouvellement et une accentuation sociale de ce processus normal : « On éprouve souvent aujourd'hui le besoin de remplacer des mots appartenant originellement au vocabulaire de l'espace mais devenus plus ou moins figés par d'autres mots exprimant un espace très concret »[21] (exemples : *comprendre/saisir* ou *appréhender; domaine/plan*; *point/pôle*).

Ce retour du spatial dans le langage et la « transformation des cadres de la *perception* » intéressent particulièrement ce chercheur, qui souligne une évolution du rapport aux choses vues allant de la polarisation (postmédiévale) sur la lumière ou les couleurs à un intérêt contemporain pour « les positions respectives qu'elles occupent dans l'espace[22] ». Si la vision et l'espace ont toujours joué un rôle dans la connaissance du monde, Matoré présente une époque contemporaine « s'efforçant de rester en contact avec un monde qui risque de lui échapper » et qui « est dans l'obligation de connaître *concrètement* sa propre *situation* ».

Ce changement se manifeste chez les « professionnels » de la pensée, de la connaissance ou de la création artistique tout en affectant l'ensemble d'une société qui passe d'un espace *naturel* ou géographique à un espace social et technique produit par l'homme. Car, selon Matoré, « le moins esthète de nos contemporains regarde [des tableaux cubistes], consulte des cartes, sait lire un croquis coté, étudie des schémas, admire la beauté géométrique des gratte-ciel et des cités radieuses[23] ».

Ainsi, cette série d'expériences de la modernité (« du hublot d'un avion ») se referme sur une situation architecturale et urbaine. Le lexicologue décrit l'avènement d'une civilisation de l'image spatialisée qui doit beaucoup à l'expérience de la modernité accessoirement architecturale et urbaine.

Cette interprétation prolonge une tradition sociologique française qui place la modernité avant l'urbanité. Une tout autre tradition sociologique, venue d'Allemagne et s'étant épanouie aux États-Unis, établit un rapport entre l'expérience moderne de la ville et le développement d'une culture de l'image.

Cette idée est avancée par le sociologue allemand Georg Simmel qui insiste sur les changements de personnalité qu'occasionne la grande ville[24]. La ville est pour cet auteur un produit et un accélérateur de la modernité économique, technique et esthétique de la société occidentale. Son approche formaliste l'incite à établir un rapport entre les activités économiques et les activités intellectuelles qui se conjuguent et se stimulent dans l'espace de la ville.

Réinterprétant certaines recherches de la psychologie expérimentale naissante, le sociologue fait l'hypothèse que le citadin est exposé à des phénomènes visuels qui le transforment : « la concentration rapide d'images changeantes, le brusque écart dans le champ du regard, l'inattendu des impressions qui s'imposent[25] ». L'exposition à ces stimulations visuelles imposées par le rythme de vie dans la grande ville conduirait ainsi à plus d'intellectualité, de rationalité et de singularité. Lieu de concentration des échanges économiques, la ville incite au calcul, à la réserve et au détachement (« indifférence aux différences des choses »). Lieu de relâchement du contrôle social, de transformation des différences dans une équivalence généralisée, la ville suscite l'exacerbation des différences individuelles[26]. Cette concurrence symbolique serait à l'origine des phénomènes de mode et, peut-être, de l'affichage visuel des différences.

Les intuitions de Georg Simmel seront reprises avec profit par des sociologues de l'école de Chicago comme Louis Wirth. Ce sociologue, qui s'interroge sur le processus d'urbanisation[27] plutôt que sur la ville comme lieu strictement délimité, en vient à questionner les effets sociaux de la densité urbaine. Contribuant à théoriser l'écologie urbaine, Wirth avance l'idée que l'accroissement de population dans un espace limité tendrait d'abord « à produire différenciation et spécialisation » puis, reprenant les thèses de Simmel, des attitudes distantes et de la socialité secondaire[28]. De plus, la densité urbaine inciterait à refouler les inévitables contacts physiques (voire auditifs et olfactifs) alors que la vision serait surinvestie : « Le monde urbain privilégie la reconnaissance visuelle. Nous voyons l'uniforme qui signale le rôle du fonctionnaire et nous oublions l'originalité personnelle qui se dissimule sous l'uniforme. Nous tendons à acquérir et à développer une sensibilité à un monde d'artifices et nous nous écartons progressivement du monde de la nature[29]. »

Très inspiré par l'approche de Simmel, Wirth peut vérifier les intuitions de son prédécesseur, qui s'appliquent parfaitement à la société américaine moderne. Cultivant l'individualisme, la mobilité spatiale, l'initiative économique, la production, la consommation et la communication de masse, la société urbaine américaine semble incarner cette civilisation de l'image annonciatrice d'une réalité plus globale ou mondiale.

Sur les traces de Louis Wirth, Richard Sennett interroge le rapport entre espace urbain et perception des images : « Dans les villes modernes, la plus grande partie de l'information sociale directe que nous recevons sur les autres nous vient par les yeux[30]. » Ce sociologue prend le parti de questionner la ségrégation urbaine à partir du rôle de l'architecture et de l'urbanisme.

Selon Sennett, la ville contemporaine ne permet pas de « *voir* l'ensemble de la vie » de la communauté[31]. Cet espace et la culture moderne souffrent « d'une division entre l'intérieur et l'extérieur ». La séparation fonctionnelle de l'espace n'obéit pas à des raisons économiques ou démographiques, mais à des motifs plus spirituels : « L'aspect des villes reflète la grande peur cachée qu'ont leurs habitants de s'*exposer*. » Cette peur organise l'opposition entre vie privée et publique, mais aussi la ségrégation sociale qui existe dans l'espace urbain. Non seulement la ville organise cette neutralité protectrice, mais elle produit des individus protégés ou cachés plutôt que « centrés » ou « équilibrés »[32]. Une fois cette hypothèse avancée, Sennett cherche à en démontrer l'origine à partir d'explorations théologiques, philosophiques, esthétiques et sensibles.

Ces diverses approches font voir une polarisation contemporaine sur l'image et sur l'espace. La polarisation peut découler de changements techniques et économiques généraux ou simplement de changements du milieu urbain. En tout état de cause, le milieu urbain semble contribuer décisivement à l'émergence d'une société de l'image.

Réconcilier l'image et le discours

Envisagée de ces manières, la ville produit des images, favorise cette culture visuelle chez ses habitants ordinaires. La ville suscite et abrite aussi les activités intellectuelles, la création artistique ainsi que le développement d'une critique sociale souvent mêlée à une critique esthétique. Parée de toutes ces vertus, la ville, lieu de l'intellectualité et de la superficialité, lieu de la création et de l'architecture, lieu de la consommation matérielle et symbolique, constitue *un milieu* où la culture visuelle ne semble plus être la compétence exclusive des architectes ou de quelque autre concepteur.

Les critiques de la civilisation de l'image enregistrent une inflation de la consommation d'images qui n'implique pas, pour autant, une maîtrise de ce mode de communication et une liberté par rapport à celui-ci. L'image est plutôt considérée comme aliénante et la plupart des critiques participent à une entreprise de démythification ou d'interprétation. Quand l'image n'est pas accusée d'entraîner un appauvrissement culturel ou moral, son investissement urbain est un mode de défense (Simmel, Wirth), sa fonction d'ancrage par rapport à une situation ou un contexte concret est une forme de réassurance (Matoré) et, enfin, sa systématisation sociale sous la forme d'un dispositif visuel urbain contribuerait à l'affadissement du monde et à la montée de l'indifférence sociale (Sennett). La méfiance à l'égard de l'image accompagne sa montée en puissance.

Parmi les explorations de cette civilisation de l'image et de son rapport à l'écrit, c'est Matoré qui réconcilie l'hypothèse communicationnelle, que nous empruntons à Habermas et Ricœur, et la prédominance d'une mise en image et en espace dans certains textes.

Le lexicologue conclut son parcours des usages historiques et sociaux des métaphores spatiales en considérant que l'espace est «plus docile que le temps aux exigences rationnelles» et, surtout, plus rassurant car le temps constitue la «promesse de notre mort», alors que l'espace est «le milieu vital où s'incarne notre activité»[33].

Moins ontologique et plus pragmatique, cet auteur met en exergue un des pouvoirs de l'image dans la langue politique et administrative commune: «En attribuant à l'espace un caractère suffisamment immatériel pour que la pensée puisse établir facilement des relations nombreuses entre les choses, on assigne à cet espace une universalité et une transparence qui permettent de donner aux relations qui s'y nouent le maximum de généralité et de simplicité. Ainsi pourra se manifester une action qui, collective et individuelle, sera toujours efficace[34].»

Ajoutons simplement que l'action ainsi décrite ne semble pas très éloignée de ce que l'on rencontre dans les présentations de projets d'architecture, mais cela est peut-être une autre histoire.

Notes

1. Plutôt que d'évoquer des *réalités sociales*, nous préférons parler de «mondes sociaux» (au sens de H. Becker) car ils correspondent mieux à la situation localisée et limitée des interventions d'architectes.

2. Comme nous l'avons montré à travers plusieurs exemples dans C. Camus, *Lecture sociologique de l'architecture décrite*, Paris, L'Harmattan, 1996.

3. Appliquée aux présentations de projets d'architecture, cette hypothèse permet de les examiner comme quelque chose de plus que les simples produits d'une situation médiatique dont pourtant elles découlent. Sans annuler l'existence d'un champ de l'architecture entretenu par divers systèmes médiatiques (dont celui des revues d'architecture qui émergent en France au XIXe siècle), nous cherchons à prendre en compte un *espace public* qui survivrait à une logique strictement publicitaire et inciterait à en discuter les fondements communicationnels, comme l'a fait sur des bases plus politiques J. Habermas dans *L'Espace public* (éd. orig. 1966), Payot (1re éd. 1978), 1986, p. 97-98.

4. J. Habermas, *Théorie de l'agir communicationnel*; t. I, *Rationalité de l'agir et rationalisation de la société*; t. II, *Pour une critique de la raison fonctionnaliste* (éd. orig. 1981), Fayard, 1987, p. 102.

5. P. Ricœur, *Temps et récit*, t. I, Paris, éd. du Seuil, 1993, p. 85.

6. J. Habermas ajoute que cette «pratique du récit [...] a aussi une fonction de compréhension de soi pour les personnes qui ont à objectiver leur appartenance au monde vécu dont elles font partie, en leur qualité actuelle de participants à la communication». *Théorie de l'agir communicationnel, op. cit.*, t. II, p. 150.

7. Ainsi, au cours d'un travail d'observation d'une agence d'architecture, nous avons entendu le chargé commercial d'un bureau d'études techniques expliquer à un architecte comment il s'y prenait pour améliorer les performances de son partenaire architecte en lui sommant de ne pas parler de structure, de matériaux ou d'effets visuels, mais des occupants potentiels ou de la rentabilité économique du futur bâtiment. C. Camus, *À la recherche de l'architecture. Observation participante d'une agence d'architecture*, Paris, Laboratoire Espaces-Travail, 1998.

8. Nous résumons ici les analyses de ces deux textes qui sont présentés plus en détail dans C. Camus, «L'image de la ville dans les textes de présentation de bâtiments», *Les Cahiers de la recherche architecturale et urbaine*, n° 8, mai 2001.

9. Ch. de Portzamparc, «Entre monument et tissu urbain. Conservatoire de musique et résidence pour personnes âgées, Paris, VIIe», *L'Architecture d'aujourd'hui*, n° 217, nov. 1981, p. 67-71.

10. Sur cette question, voir V. Devillard, *Architecture et communication: les médiations architecturales dans les années 80*, Paris, éd. Panthéon-Assas, 2000.

11. «IBM France, 33 000 m² modulaires (B. Bonnier, architecte)», *Architecture intérieure-Créé*, n° 185, oct. 1981, p. 124-127.

12. «Art'M Mathieu Poitevin et Pascal Reynaud. Collèges Renoir et Rostand, Marseille», *L'Architecture d'aujourd'hui*, n° 318, septembre 1998, p. 48-59.

13. Collectif, *En marge de la ville, au cœur de la société: ces quartiers dont on parle*, éd. de l'Aube, 1997.

14. «Alessandro Anselmi. Place à Sotteville-lès-Rouen», *L'Architecture d'aujourd'hui*, n° 305, juin 1996, p. 34-37.

15. Dans la préface à l'édition française de son ouvrage, Richard Sennett critique pour la même raison les réflexions

de Walter Benjamin sur Paris (ou du Barthes des *Mythologies*). Mais, alors qu'il s'interroge sur les rapports entre urbanisme et société, il constate que la réponse séduisante et originale apportée par Benjamin consiste à voir « la ville comme un contenant rempli d'objets et de personnes ». Nous pourrions d'ailleurs généraliser cette remarque aux approches sociologiques européennes qui s'intéressent à la modernité occidentale (fin XIXe et début XXe siècle) ou au discours sur la civilisation de l'image (1960-1970) qui mettent la ville entre parenthèses. Même s'il évoque cette généralisation sociale du côté de l'économie ou du monde du travail, Sennett part du milieu urbain et de l'expérience visuelle qui s'y développe. R. SENNETT, *La Conscience de l'œil. Urbanisme et société*, (éd. orig. 1990), éd. de la Passion (1re éd. 1992), 2000, p. 11.

16. R. BARTHES, « Civilisation de l'image », *Communications*, 4e trimestre 1961, puis « La Civilisation de l'image », *Communications*, 1er trimestre 1964, articles repris dans R. BARTHES, *Œuvres complètes*, t. I, 1942-1965, Paris, éd. du Seuil, 1993, p. 951-952 et 1410-1411.

17. G. MATORÉ, *L'Espace humain*, Paris, librairie A.G. Nizet (1re éd. 1962), 1976.

18. *Ibid.*, p. 19.

19. Comme les structuralistes, le lexicologue analyse les figures du langage contemporain pour en tirer une compréhension de la société dans laquelle s'inscrivent ces phénomènes : « Les dépouillements auxquels nous nous sommes livrés ont fait apparaître, à tous les stades de l'expression, depuis les traités les plus savants jusqu'aux hebdomadaires à succès, une fréquence considérable de termes d'origine spatiale appliqués aux domaines les plus variés. L'emploi de ces métaphores ne relève ni du hasard, ni de la mode. Il traduit sans nul doute un des sentiments les plus profonds de notre temps qui éprouve une obsession, une hantise de la *situation*. » *Ibid*, p. 17.

20. *Ibid.*, p. 29.

21. *Ibid.*, p. 31.

22. *Ibid.*, p. 18.

23. *Ibid.*, p. 19.

24. Dans un texte reprenant une conférence résumant sa *Philosophie de l'argent* et qui pose les bases de sa pensée urbaine, Simmel s'interroge sur les transformations induites par le milieu urbain. Le point de départ de son questionnement est psychologique, et repose sur le constat d'une « intensification de la stimulation nerveuse » dont résulterait une personnalité urbaine caractéristique. G. SIMMEL, « Métropoles et mentalité » (1903), in *L'École de Chicago*, Paris, Aubier, 1984, p. 61-77.

25. *Ibid.*, p. 62.

26. « Libérés des liens historiques, les individus veulent aussi à présent se différencier les uns des autres », *ibid.*, p. 76.

27. L. WIRTH, « Le phénomène urbain comme mode de vie » (1938), in *L'École de Chicago*, Paris, Aubier, 1984, p. 251-277.

28. *Ibid.*, p. 265.

29. *Ibid.*, p. 266.

30. R. SENNETT, *La Conscience de l'œil*, *op. cit.*, p. 12.

31. Il s'agit d'une autre manière de considérer la ville, « tellement vaste que le groupement ordinaire et spécifique de voisinage, caractérisé par la connaissance personnelle et réciproque des habitants, y fait défaut », dans la définition qu'en donnait Max Weber, *La Ville* (1921), Paris, Aubier, 1982 (éd. orig. 1947), p. 18.

32. R. SENNETT, *La Conscience de l'œil...*, *op. cit.*, p. 15-17.

33. G. MATORÉ, *L'Espace humain*, *op. cit.*, p. 286.

34. *Ibid.*, p. 287-288.

Chapitre IX

On the representation of contemporary Greek architecture
A survey of greek architectural publications

Vassiliki Petridou et Elias Constantopoulos

Quand on voyage et qu'on est praticien des choses visuelles, architecture, peinture ou sculpture, on regarde avec ses yeux et on dessine afin de pousser à l'intérieur, dans sa propre histoire, les choses vues. Une fois les choses entrées par le travail du crayon, elles sont inscrites. Dessiner soi-même, suivre des profils, occuper des surfaces, reconnaître des volumes, etc., c'est d'abord regarder. C'est être apte peut-être à observer, apte à découvrir [...]; à ce moment-là le phénomène inventif peut survenir. On invente et même on crée.

LE CORBUSIER[1]

It is a common assumption that architectural drawings are a key element in understanding architectural design. Paolo Portoghesi, in referring to Aldo Rossi's architecture, has characteristically suggested that: « For a long time drawing was the only way for Rossi to create architecture; he used drawing not just as a means of producing plans for a building, but as a tool for teasing out the fruits of his imagination ».[2] This is just one instance of many, which demonstrates that architectural representation is not only an instrument of communication but also a primary vehicle for developing architectural ideas. Since the Renaissance and the division between intellectual design and manual building, drawings have been used as tools, either as means to communicate with the clients or as instructions to the master builders. Furthermore however, they also constitute the essential means through which architects envisage and elaborate their thoughts[3].

This research constitutes an enquiry into the meaning of representation in contemporary Greek architecture, as it appears in the architectural press[4]. This is a first attempt to deal comprehensively with the subject, based on the observation and interpretation of material published in the major Greek architectural publications of the last thirty-five years. The annual reviews *Architecture in Greece* and *Design + Art in Greece* are the only architectural publications to have remained constantly in print since 1967 and 1970 respectively[5]. Though the research also extends to monographs of major Greek architects, it makes only occasional references to them when necessary, for reasons of economy of space[6].

The essay concentrates on two main issues. The first examines the ways in which the design process is communicated to its public through architectural representations. The second concerns the importance of representations and the degree to which they may be instrumental in constructing Greek architectural discourse.

At this stage of the research we have concentrated especially on manners of representation as they appear in publications of realised buildings and more specifically on their published drawings. While the representational value of published architectural drawings is unquestionable regarding unbuilt projects, it may not be equally apparent when it concerns built projects. The employment of only a limited number of visualizing techniques (photographs and plans) for buildings in print and the rather rare use of three-dimensional drawings and sketches, tell us of a very particular way of presenting architecture to its public[7]. The study centres upon the way in which Greek architects present their buildings when they are published, as well as the importance they allocate to their drawings, according to the frequency of their publication.

The significance of the study of representations is paramount for the study of architecture, through all its stages from conception to realisation[8]. Architectural representations assist us in understanding and judging the intentions of an architect against the built result - realized space[9]. As will become apparent in the present paper, published Greek architecture by not disclosing enough information so as to elucidate the design process, it also promotes buildings as discrete and autonomous objects, unrelated to context. Thus it appears unable yet to consciously articulate the appropriate means of constructing the contemporary environment. Such a lack of interest regarding the design process has an important side effect for research, namely the lack of archival material based on drawings which would permit more extensive and in depth studies to be made.

Architectural representations in print

The ongoing research that is presented here, has located a wide spectrum of methods of representation, wich are current in Greek architectural reviews. Two broad areas can be distinguished within this spectrum:

a. The first and most frequently used method, which may be characterised as standard or normative, is that of orthographic projections - plans, sections and occasionally elevations - as a key to understanding building photographs.

b. The second, less frequently used method, which is to be found in only a few select published examples, is that of freehand sketches and three-dimensional drawings, such as perspectives and axonometrics, as means of enriching the understanding of buildings.

In the first case, regarding the overwhelming majority of published and realised projects an obvious lack of interest in three-dimensional drawings is apparent. It seems that photographs of buildings in themselves suffice to explain the three-dimensional nature of the works, substituting fragmentally on paper, the actual experience of using or walking into a building. Two-dimensional drawings such as plans are used in these presentations as the sole and sufficient means of deciphering buildings, as a key to understanding and decodifying their photographs. An important observation with significant consequences to our subject must be made here, regarding the *size* and the relative *scale* of these drawings. The size of drawings usually varies greatly within the same publication, thus enforcing the primacy of magazine or book layout at the expense of architectural readability and clarity, obstructing the comparative study of buildings and further research on them[10]. In addition, the smallness of their size also makes them unintelligible for any purpose of understanding or practical use. This disparity in scale between drawings hinders the reader from understanding their precise relation.

In the second case, sketches and three-dimensional drawings, from conceptual drawings to precise renderings, are employed in order to enrich our understanding of buildings. At one end of this spectrum there are drawings which form an impression of the kind of architecture that architects are striving for. Such drawings are usually *mere illustrations* of an accurately designed end product, a formally fixed space. In this case drawings do not serve as a tool helping us to understand the passage from representation to architecture. At the other end of the spectrum, there are drawings architects use in order to actually *construct* through them a new reality on paper. In this case the drawings themselves are the agents of such a transformation.

It is useful at this point to refer to a select number of published examples by Greek architects, to further clarify these points. It is often the case that two different kinds of drawing appear, pointing towards a discord between the representation of existing architecture and the representation of a new architectural project. Whereas drawings of buildings appear as representations of autonomous self-contained objects, drawings of existing landscapes or cityscapes rather romantically display a sensitive reading of a place, representing the totality of a specific environment.

The published drawings of existing parts of cities or the landscape, which form an introduction to Alexandros Tombazis' architectural monograph[11] for example, differ greatly from the drawings of his technological buildings in the following pages. His precisely rendered perspectives of the city or the countryside consist in dense patterns of lines, showing buildings inextricably related to their surrounding environment. On the contrary, drawings of his designs which have been realised, are abstracted from their physical environment, existing somewhere in limbo. It must however be noted that these drawings are also executed in various modes, adapted to various building issues, thus representing an architectural specificity that changes continuously from one project to another.

An interesting and revealing example of the conscious use of representation to enforce an underlying but unrealised idea, appearing after the design of a building, is that of the second publication of Tombazis' solar house in Trapeza Aegialias in the Peloponnese. In this case a house designed in stark formal contrast to its surrounding environment, a strict technical conception, reappears a few years later enmeshed in nature, as if, after the passing of time, it has become an inseparable part of the environment. These drawings can be interpreted as an illustration of the architect's hope and wish that someday nature will take over, so that the building will eventually merge in with the surrounding nature, thus belonging to a world similar to his sketches of existing landscapes. Such cases raise the issue of a methodology regarding the relation between architecture and its representation, and the influence of international design trends that are publicised through unbuilt projects[12].

Similar observations can be made about the published drawings, though different in technique and scope, of some other architects such as Dimitris Fatouros[13], Tasos & Dimitris Biris[14], Issaias /Papaioannou[15] and Kyriakos Krokos[16]. The sensitive approach of such important Greek architects is apparent in their drawing manner, exhibiting their architectural conceptions but also their deeper, underlying intentions. It is possible to detect in some of these the specific problems concerning Greek architecture and its cultural identity. Interestingly enough the portraits of two young women representing perhaps, two faces of the Greek urban and rural landscape, as Yota Kalavrytinou has observed, precede both the Biris and Krokos monographs (fig. 1, fig. 2). Such portraits, along with their accompanying photographs or drawings of neo-classical architecture, display a melancholic sensitivity for the past, reminiscent of fayum portaits. Drawings however of their buildings presented in the following pages make hard to identify the ways in which such sensibilities are transformed into their realised architecture. Through such contrasts the issue of the identity of contemporary Greek architecture and its true locus comes into relief. Occasionally, Krokos' lyrical renditions of the Greek landscape are recreated in some of his drawings for his houses or the Byzantine Museum, in an attempt to reconstruct the qualities of light and texture he imagines. His drawings in particular are presented in a separate introductory publication of his Venice Biennale monograph[17], quite apart from his buildings. His rather naïve but also quite surrealistic renditions of vernacular or neoclassical buildings - mostly elevations and less frequently perspectives - set within their natural environment make a strong impression not only of the forms, but even of the light, the shadows and the atmosphere of the Greek countryside.

The drawings by Constantinos Decavallas differ from the ones discussed so far, in forming a more consistent relation between the representation of the existing and the proposed architecture. Decavallas, a modernist architect of the sixties, masterfully uses perspective drawing, as he himself confesses, in order to judge result against intention, the built space next to the one imagined. As Dimitris Philippidis recounts :

> In many cases Decavallas returns to the built work and takes a photograph with his old Leica, from the same spot that he had originally selected for his perspective. In this way he surveys himself and this is one of the rare moments he allows himself an expression of satisfaction for what he has designed[18]. He shows me proudly the sketch, then the photograph from the same spot, he compares them and finally announces : « It has become as I sketched it », or « The final design changed »[19].

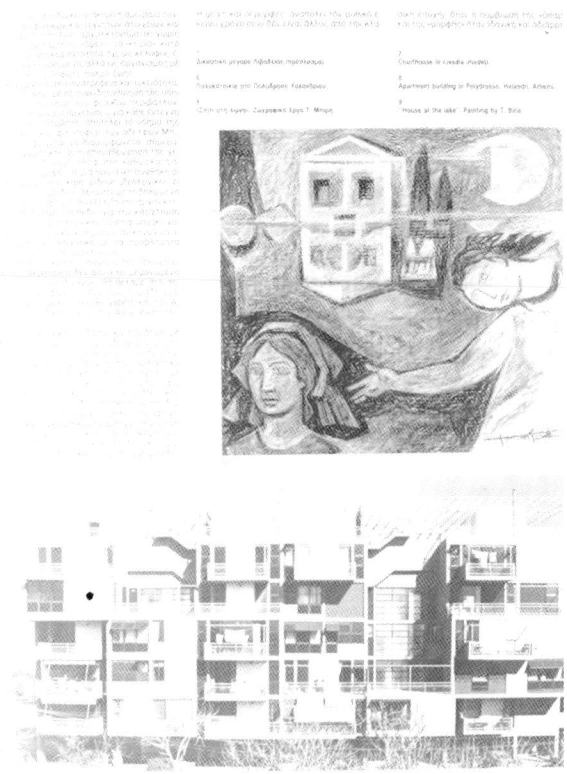

Figure 1. T. and D. Biris, photograph of apartment building in Polydrosso, Halandri, and painting of «House at the lake» by T. Biris (Architecture in Greece, 27, 1993). With the kind permission of the editor.

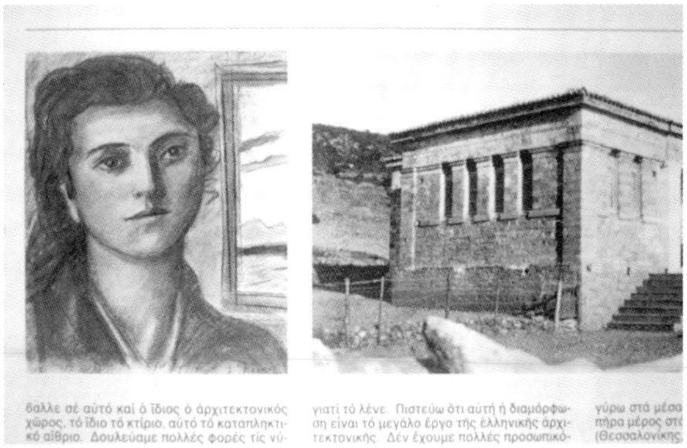

Figure 2. K. Krokos, painting of young woman and photograph of school in Samos (Design + Art in Greece, 27,1996). With the kind permission of the editor.

Decavallas' clearly outlined perspectives without any shadows, are characterized by the great amount of information which they contain, be they plants and paving in exterior spaces, or interior furnishings and lighting (fig. 3). Decavallas makes his perspectives as realistic as possible through his detailing and foregrounding (in the form of a carpet or a table, the leaves of a tree, or tiles and cobblestones), in order to draw the reader into his picture. Thus Decavallas manages to construct very convincingly the ambience of an international modernity that already exists in the western world and which is celebrated in his drawings as if it also existed in the Greek landscape. Drawing in this sense becomes a sort of naturalising agent for the introduction of a certain kind of modernist sensibility to a specific place. Elements of the Greek landscape itself, such as the ever-present verticals of cypress trees are introduced, in contrast to the proposed linear, horizontal buildings. Through his drawings the natural landscape coexists and is contrasted to the ordered cosmos of modern architecture.

The sketches by Aris Konstantinidis[20] similarly trace a related ground. In this case however the schism between what exists and that which is proposed is greater. It is possible to clarify this point by referring to a contrast between Konstantinidis' properly draughted plans, and the intention to add furniture or landscaping ornaments to the drawings (fig. 4). Thus the rationality of the plans is compromised when seen against their freehand, sketchy embellishment, with plants and other more «rustic» elements and furnishings. Konstantinidis also draws his sections, elevations and perspectives in a similar manner, treating the rational structure with a secondary layer of natural elements. Thus he brings into his drawings images of the countryside, of the landscape and its anonymous constructions, the primeval shelters of the Greek vernacular which he revered in so much. Konstantinidis' drawings of Greek vernacular archetypal structures have indeed a rare clarity and formal strength, an abstraction of lines akin to Chinese calligraphy. Similarly the perspective drawings of his buildings are made with very thin lines, but are cluttered with details of building materials and natural forms, such as bricks and leaves drawn in an identical, repetitive manner. His is an attempt to align his own

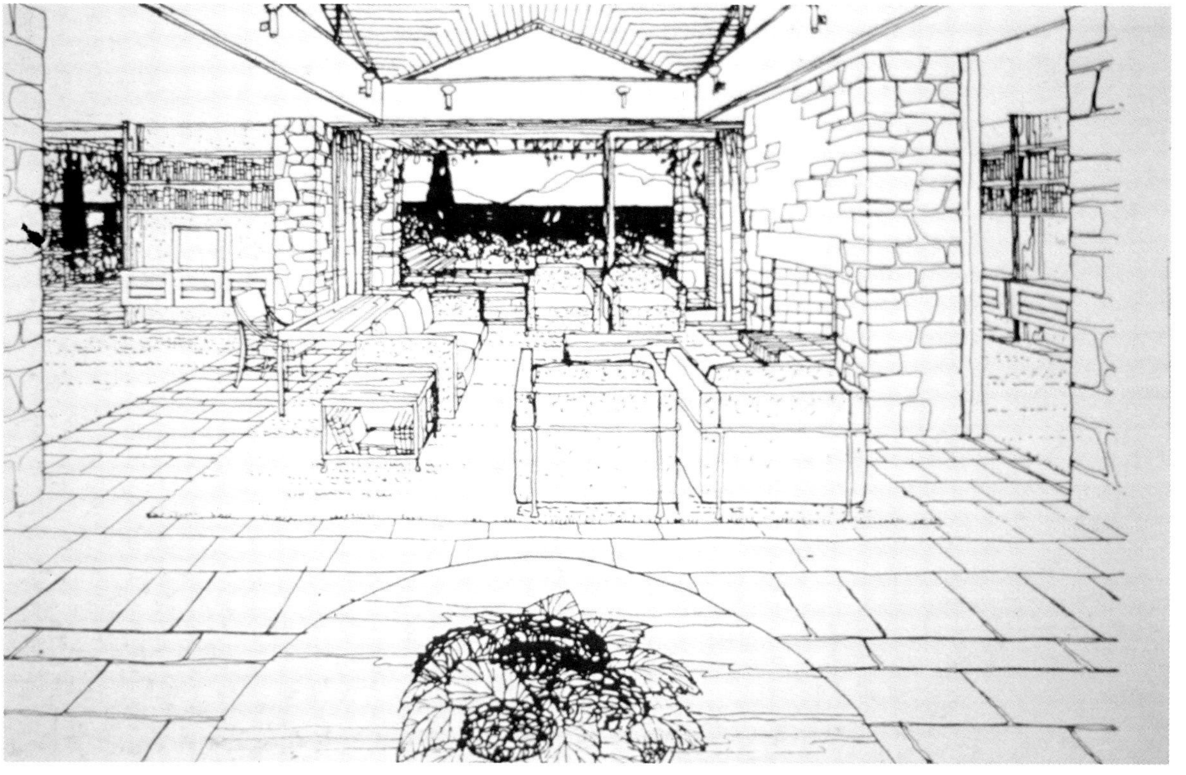

Figure 3. *C. Decavallas, perspective drawing of house in Porto Rafti,* (Architecture in Greece*, 28,1994). With the kind permission of the editor.*

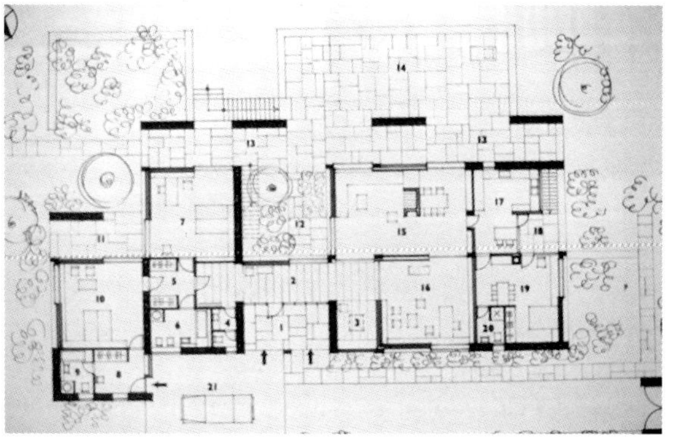

Figure 4. *A. Konstantinidis, one family house, Penteli (A. Konstantinidis,* Projects and Buildings*, Athens, Agra, 1981). With the kind permission of the editor.*

contemporary architecture with the structural clarity and integrity of the vernacular, he so strongly admonished during his lifetime, both in his buildings and writings.

The published drawings by Dimitris and Suzana Antonakakis[21] have a more analytical character, compared to what has been discussed so far.The choice of their means of representation and their systematic publication aim to make transparent their spatial organization, the formal disposition and the relationship between interior and exterior space (fig. 5), as well as of various levels between them, in order to clarify to the fullest extent their conception of architecture. The Antonakakis seem to pay great care to the presentation of complete sets of plans (and often sections and elevations) of their buildings all to the same scale, so that they can be understood clearly and correctly.They also insist in publishing conceptual diagrams, either plans or sketches of bird's eye views of buildings and their sites, in order to illustrate movement paths, views, orientation and volumetric disposition. Finally, they make extensive use of axonometric drawings and especially of exploded axonometrics, in order to clarify the complex

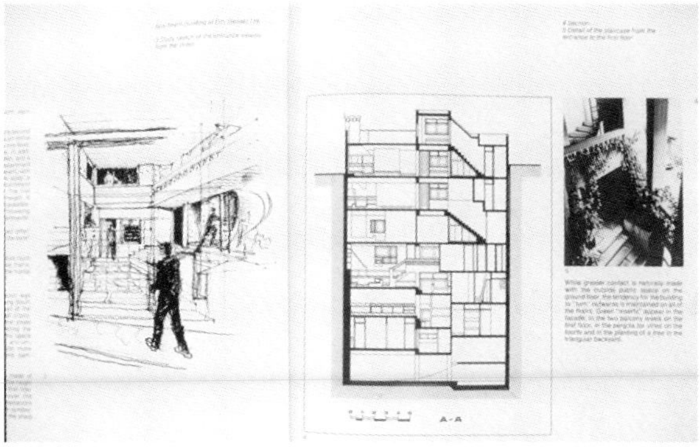

Figure 5. *Atelier 66/D. and S. Antonakakis, sketch, section and entrance photograph of apartment building at 118 Em. Benaki str., Athens (K. Frampton,* Atelier 66. The Architecture of Dimitris and Suzana Antonakakis, *New York, Rizzoli, 1985). With the kind permission of the editor.*

spatial organisation of their buildings. Axonometric drawing is, for the Antonakakis, a real tool of understanding how spaces are related to each other, a way of replacing models on paper and resolving three-dimensional issues. Drawings, in their case, constitute a means of explaining and not merely illustrating the design process, assisting the architect's struggle towards materialisation.

A similar case could be made regarding the published works of architects Yiorgos and Eleni Manetas, and Michalis Souvatzidis. Tasos and Dimitris Biris have also frequently published sketches or three-dimensional drawings in order to show their work in progress, either in the form of axonometrics or perspectives. Perspectives are used by them in order to illustrate patterns of movement in space. These take place in the interior or exterior of their buildings, which they represent as self-contained urban microcosms. Axonometric drawings are also used for a different purpose, in order to illustrate their structural and constructional methods and the ways in which structural members are joined to each other.

Last we consider the published work of two Greek architects, Dimitris Pikionis and Takis Zenetos who, despite their entirely different architectural approaches, provide the most poignant examples, for whom drawings constitute a new vision of the built environment.

Pikionis' transformation from an architecture based on the modern tenets of abstraction to those of regionalism is closely accompanied or even predated, by a change in his drawing techniques, which highlight his search towards the genius loci. Pikionis' drawings[22] not only show the imprint of time, memory and use on them, but also remind one of the measured drawings of archaeologists, which are made in order to precisely record the exact condition of ruins. The element of time that has passed over buildings, embedding them in our collective unconscious, is used by Pikionis in order to show his new projects, as if they had always been there. Thus drawing becomes necessary in presenting a vision of the new as old, since the value of the old is considered to be perpetual, by this architect. Pikionis' naturalistic charcoal elevations or perspectives, seen from the point of view of a pedestrian, are striking in their abundant, almost dominating use of nature with plants, bushes and trees surrounding the buildings, and in their rendering of materials, mainly wood and stone, which create a vision of a very prominent, almost tactile physicality (fig. 6). These drawings do not simply represent the buildings, but are in themselves very powerful images of the architectural environment that Pikionis wishes to create, embedding or returning buildings back to nature, in an attempt to reconciliate the natural with the manmade.

Zenetos proceeds from a very different standpoint, that of an entirely fresh and unprecedented view of Greek architecture in the sixties. His modern stance though, does not turn its back on the existing environment, neither does it rest on the vernacular or on the recollection of memory. On the contrary, Zenetos' architecture looks for clues in the urban cityscape or natural landscape in order to form the basis of his designs. Zenetos' agonises passionately over the kind of architecture that he proposes, his drawings being a vehicle of this anxious search. He uses mainly perspective drawings, somewhat akin to those by Mies Van der Rohe, in order to formulate his vision. His perspectives are characterised by the endless horizontality of his spaces. The vanishing lines are not limited in an attempt to organise a specific space with all its material qualities, but rather represent the expanse of an endless sequence of flexible spaces (fig. 7). The crossing of lines

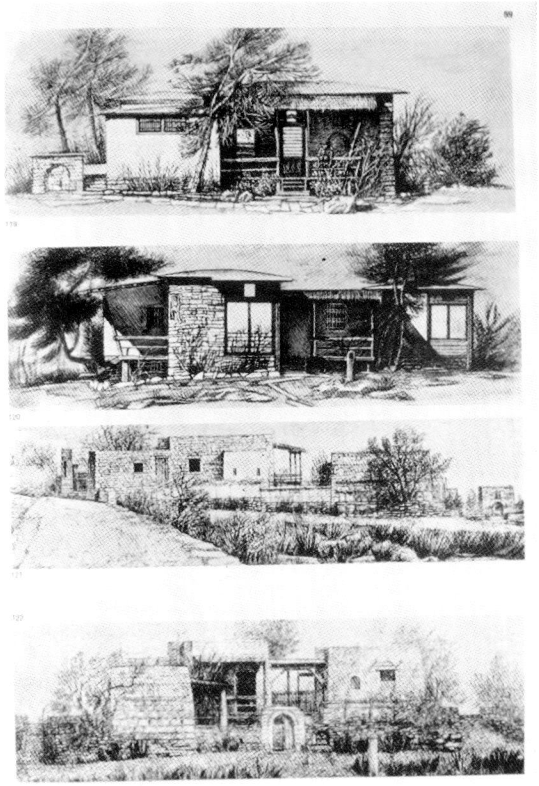

Figure 6. *D. Pikionis, perspective drawings of house. (D. Philippidis, «The Attic Drawings of Dimitris Pikionis», in Dimitris Pikionis, Honorary Publication on 100 Years from his Birth, Athens, National Technical University of Athens, 1989). With the kind permission of the editor.*

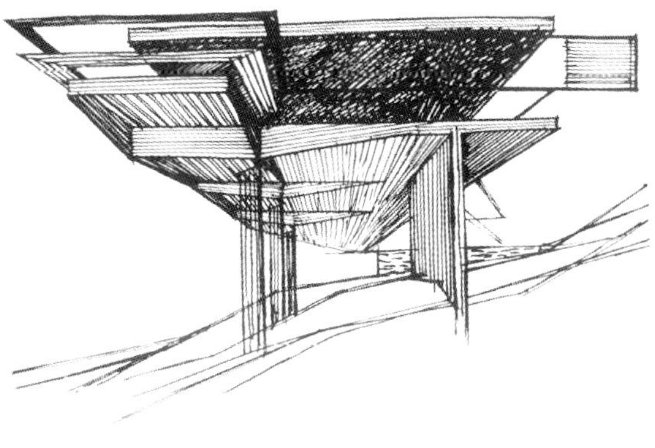

Figure 7. *T. Zenetos, perspective drawings of house. (O. Doumanis (ed.),* Takis Ch. Zenetos, 1926-1977, *Athens, Architecture in Greece Publications, 1978). With the kind permission of the editor.*

and planes directly impresses on us the idea of transparency and lightness, which constitute a key concept of Zenetos' glass architecture. His insistence in publishing his working perspective drawings, alongside photographs of his buildings, explains the importance he accorded to his drawings, not as mere representations, but as constructions against which the real buildings could be judged.

Epilogue

By way of an epilogue we must refer to the role of the context, of the surrounding environment, as it appears in the presentation of realised Greek architecture. The importance of the built or even the natural environment seems to be diminished by its absence in Greek architectural publications. Publications of post war Greek architecture appear to have completely exorcised the surrounding environment, as if architectural forms are born in a vacuum. The city especially, is conspicuous by its absence, despite the gigantic proportions it has actually assumed after the extensive post war urbanisation.

Even in cases where architecture in the city is the primary subject of a publication, the city is nowhere to be seen - not even in photographs. In the publication of «Five Office Buildings in the Center of Athens» by Alexandros Kalligas[23] for example, the architect's stated intention of an architecture related to the city context, is in no way convincingly or adequately justified in the accompanying photographs and plans.

Such publications enforce the view that architecture is considered primarily as the production of autonomous objects, of freestanding buildings unrelated to context. It also serves as an indication of the private and atomistic character of contemporary Greek cities, in which the creation of public space is just an issue that is not being addressed at all in architectural terms. There are only a few, occasional references to context in Greek architectural publications. Even in such cases though, they do not convincingly come through as proposals for the relation between architecture and the city and even less as a conscious and worthwhile problematic regarding the issues of understanding architecture and its representation. Sketches or three-dimensional drawings by architects such as Biris or Antonakakis, which illustrate the spatial organisation of their buildings, appear however as representations of self-contained urban microcosms, within the perimeters of their site. Exceptional can be considered the drawings by Pikionis and Zenetos which, in their different ways, seem to somehow acknowledge the presence and the importance of the surrounding environment in the creation and representation of architecture. Even in these cases though, the context is often the site and the natural landscape, rather than the city itself.

What seems to come forcefully out of this exploratory search into the role of representation in contemporary Greek architecture, is that of the absence of a plethora of issues regarding architectural and visual culture, which may allow the transition from thought to drawing and then to building. Thinking - drawing - building: These three concepts which testify architecture's existence seem to be missing from publications. Each of these and all together in accord are necessary to fully realise any architectural proposition. The partial fulfilment of this process in publications poses a series question as to whether contemporary Greek architecture is capable of developing its own discourse, and also as to the ways in which its architectural visions can be successfully transformed into matter.

NOTES

1. LE CORBUSIER, *L'Atelier de la recherche patiente*, Paris, Vincent Fréal et Cie, 1960, p. 27.

2. P. PORTOGHESI, *Aldo Rossi, The Sketchbooks, 1990-1997*, Londres, Thames and Hudson, 2000, p. 7.

3. Since the Renaissance, a long line of illustrious precedents can be traced back to Piranesi, Ledoux, Boulle, Lequeu and J.-M. Gandy, reaching up to the 20th century with Antonio Sant' Elia, Jakov Chernikov and Hugh Ferriss and more recently with the likes of Peter Eisenman, Aldo Rossi, Zaha Hadid, Daniel Libeskind and Lebbeus Woods, to name only a few of many daring visionary architects, that often had a long and lasting influence amongst their colleagues. See E. CONSTANTOPOULOS, «The Deceptive Charm of Architectural Drawing», *Ntizain*, 1, Nov. 1991, p. 44-46.

4. The research is based on previous investigation on the history and presentation of Greek architecture in periodicals by V. PETRIDOU, «Browsing through thirty Years of Architectural History», *Design + Art in Greece*, 30, 1999, p. 94-95, and E. CONSTANTOPOULOS, «Covers of Architectural History», *Architecture in Greece*, 30, 1996, p. 124-126.

5. *Architecture in Greece* and *Design + Art in Greece*, are bilingual reviews (Greek and English), published annually by Orestis Doumanis in Athens.

6. During the last twenty-five years a few architectural monographs of distinguished post war Greek architects have been published, though still quite limited in scope and number. These are the following, in chronological order:

O. DOUMANIS (ed.), *Takis Ch. Zenetos, 1926-1977*, Athens, Architecture in Greece Publications, 1978.

A. KONSTANTINIDIS, *Projects and Buildings*, Athens, Agra, 1981.

E. CONSTANTOPOULOS (ed.), *Nicos Valsamakis 1950-1983*, London, 9H Publications, 1984.

K. FRAMPTON, *Atelier 66. The Architecture of Dimitris and Suzana Antonakakis*, New York, Rizzoli, 1985.

A. KOTSAKI and A. KARABATZOS/A. MARKOPOULOU (eds.), *G. Theodosopoulos. The Architect and his Work, 1938-1988*, Athens, 1989.

D. PIKIONIS, *Architect, 1887-1968, A Sentimental Topography*, exhibition catalogue, London, Architectural Association, 1989.

Y. SIMEOFORIDIS (ed.), *Panos Koulermos, Topos, Memory + Form*, exhibition catalogue, Athens, 1990.

D. PORPHYRIOS, A. BETELLA, A. SAGHARCHI, *Demetri Porphyrios, Selected Buildings & Writings, Architectural monographs n° 25*, London, Academy Editions, 1993.

A. PIKIONIS (ed.), *Dimitris Pikionis*, vol. I/II/III/IV', Athens, Bastas Plessas, 1994.

A. STYLIANIDIS, V. STYLIANIDIS, *Architecture*, Heraklion, University of Crete Publications, 1995.

A. GIACUMACATOS (ed.), *The Architect Kyriakos Krokos*, exhibition catalogue, VIe International Exhibition of Architecture, Venice Biennale, 1996.

C. PANOUSAKIS, *Nikolaos Mitsakis 1899-1941*, Athens, Benaki Museum Documentation Centre for Neohellenic Architecture, 1999.

A. FERLENGA, *Dimitris Pikionis*, Milano, Electa, 1999.

There have also been the following publications on contemporary Greek architecture:

H. Fessas-Emmanouil, *New Public Buildings by N. Valsamakis, S. & D. Antonakakis & A. Tombazis*, exhibition catalogue, Ve International Exhibition of Architecture, Venice Biennale, 1991.

S. Condaratos and W. Wang (eds.), *Architecture of the 20th century: Greece*, Munich, Prestel/Hellenic Institute of Architecture/DAM, 1999.

Y. Simeoforidis and Y. Aesopos (eds.), *Landscapes of Modernism: Greek Architecture 1960 s and 1990 s*, Rotterdam, Metapolis Press, 1999.

E. Zenghelis (ed.), *Exhibition catalogue*, 7th International Exhibition of Architecture, Venice Biennale, 2000.

7. Historians such as Helene Lipstadt and Marc Saboya have dealt with the subject of the diffusion of architecture in periodicals, and special issues of important reviews such as *Casabella* (440-441, 1978) and *L'Architecture d'Aujourd'hui* (272, 1990), are devoted to it. In Greek bibliography relevant studies by Bruno Zevi, Franco Raggi, Ezio Godoli and an interview by Andreas Giacumacatos of Guido Canella and Akos Moravanszky have been published in *Architecture in Greece*, 20, 1986, p. 99-113. An important speech on the subject of « Architecture in Print » by Manfredo Tafuri in Milan, on 18th March 1989, has also been translated in the Greek architectural review *Tefchos*, 14-15, 1995.

8. Robin Evans : « All two-dimensional representations lack the sense of three-dimensionality that is the essence of buildings and hence are reductive abstractions of built reality. It is for this reason that architects as well as painters have developed other representational means that compensate for this shortcoming, through the creation of the illusion of the third dimension, known most commonly as perspective or axonometric drawing. » Quoted in R. Evans : « Translations from Drawing to Building and other Essays », in *AA Documents 2*, London, Architectural Association, 1997.

9. One may legitimately consider here that even the experience of walking through real buildings, does not reveal everything about their planning and construction, let alone the intentions of the people who created them.

10. Gabriela Goldschmidt has very astutely addressed this issue in her article « Processus privé et image publique dans la représentation architecturale », *Les Cahiers de la recherche architecturale et urbaine*, « Pouvoir des figures », mai 2001.

11. D. Philippidis (ed.), « Alexandros Tombazis », *Design + Art in Greece*, 24, 1993.

12. House and home decoration magazines both in Greece and abroad normally operate on the first level only of pictorial representation, using photographs, without any reference to drawings. The study of the way in which photographs of (the most photogenic aspects of) a house constitute a virtual visual walk-through, that supposedly unveils and makes transparent the interior of a building, would certainly be an interesting research subject to follow up. Especially as the reading public of home-owners and decorators of such magazines is interested primarily in the ambience and the character of interior spaces and not in their organising plan or section.

13. D. Philippidis (ed.), « Dimitris Fatouros », *Architecture in Greece*, 32, 1998.

14. A. Giacumacatos (ed.), « Tasos & Dimitris Biris », *Architecture in Greece*, 27, 1993.

15. P. Tournikiotis (ed.), « Issaias/Papaioannou », *Design + Art in Greece*, 26, 1995.

16. A. Giacumacatos (ed.), « Kyriakos Krokos », *Design + Art in Greece*, 27, 1996.

17. A. Giacumacatos, Venice Biennale, *op. cit.*

18. The Greek word *σχέδιον* is difficult to translate into English, because of its dual meaning that conflates the two distinct terms, design and draw.

19. D. Philippidis (ed.), « Constantinos Decavallas », *Architecture in Greece*, 28, 1994, p. 63. Also see C. Decavallas, *Of all I Have Said and Written*, Athens, Libro, 1999.

20. D. Philippidis, « The Expressive Means of Aris Konstantinidis », in *Five Essays on Aris Konstantinidis*, Athens, Libro, 1997, and D. Iliopoulou-Rogan, « The Drawings of A. Konstantinidis », *Kathimerini* newspaper, 5.2.1989.

21. E. Constantopoulos (ed.), « Dimitris and Suzana Antonakakis », *Design + Art in Greece*, 25, 1994.

22. D. Philippidis, « The Attic Drawings of Dimitris Pikionis », in *Dimitris Pikionis, Honorary Publication on 100 Years from his Birth*, Athens, National Technical University of Athens, 1989.

23. *Architecture in Greece*, 19, 1985, p. 154-159.

Chapitre X

Images d'une ville moderne pour l'Italie fasciste. La photographie publiée, Quadrante *1933-1936*

Hélène Jannière

La publication architecturale n'est pas uniquement vecteur de diffusion d'édifices, de projets ou de doctrines constituées : elle peut élaborer et fixer des savoirs et des discours sur l'architecture et l'urbanisme. Les composantes visuelles de la publication, les figurations dans l'espace matériel du livre ou de la revue, jouent en cette matière un rôle non négligeable, qu'il convient d'approfondir.

Cette étude porte sur les dispositifs visuels employés pour diffuser le projet de ville moderne soutenu par la revue italienne *Quadrante* (1933-1936). Fondée et dirigée par l'écrivain Massimo Bontempelli[1], codirigée par le critique d'art et d'architecture Pietro Maria Bardi, *Quadrante* est une revue politique et culturelle. Elle publie de nombreux articles sur la peinture, la sculpture, la littérature et la musique contemporaines et, au titre des arts dits de masse qui intéressent particulièrement le régime fasciste, le théâtre et le cinéma. Le critique d'art Carlo Belli[2] y soutient l'abstraction italienne. Si *Quadrante* place l'architecture au centre des arts, ce n'est pas au titre d'une anachronique œuvre d'art totale. Ce sont la rationalité et la fonctionnalité du langage qui pour Bontempelli, écrivain, doivent relier l'architecture aux autres arts. Rationalité et fonctionnalité sont en effet synonymes de « naturalité » du langage, naturalité qu'il définit comme le « principe qui domine l'architecture moderne : la construction esthétique comme résultat naturel de la construction utilitaire ; ce qui autrefois était appelé "fonctionnalisme"[3] ». Enfin, tout en présentant un panorama culturel relativement ouvert sur l'Europe, *Quadrante* fait des rapports de l'art et de l'architecture italiens avec le fascisme une question centrale : non au sens d'expression rhétorique du régime, mais de renouvellement de la production artistique, entendue comme l'un des facteurs du renouvellement de la nation italienne[4]. Dans ce renouveau, l'architecture rationaliste doit occuper une place de premier plan.

Quadrante paraît au moment où s'intensifie en Italie le débat sur la « ville fasciste », et où se consolide un discours professionnel sur l'urbanisme et l'aménagement du territoire, disciplines dont le pouvoir fasciste a fait un instrument politique. De plus, la prise en main des instances culturelles se renforce à ce moment de durcissement du régime fasciste, tandis que la politique culturelle du régime s'approprie des formes esthétiques, en art et en architecture. La culture est alors perçue comme un facteur d'unité de la nation ; art et propagande ne sont pas, loin s'en faut, systématiquement opposés[5]. Les rhétoriques visuelles utilisées par le fascisme ont été étudiées par ailleurs, en tant que vecteur d'une propagande[6] et en tant que formes esthétiques. Si l'on s'intéresse ici aux figurations des projets d'urbanisme dans *Quadrante*, c'est moins pour y déceler de telles formes de rhétorique ou pour analyser l'esthétique des images publiées, que pour examiner les dispositifs de visualisation construits par la publication (dispositifs hybrides : collages et juxtaposition d'images, photomontages faisant appel à la technique du « choc », relations de ces images au graphisme et à la typographie). Il s'agit de montrer que ceux-ci jouent un rôle primordial dans la concrétisation du projet de ville moderne et fasciste que soutient *Quadrante*. Cette construction comporte deux aspects.

Grâce au procédé rhétorique de l'ellipse, les associations d'images photographiques dans *Quadrante* semblent d'abord forger une représentation que l'on peut qualifier de « surévaluée » de la ville dite moderne, et plus encore de la ville rationnelle - par rapport à sa réalité effective en Italie au début des années 1930. Elles visent à rendre présent ce projet de ville, fort peu défini par ailleurs. Par leurs rhétoriques propres, la juxtaposition et la mise en série d'images permettent de construire une représentation de la ville qui s'appuie sur un nombre restreint de projets, en outre souvent non réalisés. Ceux-ci se résument essentiellement aux concours lancés dans la première moitié des années 1930 et aux villes nouvelles des marais pontins, concours publics qui revêtent pour le pouvoir fasciste une haute valeur symbolique. Cette représentation se construit de surcroît à partir de photographies d'architecture, plutôt que de figurations propres à l'urbanisme. L'ellipse est au centre de cette construction.

Second point, les figures rhétoriques créées par les dispositifs visuels autorisent la revue à associer sa propre conception de la ville rationnelle - en grande partie redevable aux discussions des Congrès internationaux d'architecture moderne - aux évocations de la ville dite « corporatiste », censée découler « naturellement » de la doctrine politique du même nom. Le rôle des images est ici prépondérant, étant donné la difficulté théorique d'incarner dans les structures et la forme urbaine les principes du corporatisme : les exemples illustrés montreront que ce sont les figurations de la ville, incluses dans l'espace de la publication et grâce aux collisions sémantiques qu'engendrent mises en série et montages, qui étayent l'équivalence entre ville rationnelle, ville fasciste et ville corporatiste. Nous émettons l'hypothèse que cette équivalence - point nodal de la doctrine de *Quadrante* - ne se formule pleinement qu'à travers le discours visuel.

Ville corporatiste, ville rationnelle

L'interrogation sur la nature et la forme de la ville rationnelle apte à représenter le fascisme est au cœur de *Quadrante*, depuis sa création en mai 1933 - elle a été fondée afin de soutenir la frange la plus offensive du rationalisme italien, issue des groupes de Milan et de Côme du défunt Movimento Italiano per l'Architettura Razionale (dissous en 1931) - à son dernier numéro en 1936, consacré à la Casa del Fascio de Giuseppe Terragni à Côme. Elle est surtout animée par son codirecteur, le critique Pietro Maria Bardi[7]. Personnage central dans les débats de l'entre-deux-guerres, Bardi est l'un des principaux défenseurs de l'architecture rationaliste, envisagée comme art fasciste, au sens non de l'*État* mais de la *révolution* fasciste. *Quadrante* soutient une conception restrictive du rationalisme italien, issue certes du rationalisme européen, mais à condition que celui-ci puise ses racines dans la « méditerranéité[8] ». Sur le plan de l'urbanisme, la revue traite abondamment du IVe Congrès international d'architecture moderne (IVe CIAM, Athènes, 1933) sur la ville fonctionnelle : la délégation italienne à ce CIAM (Bottoni, Bardi, Terragni et Pollini) appartient à la rédaction de *Quadrante*. Elle aborde les grands concours lancés par le régime fasciste, tel celui, en 1934, du palais du Licteur dans la zone archéologique de Rome, et les concours pour la construction des villes neuves dans la région des Marais Pontins, au sud de la capitale. Enfin, la discussion sur le plan régulateur du Val d'Aoste, promu par Adriano Olivetti, amène la revue à envisager à partir de 1934 la planification territoriale. Les positions de *Quadrante* sur la ville moderne reflètent le débat italien (la définition de la ville fasciste) et en même temps constituent en Italie la chambre d'écho des réflexions des CIAM et de Le Corbusier sur la ville fonctionnelle.

La réflexion sur les méthodes de planification, la structure et la forme de la ville dite « corporatiste » domine dans *Quadrante* le débat sur la ville. Réflexion politique sur une nouvelle organisation de l'État et de la société, amorcée dès 1926, et portée notamment par Giuseppe Bottai en réponse à la crise de l'État libéral[9], le projet corporatiste se renforce au début des années

1930; mais sa réalisation est encore balbutiante lors de la fondation de *Quadrante* en 1933. Le corporatisme consiste pour le pouvoir à trouver les voies d'une pacification sociale, et en même temps à substituer les organisations syndicales politiques par des syndicats - les corporations - structurés de manière sectorielle et inféodés au régime[10]. Ces corporations devront, en confluant dans une organisation pyramidale, refléter la construction de la société sous le fascisme. De 1929 à 1934, le projet corporatiste s'inscrit dans l'édification de l'État totalitaire et du « régime réactionnaire de masse[11] ». L'idée de « plan » - au sens de planification économique à l'échelle nationale - en fait partie, même si le projet corporatiste en tant que planification économique et territoriale globale reste jusqu'à la fin du régime fasciste lettre morte[12] et se limite à des déclarations le plus souvent incantatoires: de 1922 à 1943, les actions de plus grande envergure se bornent aux concours d'architecture dans les centres-ville, à l'édification des villes nouvelles et à la bonification des marais pontins. Entre 1933 et 1935 s'amorce de plus, dans la sphère politique, l'idée que l'urbanisme doit refléter, sur le plan territorial, l'organisation de l'État corporatiste[13]: les plans régulateurs à l'échelle urbaine ou régionale devraient ainsi devenir des « parcelles du plan régulateur de la nation[14] » et incarner dans leur processus même de planification l'organisation corporatiste. *Quadrante* se fait l'écho d'une telle volonté politique.

« Si la politique et l'architecture ont eu dans notre travail la part du lion, c'est parce que seules la politique et l'architecture travaillent aujourd'hui avec grandeur, variété et ténacité à construire le temps moderne[15] », écrit Bontempelli au terme de la première année de parution. L'équivalence entre ville rationnelle et ville corporatiste s'établit graduellement. *Quadrante* consacre un espace non négligeable à la définition du corporatisme en tant que doctrine politique. Parallèlement, elle recèle un vif débat sur les structures et les formes de la ville moderne, les rapports de celle-ci avec la ville fasciste et, à partir du IVe CIAM d'Athènes, avec la ville fonctionnelle. Concernant la ville corporatiste, *Quadrante* affirme qu'afin de prévoir et d'anticiper la croissance des villes, il faut assigner à chacune une « mission précise » dans l'« ordre et la hiérarchie[16] » propres au corporatisme.

Elle considère ensuite que ville corporatiste et ville fasciste sont deux aspects d'un même projet:

> Il n'existe pas d'opposition entre ville corporatiste et ville fasciste. La ville fasciste doit être l'expression fonctionnelle, politique et esthétique de la théorie corporatiste. La ville est corporatiste dans la mesure où elle est un élément de l'ensemble des villes, organisées et encadrées dans la vie corporative de la nation. La ville est fasciste, dans sa physionomie particulière, en ce qu'elle incarne les différentes entités que l'état corporatiste lui a assignées, dont elle reçoit l'empreinte politique et donc esthétique. La distinction du problème en deux aspects est évidente: c'est la caractéristique essentielle qui différencie le nouvel urbanisme de l'ancien. [...] 1) Mettre en place les données sur la base des nécessités de toute la Nation et des possibilités de chaque ville (entité « ville corporatiste »). 2) Offrir un visage à chaque ville selon les données fournies (« ville fasciste »)[17].

Mais si la rhétorique propre au fascisme permet de construire une telle analogie, la place et le rôle de la ville fonctionnelle dans la trilogie ville fasciste/ville corporatiste/ville fonctionnelle restent imprécis.

En effet, l'équivalence proposée entre ville fonctionnelle et ville corporatiste s'appuie avant tout sur la croyance en la rationalité et la fonctionnalité de l'organisation de la société corporatiste. *Quadrante* définit la ville corporatiste au sens de « nouvel urbanisme, conçu afin d'offrir à chaque agglomérat urbain l'aménagement répondant à sa fonction spécifique et à sa finalité[18] ». Pour les architectes rationalistes proches de *Quadrante* (Figini, Pollini, Bottoni), une telle organisation rationnelle et une telle hiérarchie entre planification à l'échelle urbaine, régionale et nationale, promises par le « mythe corporatiste », rencontrent l'une des préoccupations majeures du CIAM d'Athènes: l'organisation de la planification urbaine et territoriale au niveau des États. Or, le discours de la revue reste à un niveau de généralité qui ne permet pas d'estimer la rationalité et la fonctionnalité des projets d'urbanisme eux-mêmes. Les confrontations d'images de ville, leurs associations au texte, jouent alors un rôle majeur, afin d'incarner l'équivalence entre ville corporatiste et ville rationnelle. Des jeux de décalages et de juxtapositions placent des textes d'ordre général, exposant la doctrine corporatiste, en regard de projets - notamment le plan régulateur pour Pavie (1934)[19] et le plan de la ville nouvelle de Sabaudia; par l'effet de ces juxtapositions, ceux-ci prennent valeur d'exemple. Comment la revue met-elle en figures ces projets?

Les figurations propres à la discipline: cartes, plans, photographies aériennes

Quadrante use, certes, de figurations traditionnelles de l'urbanisme, mais en nombre relativement limité. Bien qu'elle se concentre essentiellement sur la relation entre ville rationnelle et corporatisme, elle publie en grande majorité des images d'édifices et de nombreuses photographies de maquettes de projets non réalisés. Les cartes et les plans, à l'échelle urbaine ou territoriale, ne sont pas le mode de représentation privilégié, hormis pour le plan régulateur de Pavie et celui de Milan[20], ou à l'occasion de l'inauguration de villes nouvelles comme Aprilia[21].

La position de *Quadrante* dans le débat architectural et urbanistique italien peut, en partie, expliquer ce faible nombre de figurations propres à la discipline. Sa courte période de parution (1933-1936) se situe à un moment particulièrement intense de renforcement des institutions et des instruments professionnels de l'urbanisme en Italie. L'Istituto Nazionale Urbanisti a été fondé en 1930. En 1932, lorsque se prépare le lancement de *Quadrante*, est créée *Urbanistica*, premier périodique exclusivement consacré à ce domaine. Or, les compétences professionnelles en jeu dans l'urbanisme ont été un objet de discussion dès le début du siècle. Bien que depuis le milieu des années 1920 l'urbanisme italien ait conforté, en tant que discipline, son propre corpus théorique et ses instruments, ses frontières avec l'architecture continuent d'être débattues. Périodique professionnel dominant, *Architettura e arti decorative* ne désigne pas l'urbaniste mais l'«architecte intégral» (historien, architecte, artiste, spécialiste de l'art urbain) comme le plus qualifié à intervenir sur la ville[22]. Transformée en 1932 en *Architettura*, cette revue assigne alors à l'architecture le rôle dominant dans l'intervention urbanistique: l'*edilizia cittadina* (la construction des édifices urbains) doit être, selon Marcello Piacentini, le moteur de la rénovation urbaine[23]; en retour, l'urbanisme devient pour Piacentini le cadre unique dans lequel doit se développer l'architecture moderne. Mais, bien que paraissant dans cette période d'intenses questionnements, *Quadrante* ne donne pas de place au débat sur les frontières disciplinaires: selon elle, les deux éléments à la base de l'urbanisme sont l'architecture et la décision politique.

En termes de figurations propres à la discipline, *Quadrante* reproduit les schématisations des CIAM, par exemple les séries de planches d'analyse au 1/10000e et 1/50000e, servant de base de comparaison aux trente-trois villes présentées au IVe CIAM d'Athènes. Ces cartes résultent d'un processus d'unification des symboles visuels, prétendument «objectifs» car en relation avec des données quantitatives qui sont convoquées pour démontrer l'universalité des solutions apportées par la ville fonctionnelle[24]. Selon les membres des CIAM, ces cartes visent à rendre visibles «les relations qui existent entre la forme de la ville et ses fonctions économiques et autres[25]». Or, *Quadrante* illustre également le numéro consacré au IVe CIAM par des images métaphoriques, à forte portée symbolique: une vue générale de la ville d'Athènes, couronnée par le Parthénon, symbole de la «méditerranéité» défendue tant par Le Corbusier que par les rationalistes de *Quadrante*. En tant que condition de la «pureté du langage», cette méditerranéité est perçue comme expression spécifiquement italienne de l'architecture moderne et fasciste. La présence de telles illustrations, très peu informatives sur le plan de l'urbanisme, s'explique si l'on rappelle que la délégation italienne au CIAM de 1933 se rallie aux positions de Le Corbusier sur les origines «classiques» et méditerranéennes du rationalisme, plus qu'aux positions des Allemands et des Néerlandais sur l'analyse fonctionnelle des villes comme base de conception de la ville rationnelle.

De même, la photographie aérienne fait dans *Quadrante* plus souvent office de véhicule d'une rhétorique que d'instrument d'analyse ou de visualisation du territoire. En témoignent les photographies de villages de Libye (ill. 1), qui révèlent, selon l'architecte Luigi Figini[26], des «aspects inattendus de classicisme»

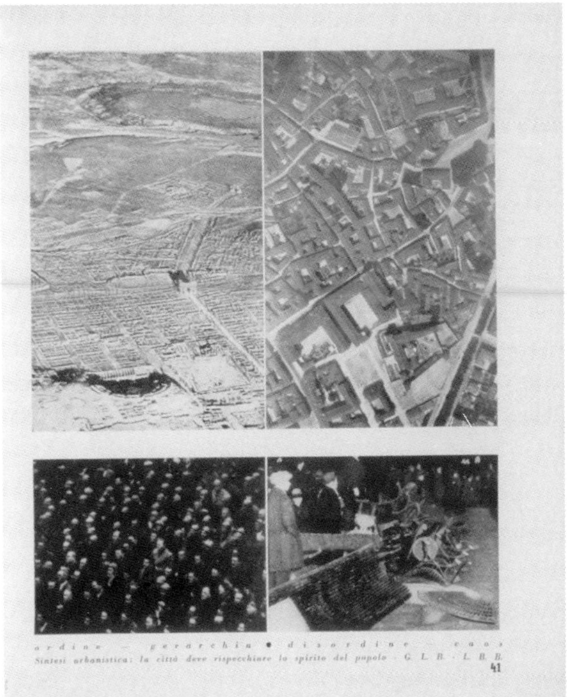

Illustration 1. *Confrontation de vues aériennes de villes illustrant l'opposition : « Ordre – Hiérarchie. Désordre – Chaos », Quadrante, n° 16-17, août-sept. 1934, p. 41 (photographies de G.L. Banfi et L.B. Belgioioso).*

par leurs formes « simples, solaires, géométriques, essentielles, des profils tendus, rectilignes », c'est-à-dire qui incarnent la civilisation méditerranéenne. Ces photographies et leurs commentaires insistent sur l'aspect formel ordonné et hiérarchisé de ces villes ou villages, métaphores de l'ordre de la ville rationnelle. Les textes réitérant la définition de la ville corporatiste (dans ses processus de planification plus que dans sa configuration spatiale) sont à plusieurs reprises mis en regard des photographies aériennes. Celles-ci sont incluses dans des séries qui associent des figurations urbaines à d'autres images : photographies en plongée de foules ordonnées ou chaotiques, associées par exemple à des vues aériennes de villes régulières, ou à l'inverse d'un tissu médiéval dense. Leur agencement dans la page permet de mettre en opposition ces séries, qui font appel à la métaphore. Or, ces séries d'images procèdent de deux rhétoriques différentes. D'une part, les mises en opposition et les légendes - en réalité des juxtapositions de mots à la manière des slogans - font écho aux mots clés de la propagande fasciste (l'opposition entre chaos et hiérarchie, entre individualisme et esprit collectif). D'autre part, l'agencement dans la page rappelle les figures d'opposition entre ancien et nouveau, divulguées par les architectes rationalistes européens et codifiées, au niveau de l'imagerie, par les CIAM.

Photomontages : la rhétorique du régime fasciste ?

Mais le lien entre corporatisme - amplement commenté sur le plan politique - et ville rationnelle reste peu explicite dans la revue, que cela soit dû à l'imprécision de l'idée corporatiste au niveau politique et social, ou à la difficulté d'incarner cette idée dans la ville rationnelle des CIAM. Aussi les associations d'images et les photomontages doivent-ils assumer une valeur démonstrative de premier plan, pour concrétiser le lien entre la ville rationnelle et la nouvelle organisation politique.

Auteur en 1931 du photomontage polémique « Table des horreurs », présenté à la 2e Exposition d'architecture rationnelle à Rome[27], Pietro Maria Bardi signe dans *Quadrante* une grande partie des photomontages, désignés par le terme de « compositions ». C'est ainsi que dans une rhétorique assez convenue, par exemple l'opposition de l'ancien et du nouveau, ces collages traduisent l'écrasement de la nouvelle architecture par le poids de l'académisme[28]. Mais, au-delà de l'intérêt de Bardi pour ce procédé, les origines de ce dispositif dans *Quadrante* sont multiples. Le régime fasciste a, dès ses débuts, usé du photomontage comme rhétorique de persuasion dans sa propagande politique, s'appuyant sur les pouvoirs supposés de l'image - fixe ou animée - sur les foules, et sur la collision sémantique propre au montage. Les meilleurs témoins en sont les expositions, comme celle de la Révolution fasciste en 1932, organisée pour le dixième anniversaire de la marche sur Rome. C'est probablement plus par l'influence supposée de telles mises en scène de l'image que par l'intérêt de *Quadrante* pour l'art contemporain que peut s'expliquer la présence de nombreux photomontages dans cette revue. Contrairement à *Casabella*, qui au même moment applique à ses mises en page les leçons du graphisme et de la typographie fonctionnalistes, et parallèlement divulgue des photographies, des mises en page et des typographies allemandes ou d'Europe centrale en les désignant comme témoins du « goût moderne », on ne trouve pas dans *Quadrante* un tel parallèle. Néanmoins, certains de ses photomontages présentent des analogies avec ceux de l'avant-garde des années 1920. Illustrant le concours du palais du Licteur (ill. 2), une photographie à vol d'oiseau de la zone archéologique de Rome, récemment remodelée par le percement de la via dell'Impero[29], sur laquelle est plaquée une main que l'on peut interpréter comme un frein à un processus en acte, rappelle plusieurs photomontages des avant-gardes, pour lesquelles le thème de la main est récurrent, notamment chez John Heartfield. Or, cette main peut être ici celle des architectes conservateurs proches du régime fasciste, qui empêchent le développement du rationalisme. Ce concours en 1934, dont l'issue est âprement critiquée par *Quadrante*, marque en effet la fin des espérances des rationalistes à l'égard du pouvoir politique.

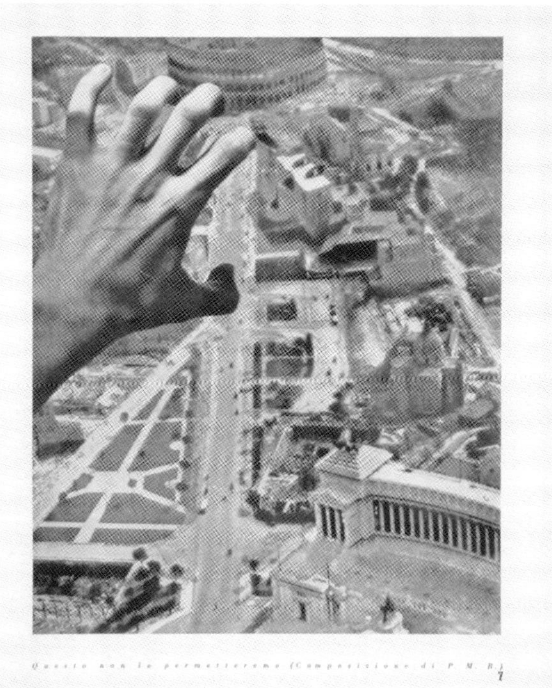

Illustration 2. *Photomontage de P.M. Bardi pour le concours du palais du Licteur à Rome : « Cela, nous ne le permettrons pas », Quadrante, n° 18, oct. 1934, p. 11.*

La mise en série d'images : vie moderne, ville moderne, urbanisme rural

La construction des villes nouvelles offre à *Quadrante* l'occasion d'affirmer une position sur la ville et le territoire, et de renforcer l'équivalence - non démontrée - entre ville moderne fasciste, ville rationnelle et ville corporatiste. De nouveau, le discours visuel est essentiel pour formuler ce lien.

La planification de plusieurs de ces villes neuves (Littoria, Sabaudia, Pontinia, Aprilia, projetées à partir de 1932) fait partie de la bonification des marais pontins, au sud-ouest de Rome. Souhaitée exemplaire par le régime fasciste, cette opération se situe néanmoins en continuité d'actions entreprises depuis les années 1880[30] pour remédier au chômage des paysans et pallier le manque de terres agricoles. S'emparant du mot d'ordre « la terre aux paysans », devenu après 1918 consensuel[31], le régime fasciste l'inscrit dans un vaste dessein de stabilisation du corps social par la colonisation intérieure. Par cette opération, il s'agit aussi de rééquilibrer le territoire et de désurbaniser l'Italie. L'« urbanisme rural » devient ainsi, selon le vœu du régime, une *branche* à part entière de l'urbanisme[32] et sera défini comme telle par le Ier Congrès national d'urbanisme (1937)[33]. Or, son objet n'est pas tant l'intrication croissante de la ville et de la campagne, ni l'interdépendance entre plans d'urbanisme et planification territoriale (souhaitée depuis le début du siècle par ingénieurs et techniciens), que la fondation de villes neuves. Centrale dans la politique territoriale et dans la politique tout court du régime fasciste, la question rurale en tant que question économique et politique trouve un fort écho dans *Quadrante*[34]. La revue argumente par exemple en faveur de l'économie autarcique, à la suite des sanctions prises en octobre 1935 par la SDN contre l'Italie en réponse à l'invasion de l'Éthiopie.

La présentation de la ville neuve Sabaudia donne lieu à des photographies en plongée, montrant son inauguration par Mussolini, avec le ciel de la ville constellé d'avions, symboles de la modernité ; la première photographie évoque d'ailleurs plus une attaque aérienne sur un site encore vierge qu'une opération d'urbanisme (ill. 3). Mais l'un des articles clés sur la bonification, « L'urbanismo di Mussolini », s'accompagne de photographies illustrant des scènes d'activité agricole et, parmi celles-ci, un cliché en plongée du Duce « célébrant la première moisson à Littoria » (ill. 4). C'est une série d'images à thème « rural » qui illustre ici les expériences les plus avancées de l'urbanisme italien en matière de ville rationnelle. Si la rareté des figurations urbanistiques est frappante, le thème de la culture de la terre n'est néanmoins pas contradictoire avec l'objet traité : sur le plan politique, la métaphore exprime le souhait du régime fasciste de valoriser les composantes rurales et traditionnelles de l'Italie. En outre, la série des images exaltant ces premières moissons pourrait

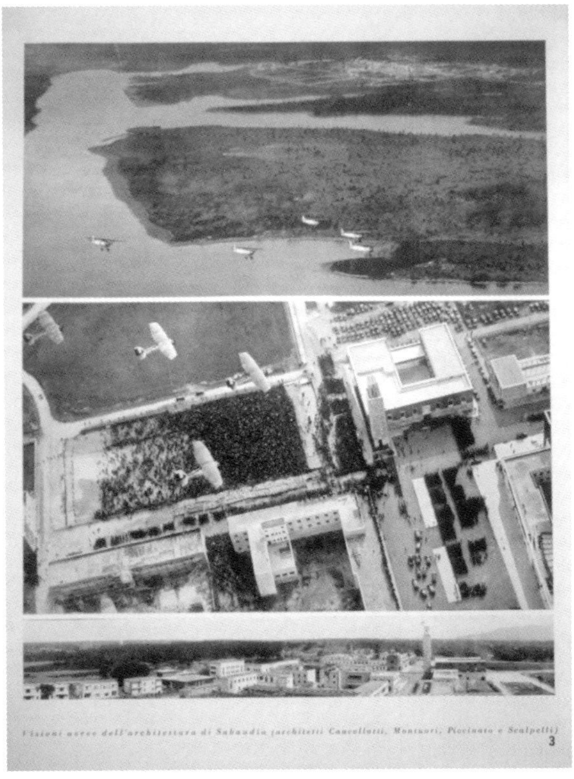

Illustration 3. « Visions aériennes de l'architecture de Sabaudia », Quadrante, n° 13, mai 1934.

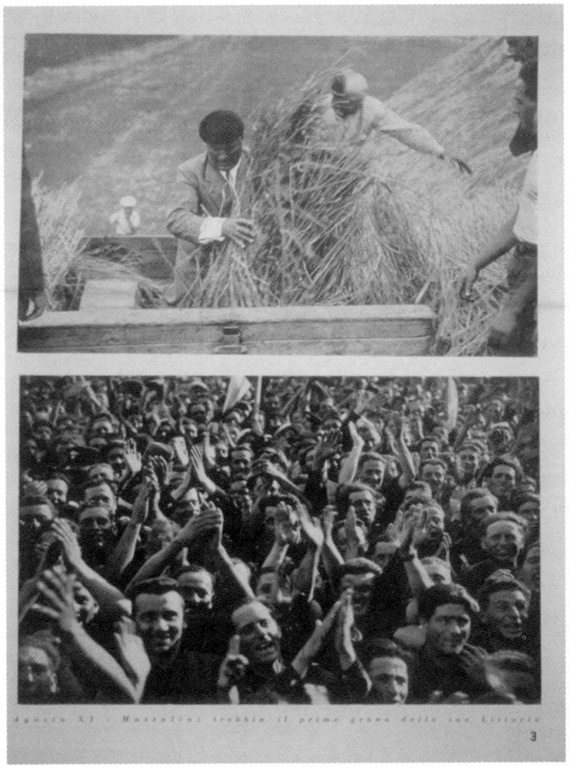

Illustration 4. Le Duce et la première moisson, Quadrante, n° 5, août 1933.

confirmer l'interdépendance entre urbanisme rationnel et urbanisme rural postulée par la revue.

La technique des expositions

La fréquence des procédés hybrides (dispositifs associant photographie, typographie, graphisme) s'intensifie à l'occasion d'expositions, que *Quadrante* illustre en en dévoilant, en quelque sorte, la mise en scène. *Quadrante* reproduit l'exposition sur le logement collectif organisée en 1931 par Walter Gropius et mise en images par Xanti Schawinsky, scénographe du Bauhaus. Celle-ci recourt à des modes de mise en images emblématiques de l'*Ausstellungstechnik* mise au point par les artistes proches du Bauhaus. Les techniques d'exposition de ce type ont été divulguées par les architectes du *Neues Bauen* allemand dans plusieurs manifestations (Deutsche Bauausstellung, Berlin, 1931[35]), qui utilisent en tant que *procédés* les résultats d'*expérimentations* initialement menées par les avant-gardes[36]. Le caractère exploratoire, critique, voire subversif de telles expérimentations s'est dès lors estompé, au profit d'une généralisation de techniques mises au service d'une efficacité fonctionnaliste de communication visuelle, dans les expositions, le livre ou la publicité. Ainsi, lorsqu'ils sont utilisés par *Quadrante*, ces procédés sont désormais divulgués et diffusés à grande échelle.

Les photographies d'expositions d'urbanisme (comme le plan de Pavie exposé, en 1934, à la Galleria del Milione à Milan (ill. 5), en recadrant et redécoupant les panneaux, et en les mettant en situation dans l'espace de l'exposition, redoublent en quelque sorte les opérations constitutives de la mise en figures de la ville ou des projets d'urbanisme. La revue met en scène dans son propre espace des photographies de panneaux qui, en eux-mêmes, exploitent les potentialités plastiques et expressives des caractères typographiques, et qui utilisent le montage de photographies. Ces panneaux juxtaposent de surcroît des plans, des photographies aériennes, ou encore des diagrammes avec des images de la vie quotidienne, des schémas ou des photographies *a priori* étrangères à l'urbanisme. Ces figures hybrides rappellent les techniques d'exposition des CIAM - et effectivement le plan de Pavie se réclame de la doctrine de la ville fonctionnelle (ill. 6). À partir de confrontations entre, d'une part, des figures issues d'une discipline et, d'autre part, des informations « scientifiques » transformées en symboles graphiques

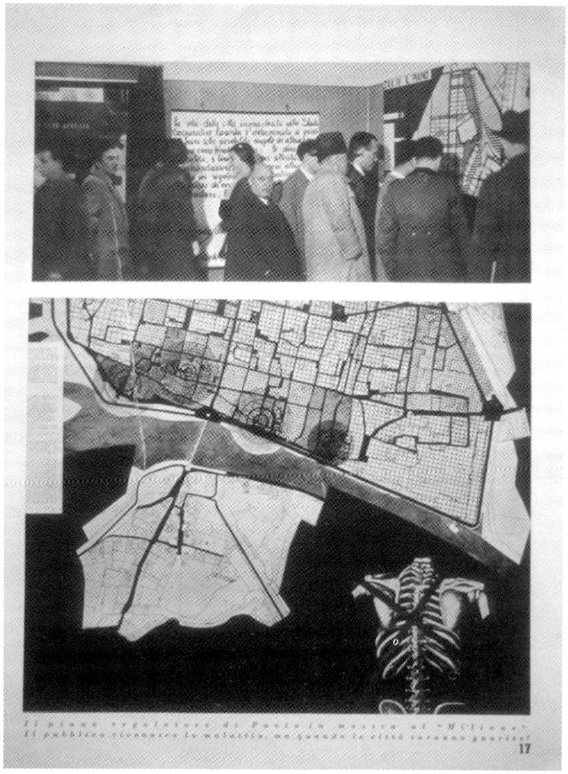

***Illustration 5.**, Le Plan régulateur de Pavie à la Galleria del Milione, Milan, 1934, architectes: E. Aleati, G.L. Banfi, L.B. di Belgioioso, G. Ciocca, M. Mazzochi, E. Peressuti, E.N. Rogers, Quadrante, n° 11, mars 1934, p. 17.*

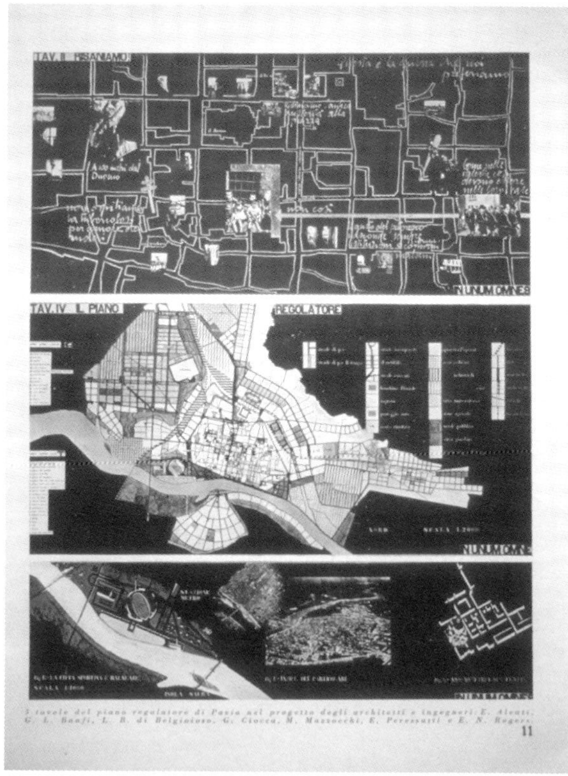

***Illustration 6**. Panneaux d'exposition du Plan régulateur de Pavie: figurations hybrides, Quadrante, n° 11, mars 1934, p. 11.*

ou images concrètes directement perceptibles par les non-spécialistes, ces techniques d'exposition parviennent à communiquer une série d'informations abstraites, grâce précisément à la présence d'images évoquant la vie quotidienne.

En outre, publier des photographies d'expositions permet à *Quadrante* de montrer qu'au-delà d'une discipline de spécialistes, l'urbanisme est une affaire publique : elle prouve ainsi qu'elle ne néglige pas la volonté pédagogique, voire d'éducation des « masses », chère au régime fasciste. Par la voix du groupe BBPR[37], la revue prend position, à propos de l'Exposition du Sport à Milan (1935) et de celle de la Mer à Trieste, dont la scénographie a été confiée à Ernesto Nathan Rogers : « Il est inutile de proposer au public des listes interminables de données qu'il oubliera immédiatement, des longues suites de photographies qui amusent seulement le bourgeois [...]. C'est inutile de vouloir fixer avec l'objectif un instant de l'activité de la Nation, dans une lourde représentation statique, parce que le public trouve beaucoup plus vivante la succession des faits relatifs aux activités singulières. Le public veut trouver dans les expositions ce qu'il ne peut saisir facilement dans la vie : une vision panoramique efficace, une profonde unité[38]. » Or, l'efficacité visuelle de telles juxtapositions de photographies ne se limite pas à la communication de données informatives.

On peut se demander, en effet, si les figures rhétoriques véhiculées par les photomontages dans la revue, plus encore qu'elles ne tentent d'exprimer le lien entre corporatisme et ville rationnelle, ne sont pas destinées à exprimer l'*idée fasciste* ; si elles n'ont pas pour fonction implicite de combler les imprécisions de la doctrine fasciste quant à la ville ou ses positions à la fois redondantes et vagues sur le corporatisme. Le régime fasciste joue sur la surabondance de signes pour compenser une base idéologique qui présente des faiblesses théoriques[39]. De même, les effets escomptés des procédés (photomontages, collision d'images) des grandes expositions (Révolution fasciste en 1932) ne sont pas ceux d'une vision analytique des images et de leurs contenus symboliques ou factuels, mais d'une empathie du visiteur ou du lecteur avec les effets de la surabondance de signes, condensés dans la vision panoramique et synthétique qu'évoquait plus haut Ernesto N. Rogers.

La publication comme espace autonome ?

Les procédés et les figures de rhétorique utilisés par le régime fasciste imprègnent les dispositifs visuels de *Quadrante*. Mais les usages de l'image dans l'espace de cette revue ne se limitent pas à répercuter ou à reproduire de telles rhétoriques de persuasion.

Si les figurations traditionnelles de la ville y sont rares, des photographies évoquant des modes de vie « modernes » et un ensemble de projets non réalisés d'urbanisme y concrétisent le projet d'une ville à venir. À côté des images à thématique rurale, l'usage de la photographie dans *Quadrante* met en scène la *vie* moderne plus que la *ville* moderne : ainsi, la revue consacre de nombreuses planches à des scènes de sport ou à l'évolution des techniques, par exemple dans le domaine des moyens de transport (ill. 7). Ces images

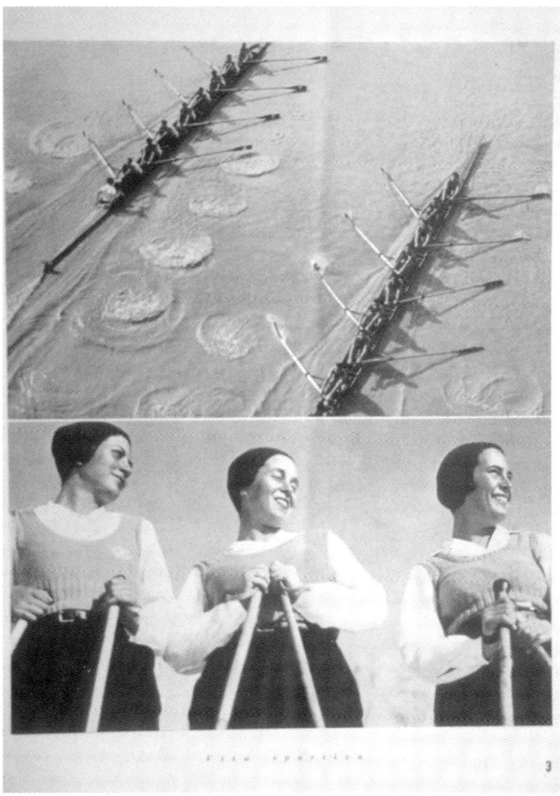

Illustration 7. *« La vie sportive », Quadrante, n° 24, avril 1935*

renvoient à une société moderne qui doit encore s'accomplir, et s'accomplir dans le fascisme auquel croient les rédacteurs et architectes proches de *Quadrante* : le fascisme comme renouvellement des structures de la société, renouvellement dont l'architecture et l'urbanisme doivent être l'un des moteurs.

Traditionnellement traces ou témoignages d'un événement, et généralement envisagées comme des documents, les images sont de plus en plus fréquemment considérées par les historiens comme des espaces de production de sens à part entière. Elles tendent à « constituer une action orientée vers l'avenir[40] » plus qu'à représenter des événements ou des objets en « amont d'elles-mêmes » et doivent ainsi être scrutées « en aval ». Peut-on émettre une hypothèse similaire quant à la publication architecturale ? L'exemple de la ville dans *Quadrante* amène à réfléchir aux effets intrinsèques de la publication, conçue comme espace d'élaboration de significations inédites, à partir des opérations sur les textes et les reproductions graphiques et photographiques. Dans la publication ainsi considérée, se trouve en jeu le degré d'autonomie relative des images mises en scène dans l'espace matériel d'un support de publication - par rapport aux référents reproduits et au contexte d'énonciation des discours architecturaux diffusés. Ainsi, l'ellipse permet d'évoquer une « ville absente » ou à venir : la ville rationnelle dans le contexte de l'Italie des années 1930, à la recherche de la définition de la ville fasciste. À l'ellipse s'ajoutent plusieurs procédés d'association entre images qui offrent au lecteur la possibilité de formuler une équivalence - ou au moins une analogie - entre ville rationnelle, ville fasciste et ville corporatiste, palliant ainsi les insuffisances et les imprécisions tant de la doctrine politique que de la doctrine urbaine. Les dispositifs visuels, contenus dans l'espace matériel de la publication, sont ainsi les seuls à offrir cette analogie.

Notes

1. Bontempelli (1878-1960), écrivain, avait fondé en 1926 avec Curzio Malaparte la revue *900 (Novecento). Cahiers d'Italie et d'Europe* (en italien et en français), qui traitait, en littérature et en peinture, du langage artistique et de sa « traductibilité ». Le Novecento de Bontempelli était fondé sur l'idée de méditerranéité, moins restrictive que celle du Novecento animé par Margherita Sarfatti et soutenu par le régime fasciste, mouvement pictural qui prône le retour à l'archaïsme du Quattrocento.

2. Carlo Belli (1909-1985) critique d'art, est l'auteur de *Kn* (Milan, éd. de la Galleria del Milione, 1935), tentative de théorisation de la peinture abstraite italienne. Cf. catalogue, *Il mondo di Carlo Belli. Italia Annitrenta, la cultura artistica*, Milan, Electa, 1991.

3. M. Bontempelli, éditorial in *Quadrante*, n° 12, avril 1934, p. 1.

4. Pour une analyse détaillée de l'histoire de cette revue, cf. F. Biscossa, « Quadrante : Il dibattito e la polemica », *in* G. Ernesti, *La costruzione dell'utopia. Architetti e urbanisti nell'Italia fascista*, Rome, éd. Lavoro, 1988, p. 67-89.

5. Cf. M. Stone, « The State as Patron : Making Official Culture in Fascist Italy », *in* M. Affron et M. Antliff (dir.), *Fascist Visions. Art and Ideology in France and Italy*, Princeton University Press, 1997, p. 205-238.

6. Cf. L. Malvano, *Fascismo e politica dell'immagine*, Turin, Bollati Boringhieri, 1988.

7. P.M. Bardi (1900-1999) critique d'art, a fondé avec Bontempelli la revue d'art *Belvedere* en 1929. Il est directeur de la Galleria Bardi (1929-1930), puis à partir de juin 1930, de la Galleria di Roma (plus proche des choix esthétiques du Sindacato Nazionale Fascista delle Belle Arti). Lors de la IIe Exposition d'architecture rationnelle à Rome en 1931, il enjoint le pouvoir de reconnaître officiellement dans l'architecture rationaliste l'architecture du fascisme.

8. Piero Bottoni, Mario Cereghini, Guido Frette, Enrico Griffini, Pietro Lingeri, Gino Pollini, Luigi Banfi, Lodovico B. di Belgioioso, Enrico Peressutti et Ernesto N. Rogers ont signé dans le premier numéro un « Programme d'architecture » qui livre à partir de ce critère une définition sélective du rationalisme italien.

9. Giuseppe Bottai (1895-1959), journaliste et essayiste, fondateur de *Critica fascista* en 1923, faisant à l'origine partie de l'« aile gauche » du fascisme, fut nommé le 6 novembre 1926 sous-secrétaire puis en 1929 ministre des Corporations.

10. Cf. F. Cordova, *Le origini dei sindacati fascisti, 1918-1926*, Rome-Bari, Laterza, 1974.

11. E. Ragionieri, « Storia politica e sociale », in *Storia d'Italia*, vol. IV, 3, Turin, Einaudi, 1976, p. 2199.

12. *Ibid.*

13. G. Zucconi, *La Città contesa. Dagli ingegneri sanitari agli urbanisti, 1885-1942*, Milan, Jaca Book, 1989, p. 175-176.

14. G. Ciocca, « La città corporativa », *Quadrante*, n° 11, mars 1934.

15. M. Bontempelli, éditorial de *Quadrante*, n° 12, avr. 1934, p. 1.

16. G.L. Banfi, L.B. di Belgioioso, « Urbanistica anno XII. La città corporativa », *Quadrante*, n° 13, mai 1934, p. 2.

17. L.B. di Belgioioso, G.L. Banfi, « Urbanistica corporativa », *Quadrante*, n° 16-17, août-sept. 1934, p. 40.

18. A. Mortara, *Quadrante*, n° 22, fév. 1935, p. 18.

19. Des architectes E. Aleati, G.L. Banfi, L.B. di Belgioioso, G. Ciocca, M. Mazzocchi, E. Peressutti. Cf. *Quadrante*, n° 11, mars 1934, pl. 11.

20. « Sul piano di Milano », *Quadrante*, n° 14-15, juin-juil. 1934, p. 46-47.

21. « Inchiesta su Aprilia », *Quadrante*, n° 33, 1935, p. 1-13.

22. G. Ernesti, « La formazione dell'urbanistica in Italia (1900-1950) : intersezioni di discipline, conflitti. Fra utopia e realtà », in *La Costruzione dell'utopia*, *op. cit.*, p. 163-173 ; P. Nicoloso, *Gli architetti di Mussolini : scuole e sindacato, architetti e massoni, professori e politici negli anni del regime*, Milan, Franco Angeli, 1999.

23. Cf. P. Nicoloso, « L'urbanistica delle riviste di architettura, tecnica, igiene e amministrazione : 1931-1932 », *in* C. Bianchetti (dir.), *Città immaginata e città costruita. Forma, empirismo e tecnica in Italia tra Otto e Novecento*, Milan, Franco Angeli, 1992, p. 210-225.

24. Cf. E. Chapel, « Représenter la "ville fonctionnelle" », *Les Cahiers de la recherche architecturale et urbaine*, n° 8, mai 2001, « Pouvoir des figures », sous la dir. de Fr. Pousin, p. 41-50.

25. B. Merkelbach et Ch. Karsten, cités par E. Mumford, *The CIAM Discourse on Urbanism 1928-1959*, Cambridge-Londres (Mass.), MIT Press, 1999, p. 73.

26. L. Figini, « Case di Libia (aerofotografie) », *Quadrante*, n° 16-17, août-sept. 1934, p. 43.

27. Ce photomontage juxtaposait des édifices alors jugés académiques à cause de leur éclectisme et donc indignes de représenter le nouveau pouvoir, perçu encore en 1931 comme « jeune » et « révolutionnaire ».

28. Par exemple « Susanna e i vecchioni », collage qui inclut le projet de concours du palais du Licteur (1934) à Rome soutenu par la revue, illustrant l'article de Bardi, « Il concorso del palazzo su Via dell'Impero », *Quadrante*, n° 18, oct. 1934, p. 11.

29. Aujourd'hui via dei Fori Imperiali.

30. Date des premières expériences (infructueuses) de « colonisation intérieure ». Cf. R. Mariani, *Città e campagna in Italia 1917-1943*, Milan, Comunità, 1986, p. 179-185.

31. L'aggravation du déficit de terres est causée par le retour des combattants. Cf. R. Mariani, *Fascismo e « città nuove »*, Milan, Feltrinelli, 1re éd. 1976, p. 9.

32. G. Ernesti, « La formazione dell'urbanistica in Italia... », art. cité, p. 171.

33. G. Ciucci, *Gli Architetti e il Fascismo. Architettura e città 1922-1944*, Turin, Einaudi, 1989, p. 174.

34. Le numéro 30 (oct. 1935) y consacre presque un tiers de la surface rédactionnelle.

35. Cf. H. Jannière, *Politiques éditoriales et architecture moderne*, Paris, éd. Arguments, 2002, p. 205-207.

36. J. Drucker, *The Visible Word : Experimental Typography and Modern Art 1909-1923*, Chicago-Londres, The University of Chicago Press, 1994, p. 242.

37. Luigi Banfi, Lodivico Barbiano di Belgioioso, Francesco Palanti, Ernesto N. Rogers.

38. BBPR, « Il fatto Esposizione », *Quadrante*, n° 26, 1935, p. 32.

39. Selon J. T. Schnapp (« Fascism's Museum in Motion », *The Journal of Architectural Education*, vol. 45, fév. 1992, p. 87-97), « le fascisme requérait une surproduction esthétique – une surabondance de signes, images, slogans, livres et bâtiments fascistes – afin de combler et recouvrir son noyau idéologique instable » (p. 88).

40. É. Michaud, « La construction de l'image comme matrice de l'histoire », *Vingtième Siècle*, n° 72, oct.-déc. 2001, n° spécial « Image et histoire », p. 42.

Chapitre XI

Pour une biographie culturelle des villes en mutation: les cas de Belo Horizonte et São Paulo

Heliana Angotti-Salgueiro

But we may postpone more general conclusions until we have examined, at closer view, the existing facts. Let us go down into the streets...
The Metropolis of Tomorrow, Hugh FERRISS, 1929.

Afin d'éviter les propos globalisants sur l'histoire des villes, nous privilégierons l'expérience des hommes devant des situations précises et autour de deux thèmes classiques : la formation et la croissance urbaines.

Depuis une vingtaine d'années, plusieurs changements méthodologiques sont apparus pour construire l'histoire des villes. On observe par exemple un retour de l'étude des représentations et des modèles, par conséquent, des hommes qui les portent, les produisent et les diffusent. Les déplacements et transferts des uns et des autres nous intéressent des deux côtés de l'Atlantique, car ils sont intrinsèques au façonnement de l'image de nos villes.

Faire une biographie culturelle des formes implique trois prémisses. Il faut d'abord lutter contre les catégories d'une ancienne histoire des transferts fondée sur les « influences », les « écoles », les idéologies. Ensuite, il faut s'éloigner d'une histoire des mentalités passe-partout, qui pose que le sujet urbain est un. Enfin, il faut se préserver d'un sociologisme primaire qui proclame l'oubli de l'acteur. Il est donc fondamental, d'une part, d'articuler les histoires individuelles aux représentations pour comprendre les figures des villes dans leur temps et, de l'autre, de tenir compte des trajectoires des modèles qui dépendent des pratiques expérimentées au sein de chaque ville.

Ingénieurs et géographes ont des approches communes face aux mutations urbaines. Au moins trois approches les unissent : celle du paysage, celle de la situation topographique et celle de la morphologie (au sens large). Il faut y ajouter la technique pour les ingénieurs, qui interviennent directement sur les villes, et l'histoire pour les géographes, qui les décrivent ou les mettent en images.

Deux situations urbaines, deux acteurs sociaux qui leur sont liés d'une façon ou d'une autre, l'ingénieur brésilien Aarão Reis[1] et le géographe français Pierre Monbeig[2], constituent notre fil conducteur. Le premier est l'auteur du plan d'une ville nouvelle, Belo Horizonte, en 1894. Le second, universitaire en mission à São Paulo, est témoin de sa croissance démesurée, commencée dans les années 1930.

Les images de l'évolution de ces deux villes montrent ce que signifie *être moderne* d'une époque à l'autre. Du scientisme positif de type haussmannien qui cautionne la fondation de Belo Horizonte au dynamisme incontrôlable de São Paulo devenant une « métropole tropicale », suivant l'expression de Monbeig[3], on observe la substitution du prétendu modèle français par le modèle américain, toutes proportions gardées. Nous présenterons d'abord quelques aspects de la construction de Belo Horizonte, puis nous nous concentrerons sur la lecture que Monbeig fait de São Paulo. En conclusion, on verra que, malgré leur histoire différente les deux villes s'inscrivent dans une culture visuelle commune éloignée des catégories de composition urbaine, et finissent par avoir une seule image, marquée par le déséquilibre entre échelle, espace, temps, histoire et géographie.

Acteurs et lectures

L'ingénieur Aarão Reis a suivi la formation à la fois technique et humaniste caractéristique de la génération progressiste des années 1880 ; il a un rôle polyvalent dans l'aménagement du territoire et la modernisation des villes brésiliennes jusqu'aux années 1920. Sa pensée suit une trajectoire professionnelle indissociable de la rationalité française, dont les représentations sont transférées au Brésil par le biais de l'École polytechnique de Rio. Cette rationalité combine les idéaux des Lumières (persistants tout au long du XIXe siècle) à ceux du saint-simonisme et du positivisme. Reis est lecteur de Condorcet, Cournot, Hippeau, Jean-Baptiste Say, Michel Chevalier, Fourier, Saint-Simon, Comte, Belgrand, Durand-Claye, Freycinet, Haussmann, pour ne citer que quelques références qui soutiennent les principaux axes de sa pensée : l'instruction, l'économie politique, la planification urbaine. Auteur du plan de Belo Horizonte en 1894, Reis fait partie d'une génération d'ingénieurs cultivés, responsables de projets à bien des égards utopiques compte tenu des conditions du pays et de la distance entre le savoir et l'action, la science et le pouvoir.

Le géographe français Pierre Monbeig intègre la mission française vouée à la création de la faculté de Lettres et Sciences humaines de l'université de São Paulo[4], où il arrive en 1935. Si l'on envisage les missions culturelles comme une forme officielle de transmission de la culture, il convient aussi de les voir comme une occasion d'échange culturel à double voie : ces jeunes professeurs déplacés au Brésil en début de carrière y ont écrit des ouvrages devenus classiques, mais, en contrepartie, cette expérience de déplacement et/ou de dépaysement leur a permis de recueillir des éléments nouveaux pour leurs thèses[5], de réfléchir autrement, de combattre l'eurocentrisme et de relativiser leurs certitudes.

Pour revenir à notre propos initial, c'est dans l'action et la pensée de deux personnages, Aarão Reis et Pierre Monbeig, que l'on peut le mieux comprendre la biographie culturelle de deux situations urbaines, Belo Horizonte et São Paulo, dont l'image architecturale montre un processus dynamique de construction et de déconstruction de phénomènes visuels dans un temps court.

Ingénieurs et géographes travaillent d'abord sur le *site :* les premiers pour l'aménager, le transformer - donc de manière active - les seconds pour le décrire et analyser son évolution. Tous partent de l'observation directe et de leur optique dépendra le type d'action (projets) et de lecture (récits).

La littérature qu'Aarão Reis produit sur le paysage et les sites, lorsqu'il recherche une localité adéquate pour répondre à la commande officielle de construction d'une capitale raisonnée, apparaît comme une exception face au vide des Mémoires descriptifs des lieux, à la fin du XIXe siècle au Brésil. Dans l'enquête pour le choix du site de la nouvelle capitale du Minas[6], l'approche écologique se combine avec l'analyse de position – voilà un principe vidalien qui n'était pas encore formulé clairement. Aarão Reis est marqué par les textes français d'économie politique associés aux représentations sur l'aménagement rationnel du territoire ; l'idée de centralité, par exemple, provenant des saint-simoniens, comprend un plan de circulation et de transports pour faciliter le commerce, l'industrie, le ravitaillement, et pour intégrer la capitale à un réseau national de voies ferrées – objectif alors utopique face au faible niveau

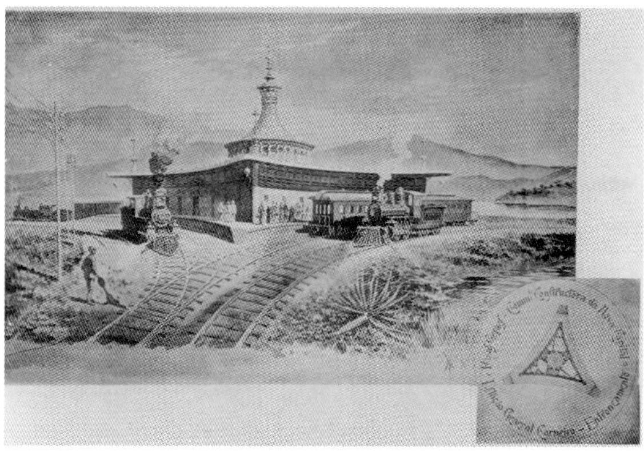

Illustration 1*. Belo Horizonte, gare construite vers 1894, projet de José de Magalhães, ingénieur brésilien et élève en seconde classe de l'École des Beaux-Arts de Paris en 1876. Image construite avec quelques-uns des signes de modernité de la fin du* XIXe *siècle : l'architecture en fer, l'électricité, la mobilité des personnes. Museu Histórico Abilio Barreto, photo Rui César dos Santos.*

d'intégration de régions encore désertes ou isolées. À 600 km de Rio, tout arrive par train et l'on ne s'étonnera pas que le premier projet construit soit la gare aux formes inusitées (ill. 1). C'est sous le signe des contrastes, des antinomies et des « métamorphoses » que les nouvelles images urbaines et architecturales circulent, dans des dispositifs de communication verbale et visuelle qu'explicite une politique de formes marquées par les « effets » et les « imprévus ». Or, l'efficacité de ces images reste à prouver[7] méritant des études dans le champ des figurations urbaines.

Parcourir les régions et faire des prévisions sur les villes à la fin du XIXe siècle n'est pas facile dans un pays qui dispose de peu de cartes et d'un recensement lacunaire. Globalement, le problème demeure quarante ans après : lorsque Monbeig fait du terrain dans l'hinterland de São Paulo ou du Nordeste, il se plaint du caractère peu systématique des données. Le Brésil ne se connaît pas. Documentation cartographique et sources statistiques précises manquent ou sont décalées devant l'accélération des changements. Ses descriptions d'un paysage rural et urbain *en mouvement* et son geste pour saisir sur le vif les transformations constitueront notre deuxième point. On sait depuis Bernard Lepetit que pour construire une analyse des villes et de leurs territoires on articule les chiffres aux représentations[8]. Ici, nous allons retenir surtout celles-ci : textes et images.

Belo Horizonte et ses fragments d'haussmanisme

Les images de la modernité à la fin du XIXe siècle montrent la réceptivité du modèle français à Belo Horizonte : le plan en damier coupé par des diagonales (au nom de la mobilité et de la circulation à venir), dont le contour elliptique, conseillé par Léonce Reynaud dans son traité lu par les ingénieurs, semble être rappelé ; le modèle de la ville haussmannienne qui s'exporte partout selon des conditions d'appropriation toujours fragmentaires y est aussi présent[9]. Sur le damier croisé de diagonales de cette ville dessinée pour être moderne, on lit la notion de système, les débuts du zoning, la mise en place des édifices publiques, d'équipements de salubrité, de loisir, de culture. Des comparaisons avec Paris, Washington et La Plata doivent aller au-delà du tracé, car la figure d'une ville est indissociable des particularités de son histoire ou de son processus d'élaboration – et l'orientation de la croissance de Belo Horizonte est la preuve, nous allons le voir, que les modèles fondateurs ne résistent pas longtemps.

Un autre point à retenir est l'architecture dessinée par un Brésilien, élève de l'école des Beaux-Arts de Paris, architecture destinée à remplacer les « vieilleries » coloniales et cautionnée par le mépris du passé colonial baroque qui marque l'image des villes de la région du Minas Gerais et par un discours sur la pauvreté de la culture visuelle du pays stigmatisant l'absence de monuments chargés d'« éduquer la vue ».

La valeur des espaces verts qui vont de pair avec l'urbanisme produit aussi une image nouvelle, attribuée à Paulo Villon, disciple de Barrillet-Deschamps et d'Alphand. Un effort de gestion de l'urbanité existera pendant un certain temps. L'exemple de Belo Horizonte est représentatif d'un moment clé dans l'histoire de la naissance de l'urbanisme au Brésil – il s'agit d'une des seules occasions où de nouvelles manières de composer la ville arrivent à se matérialiser, encore que de façon fragmentaire. D'autres villes du pays auront, chacune à leur tour, une image rénovée tout au long du XXe siècle, mais c'est à São Paulo que les mutations brusques dépassent toute prévision et toute mesure.

São Paulo, métropole pionnière

Concentrons-nous à présent sur les images vécues et décrites par Pierre Monbeig, qui est à la tête du renouvellement des études urbaines au Brésil dans les années 1940[10]. À cette époque, la démarche d'analyse, selon Claval, va au-delà de « l'étude des sites, des situations et de la description des plans [...], guides utiles pour mener une monographie, mais qui ne proposent pas d'hypothèses sur le fonctionnement des villes ou sur leur évolution »[11]. La méthode de lecture de Monbeig sur les mutations urbaines à São Paulo part de l'observation de la morphologie, certes, mais elle intègre le fait urbain dans un contexte général et ce à plusieurs échelles. Rappelons qu'en France, le «premier ouvrage de synthèse» de cette génération est rédigé par Pierre Lavedan en 1936, référence citée par Monbeig. Historien de l'art à l'origine, Lavedan se réclame de l'histoire et de la géographie pour fonder son histoire de l'art urbain. On sait que *Qu'est-ce que l'urbanisme?* est une œuvre de géographie humaine, attentive au paysage et à la diversité des villes[12]. Notons aussi que sa *Géographie des villes* est publiée dans la collection dirigée par Pierre Deffontaines, qui est au Brésil entre 1934 et 1936.

La description de São Paulo par Monbeig se fait à partir de l'expérience du trajet, elle se construit en marchant (on sait que le goût des panoramas est inscrit dans la géographie vidalienne dès son début), et aussi par les vues aériennes (ill. 2), privilégiées par les géographes de son temps. Le terrain mouvementé le frappe et il enregistre les traits du paysage découpé par de larges ravines, des rampes fortes raides, des plateaux en éperons, des collines et des pentes brutales qui marquent le relief, facteur de la fragmentation de l'ensemble urbain, et qui sont susceptibles de poser de «sérieux problèmes aux urbanistes[13]».

En fait, dans nos deux cas, à Belo Horizonte et à São Paulo (il y en aura d'autres au Brésil), la topographie devient un obstacle lorsque l'agglomération cherche à s'agrandir. Même dans le premier cas, celui d'une ville planifiée où les quartiers sont projetés dans un plan d'ensemble et avec une limite de croissance définie pour chacune des trois zones, les délimitations n'ont pas résisté longtemps et l'agglomération a débordé dans tous les sens de son site originel. Conçue pour 30000 habitants et prévue pour 200000 au XXIe siècle, Belo Horizonte a aujourd'hui plus de trois millions d'habitants.

Mais revenons à la figure de São Paulo, ville dont le noyau urbain remonte au XVIe siècle et dont l'essor date de la fin du XIXe siècle, pour prendre ensuite un rythme démesuré de densification et d'extension suivant un morcellement déjà préparé par la topographie, mais sans aucun plan d'ensemble. L'explosion démographique y était aussi imprévisible: moins d'un million d'habitants quand Monbeig y arrive, le double quand il s'en va, plus de dix millions trente ans plus tard[14].

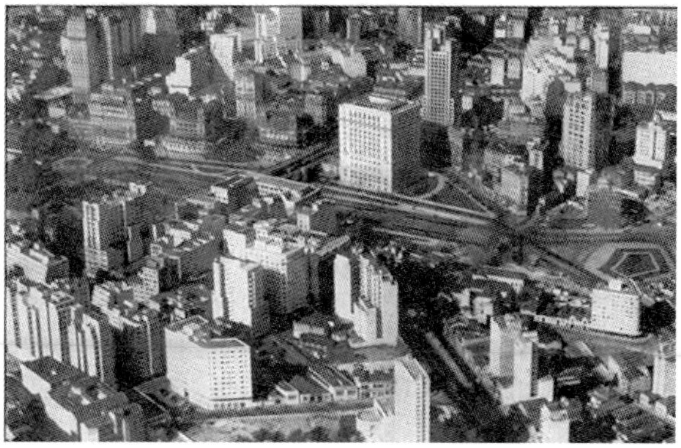

***Illustration 2**. São Paulo, vue aérienne du «centre moderne», fin des années 1940. Photo: Pierre Monbeig, publié dans* La Croissance de la ville de São Paulo.

Ayant témoigné de la dynamique de cette métropole, Monbeig reviendra sur ce thème à plusieurs reprises en écrivant des textes fondateurs appartenant à la culture géographique française, dans la lignée de l'étude de Raoul Blanchard sur Grenoble en 1911, devenue désormais un schéma pour les recherches de géographie urbaine régionale. Pourtant, l'expérience vécue dans la réalité pleine de diversité du Brésil a permis à Monbeig d'introduire des différences dans l'analyse classique. Les liens entre la ville (la croissance de São Paulo) et la campagne (les Fronts pionniers), le rôle d'une histoire des mentalités alors naissante qui dialogue avec la géographie psychologique[15] et la liaison avec la conjoncture économique internationale sont des innovations méthodologiques de ses thèses. Il en va de même pour son ouverture d'esprit à des auteurs variés, tels ceux de l'école de Chicago, et pour la modernité de son vocabulaire. Pendant les années où il enseigne à São Paulo, la bibliographie urbaine internationale commence à prendre du poids parallèlement à l'émergence des grandes villes; c'est alors une période de publications sur les mégalopoles américaines qu'il suit de près, même en pleine guerre, comme le prouvent ses références.

Pour l'étude des villes, Monbeig préconise une interdisciplinarité contrôlée, comme celle que l'on a tenté de réaliser ces dernières décennies[16]. En 1957, il écrit que «l'idéal serait de constituer une équipe de chercheurs qui puissent mettre en route des processus de recherche divers, avec des points de vue distincts mais apparentés». En 1943, lors de la conférence «La crise des sciences de l'homme» organisée à Rio, il dénonce «le caractère artificiel du morcellement», ou de la spécialisation, entre l'histoire, la sociologie, l'anthropologie, et il prône la géographie comme discipline de synthèse entre les sciences sociales et les sciences naturelles – c'est à Lucien Febvre qu'il fait référence; enfin, il conclut en évoquant «l'homme total» de Marcel Mauss. La même année, il écrit: «il faut organiser la collaboration des disciplines sans les confondre[17]».

La méthode Monbeig situe toujours les villes dans leur évolution historique. En trois siècles, São Paulo est passé du statut de petite ville coloniale de catéchèse jésuitique, puis de centre provincial d'où rayonnaient des explorateurs de l'hinterland (les *bandeirantes*) à celui de première métropole économique du Brésil. Monbeig a su dégager les directions de croissance de la ville dès ses débuts – il décrit avec un regard d'historien (qu'il ne séparait jamais de son métier) les lignes de force de l'évolution urbanistique de São Paulo et ses problèmes futurs. Il part de «l'éloquence» des chiffres pour se référer à «cette capitale en perpétuelle croissance [où] tout est mobile, rien ne dure[18]». Pourtant il ne cède pas à l'engouement facile devant sa dynamique affolée, comme la plupart des auteurs locaux[19].

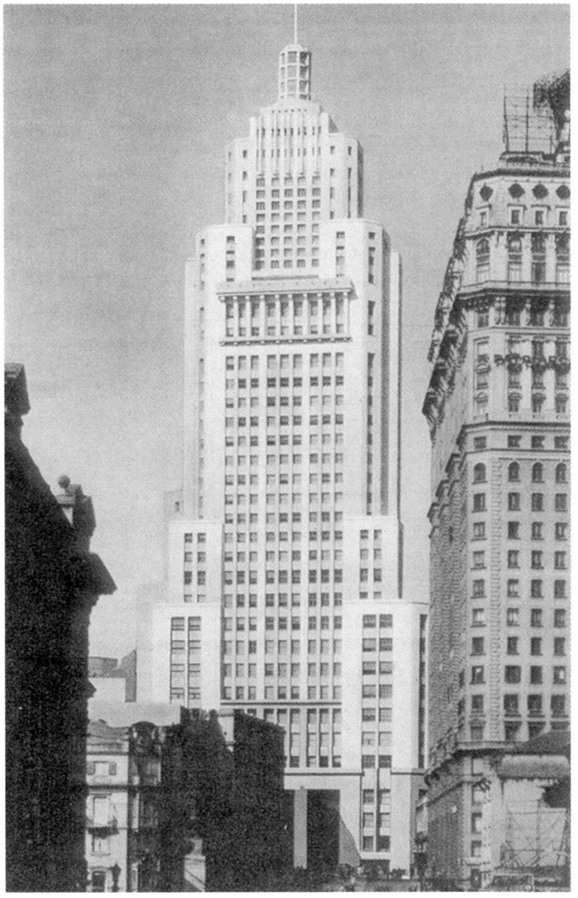

Illustration 3. *São Paulo, la verticalisation à l'américaine: la Banque de l'État (35 étages, 161 m de haut), inauguré en 1947. Photo: auteur inconnu.*

L'architecture à la française du début du siècle est très éphémère comme image d'ensemble et elle cède la place à une architecture à l'américaine, même si l'échelle y est inférieure (ill. 3). Monbeig a très bien compris le rôle du modèle américain pour le Brésil après les années 1930, de même que l'image des contrastes. Le changement exprime la succession de deux «civilisations» dont l'image est ainsi décrite:

> [...] si le passé [du Brésil] est portugais et méditerranéen, le présent est américain. À la fin de la période entre les deux guerres, plus encore au cours de la seconde guerre mondiale, le Brésil paraît faire peau neuve, cherchant à rejeter sa vieille tunique aux couleurs de l'Europe pour des habits nouveaux *made in America*. Les grandes villes brésiliennes offrent un spectacle désordonné où s'opposent les silhouettes dégingandées des gratte-ciel modernes, aux formes basses des vieilles demeures coloniales. Ce paysage urbain concrétise le Brésil d'aujourd'hui: les mêmes contrastes se retrouvent dans son économie, dans sa société et dans la psychologie de ses habitants. Tout comme en quelques semaines la vieille maison portugaise fait place à la carcasse du *building*, de même l'économie se transforme et de nouveaux modes de penser surgissent. Ce n'est pas un fait nouveau: de tout temps, le Brésil est passé brusquement de la prospérité au bord de la faillite, d'une production à l'autre. Il serait banal de rappeler que ce continent tropical est une terre de contrastes. Tout ici se fait par mutations brusques[20].

Revenons aux rapports entre morphologie du site et changements de l'espace urbain. Monbeig observe qu'à partir de 1930, São Paulo est devenue une ville d'ingénieurs avec le plan d'avenues de Prestes Maia. On assiste à une révolution dans le paysage et des préoccupations d'urbanisme apparaissent sous la pression de nécessités inhérentes à une croissance accélérée. Quelques viaducs sont construits pour enjamber les ravins près du centre, des grands axes et avenues radiales sont ouverts pour résoudre le morcellement de la topographie naturelle en cherchant à améliorer la circulation et à aménager des parkings. Toutefois, le tissu lâche en raison de la topographie laisse des vergers tropicaux ou des jardins potagers entre les espaces bâtis et les viaducs. Cette subsistance des vides, des déchirures dans le tissu urbain, montre le gaspillage d'espace, les densités inégales et surtout l'impression d'inachèvement de son image, marqué par les gestes déconcertés d'un urbanisme aléatoire et par l'intervention des spéculateurs[21].

Par sa façon de décrire, Monbeig met São Paulo en images-mouvement : la vague de constructions qui dépassent les difficultés du relief, les maisons qui grimpent sur les versants, les voies qui envahissent les éperons, les terrasses, les collines, la plaine inondable. Des usines s'y installent et des quartiers ouvriers se développent en banlieue. Il s'agit d'un développement polycentrique qui caractérisera désormais son évolution. Monbeig qualifie de « vraiment américaine » l'agglomération pauliste, « par son étendue comme par le rythme de sa croissance »[22].

Quant au mode d'habitat, il observe que la maison individuelle commence à être abandonnée pour l'appartement : « C'est à un rythme accéléré que les *buildings* remplacèrent les vieilles maisons sans étage des Portugais, que les lotissements des quartiers ouvriers ou bourgeois, les usines et les entrepôts prirent la place des broussailles et des marécages[23]. » De là deux strates très nettes dans le paysage de São Paulo : les nouveaux immeubles écrasent la vieille architecture basse des maisons (ill. 4).

Toujours concernant les typologies de l'architecture urbaine, chapitre important de la géographie de son temps, Monbeig montre les contrastes entre les habitations somptueuses et celles des quartiers prolétaires. Pour lui, la maison urbaine est, autant que la

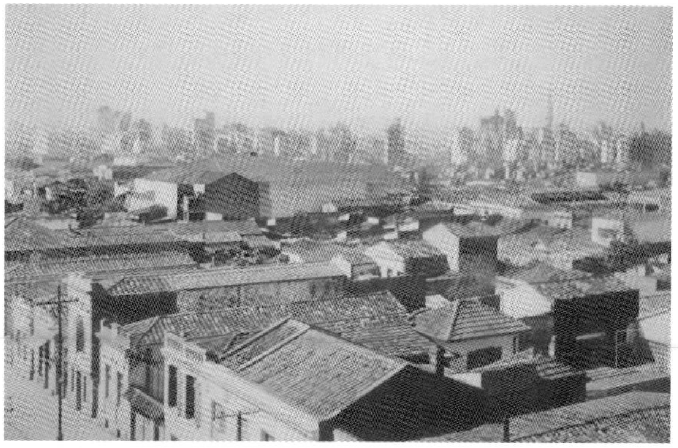

***Illustration 4**. São Paulo, l'image urbaine marquée par les contrastes d'échelle de deux strates de constructions, fin des années 1940. Photo : Maurice Le Lannou, publié dans* La Croissance de la ville de São Paulo.

maison rurale, un élément du paysage culturel. Sur ce point, il suit Jean Brunhes lorsqu'il va sur le terrain et classe les faits géographiques – voire les photographies de l'habitat – à la manière des ethnologues. Sous son optique s'associent les paysages agraires, les hommes et les caractères morphologiques des maisons. La méthode Monbeig s'inscrit ainsi dans la géographie culturelle française qui abordait la culture par les faits matériels[24]. Comme son maître Albert Demangeon, Monbeig s'intéresse aux types variés de maisons des pionniers immigrants, aux détails d'architecture et aux modes de couverture, différents en fonction du pays de provenance[25].

Dans son étude sur la marche pionnière, Monbeig a observé que la pénétration intensive d'hommes sur un territoire neuf se faisait sans aucun scrupule écologique, et que cette tendance à la mobilité s'imposait de la même façon en zone urbaine, dans le sens du déplacement successif de l'occupation des quartiers, chaque fois sans la mise en place concomitante de travaux d'infrastructure. En 1950 il note que la mutation s'inscrit dans l'espace et qu'il est facile de la mesurer : « Il y a cinquante ans les points extrêmes de la ville de São Paulo étaient distants de 2 km du centre ; ils sont actuellement d'une dizaine de kilomètres[26]. » Son analyse se confirme dans l'image de la ville sans fin d'aujourd'hui de même que dans la tendance à la substitution des axes d'expansion qui la caractérisent depuis le milieu du siècle dernier.

Dans son analyse de São Paulo, Monbeig cherche à esquisser la distribution et les déplacements des différents groupes sociaux par quartiers et il analyse l'expansion sans ordre du peuplement, au gré des intérêts immédiats des particuliers, exactement comme l'expansion du peuplement rural de la marche pionnière : « dans les nouveaux quartiers de São Paulo chacun lotissait isolément, il ne s'agissait pas d'acte d'urbanisme[27] ». Des quartiers se dégradent tandis que d'autres naissent, observe Monbeig, les aires de détérioration étant comparables à celles que les sociologues américains ont relevées à Chicago. « L'impression d'américanisme » marque São Paulo par la « croissance rapide, la fièvre de spéculation, les gratte-ciel [...] et la variété ethnique »[28] (ill. 5).

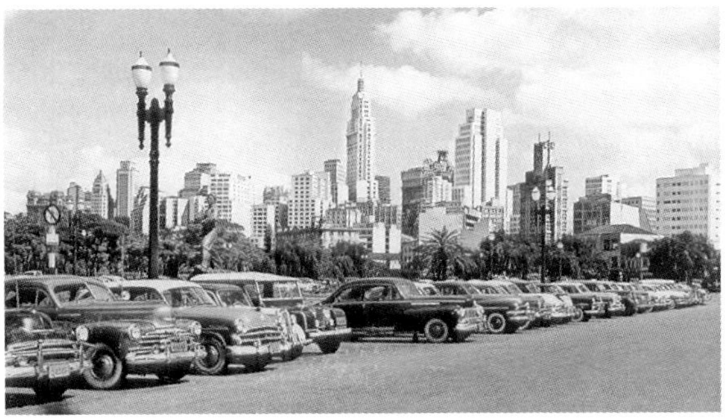

Illustration 5*. São Paulo, vue partielle du skyline à partir du parc Dom Pedro, au centre ville, années 1950. Photo : Colombo.*

La ville-artefact qui monte et se fractalise

La métamorphose moderne est discontinue, ses configurations, temporalités et rythmes varient, mais la verticalisation de l'architecture demeure le signe majeur de son image. Il n'existe pas encore de travail approfondi sur les représentations qui sous-tendent les mutations urbaines des villes brésiliennes ou qui rendent compte du rapport dialectique entre la vitalité économique, le débat architectural et la pratique du gigantisme commercial et privé. Le changement d'échelle des immeubles, associé à la notion de progrès et à la rationalisation de l'urbain, et né du développement de la consommation et de la spéculation foncière, est un phénomène général, certes, mais qui a des particularités historiques qui doivent être étudiées surtout dans cette période où les villes se densifient en se reconstruisant sur elles-mêmes. Cette question renvoie à la comparaison entre nos deux études de cas. L'image de Belo Horizonte représentait un modèle par sa cohérence architecturale et urbaine unique, car, étant une ville de fondation, créée de toutes pièces, elle possédait une certaine unité de gabarit et de style par rapport aux autres villes du Brésil. C'est la raison pour laquelle la mutation vers de nouvelles formes de visibilité dans son espace, au tournant du Mouvement moderne, semble plus frappante qu'ailleurs.

Le tissu de São Paulo, comme celui de Belo Horizonte, présente sur quelques zones un tracé inadapté aux immeubles en hauteur, et les pouvoirs publics ne formulent pas de politique d'aménagement concerté favorisant une densification sectorisée lors de la verticalisation – ce qui prouve que l'on n'a pas été capable de construire avec le site. Un *skyline* chaotique se dessine sans souci de composition globale, au contraire des villes nord-américaines qui, après quelques années de croissance désordonnée, ont créé des *zoning laws* puis des commissions de *design review*[29] pour contrôler l'échelle et la concentration des gratte-ciel.

Les tentatives d'interprétation du paysage urbain et de ses mutations tout au long de l'histoire font référence, en général, aux forces économiques, politiques, aux moyens matériels et technologiques, à la réglementation plus ou moins stricte, à la culture visuelle, à la compétence des architectes et aux pratiques sociales. Mais on peut aussi penser l'image des villes en termes de « biographie culturelle »[30]. Or, une tension surgit dès lors que l'on rassemble catégories esthétiques de lisibilité et situations pragmatiques de l'histoire urbaine. Belo Horizonte et São Paulo se sont beaucoup transformées dans les cinquante dernières années et, de ce fait, ces villes ne peuvent être envisagées que comme une fragmentation d'artefacts[31]. Si l'on sait que même les villes qui ont une tradition de planification bien établie ne peuvent être prises comme des « œuvres d'art[32] », comment voir celles qui se trouvent dans un processus constant de construction et de destruction, se transformant selon des rythmes et des temporalités multiples? Lorsqu'on se réfère à la ville comme à un artefact visuel, on retient que son image est formée d'abord par des *objets* fabriqués par additions ne pouvant aboutir à un ensemble concerté.

Une autre question mérite d'être rappelée ici, celle de la perception visuelle. Dans l'aménagement de l'espace urbain, qui regarde? Ou qui peut intervenir sur ce scénario transformé, détruit et reconstruit selon les lois du marché? S'il est vrai qu'au cours du XXe siècle l'application des normes et le contrôle efficace ont souvent manqué, l'évolution d'un dessin urbain *sans qualités* ne pourrait-elle pas aussi être due aux limites de la perception visuelle des gens? – il y a «des yeux qui ne voient pas», disait Le Corbusier, ou «*not everyone is against uglyness*»[33]. Cette évolution *sans qualités* serait-elle due aux possibilités matérielles ou aux façons de s'approprier et d'adapter des modèles à des espaces autres? Ces questions doivent être historicisées ensemble à la lumière des représentations construites au fil du temps.

Dans la plupart des cas, à chaque étape de la transformation d'une ville, les typologies sont réinterprétées ou perdent leurs significations. Par conséquent, permanence et remodelage sont des thèmes cruciaux pour les historiens, de même que les degrés de *laisser-faire* à propos de la composition. C'est ainsi qu'en moins d'une génération, Belo Horizonte, en dépit des lois et intentions, héritages et idéaux, est devenue une métropole à l'image chaotique. Le *skyline* est irrégulier et polycentrique, comme celui de São Paulo, au point de ne pas même respecter le cadre naturel des montagnes qui lui a donné son nom (ill. 6). La quête de modernité perdure, les styles se succèdent ou cohabitent: beaux-arts, *neocolonial*, art déco et *international style* (avec le complexe de la Pampulha d'Oscar Niemeyer en 1940-1942) puis premiers gratte-ciel du centre-ville (ill. 7). Le *moderne* s'est imposé au moyen de démolitions, reconstructions et juxtaposition de formes. Nous ne voudrions surtout pas passer pour des nostalgiques – le monde a changé et les villes aussi –, ce qui dérange c'est le laisser-faire face à la composition. Dans la lutte entre dynamique et esthétique, la première commande souvent.

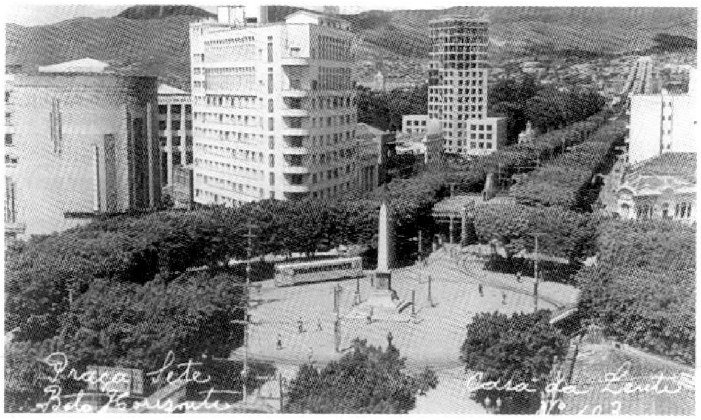

Illustration 6. *Belo Horizonte, l'irrégularité des immeubles aux styles multiples surgit devant le panorama de montagnes qui caractérise la capitale, années 1940. Photo collection Otávio Dias Filho.*

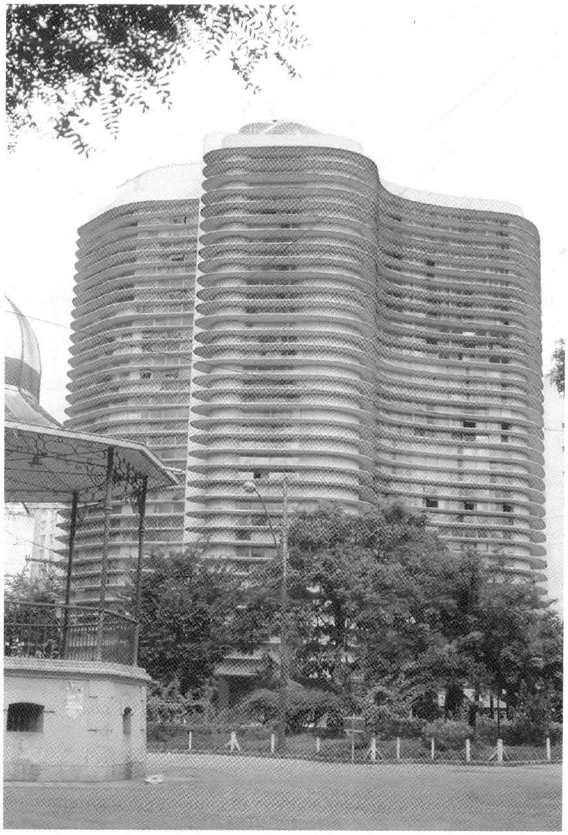

Illustration 7. *Belo Horizonte, immeuble de la place principale, projeté par Oscar Niemeyer dans les années 1950. Photo de l'auteur.*

Échelle, temps, lieu et histoire des images urbaines

Nous avons fait référence au début de notre texte à la notion de modèle et aux vicissitudes de son transfert. Les problèmes de rapports de proportion et d'échelle sont intrinsèques à l'image urbaine des villes brésiliennes. Le dessin de Belo Horizonte avait, en réalité, très peu à voir avec le monumentalisme de son modèle (le modèle beaux-arts du Paris d'Haussmann). Les édifices d'angle des avenues, par exemple, se trouvent isolés de l'ensemble et sont à petite échelle. À São Paulo, Monbeig observe qu'« après avoir grandi en étendue, la ville pousse en hauteur[34] » et que son panorama enregistre des strates successives d'immeubles, le premier étant l'édifice de l'industriel Giuseppe Martinelli inauguré en 1929 (ill. 8), à l'image de l'hôtel Pennsylvania de McKim, Mead and White, à New York (le millionnaire italien fit construire une villa sur le toit pour prouver la solidité de son gratte-ciel, masse dominante dans toutes les images de São Paulo de l'époque).

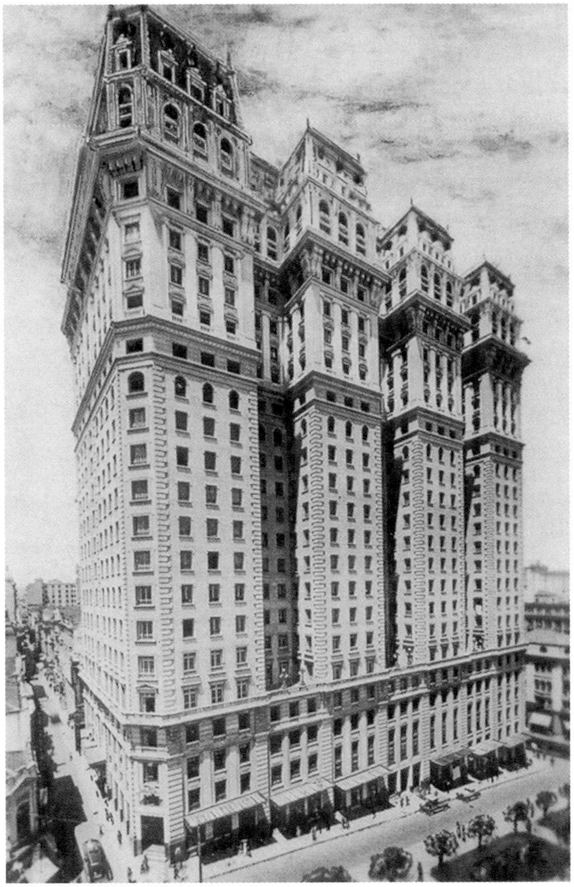

Illustration 8. *São Paulo, l'immeuble Martinelli, construit entre 1922 et 1929, domine le scénario de la ville en croissance avec ses 30 étages et 105 m de haut. Photo : Theodore Preising.*

Cependant, le chaos architectural des villes était déjà un souci pour la génération qui avait fait le projet de Belo Horizonte. En Amérique du Nord, les critiques des « aberrations » de style et d'échelle occupaient les pages des périodiques : à titre d'exemple, citons la série de la revue *Architectural Record.* Au Brésil, des architectes étrangers publiaient encore des guides pour apprendre à appliquer des éléments classiques dans de « bonnes proportions » sur les façades étroites de la ville de Rio (voir d'Alexander Speltz, *Le Vignole brésilien*, en 1898). Et la législation de Belo Horizonte fait encore référence à des attiques, des corniches, des pilastres, comme si ils étaient des parties indissociables de l'architecture. La modernité américaine a été « pétrie des multiples traits archaïques[35] » – on connaît la pérennité du répertoire classique qu'accompagne la verticalisation des années 1920-1930 aux États-Unis : la dernière colonne, dessin d'Hugh Ferriss dans son livre *Power in Buildings*, n'enregistre-t-elle pas le changement irréversible des formes dû au Mouvement moderne ?

Étudier le paysage urbain[36] – « phénomène d'origine humaine » (voir la définition d'artefact) –, c'est donc étudier les mutations, c'est regarder, enfin, la trajectoire biographique des formes. La plupart des villes-monuments rêvées au XIXe siècle par les ingénieurs utopistes deviennent des villes qui montent et se fractalisent à partir des années 1920. Paris est une exception par la résistance de son échelle. En revanche, de la Belo Horizonte « beaux-arts » ne sont restés que les édifices publics qui autrefois dominaient l'esplanade principale, aujourd'hui complètement rapetissés par les gratte-ciel[37]. Une image semblable se retrouve au centre de São Paulo, où les immeubles du début du siècle ne sont que des « résidus » témoins de la dissociation classique espace/temps/architecture (ill. 9).

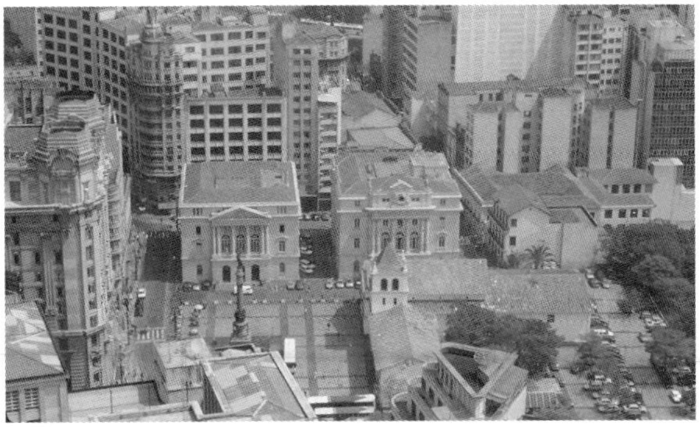

Illustration 9. *São Paulo, le vieux centre avec ses immeubles de plusieurs époques, en vue actuelle du haut de la Banque de l'État. Photo : Paulo César Garcez Marins.*

Les différences d'un pays à l'autre montrent que la ville-*artefact* est « victime » de son propre dynamisme, sortant des gestes d'auto-organisation qui produisent des visibilités peu canoniques. Si le modèle est une théorie qui précède la croissance et donne caution aux représentations, il est aussi réinterprété selon les singularités de telles villes qui échappent à leur propre histoire et s'élèvent contre leur géographie.

NOTES

1. Sur A. Reis, voir H. ANGOTTI-SALGUEIRO, *La Casaque d'Arlequin. Belo Horizonte, une capitale éclectique au XIXe siècle*, Paris, éd. de l'EHESS, 1997, partie I et, plus particulièrement, « Engenheiro Aarão Reis ; o progresso como missão », Belo Horizonte, Fundação João Pinheiro/CREA, 1997.

2. Sur P. Monbeig, voir sa nécrologie par P. GEORGE dans *Les Annales de géographie*, n° 542, juillet-août 1988 ; H. THÉRY et M. DROULERS (dir.), *Pierre Monbeig, un géographe pionnier*, Paris, IHEAL, 1991 ; et H. ANGOTTI-SALGUEIRO : « A paisagem na óptica geográfica », in *Paysage et Art. L'invention de la nature, l'évolution du regard*, São Paulo, CBHA/FAPESP/CNPq, 2000, L'image dans l'œuvre de Pierre Monbeig », *Bulletin Prodig*, L'image au cœur de la géographie, Paris, CNRS, n° 1, avril 2001 et « Monbeig, un géographe sur le *vif* », *Pages Paysages*, n° 9, nov. 2002.

3. Cf. « São Paulo, une métropole tropicale », *Industrie, revue de la fédération des industries belges*, Bruxelles, VIIIe année, n° 12, déc. 1954.

4. Sont aussi venus à São Paulo, invités par Georges Dumas : Pierre Deffontaines, Claude Lévi-Strauss, Fernand Braudel, Roger Bastide, entre autres. On peut lire, à ce propos, P. PETITJEAN, « As missões universitárias francesas na criação da Universidade de São Paulo (1934-1940) », in *A Ciência nas relações Brasil-França (1850-1950)*, São Paulo, Edusp, 1996, et, dans un sens plus général, « Échanges internationaux », *in* M.-C. ROBIC, G. BAUDELLE et M.-V. OZOUF-MARIGNIER, *Géographes en pratique (1870-1945). Le terrain, le livre, la Cité*, Rennes, Presses universitaires de Rennes, 2001.

5. Pierre Monbeig a passé onze ans au Brésil (de 1935 à 1946) ; ce nouveau terrain lui a permis de sortir des limites de la tradition des monographies régionales propres à l'école française de géographie, s'ouvrant vers une géographie dynamique des aires culturelles en formation. Voir notamment : *Pionniers et planteurs de São Paulo,* Paris, Armand Colin, 1952, et *La Croissance de la ville de São Paulo*, Grenoble, Institut et Revue de géographie alpine, 1953. Sa biobibliographie est sur www.cybergeo.presse.fr.

6. Voir, « Commissão d'estudos das localidades indicadas para a nova capital (Relatório...) », Rio, 1893. Ce rapport a été cité par Élysée Reclus dans sa *Géographie universelle*.

7. Sur les revues, albums, projets et sur la campagne photographique à Belo Horizonte, voir le chapitre : « La mémoire créée ; de la nature au construit – images de propagande », in *La Casaque d'Arlequin*..., *op. cit.* Quant à l'efficace politique ou symbolique des images, nous avons plutôt tendance à suivre Paul Veyne sur le regard distrait ou indifférent des gens, dans l'article « Conduites sans croyance et œuvres d'art sans spectateurs », *Diogène*, n° 143, juill.-sept. 1988 ; dans ce sens, nous nous permettons encore de citer notre conclusion « L'architecture et son public ; la ville représentée et la ville vécue », in *La Casaque d'Arlequin*..., *op. cit.*

8. Voir, de cet auteur, notamment les chapitres « Images urbaines » et « Retour des représentations », in *Les Villes dans la France moderne (1740-1840),* Paris, Albin Michel, 1988.

9. Cf. H. ANGOTTI-SALGUEIRO (dir.), *Cidades capitais do século XIX. Racionalidade, cosmopolitismo e transferência de modelos*, São Paulo, Edusp, 2001. Cet ouvrage comporte des essais de A. PICON, D. CALABI, B. LEPETIT et H. ANGOTTI-SALGUEIRO (l'essai de Heliana Angotti-Salgueiro est d'abord sorti en français dans la *Revue de l'art*, n° 06, 1994).

10. Quelques articles fondateurs de P. MONBEIG : « O estudo geográfico das cidades », *Revista do arquivo municipal*, São Paulo, vol. LXXXIII, janv. 1941 ; « La ville de Saint-Paul », *Revue de géographie de Lyon*, n° 4, 1950 ; « Aspectos geográficos do crescimento da cidade de São Paulo », *Boletim paulista de geografia*, n° 17, mars 1954.

11. Cf. P. Claval, *Histoire de la géographie française de 1870 à nos jours*, Paris, Nathan, 1998, p. 190.

12. P. Pinon, « Pierre Lavedan, de l'histoire de l'art à l'architecture urbaine », *Le Visiteur*, n° 2, 1996.

13. P. Monbeig, *La Croissance de la ville de São Paulo, op. cit.*, p. 10.

14. Selon P. George, « Pierre Monbeig (1908-1987) », *Annales de géographie*, art. cité, p. 445.

15. Voir, de P. Monbeig, « Modes de penser et géographie humaine », in *Hommage à Lucien Febvre*, t. I, 1953, et le chapitre « La psychologie bandeirante », dans son *Pionniers…, op. cit.*, dont une analyse a été faite par M.V. Ozouf-Marignier, « Un domaine contesté : la géographie psychologique au temps de Pierre Monbeig », communication présentée au Colloque Monbeig réalisé à São Paulo en 2001, dont les actes en portugais sont en cours de publication.

16. Nous nous référons à l'article de B. Lepetit, « Pour une pratique restreinte de l'interdisciplinarité », *Revue de synthèse*, année 4, n° 3, 1990, traduit en portugais dans H. Angotti-Salgueiro (org.), *B. Lepetit, Por uma nova História urbana*, São Paulo, Edusp, 2001.

17. P. Monbeig, *La Crise des Sciences de l'Homme*, Rio de Janeiro, casa do Estudante do Brasil, 1943 et « Observação sobre o estado atual dos estudos geográficos no Brasil », *Rumo*, année 1, n° 3, vol. I, 1943, p. 41.

18. L'expression se trouve dans *La Croissance de la ville de São Paulo, op. cit.*

19. Cf. P. Garcez Marins, « A São Paulo de Pierre Monbeig » communication présentée dans le *Colloque Monbeig*, à São Paulo, en 2001.

20. P. Monbeig, *Le Brésil*, Paris, PUF coll. « Que sais-je ? », 1954, p. 6.

21. *La Croissance de la ville de São Paulo, op. cit.*, p. 40.

22. *Ibid.*, p. 50. Sur le modèle de l'Amérique dans la cristallisation de l'image du modernisme, voir H. Damisch, « La scène de la vie future », *in* J.-L. Cohen et H. Damisch (dir.), *Américanisme et modernité*, Paris, EHESS/Flammarion, 1993.

23. *Ibid.*, p. 3.

24. P. Claval, *Histoire de la géographie française…, op. cit.*, p. 203.

25. Voir notamment l'article « The Colonial Nucleus of Barão de Antonina, São Paulo », écrit par P. Monbeig en 1938 et publié dans *Geographical Review*, en 1940.

26. « La ville de Saint-Paul », art. cité, p. 334.

27. *La Croissance de la ville de São Paulo, op. cit.*, p. 39.

28. « La ville de Saint-Paul », art. cité, p. 336. À la veille du XXe siècle, São Paulo était une « terre d'immigration » par excellence (deux tiers de la population étant des citoyens italiens) ; Monbeig observe aussi, quelques décennies plus tard, la présence de noyaux syriens, japonais, israélites et leur tendance à former des « kystes ethniques ». Cf. *La Croissance de la ville de São Paulo, op. cit.*, p. 78 *sq.*

29. Voir le classique de R. Koolhaas, *Delirious New York*, et, à titre spécifique, J. C. Brown (dir.), *Federal Buildings in Context: The Role of Design Review*, Washington, CASVA/Symposium Papers XXX, 1993.

30. Il me semble que l'on peut inclure l'étude des villes en mutation dans les propositions de I. Kopytoff, « The cultural biography of things: commoditization as process », *in* A. Appadurai, *The Social life of things: commodities in cultural perspective*, Cambridge University Press, 1986.

31. L'idée apparaît dans la réflexion américaine depuis les années 1960, autour de l'articulation problématique art/histoire par rapport à l'urbain et elle se développe plus récemment dans le cadre d'une anthropologie culturelle de la ville. Voir le thème de recherche de H. Angotti-Salgueiro débuté au CASVA en 1998, cf. *Center 19*, Washington/National Gallery of Art, 1999.

32. D.J. Olsen rappelle que Londres, Paris et Vienne ont cherché des formes d'adaptation aux mutations du siècle, cf. *The City as a Work of Art. London, Paris, Vienna*, New Haven et Londres, Yale University Press, 1986.

33. L'expression se trouve dans J.C. Brown (dir.), *Federal Buildings in Context…, op. cit.*

34. *La Croissance de la ville de São Paulo, op. cit.*, p. 69.

35. Expression d'Hubert Damisch, « La scène de la vie future », art. cité, p. 24.

36. Pierre Monbeig emploie cette expression avant la fin des années 1940 et il affirme que le « paysage [de São Paulo] comme ses activités témoignent des acquis culturels propres aux groupements humains qui s'y sont succédés et qui l'ont bâtie […] de la civilisation du Brésil colonial à la civilisation américaine, la marge est grande. Une ville qui passe de l'une à l'autre en quelques décades doit porter les traces d'une telle mutation », in *La Croissance…, op. cit.*, p. 3-4.

37. Si la place principale de Belo Horizonte est un ensemble composite, mieux, une scène synthèse des temps de la ville, au lieu de « regretter » ses contrastes si propres aux images urbaines brésiliennes, pourquoi ne pas prendre en compte positivement une « figurabilité » hétéroclite, résultat des vicissitudes d'une culture visuelle plus proche d'une réalité d'artefacts que des formalismes idéalistes de l'art ? Nous sommes devant une image d'historicité marquée par « l'absolue relativité des époques et des styles » dont parlait Michelet.

Chapitre XII

In between: representing the urban environment and the self

Rachel Kallus and Tali Hatuka

Since the 1970's urban environments are no longer perceived as neutral, and the boundaries between reality and its representation have blurred, or, in post-structural terms, «the real city, the discursive city (and) the disappearing city»[1] have become one. Although the abstract and universal methods traditionally used by architects are still viable, the hegemony of the positivistic discourse has disintegrated. Cultural studies, based in feminist, post-structural, and post-colonial debates, have further facilitated escape from the universal model of the city, to a more subjective approach, and an awareness of the potential of urban representation in the production of urban environments.

In contrast to the rational city, which stresses the importance of the physical fabric, urban representations are discussed in this paper from their socio-cultural aspect. This is based on the understanding that the urban environment and its narratives are not merely constructed by physical manipulations, but are based on capital flow, financial investment, transportation links, and information and telecommunication systems[2]. National identity, ethnicity, religious orientation and class antagonism are all recognized as shaping forces of the urban environment[3]. This paper investigates the fundamental relationships between space and socio-cultural processes, challenging not only urban designers' interest in the formal-morphological attributes of the urban space, but also the professional practice of urban analysis and representation.

The Kassel urbanscape and its representation are observed and explored, not by deconstructing the urban experience, but by considering its full complexity. Thus, continuing Harvey's analysis of the polarized views of «globalization» and «body»[4], we argue that the two are related, and that one cannot comprehend Kassel's urban environment by addressing each concept individually. We suggest that this environment be seen as occurring *in-between* such notions as objective/subjective, communal/individual, private/public, institutional/personal, order/disorder. In-between implies that, in the postmodern city, representations are produced by partial cultures that generate fluid borderlines, dynamic situations and new identifications, thus modifying the canonical discourse concerning the city within urban design and proposing a cultural hybridity[5].

In-between allows us to re-conceptualize basic architectural terms such as time, space, image, and place. However, the intention is not to further fragment what is already complex, but, by means of a different approach, to better understand the urban environment, to comprehend the contexts within which individuals and groups construct their identities. We assert that, in order to make architectural discourse applicable to contemporary urban environments, it must be based on awareness of what Deleuze and Guattari[6] call *assemblage*[7]. Conversely, we look at what we call *discord assemblage*, i.e. the juxtaposition of urban powers, groups, and materials, in the hope that this will permit incorporation of views that are essential to the production of democratic and pluralistic public spaces in architectural discourse and practice.

Background: representing in-between

Donald argues that:

> there is no such thing as a city. Rather, the city designates the space produced by the interaction of historically and geographically specific institutions, social relations of production and reproduction, practices of government, forms and media of communications, and so forth[8].

It is, above all, a representation[9] and by calling its diversity «city», we ascribe to it coherence and integrity. According to King[10] there are three levels of representation. The first refers to the physical environment, the economic, social, political, and cultural effects, that create hierarchies and daily social routines. The second is related to the visual symbols of the space. The third level, a product of the first two, is the mental representation. This is the imagined environment which, as argued by Shields[11], is based on Mills' *Social Imagination*[12], according to which the individual, through imagination, understands him/herself and his/her conduct as related to the environment and to others. Every individual has a personal biography in the historical continuum of a specific society. The individual thus contributes to the shaping of society and to its history while, in turn, being constructed by that society and history. According to Donald[13], there are three ways to imagine the city: through autobiographical memory, through literary accounts, and through architecture. However Donald objects to the utopian notion, and suggests imagining the city in terms of love and care, realizing at the same time that these do not exist.

The link between the actual and the represented is another important notion[14]. Representation derives from complex formal material, ideological technique, and social action, all related to thought and imagination. Hence, the city is not only the subject of representation, but is also its object - a portrait constructed by plans, statistics, maps, models, and day-to-day life[15]. Since people use signs, language, and cultural codes, what is of interest here is the distance between myths and stories on one hand, and objective methods, such as statistics, on the other, so that essentially the distance between the exposed and the hidden is what is represented. Shields sees the physicality of the city as a sign language, where the meaning of the signs, as representing normative behaviour, is political. Thus, space and society, through which the city is constructed and produced, are defined by representation. Deleuze and Guattari[16] argued that attempting to analyse the city is in itself a form of control. The exposure represents desire, a positive force, similar to Foucault's[17] «constructiveness of power». Under the title «Body without Organs», Deleuze and Guattari suggest analysing urbanism as a representation of recurring movements. They propose viewing the city as a system of complex surfaces operating as a single unit. The relationship between the constructed city and its socio-economic forces are seen as the relationship between text and sub-text, and the city is perceived as an expression of its economic and social relations. But, according to Deleuze and Guattari, the seen - the architecture and the urban elements - and the unseen - social and economic interactions - are equally important. Shields' recommendation, following Deleuze and Guattari[18], is to view the city as areas of activities and interactions, of conflicts and contradictions. Any critical investigation of urban representations will expose power relations between social groups and environmental hierarchies.

The Situationists psycho-geography is another critique of the rational city that emphasizes personal desires and subjective understanding[19]. Their concept of «emotional drifting» embodies the attractiveness of unique urban places, which is not exclusively due to physical attributes, but is also based on their place in memory and imagination. Lefebvre's[20] *moment* is a similar concept, although it has been fiercely attacked by the Situationists. De Certeau[21] developed this concept in his narrative of the everyday, using imagination and semiotic analysis to demonstrate the values of daily life.

Several approaches have highlighted representation in urban design and have dealt with the aestheticization of a space by blurring the boundaries between virtual reality and actual existence, between public and private. Walter Benjamin's work[22], and that of others relating to the *flâneur*[23] have contributed to the emphasis on representation in urban design, although recent feminist debates question the validity of the male perspective in constructing urban representation[24]. This critique noted the complex relationships between investigator/viewer/participant and the urban environment. It addressed the problematic traditional position of women associated with the home, which, through diversion and deviation, excludes them from the public realm[25]. However, as noted by Wilson[26], the city does not only exclude women, it also grants them liberation and freedom, qualities which have become the subject of social and planning control exercised by sociologists, architects and urban planners.

We explore the concept of the in-between in architectural culture and practice, using these notions of representation as applied to the definition of the urban experience. This concept has already been employed by Bhabha[27], in his cross-cultural study (inspired by Eliot[28]), discussing migration. Bhabha[29] argues that when people move they take only part of their culture with them. This «partial» culture then becomes the «container» and the «connective» between cultures, i.e. the in-between, both similar to and different from the parent culture. According to Bhabha, this in-between demarcates norms that function as limits or boundaries. While following Bhabha's thesis, this paper also acknowledges the critiques of Mitchell[30], Roy[31] and others, who argue that the in-between is not necessarily a liberating concept, but has often involved dissident cultures that may be as reactionary as they are progressive[32].

In-between Representations

The idea of the *in-between* has been tested in an experimental project, conducted as part of the City Project Area of IFU (International Women's University) (Kassel, 2000). The project, aiming to investigate the city from a feminist perspective, attempted to piece together an alternative understanding of the city and its complex meanings. It identified major in-between categories such as: objective/subjective, communal/individual, private/public, institutional/personal, order/disorder, in an effort to investigate the city of Kassel from an interdisciplinary and multi-cultural perspective. Participants, from different cultures and diverse professional backgrounds, explored the various ways in which the city is looked at, read, experienced, framed, and positioned.

This paper, based on the experience of the Kassel project, introduces these categories in order to discuss various themes and concepts that were developed there, both textually and through the presentation and analysis of visual images. Three different sources are used to present the project: 1) material from *Fascinating Kassel*[33], a tourist guide published by the Kassel municipality (fig. 1) and material from other tourist brochures, pamphlets, official information and maps, given to all IFU City Project Area participants upon arriving in Kassel; 2) material from a publication entitled *Re: Fascinating Kassel, the City and its Complex Meaning*[34], an edited collection of the Kassel project's work, in which participants explore their ideas (fig. 2); 3) other relevant sources exploring theoretical concepts of urban representations questioning sociological and philosophical notions.

Institutional/Personal

A problematic gap between institutional and personal practices of the urban environment is the contrast between two contradictory perspectives: a formal «top-down» view, stressing professional abstraction for the sake of comprehension of the complexity and continuity of the urban space, contrasted with an informal «bottom-up» view, stressing the lived experience of everyday life. However, despite the merits of each of these perspectives (Kallus, 2001[35]), urban living is often wedged in-between, giving rise to two key concepts, image and place, both playing an essential role in architecture theory and practice, attempting to integrate meaning into built environments.

The search for place has guided city building, particularly through the challenge of modernist urbanism and the ongoing confrontation with its placelessness. Searching for the image of the city[36] has preoccupied much of the architectural discourse since the 1960's, resulting in both theoretical and practical/operational models. However, in the face of advancing technolo-

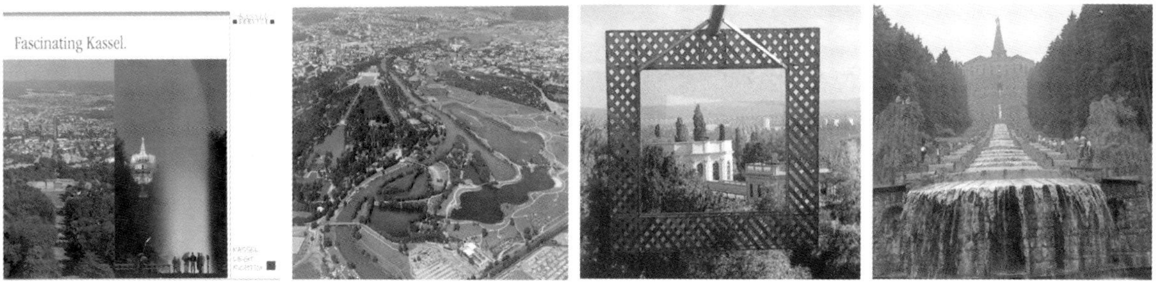

***Figure 1**. Images of Kassel, as appeared in: Kassel Service Gmbh,* Fascinating Kassel, *Kassel, Schanze GmbH Press, 1987.*

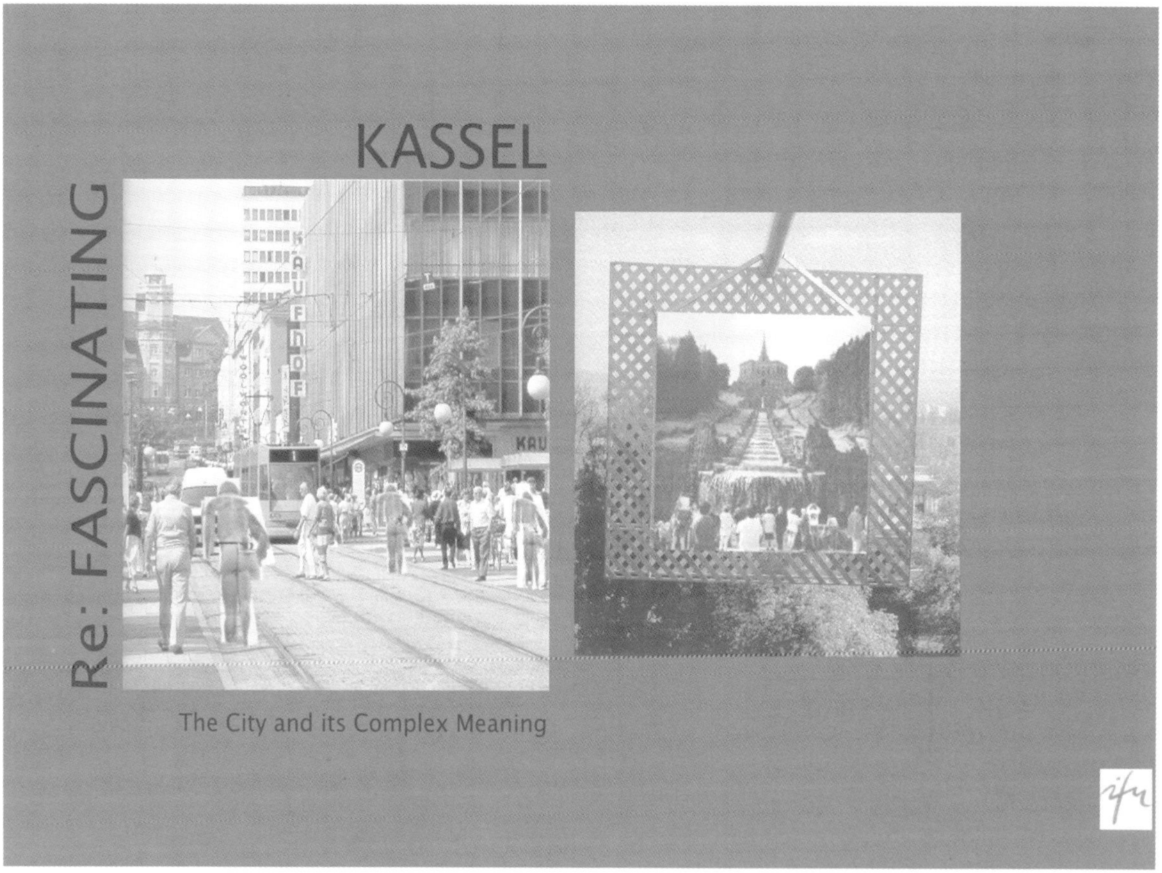

***Figure 2**. Front cover and back cover of: Kallus, R., and Hatuka, T. eds.,* Re: Fascinating Kassel, *Kassel, IFU, 2000.*

gical developments and the dialectical reality of global-local tensions, a critical re-evaluation of the image of place is in order[37]. Furthermore, with space being constantly abstracted and dematerialized, the architect's role in its production is at stake. In what should architecture be engaged, for whom and for what reason? Can architecture, attempting to make the everyday environment, consider the «fractured logic of the everyday»? Can it realize the city as a lived experience? Being, by its nature, associated with power, what should be the forces depicted and represented by architecture? Can architecture be forever aligned with institutional forces and «big money», or can it actually become an arena for groups in need of a voice? If architecture is to be a legitimate practice in today's city, where does it derive its legitimization from, and what new roles can it take upon itself?

In questioning the current meaning of the image of place, the Kassel project attempted to uncover its use in structuring the city. It revealed that the predominant images presented in Kassel are those of monuments, and central urban public spaces. Most notable is the Hercules monument (fig. 3), presented as the identifying geographic and symbolic image of Kassel, the city identified with a symbol of masculine strength reinforced by other statues of men in the main public spaces (Holmes, in *Re: Fascinating Kassel*). Photographs of Kassel (fig. 4) reveal different spaces within the city. Personal paths traced in the city demonstrate its diverse interpretations. This analysis of images and texts, added to the official Kassel material, uncovers a constructed urban continuity based on old and new, past and present, memory and reality. A distinctive example is the re-use of the Hercules monument to suggest a critical assessment of the city's most celebrated image (fig. 2). Turning Hercules into flesh and blood, making the statue an ordinary human being and setting him in the street, allows re-evaluation of the symbolic conquests of the physical and mental perceptions of the city.

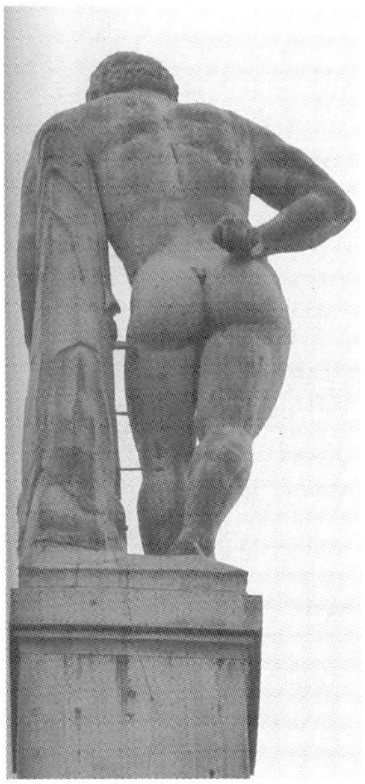

***Figure 3**. Hercules in: Kassel Service Gmbh,* Fascinating Kassel, *Kassel, Schanze GmbH Press, 1987.*

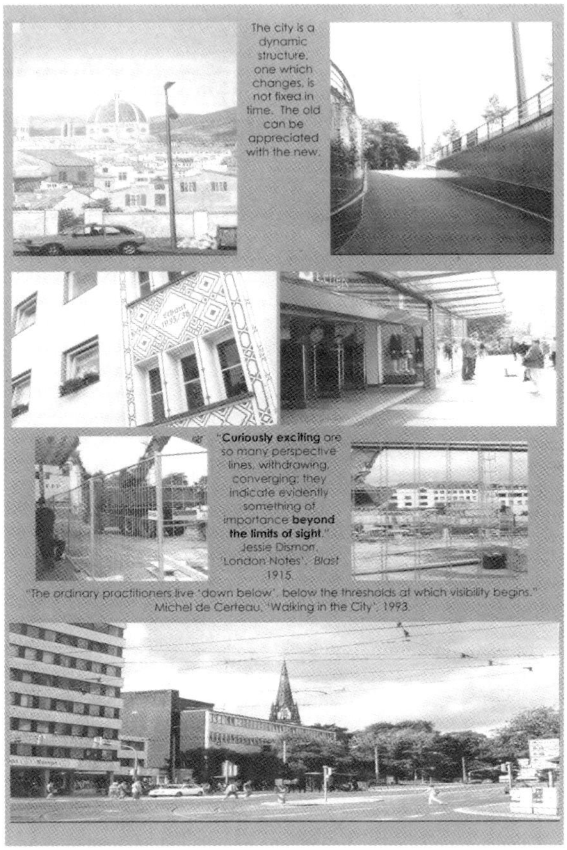

***Figure 4**. City Images in: Jennifer Holmes, Kallus, R., and Hatuka, T. eds.,* Re: Fascinating Kassel, *Kassel, IFU, 2000.*

These reflections give rise to important criticisms about the architectural use of place to construct an urban image, and the construction of that image, asking: for whom and for what? Can conscious deliberation produce a place? Is it possible to revise place and image as dynamic forces working in the in-between space?

Objective/Subjective

Architecture discourse seldom considers *how* urban spaces are *actually* used, thereby ignoring everyday reality and leaving the links between space and power unexplored[38]. Emphasizing the abstract notion of the spatial dimension, rather than concrete day-to-day life, overlooks the users of the space and their functional, socio-cultural, and emotional needs[39]. Trying to broaden the scope of urban design practice, the Kassel project attempted to go beyond the abstract notion of the urban space in order to express fundamental relationships between space and socio-cultural processes. This was a challenge to the theoretical and a-political interest in the formal-morphological attributes of the urban space. The goal was to find ways to read the city in-between, to enable a personal (subjective) understanding, but at the same time to include the formal (objective) urban perception. These concepts were discussed mainly in light of physical and mental mobility in the city.

Mobility, being the corner stone of the modern metropolis, has often been challenged, with the realization that fast traffic and advanced transportation systems, developed for the sake of accessibility, are often used to enhance the production and consumption of urban space[40]. When viewed from a socio-cultural perspective, both mobility and movement are perceived as defined and delineated boundaries, but also as the means of overcoming these boundaries. Considering mobility in relation to the accessibility of temporary inhabitants in the city allows visualizing Kassel's railway station as a city gate (Sysoyeva, in *Re: Fascinating Kassel*). Assorted images assembled in a collage offer a subjective and objective interpretations of the meaning of railway stations, contrasting Kassel's station with the familiar terminal at home (*ibid.*).

The feminist critique of the city has exposed the liberating and emancipating forces embedded in the urban experience[41]. This subjective understanding of the urban environment implies a defeat of the homogeneous, dangerously overpowering city, by indicating the prospective future urban experience and the active role of the user in producing the urban space. Impressions of a visitor in the city constructed by the use of public transport, confronts the memories and desires of a city's inhabitants. From this standpoint, well-maintained and controlled public transportation is seen as the basis for freedom and opportunity, exposing the urban inhabitants to democratic spaces. Furthermore, the different tram routes enable both residents and visitors to view life away from the framed and packaged attractions of the city center. Thus, the tram becomes a route to freedom and independence, offering pleasure, choice and stimulation (Prado, in *Re: Fascinating Kassel*).

Since the relation of users to urban space is dynamic and not static, inhabitants taking possession of space and shaping their own urban realities must be the motivation for architecture practice. This active appropriation of the urban environment demands new working methods based on a different understanding of space and its production. It requires getting away from overly-emphasized escapist aesthetics, symbolism, and the negation of social and political responsibility[42]. But, whose politics should architecture practice express and how is it to integrate conflicting views of the environment?

Individual/Communal

One of the most interesting questions in the discussion of urban representation refers to the presence of the city as a collective body, as opposed to the appropriation of urban space through individual agency. The publicness of the public space is especially controversial when lived by the individual experience. Representation of, as well as participation and performance in, the urban environment refocuses the attention on the specificity of the urban experience, as related to how individuals form up their collective identity in the city. This acknowledgement of the differences between groups of individuals, based on life-cycle stages, ethnic distinctions, religious orientation, gender, and income differences, no longer sees the city as a neutral spatial system, but as a socio-cultural structure. It deviates from the proactive social view of the city as a form of community building whose purpose in architecture culture and practice has been to frame the urban environment socially.

Two polar notions are relevant to urban representation: individuality and community. While traditionally much of the effort of city-making has been invested in construction of the urban community, perceived as guarding against modern isolation and alienation[43], it is clear that the notion of community has changed[44]. Globalization, privatization, and mass worker migration have increased the power struggle, redefining urban environments as contested spaces. Since large-scale efforts to construct cohesiveness and unity through socially organized sub-urban units have proven irrelevant[45], it is time to change urban strategies, which requires working from inside the urban environment rather then enforcing imported models. But what matters here are the types of communities that do exist in cities, and how they are constructed in urban environments governed by globalization and privatization. What is the meaning of community in a city that is constantly changing? Where is the place of the individual in these communities? How are these communities being represented, by whom, for whom, and for what purposes?

Reflection on the everyday life of minority groups in Kassel tries to grasp the changing sense of urban community. From the Turkish community emerge the narratives of three Turkish women, contrasting the differences in their personal circumstances with their different urban experiences, investigating « [...] the pleasures and burdens of these differences and the way they are distributed unevenly'[46] ». These Turkish women, already belonging to a well-defined community, are all fighting for their identity as individuals, using the urban environment as a testing ground for their newly-acquired autonomy (see fig. 5). The very basis of contemporary community is at stake here, since it is unclear whether the community is defined by the individuals as a minority group, or constructed by the groups differing from each other. What then defines the "other" and how is its centrifugal position being established?

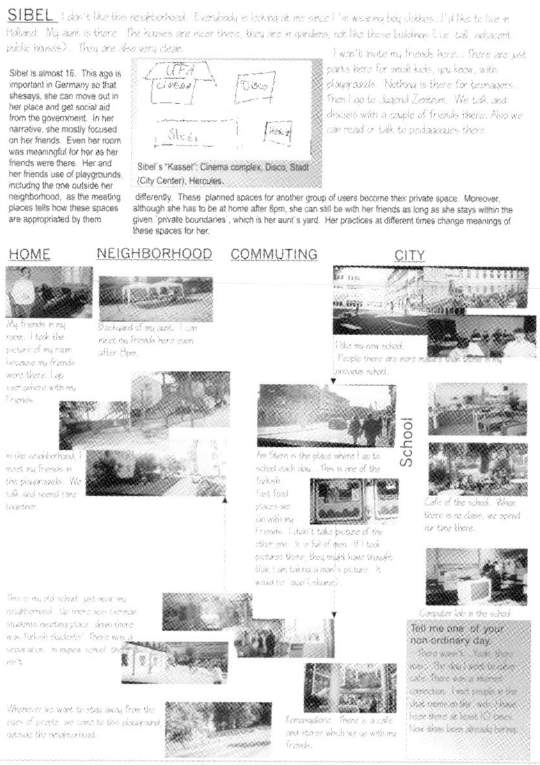

Figure 5. Ordinary and Exciting Everyday Spaces, Fatma Senol, in: Kallus, R., and Hatuka, T. eds., Re: Fascinating Kassel*, Kassel, IFU, 2000.*

Public/ Private

The polarity of private-public relations is one of the fundamental concepts in architecture theory and practice, defining its professional task. However, when assuming definitions from the location of structural boundaries, these terms are constantly challenged by institutional forces and by everyday practice, especially since globalization and the collapse of the welfare state, realizing economic forces that further demarcate public-private polarities. Although architects assume that public-private dialectics can be defined by structural boundaries, they are, in fact, relative terms. Furthermore, the dichotomy of public-private is constantly obscured by commercially enhanced privatization processes, in which economic forces arising from globalization and the «shrinking welfare state» repeatedly redefine public and private territories. The concept of private and public as cultural boundaries raises the notion of the «other», as center *versus* periphery, segregation *versus* integration, exclusion *versus* inclusion, stability *versus* change, and domination versus submission.

Relating the personal experience of living between two cities to the notion of the «other» presents private and public as cultural boundaries.This is also expressed in the built environment, reflecting power structure, and again demonstrating segregation *versus* access, stability *versus* change, and dominance *versus* submission (Sharma, in *Re: Fascinating Kassel*, see fig. 6).This public-private urban polarity belongs to the debate over social identity and expectations, and the dispute over the normative rights of the individual and his/her institutional obligations. The deliberation over public and private space also invokes the complex relationships and their cultural context of subject and object. The universal approach to the public-private polarity thus overlooks the cultural dimension of the city, which operates as a living, dynamic organism[47].

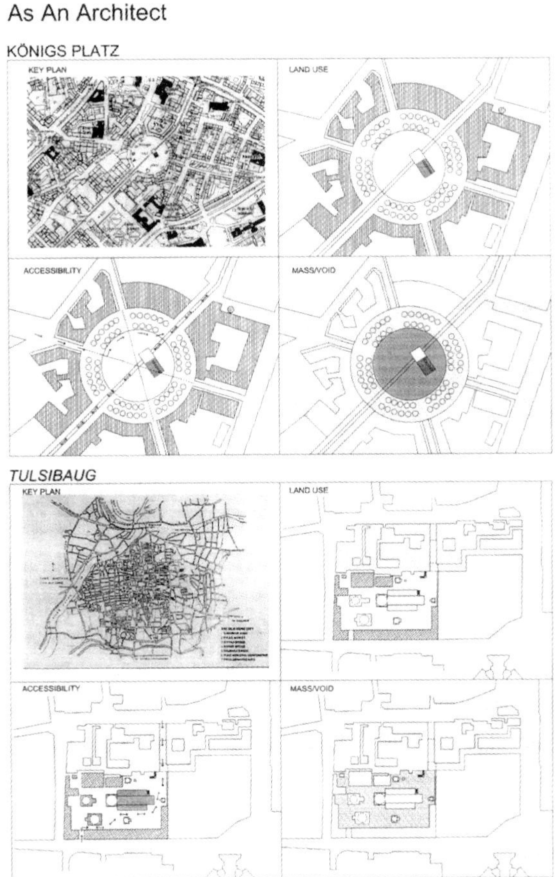

***Figure 6**. Shifting in: Urban Experiences from Tulshibaug to Konigs Platz, Aparna Sharma, Kallus, R., and Hatuka, T. eds.,* Re: Fascinating *Kassel, Kassel, IFU, 2000.*

Closing remarks

Surprisingly, the dilemmas and complexities of urban representations have been only minimally acknowledged by architecture culture and practice.Though a review of the architectural paradigm shifts that have been taking place since the 1960's[48], and a more specific account of emerging urban design discourse[49], reveal substantial transformations in professional focus and interests, these changes have only minimally altered the way architects work in the city. The abstract and universal methods traditionally used by architects are still valuable but the hegemony of the positivistic discourse must be questioned. In order to confront the universal model of the global city this discourse should be challenged by a subjective approach enlightened by awareness of the strength of urban representation in the production of urban environments. Hence, in contrast to the rational city, which stresses the importance of the physical fabric, urban representations have been discussed in this paper as related to the urban socio-culture.

Urban representation is examined here in the context of theoretical and discursive shifts that have been taking place since the 1970's, and which have dramatically changed the way cities are perceived. Harvey has suggested that these shifts can be best captured through the terms «globalization» and «body»[50]. In Harvey's words, « "globalization" is the most macro of all [the] discourses that we have available to us, while that of the "body" is surely the most micro[51] ». In an effort to connect these concepts to architecture, we have tried to show that they are, in fact, interrelated, and that it is impossible to understand the urban environment by referring to only one of them at a time.

The aim of the Kassel project was to produce a complex understanding of the city, to which the notion of the in-between can introduce a new meaning. Within an interdisciplinary and inter-cultural setting, the in-between acquires extra meaning, setting up a framework for investigation. Some fundamental concepts often used by architects were investigated, and attention was drawn to the relative meanings of the terms and their political, social, and cultural implications. It was suggested that reference to popular culture within the urban debate is a meaningful expression of the political setting of the city, the arena in which groups define and defend their identity.

The notion of the in-between encourages a view of the city as a multi-cultural democracy set up by its citizens, and the urban space as a «framework through which social power is expressed[52]». While acknowledging the collective strength of the city, the need of individuals to construct their own identity within specific communities is equally recognized. City building practices cannot allow impartiality with respect to cultural preferences. It requires the promotion of various communities in need of different spaces, rather than the creation of a homogeneous and universal collective, space. This opposes promoting undifferentiated spaces envisioned by assuming professional neutrality. The notion of the in-between, as developed in this paper, focuses the debate on the role of the architect and his/her ethics[53]. The issue is whether architects have any political obligation. As professionals responsible for the production of the urban environment, can they promote and support these environments by making a critical assessment of the forces that operate within them[54]? The experience of the Kassel project has suggested that agency (as defined by Foucault)[55] translated into architecture practice, can promote change. This could be practiced not only in the pragmatic productive professional modes of operation, but also expressed in the way the urban environment is represented and discussed. Hence, action-oriented representation is another means by which urban transformations can be promoted.

Notes

1. J. Wolff, «The Real City, the Discursive City and the Disappearing City: Postmodernism and Urban Sociology», *Theory and Society*, 21, 1992, p. 553-560.

2. M.C. Boyer, *The City of Collective Memory*, Cambridge MA, MIT Press, 1994; M. Castells, *The Informational City*, Cambridge MA, Blackwell, 1989; D. Harvey, *The Condition of Postmodernity*, Cambridge MA, Blackwell, 1990; D.A. King, (ed.), *Re-Presenting the City: Ethnicity, Capital, and Culture in the 21st Century Metropolis*, London, Macmillan Press, 1996; S. Sassen, *The Global City: New York, London, Tokyo*, Princeton, Princeton University Press, 1991.

3. R. Fincher and J. Jacobs (eds.), *Cities of Difference*, New York, The Guilford Press, 1998; L. Sandercock, *Towards Cosmopolis: Planning for Multicultural Cities*, Chichester, John Wiley, 1998; J. Holston and A. Appadurai, «Cities and Citizenship», *in* J. Holston (ed.), *Cities and Citizenship*, Durham, Duke University Press, 1999, p. 1-18.

4. D. Harvey, *Spaces of Hope*, Berkeley, University of California Press, 2000.

5. N. Alsayyad (ed.), *Hybrid Urbanism. On Identity Discourse and the Built Environment*, London, Praega, 2001.

6. G. Deleuze and F. Guattari, *A Thousand Plateaus, Capitalism and Schizophrenia*, Minneapolis, University of Minnesota Press, 1988; éd. orig., *Mille plateaux. Capitalisme et schizophrénie*, Paris, éd. de Minuit, 1989.

7. The term has been used by Deleuze and Guattari (1988) to challenge the determinist power model suggested by Foucault.

8. J. Donald, «Metropolis: The City as Text», *in* R. BOCOCK and K. Thompson (eds), *Social and Cultural Forms of Modernity*, Cambridge, Polity Press, 1992, p. 417-461.

9. *Ibid.*

10. D.A. King (ed.), *Re-Presenting the City*, *op. cit.*, p. 218-219.

11. R. Shields, «A Guide to Urban Representation and What to Do About It: Alternative Traditions of Urban Theory», chapter 11, *in* D.A. King (ed.), *Re-Presenting the City*, *op. cit.*

12. C.W. Mills, *The Sociological Imagination*, New York, Oxford University Press, 1959.

13. J. Donald, «This, Here, Now: Imagining the Modern City», *in* S. Westwood and J. Williams (eds), *Imagining Cities*, London, Routledge, 1997.

14. Cf. *op. cit.*, note 11.

15. M. de Certeau, *The Practice of the Everyday Life*, trans. Steven Rendall, Berkeley, University of California Press, 1984 ; éd. orig. *L'invention du quotidien*, t. I, *Arts de faire*, Paris, Union générale d'éditions, coll. 10/18, 1980. H. Lefebvre, *Writings on Cities*, selected, translated and introduced by E. Kofman and E. Lebas, London, Blackwell, 1991. H. Lefebvre, *The Production of Space,* trans. Donald Nicholson-Smith, Cambridge, MA, Blackwell, 1991 ; éd. orig. *La production de l'espace*, Paris, Anthropos, coll. « Société et urbanisme », 1974.

16. Cf. *op. cit.*, note 6.

17. M. Foucault, *Power/Knowledge. Selected interviews and other writings, 1972-1977*, C. Gordon (ed.), New York, Pantheon, 1980.

18. Cf. *op. cit.*, note 6.

19. S. Sadler, *The Situationist City, op. cit.*, and Cambridge, MA, MIT Press, 1998.

20. H. Lefebvre, *Writings on Cities*, *op. cit.*, and *The Production of Space*, *op. cit.*, note 15.

21. Cf. *op. cit.*, note 15 ; M. de Certeau, « Walking in the City », *in* S. During (ed.), *The Cultural Studies Readers*, London, Routledge, 1993, p. 126-133.

22. W. Benjamin, *Illumination*, London, Fontana/Collins, 1973.

23. Z. Bauman, « From Pilgrim to Tourist – or a Short History of Identity », *in* S. Hall and P. du Gay (eds.), *Questions of Cultural Identity*, London, Sage Publication, 1996 ; cf. *op. cit.*, note 11.

24. E. Wilson, *The Sphinx in the City : Urban life, the Control of Disorder, and Women*, Berkeley, University of California Press, 1991 ; D. Massey, *Space, Place and Gender*, Cambridge, Polity Press, 1994.

25. Cf. *op. cit.*, note 24.

26. Cf. *op. cit.*, note 24.

27. H. Bhabha, « Culture's In-Between », in S. Hall and P. du Gay (eds), *Questions of Cultural Identity*, London, Sage Publications, 1996.

28. T.S. Eliot, *Notes Toward the Definition of Culture*, New York, Harcourt Brace, 1949.

29. Cf. *op. cit.*, note 27.

30. K. Mitchell, « Different Diasporas and the Hype of Hybridity », *Environment and Planning D: Society and Space* 15(5), 1997, p. 533-553.

31. A. Roy, « "The Reverse Side of the World" : Identity, Space and Power », *in* N. Alsayyad (ed.), *Hybrid Urbanism*, *op.cit.*, p. 229-245.

32. Cf. *ibid.*

33. Kassel Service GmbH, *Fascinating Kassel*, Kassel, Schanze GmbH Press, 1987.

34. R. Kallus and T. Hatuka (eds.), *Re : Fascinating Kassel*, Kassel, IFU (City Area Project), 2000.

35. R. Kallus, « From the Abstract to the Concrete : Subjective Reading of the Urban Space », *Journal of Urban Design*, 2001, 6(2), p. 129-150.

36. K. Lynch, *The Image of the City*, Cambridge, MIT Press, 1960.

37. J. Baudrillard, *Simulations*, New York, Semiotext, 1983 ; M.C. Boyer, *Cybercities*, New York, Princeton Architectural Press, 1996.

38. M. McLeod, « Architecture and Politics in the Reagan Era : From Post-Modernism to Deconstructivism », *Assemblage*, 8, Cambridge, MIT Press, 1989 ; M. McLeod, « "Other" Spaces and "Others" », *in* D. Agrest, P. Conway and L. Weisman (eds.), *The Sex of Architecture*, New York, Harry N. Abrams, 1996.

39. Cf. *op. cit.*, note 35.

40. E. Soja, *Postmodern Geographies : The Reassertion of Space in Critical Social Theory*, London, Verso, 1989.

41. Cf. *op. cit.*, note 24.

42. R.J. King, « Urban Design in Capitalist Society », *Environment and Planning D : Society and Space*, 6, 1988, p. 445-474 ; Cf. *op. cit.*, note 39 ; K. Dovey, *Framing Places, Mediating Power in Built Form*, London and New York, Routledge, 1999.

43. Most notable in the development of the urban community is the concept of neighborhood as used by C. Perry in the development of the Neighborhood Unit (see : C. Perry, « The Neighborhood Unit, a Scheme of Arrangement for the Family-Life Community », *in Neighborhood and Community Planning*, New York, Regional Plan of New York and its Environs, vol. VII, New York, Arno Press, 1929 [reprint in 1974]. This idea has been transformed lately into concepts and models of New Urbanism, couched within neo-traditional approaches to the city (e.g. the work of P. Calthorpe, 1993, *The Next American Metropolis : Ecology, Community and the American Dream*, New York, Princeton Architectural Press, and A. Dwany and E. Plater-Zyberk, « The Neighborhood, the District, the Corridor », *in* P. Katz [ed.], *The New Urbanism : Toward Architecture of Community*, New York, McGraw-Hill, 1994).

44. R. Kallus and H. Law-Yone, « Neighborhood – The Metamorphosis of an Idea », *Journal of Architectural and Planning Research*, 14(2), 1997, 107-125.

45. R. Kallus and H. Law-Yone, « What is a Neighborhood? The Structure and Function of an Idea », *Environment and Behavior B: Planning and Design*, 27, 2000, 815-826.

46. Senol, in *Re: Fascinating Kassel*, p. 26.

47. G. Deleuze and F. Guattari, *A Thousand Plateaus...*, *op. cit.*, cf. *op. cit.*, note 11.

48. See M. Hays (ed.), *Architecture Theory since 1968*, Cambridge, MA, MIT Press, 1998; K. Nesbitt (ed.), *Theorizing a New Agenda for Architecture, an Anthology of Architecture Theory 1965-1995*, New York, Princeton Architectural Press, 1996.

49. See G. Broadbent, *Emerging Concepts in Urban Space Design*, London, Van Nostrand Reinhold, 1990; A. Madanipour, *Design of Urban Space, An Inquiry into a Socio-spatial Process*, Baffins Lane, Wiley, 1996; N. Ellin, *Postmodern Urbanism*, Cambridge, MA, Blackwell, 1996.

50. D. Harvey, *Spaces of Hope*, California, University of California Press, 2000.

51. Cf. *op. cit.*, note 49, p. 15.

52. D. Harvey, *The Condition of Postmodernity*, Cambridge MA, Blackwell, 1990, p. 225.

53. R.V. George, « A Procedural Explanation for Contemporary Urban Design », *Journal of Urban Design*, 2(2), 1997, p. 143-161.

54. Cf. *op. cit.*, note 43.

55. M. Foucault, *The History of Sexuality*, vol. I: *The Will to Truth*, London, Penguin Lane, 1979, éd. orig. *La Volonté de savoir* (*Histoire de la Sexualité*, t. I), Paris, Gallimard, coll. « Bibliothèque des Histoires », 1976, cf. *op. cit.*, note 17.

Partie IV

Figuration et stratégies disciplinaires

Cette partie traite du rôle des figures de la ville au sein même des stratégies disciplinaires développées par la géographie, l'urbanisme et l'architecture. Les situations sont diverses suivant les contextes nationaux, l'institutionnalisation des savoirs et leur inscription dans des dispositifs d'enseignement relevant à la fois d'une histoire, d'une position en fonction des savoirs connexes, de découpages en constante évolution. En outre, les disciplines évoquées entretiennent toutes une relation privilégiée avec les milieux professionnels œuvrant à l'édification de la ville. Le rapport à l'action constitue par conséquent une composante essentielle dans la réflexion sur la constitution des disciplines. La figuration est un support privilégié d'une telle articulation entre savoir et savoir-faire. Elle est dotée d'une efficace reconnue de longue date dans le domaine de l'édification[1]. Plusieurs chapitres interrogeront ici la manière dont ces disciplines prennent en charge un tel rapport à l'action.

Cependant, la relation entre figuration et champ disciplinaire ne saurait se réduire à ce questionnement. Par exemple, le figuratif peut jouer un rôle tout à fait essentiel dans le phénomène d'autonomisation d'une profession, donc d'une compétence originale et d'un corpus de savoir transmissible, comme le montre Sandra Fiori. Surtout, le rapport à l'action doit être pensé dans sa dimension sociale et culturelle. Dès lors, surgit la question immense de l'efficace sociale d'une discipline[2]. Plusieurs chapitres tenteront quelques clarifications à ce sujet.

Didier Mendibil fait l'hypothèse que les images et les systèmes de figuration ont contribué à structurer les types de regards développés successivement par les géographes. En ce sens, la construction comme l'interprétation des figures doivent être pensées au sein d'une tradition intellectuelle, qui peut, à certains moments, aller jusqu'à se constituer en « école », définissant alors pour la discipline un programme : étudier l'articulation systématique du visible et de l'invisible pour l'école de géographie française du début du XXe siècle. L'auteur propose d'appréhender la fonction sociale de la géographie grâce aux publications qui permettent de cerner aussi bien l'attente sociale envers la discipline que l'impact d'un type d'imagerie diffusé. Grâce à un corpus large et à une méthode comparative, l'auteur place la relation entre texte et image au centre de son étude puis conclut à la nécessité de travailler sur des séries.

Pour traiter du rapport des images à l'action, Isabelle Grudet, en écho à Didier Mendibil, procède à une interprétation des images suivant trois niveaux : la fabrication, la sélection et l'organisation des images au sein d'une forme publiée (manuel). Suivant les deux tomes de l'*Histoire de l'urbanisme* de Pierre Lavedan sur lesquels porte son analyse, elle identifie différentes finalités du matériel iconographique. Elle montre que son traitement participe d'une orientation de regard sur la ville et d'une fonction sociale du savoir urbanistique en cohérence avec l'engagement de Lavedan dans le domaine de l'action.

C'est toujours en relation avec l'institutionnalisation de la discipline urbanistique qu'Enrico Chapel interroge la visualisation des chiffres, condition de possibilité d'un projet sur l'espace se voulant scientifique, prédictif, rationnel et normatif. Si la statistique graphique constitue autant un outil qu'une légitimation de la mutation des façons de concevoir la ville, il n'y a pas consensus sur les modalités effectives de l'action, encore moins sur ses fins. À travers les cartes d'analyse urbaine réalisées par les architectes des CIAM et une « topographie sociale » produite par Gaston Bardet, l'auteur montre que le choix des catégories statistiques, leur classement et leur mise en forme participent de positions idéologiques et de perspectives d'action divergentes, qui coexistent au sein du projet disciplinaire et professionnel de l'urbanisme.

Dans le domaine d'action qu'est l'aménagement urbain, Sandra Fiori interroge les pratiques graphiques pour leur pouvoir d'acculturation aux disciplines du projet et leur rôle dans le mouvement de professionnalisation de nouveaux métiers comme celui de concepteur lumière. L'auteure pointe l'intérêt d'une prise en compte de la dimension matérielle et concrète du travail de figuration dans la perspective d'une approche pragmatique de cette dernière. Elle souligne également les liens de codétermination qu'entretiennent, dans le cas de la conception lumière, contexte socioprofessionnel et figuration.

En appréhendant les figures de l'urbain à travers les pratiques discursives, Lorenza Mondada explore ce qui, de la ville, est figurable, descriptible. Elle fait l'hypothèse que le sens de l'urbain et ses dimensions matérielles s'élaborent à partir des productions discursives situées dans des contextes et des groupes sociaux qui ne sont pas toujours aussi aisément identifiables que les élus et les professionnels de l'aménagement. En effet, les figures discursives circulent et s'élaborent aussi du côté de groupes tels que les usagers, ce d'autant que les situations d'aménagement font une place grandissante à la concertation, donnant lieu à des formes de débat, de discussion assez variées. Les figures discursives sont alors aussi bien des arguments que des ressources pour le projet.

Frédéric Pousin

NOTES

1. Cf. R. RECHT, *Le Dessin d'architecture*, Paris, Adam Biro, 1995 ; R. EVANS, *Translations from Drawing to Building and Other Essays*, Londres, Architectural Association, 1997 ; F. POUSIN, *L'Architecture mise en scène*, Paris, Arguments, 1995 ; M. CHIAPERO, *Le Dessin d'urbanisme*, Lyon, CERTU, 2002.

2. Cf. V. KARADY, « Stratégies de réussite et modes de faire-valoir de la sociologie chez les durkheimiens », *Revue française de sociologie*, XX, 1979, p. 49-82 ; B. LEPETIT, C. TOPALOV (dir.), *La Ville des sciences sociales*, Paris, Belin, 2001 ; J.-M. BERTHELOT, *Figures du texte scientifique*, Paris, PUF, 2003 ; M.-C. ROBIC (à paraître), « L'école française de géographie : formatage et codification des savoirs », *in* M.-L. PELUS-KAPLAN (dir.), *Unité et diversité de l'homme*, Paris, Syllepse.

Chapitre XIII

Le formatage iconotextuel de l'imagerie géographique des villes

Didier Mendibil

Notre propos s'appuie sur l'observation méthodique des illustrations figuratives de la France qui ont été produites et publiées par les géographes français entre 1850 et 1990. Il s'agit d'un large ensemble d'ouvrages (manuels universitaires et scolaires, encyclopédies, livres de lecture) qui sont supposés avoir atteint des publics variés durant une période assez longue.

Cette étude vise surtout à préciser les caractères d'une stratégie disciplinaire d'utilisation des images du monde par les géographes, en l'isolant d'autres influences (issues notamment de la tradition esthétique et picturale de différentes époques, de la construction continue d'une imagerie nationale fortement ancrée dans le territoire ou encore du voisinage intellectuel et institutionnel d'autres disciplines universitaires).

Il s'agit aussi de vérifier l'hypothèse selon laquelle le rapport aux images manifeste l'existence de systèmes iconographiques à travers lesquels s'exprime et se structure la fonction sociale de la géographie.

Nous commencerons par une approche méthodologique du *processus iconographique*, qui nous semble nécessaire pour pouvoir préciser ensuite la notion de *système iconographique* par l'analyse des modèles iconiques de villes qu'ont produits les géographes français à trois moments importants de la période étudiée. Nous insisterons sur l'articulation des représentations figuratives et des représentations cartographiques des villes, car elle constitue l'une des particularités du rapport des géographes aux représentations des villes et du monde. Pour finir, une rapide évocation de l'analyse des relations entre textes et images viendra souligner le rôle essentiel de cet aspect de la méthode iconologique.

Le processus iconographique de la géographie

Les illustrations d'un livre, en particulier lorsqu'il s'agit de la géographie d'un pays, doivent satisfaire en même temps à trois types d'attentes sociales :

- fournir des images du monde à partir de points de vue bien choisis, et notamment pris sur le terrain ;
- proposer un parcours de découverte et d'organisation des vues et des représentations du monde ;
- établir une communication qui puisse répondre à un horizon d'attentes placé sous le double contrôle d'une discipline scientifique et d'une tradition culturelle (en effet, d'une certaine manière, tout livre de géographie se situe à la charnière de ce qui est innovation et de ce qui est permanence dans le monde).

Ces attentes supposent trois types d'interventions de la part des auteurs géographes :

- la fabrication d'images et l'élaboration de points de vue adaptés aux propos géographiques. Le cadrage y apparaît comme le principal acte sémiotique mis en oeuvre ;
- la sélection des images, ou plutôt l'ensemble des opérations de choix, de classement, de mise en ordre et d'agencement des images dans l'espace d'un livre (ou dans l'espace-temps d'une projection). Les effets de sens liés à la contextualisation des images, les unes avec les autres et les unes par rapport aux autres, sont souvent les plus intéressants à analyser ;
- enfin, le choix d'un procédé d'exposition des images qui focalise leur polysémie virtuelle au moyen de dispositifs variables de textes (titres, légendes, paratexte) ou de codes graphiques accompagnant les

images. C'est souvent la nature des relations établies entre les textes et les images qui caractérise le mieux cette *posture iconographique* des auteurs qu'il est particulièrement important d'interroger.

À ce stade d'avancement du processus iconographique, des dispositifs iconiques propres aux géographes se trouvent élaborés et prêts à être diffusés aux lecteurs : le niveau d'élaboration de ces dispositifs incite à ne plus les considérer comme de simples images, mais à les regarder déjà comme des *formats iconographiques.*

Appliquons maintenant cette méthode d'analyse aux représentations que les géographes ont données de la ville.

Le formatage géographique des vues de villes

Ce n'est pas aux moments où les géographes représentent le plus les villes que leur usage des images est le plus scientifique au cours des deux derniers siècles. La proportion – par rapport à l'ensemble des illustrations – de celles qui sont consacrées aux villes est nettement majoritaire dans les géographies de la France publiées au milieu du XIXe siècle, puis elle baisse. Par exemple, elle représente environ un tiers du total des illustrations dans *La France* d'Élisée Reclus en 1876 et seulement 18 % des vues photographiques dans *La France. Tableau géographique* de Paul Vidal de La Blache, en 1908. En revanche, cette proportion ne cesse de grandir ensuite avec le siècle et avec l'ampleur croissante du fait urbain, pour retrouver des taux équivalents à ce qu'ils avaient été au milieu du XIXe siècle : entre deux tiers et trois quarts des vues.

Plus que le nombre des vues de villes, c'est leur qualité et leur format que nous voulons préciser. En effet, dans l'infinité des possibles représentations et figurations de la ville, il apparaît qu'une pratique iconographique propre aux géographes s'est progressivement installée au moyen de préférences, affirmées, imitées et répétées, pour certaines façons de représenter les villes. Le tableau 1 (ill. 1) propose un classement des principaux types de vues de ville dont les géographes ont préféré illustrer leurs ouvrages à différentes époques[1]. Il nous aidera à dire quel formatage iconographique des villes ils ont ainsi construit depuis le dernier quart du XIXe siècle.

Les trois colonnes résument les principaux types de vues de ville qui ont été publiés dans les livres de géographie à trois moments importants de l'histoire de la géographie : à gauche, le « temps du recouvrement du monde » à la fin du XIXe siècle ; au centre, le « temps du regard partagé » du XXe siècle ; à droite, le dernier quart du XXe siècle devenu, à notre sens, le « temps des regards dissociés »[2]. Cet axe gauche/droite illustre donc la dimension temporelle et, en même temps, il incorpore sa traduction technique dans les moyens de la prise de vue sous la forme, notamment spatiale, de l'éloignement progressif du point de vue du photographe dans la dimension verticale.

Les trois lignes du tableau créent un autre classement allant « de l'objectif au subjectif » (dirons-nous pour aller vite) sur l'axe de visée d'un observateur. Elles résument de façon très schématique les postures de représentation picturale et photographique des villes qui ont été le plus souvent adoptées. Elles attirent l'attention sur les types de cadrages choisis.

Tous ces types de vues ont été utilisés par les géographes, mais ceux-ci ont, à chaque époque, manifesté une préférence statistiquement significative pour les trois types de *cadrages mixtes* présentés sur la ligne centrale de ce tableau.

a) Au temps du « recouvrement du monde », soit entre 1840 et 1890, la représentation des villes est dominée par un monumentalisme qui, s'inspirant des idées de Prosper Mérimée sur le patrimoine ou, plus généralement, de la discipline historique, impose un grand nombre de vues frontales des monuments urbains dont les cadres *objectivants* (c'est-à-dire resserrés sur les objets montrés : le type A1 de notre tableau) focalisent l'attention sur leur matérialité. À l'opposé, un autre type de vue dans lequel s'exprime formellement une tradition esthétique issue des beaux-arts cultive le pittoresque des paysages et le romantisme de la subjectivité, confrontant le contraste parfois violent des ombres, des plans et des niveaux de perception dans la complexité de ses cadrages *subjectivants* (comme ici dans le type A3). Entre ces deux extrémités, les ouvrages de géographie prennent l'habitude d'une

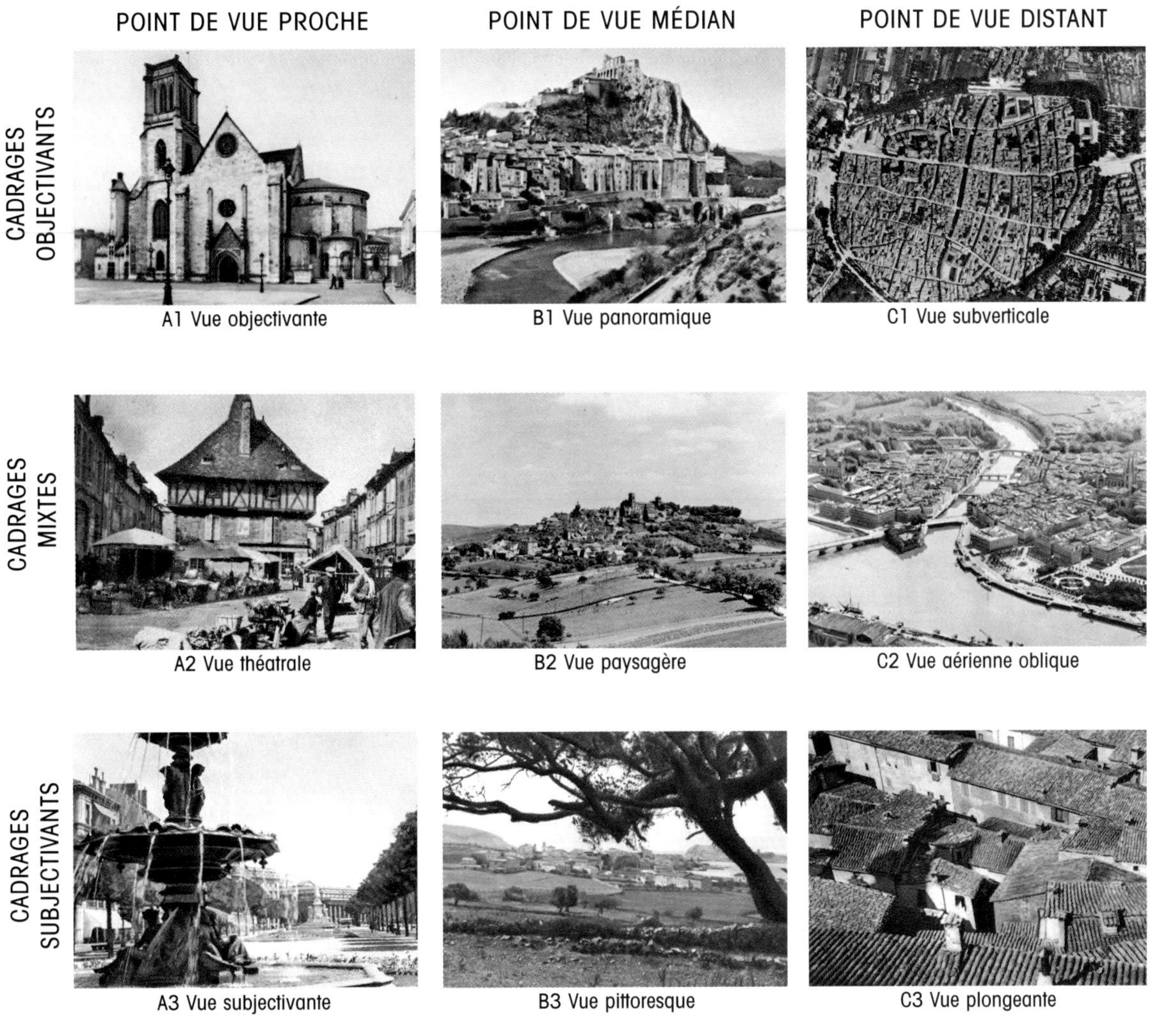

Illustration 1. *Tableau des principaux types de vues géographiques de villes. Photographies extraites de D. Faucher (dir.),* La France. Géographie. Tourisme, *t. I, Larousse, 1951.*

représentation plus « politique » des villes. Elle s'affirme sur la scène théâtralisée de centres-ville bourgeois (notre type A2), laissant volontiers libre cours au populisme et à l'agitation des rues. Elle s'affirme surtout, nous semble-t-il, à la fin du siècle, à travers ce que l'on pourrait appeler des « blasons de villes », c'est-à-dire des vues stéréotypées de profils citadins n'identifiant avec précision qu'un château, une église et le pont principal de la cité jeté sur un cours d'eau situé au premier plan. Cela semble signifier, de façon emblématique, la fusion des trois ordres de la société d'ancien régime dans l'harmonie des petites républiques citadines. Le type B1 en serait une assez bonne illustration. Il est, en même temps, une illustration du modèle des vues de villes progressivement construit à la même époque et dans le même esprit dans les guides de voyages touristiques[3].

b) Au temps du « regard partagé », c'est-à-dire dans la première moitié du XXe siècle, le géographe cherche à décrypter les informations contenues dans les paysages et il a appris à se placer au lieu précis où le monde se dévoile à qui sait l'observer en spécialiste. C'est le bon point de vue, souvent panoramique, qu'il recherche sur le terrain et qu'il choisit pour illustrer les propos qu'il publie. En effet, il lui faut trouver la bonne distance par rapport aux choses qu'il observe, c'est-à-dire une position intermédiaire, à mi-chemin du sujet et de l'objet. À l'occasion, il peut s'accommoder des encadrements *pittoresques* et subjectifs que popularisent les cartes postales (le type B3 du tableau), mais les vues que préfèrent les géographes sont ces vues mixtes légèrement plongeantes qui, passant par-dessus les premiers plans, escamotent aussi les arrière-plans pour offrir plus largement au regard la partie centrale des images où la vision est la plus claire. L'œil du géographe ne s'intéresse alors ni au détail de la végétation proche et de ce qu'elle cache, ni aux jeux de la lumière sur l'horizon et dans les nuages qui retiennent l'attention du peintre. Il y aurait plutôt quelque chose d'aristocratique dans le regard qu'il porte à l'échelle médiane où s'exercent le contrôle visuel et la maîtrise du lieu. À cette distance, en effet, on perçoit mieux l'origine et l'histoire des villes. Tout l'effort d'observation consiste à retrouver sur place le génie du lieu et l'efficace d'un site qui ont produit une ville bien née et donc capable de durer et de croître. C'est une preuve de la qualité des origines, des titres de noblesse, en quelque sorte, que le géographe recherche dans les archives du paysage. Une telle posture géographique aboutit à la construction d'une « vue paysagère » dominante (le type B2 du tableau) dont la répétition accrédite l'idée vitaliste que les villes et les villages sont des organismes vivants qui puisent surtout leur dynamisme dans les ressources naturelles de leur site.

c) Le temps des « regards dissociés ». Après la Première Guerre mondiale et surtout dans la deuxième moitié du XXe siècle, les vues aériennes imposent des regards plus distanciés sur le monde, en particulier pour montrer le changement d'échelle du phénomène urbain.

> Mais, pour montrer et expliquer une ville, même grande, ce n'est pas une vue aérienne verticale que préfère utiliser le géographe français car il la trouve trop abstraite et déréalisante. Ce n'est pas non plus la vue très proche qu'offre un hélicoptère car son cadre étroit attire l'attention sur des détails insolites (la forme compliquée des toitures, par exemple) et mutile, en quelque sorte, le corps global de la ville. En général, il choisit le cadre - peut-on dire « bourgeois » ? - d'une vue aérienne oblique qui montre la ville entière sise dans la rondeur de son berceau naturel et voilant ses contrastes dans la blancheur ou la grisaille des constructions[4].

En ce qui concerne la représentation géographique des villes, il faut pourtant nuancer le propos pour montrer que le système iconographique vitaliste dominant s'est dissocié, au cours du dernier quart du XXe siècle, pour laisser la place à un usage plus sociologique des cadrages photographiques. L'utilisation des vues rasantes, prises d'hélicoptères, et la multiplication des gros plans intra-urbains ont ainsi attiré l'œil sur les nouveaux acteurs de la vie urbaine : les usines, les grands équipements publics, les carrefours, les quartiers, les marchés, etc. La nouveauté de ces cadrages, dans les livres de géographie, a d'abord attiré l'attention[5]. Puis sa répétition, dans les manuels scolaires en particulier, a sans doute accompagné, voire alimenté, dans l'opinion publique, le sentiment d'une pathologie et d'un éclatement du cadre de vie urbain par le spectacle répété de sa fragmentation, de ses contrastes et de l'étrangeté de ses nouvelles formes architecturales[6].

En théâtralisant les lieux vus, l'iconographie géographique en a fait des lieux proches, bien encadrés et bien visibles, livrés à une spéculation intellectuelle mettant en relation illusoire - voire illusionniste - des actes dont beaucoup se déroulaient hors champ. Le formatage du cadre et du point de vue, en formatant aussi les échelles et les postures d'observation, a donc également contribué au formatage des problématiques et de la pensée géographique à leur appliquer.

Toutefois, il existe dans la tradition intellectuelle des géographes une claire conscience au moins de l'insuffisance des images figuratives sinon des illusions qu'elles cristallisent. C'est sans doute pourquoi ils ont assez tôt associé à leurs discours différentes formes de représentations graphiques des villes et raisonné en s'appuyant sur les changements d'échelles, de visualisations et de niveaux d'abstraction.

Articulations du visuel et du symbolique, des images et des cartes

Ce point sera analysé en prenant l'exemple de la représentation de la capitale autrichienne dans les grandes « Géographies universelles » publiées en France depuis le début du XIXe siècle.

Au temps du « recouvrement du monde »

Une seule vue (ill. 2) illustre Vienne dans l'édition de 1843 du *Précis de géographie universelle* de Conrad Malte-Brun[7]. La silhouette de la ville s'y profile à l'horizon, laissant apparaître la parure dressée de ses monuments : ce portrait de ville semble avoir été dessiné tout exprès pour que les visiteurs qui s'en approchent la reconnaissent au premier coup d'œil. Cette figuration qui annonce un dévoilement invite à une découverte que le texte géographique qui l'accompagne organise méthodiquement et un peu à la manière d'un guide de voyage, notamment parce qu'il n'y pas encore, ici, de plan de la ville.

La représentation est complètement structurée par les canons esthétiques d'une mise en scène conventionnelle régissant le spectacle des villes. Cette vue panoramique légèrement plongeante s'expose en trois plans : d'abord, dans le détail des jardins à la française du Prater puis, au-delà du palais impérial et de la ville, qui occupent un plan central mais encore lointain, se dessine l'arrière-plan mollement montagneux d'un site à découvrir. Le spectacle, dont le centre géométrique coïncide avec le centre de la ville, au pied de la cathédrale Saint-Étienne, est structuré par un faisceau de lignes obliques qui convergent en un point de fuite monumental décentré pour dynamiser la perspective. Équilibrant l'ombre des arbres et la clarté céleste, l'ordre des parterres et le désordre des nuages, cette vue se conforme aux règles de la composition des paysages pittoresques prônées par René-Louis de Girardin au XVIIIe siècle. Ces conventions formelles, qui encadrent l'apparent réalisme de la représentation, en font un emblème. Cette vue ressemble à toutes les autres vues emblématiques, construites sur le même modèle, que l'on retrouve dans presque toutes les publications à caractère géographique ou touristique vers le milieu du XIXe siècle. Elles affirment encore l'étroite soumission de l'iconographie géographique à la vision bourgeoise d'un monde harmonieux fait de parcs idylliques et de perspectives monumentales.

Trente-cinq ans plus tard, la *Nouvelle Géographie universelle*[8] montre un autre traitement iconographique de la même ville par Élisée Reclus (ill. 3). Cette vue, qui semble prise d'un appartement, plonge au cœur même de Vienne et prend en enfilade le Graben, une rue animée de cafés et de boutiques que fréquentent les touristes. Les conventions régissent encore la composition de cette perspective décentrée et hérissée de monuments, mais la représentation a désormais

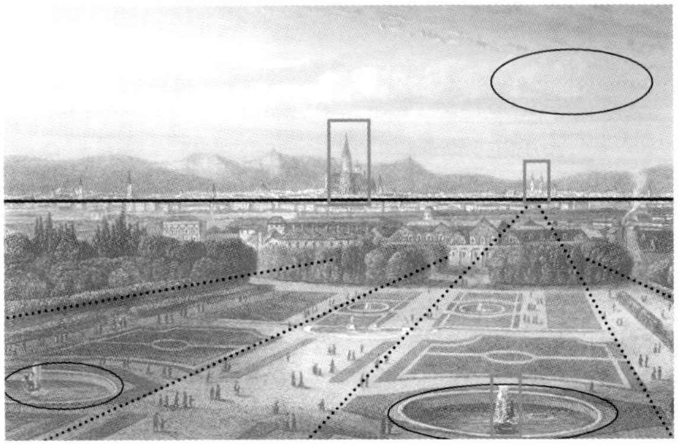

Illustration 2. *Illustration de Vienne au temps du « recouvrement du monde », in Conrad* MALTE-BRUN, Précis de géographie universelle, *éd. utilisée 1843.*

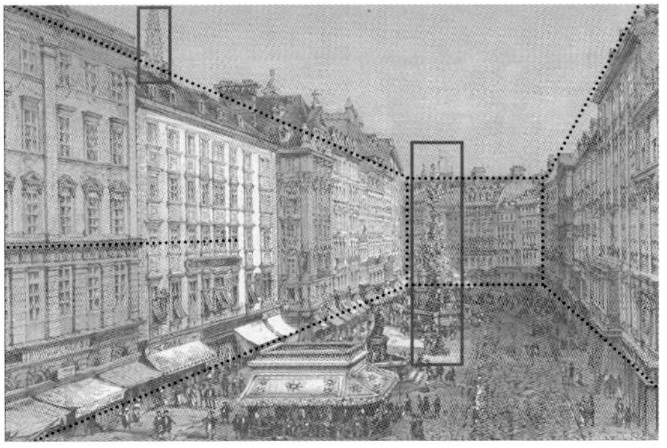

Illustration 3. *Illustration de Vienne dans la* Nouvelle Géographie universelle *d'Élisée* RECLUS, *1877.*

investi le centre des grandes cités pour montrer de près le spectacle des monuments et de la vie marchande, particulièrement en ce lieu où la qualité de la vie bourgeoise est réputée. Toutefois, la principale nouveauté réside dans l'association de cette vue à des extraits de cartes topographiques de différentes échelles qui attestent que la représentation est guidée par un questionnement géographique prenant mieux en compte le site naturel de la ville. Deux petites cartes, en effet, décrivent les importants travaux de rectification du cours du Danube et une carte topographique (qu'il faut imaginer en quadrichromie sur une double page) conduit, par son graphisme même, à considérer la capitale autrichienne avant tout comme un lieu de franchissement du fleuve et comme un important carrefour ferroviaire. En somme, qu'il s'agisse de la perspective du Graben, de la canalisation du Danube ou des voies ferrées viennoises, toutes ces images répondent à une même préoccupation géographique : linéariser la ville en un système de perspectives, de directions et de lignes permettant d'y circuler et de s'y repérer aisément.

Au temps du « regard partagé »

Emmanuel de Martonne choisit une vue aérienne oblique (ill. 4) du centre de Vienne[9]. Il y apporte un bref commentaire pour attirer l'attention à la fois sur le site urbain, sur la structure de la ville et sur les traces visibles de sa croissance. C'est un regard d'anatomiste qui décompose le cœur de l'organisme urbain qu'il a sous les yeux. Un plan topographique associé à cette vue précise l'inscription des quartiers urbains dans le site naturel, mais l'essentiel des commentaires se porte, d'une part sur un carton qui localise les étapes historiques d'une croissance décelée sur la vue aérienne, et d'autre part sur une carte thématique du « mouvement de la population » à propos de laquelle l'auteur mobilise les informations statistiques dont il dispose sur l'évolution de la démographie viennoise pour expliquer la remarquable croissance de l'agglomération. Le principal souci du géographe est de déplier la complexité vivante de la ville par une articulation systématique du visible et de l'invisible que permet de réaliser ici la juxtaposition des cartes et de la photographie aérienne. On est bien dans l'esprit de cette école française de géographie qui sait choisir et affirmer ses points de vue, et s'intéresse particulièrement aux causes locales et durables du dynamisme des villes.

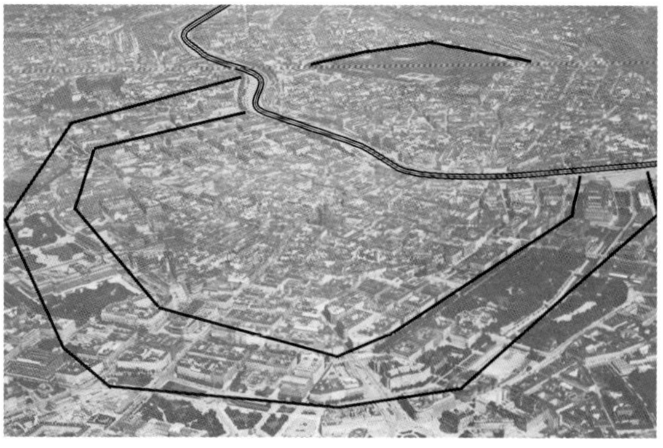

Illustration 4. *Photographie aérienne de Vienne commentée par E. de Martonne au temps du « regard partagé »,* Géographie universelle, *1932.*

Au temps des « regards dissociés »

Pierre Riquet inverse un peu les habitudes iconographiques car il illustre Vienne de trois photographies (ill. 5) et d'une seule carte dans la *Géographie universelle*[10]. Inversons nous aussi l'ordre de notre étude pour souligner d'abord que cette carte, qui procède à l'actualisation schématique des auréoles de la croissance urbaine, ne se présente plus comme un plan de la voirie ou comme l'agglomération de quantités de populations, mais sous la forme plus moderne de zones différenciées par leurs fonctions au sein desquelles ne sont localisés que les principaux acteurs de la vie urbaine contemporaine : bâtiments publics, espaces verts, artères marchandes, emprises ferroviaires, vieille ville historique, etc. Ici, c'est la superposition de plusieurs niveaux d'analyse de l'espace sur un même plan cartographique qui, à la manière d'un plan d'occupation des sols, donne l'impression, l'idée ou la figure de la fragmentation de l'espace urbain.

Les trois photographies attestent le nouveau regard que notre époque porte sur les villes et leurs images. Sur la première, l'hélicoptère a permis d'isoler du tissu urbain un des principaux organes internationaux de Vienne – le centre international des Nations unies – tandis que les deux autres photographies vont plonger

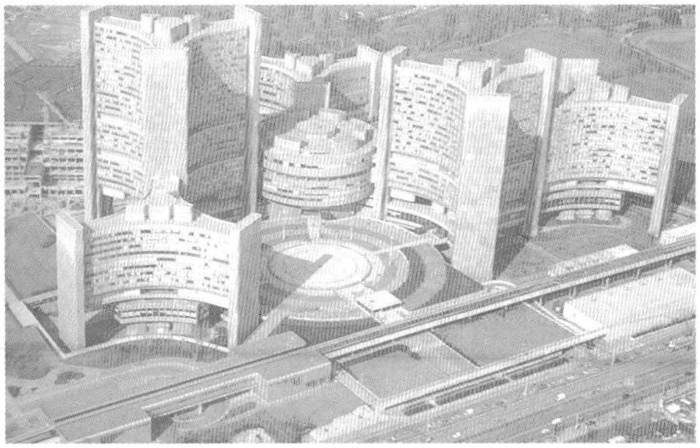

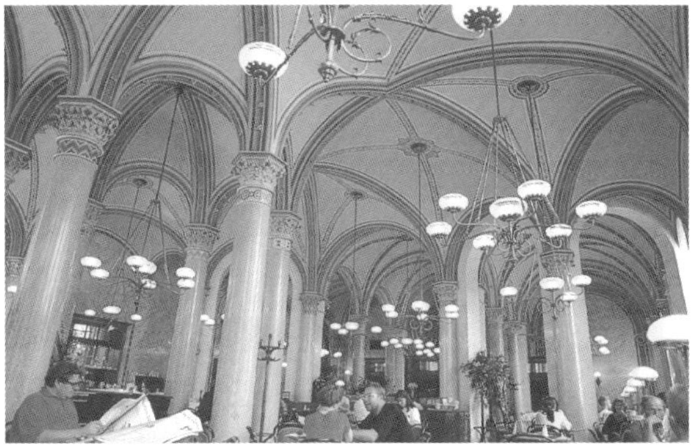

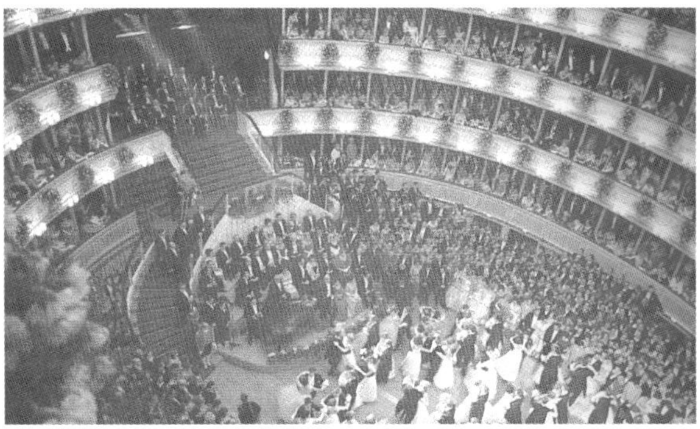

Illustration 5. *Trois photographies de Vienne commentées par P.* RIQUET *au temps des «regards dissociés»,* Géographie universelle, *Belin, Reclus, 1996.*

leurs gros plans dans les micro-espaces sociaux de la vie citadine viennoise la plus traditionnelle : le café Central et le bal de l'Opéra. Le dédoublement des commentaires (le texte gras identifie et localise, le texte fin explique et donne à réfléchir) est très caractéristique de l'approche actuelle des images figuratives : il permet d'ériger ces vues en symboles socioculturels qui opposent deux modes de vie et de pensée. Mais on note, dans la légende des trois photographies, que le texte désigne toujours un sujet unique, collectif et flou : l'Union européenne, qui vient d'accueillir l'Autriche. Ces commentaires, devenus plus implicites, projettent donc sur les images des significations assez souvent symboliques et moins strictement soumises à ce qu'elles offrent au regard effectivement. C'est surtout le texte qui donne sens aux images en les incorporant à une rhétorique de l'expressivité. Quant à la relation entre les images et les cartes, cette fois, elle s'est complètement détendue pour laisser place à des significations et à des regards dissociés.

Cela nous conduit à évoquer un point méthodologique portant sur les mécanismes intellectuels de mise en relation des textes et des images dans les dispositifs iconographiques de représentation des villes.

Comment travailler sur les relations entre textes et images ?

Face à la diversité des genres, des modes et des systèmes iconographiques qui encadrent fortement la représentation et donc conditionnent la perception des villes à chaque époque, il est utile de disposer de moyens permettant de caractériser et de comparer les traitements et les postures iconographiques de différents auteurs ou de différentes formes de pensée de la ville. C'est pourquoi nous dirons quelques mots sur la manière dont on peut travailler en même temps sur la mise en mots des images et sur la mise en images des textes.

Modalités de la textualisation des images

Sur la figure (ill. 6) qui est simplement destinée à illustrer notre propos, nous avons rassemblé plusieurs manières de titrer ou de commenter la vue du café Central de Vienne. Nos enquêtes sur cette question de l'articulation des textes et des images à propos des paysages de la France nous ont permis de constater que, dans l'infinité théorique des manières de décrire

Quelques clients lisent
et consomment
sous les arcades
et les lustres d'un grand café
▸ *Dénotation énumérative*

Haut plafond décoré
d'un grand café viennois
▸ *Dénotation déductive*

Cinq colonnes à la une
▸ *Transposition rhétorique*

Aimer, boire
et chanter à Vienne
▸ *Transposition imaginaire*

Points, lignes, courbes
▸ *Transposition dénotative*

Lumières de la ville
▸ *Sélection symbolique*

Style néo-roman
du XIXe siècle
▸ *Sélection explicative*

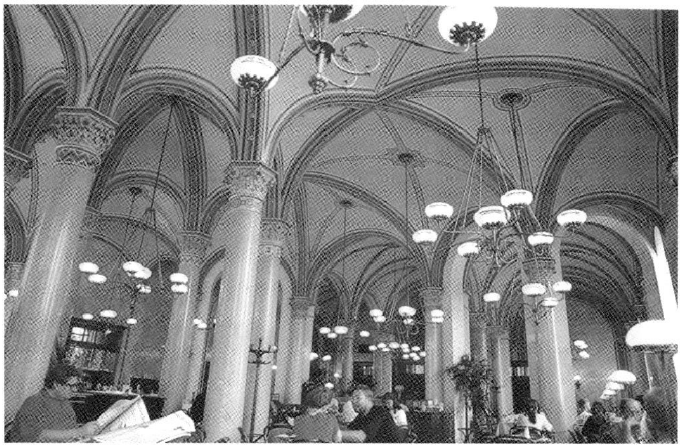

Colonnes, lustres
et chapiteaux
▸ *Sélection dénotative*

Envoûtement viennois
▸ *Sélection rhétorique*

© Le café central, temple de l'art de vivre à Vienne, *La géographie universelle* par Pierre Riquet, 1996.
▸ *Déduction symbolique*

Vivre au pays de Sissi
▸ *Déduction imaginaire*

Tourisme de luxe
▸ *Généralisation connotative*

Le café stimule la pensée
et les discussions
▸ *Généralisation explicative*

Le confort du centre ville
▸ *Généralisation symbolique*

Commerce traditionnel
▸ *Généralisation dénotative*

Décor prestigieux
d'un grand café
pour touristes raffinés
▸ *Connotation énumérative*

Le café central de Vienne
est depuis longtemps
le rendez vous des intellectuels
▸ *Explication déductive*

***Illustration 6**. Différentes modalités de la textualisation d'une même image.*

une même image figurative, il est possible de repérer des manières plus conventionnelles que d'autres, plus récurrentes aussi, de le faire. Partant de ce constat, nous avons essayé d'élaborer une technique d'analyse et de comparaison des pratiques figuratives en l'appuyant sur une classification préalable des types de relations entre textes et images.

Les vingt ou trente «*modalités iconographiques*» principales[11] qui composent la grille de lecture ainsi obtenue (nous n'en donnerons pas le détail ici[12]) se répartissent dans un tableau à double entrée dont les axes sont celui de la désignation plus ou moins exhaustive du visible et celui de son interprétation plus ou moins subjective. Sur l'axe de la désignation - dont les principales catégories sont 1) l'énumération; 2) la déduction; 3) la généralisation; 4) la sélection; 5) la transposition -, et en ce qui concerne la représentation photographique des villes, les géographes du début du XXe siècle ont plutôt utilisé la modalité de la *déduction*[13] et celle de la *sélection*[14], car elles correspondent au souci de présentation du « génie du lieu » d'un site, alors qu'à la fin du siècle leurs commentaires se sont déplacés vers une *généralisation*[15] plus conforme à l'urbanisation avancée du mode de vie.

Sur l'axe de l'interprétation - dont les principales catégories sont 1) la désignation; 2) la connotation; 3) l'explication; 4) la symbolisation; 5) la rhétorique; 6) l'imagination -, les géographes ont durablement confiné leur posture soit à la simple *désignation*, soit à une *explication*[16] consistant principalement à révéler l'invisible à propos du visible, comme nous avons vu Emmanuel de Martonne le faire à propos de Vienne. Aujourd'hui, le rapport des géographes aux images s'est complexifié et ils utilisent plus souvent (mais encore avec prudence) les modalités plus subjectives et plus expressives de ce tableau pour établir une connivence avec les lecteurs (voir les titres que nous avons donnés au café Central).

Il faut y voir plusieurs explications mêlant leurs effets complexes. Les villes, et le regard que les géographes portaient sur elles, ont changé. Et cela d'autant plus nettement que, la géographie ayant elle-même transformé son approche du monde, elle a aussi développé des stratégies différentes de communication sur (et au moyen) des images. On doit aussi considérer que chaque auteur, chaque époque mais aussi chaque discipline entretient des relations particulières aux images et notamment à celles des villes. Pour sortir de l'indécision découlant du constat qui précède, il peut être utile de s'appuyer sur une méthode de lecture comparative : la grille que nous proposons permet de caractériser certaines postures iconographiques en s'appuyant sur des séries importantes d'images, pourvu que l'on parvienne à les constituer en corpus de référence. Nous n'avons pas poussé nos recherches dans cette voie mais il serait sans doute intéressant de comparer également les relations iconographiques qui ont été mobilisées dans la représentation des villes par les architectes, par les urbanistes et par les géographes, car ces trois disciplines ont en commun la pratique de figurations commentées des villes et de leurs diverses composantes.

Parcours et discours de villes

L'autre confrontation méthodologique de textes et d'images que nous proposons consiste à transformer les discours descriptifs de villes rédigés par différents auteurs en les visualisant comme il est indiqué sur la figure (ill. 7). Cela revient à coder, comme sur une portée musicale, les différents moments et les principaux caractères d'un parcours descriptif de ville, en faisant en sorte que leur visualisation graphique facilite

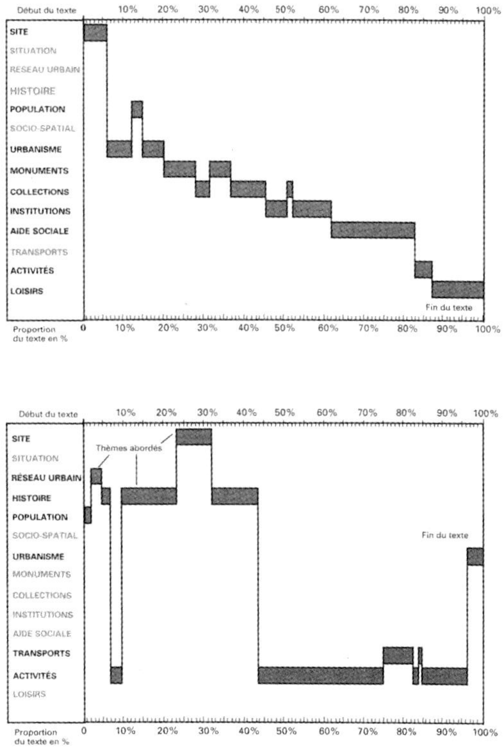

Illustration 7*. Figuration des contenus thématiques du parcours descriptif d'une ville. Chaque thème est situé par sa position dans le parcours et par la part qu'il occupe dans le discours.*

des comparaisons avec les parcours descriptifs de cette même ville (ou d'autres villes) rédigés par d'autres auteurs et appartenant à d'autres genres littéraires et à d'autres époques. C'est un moyen, ici encore, de travailler plus aisément sur des séries assez longues d'images ou de textes descriptifs pouvant être rassemblés au sein d'un même corpus de référence.

En l'espèce, cette figure montre, par la comparaison des graphes descriptifs d'une même ville (ici, Munich) décrite par deux auteurs et à deux époques différentes, qu'il y a, tout au long du XIXe siècle, et bien visible ici sous la plume (supposée) de Conrad Malte-Brun, une manière de découvrir et de décrire les villes qui avance dans l'espace des livres de géographie « en ouvrant un à un les tiroirs bien rangés de la conscience d'un bourgeois ordinaire » (c'est-à-dire en abordant à peu près les mêmes thèmes rangés selon un ordre semblable et développés dans des proportions équivalentes d'une ville à l'autre[17]). On constate, avec le « discours-parcours » de Pierre Riquet que, concernant la ville de Munich, cette tradition narrative ne s'est pas maintenue et que cet auteur a plutôt polarisé son analyse dans deux directions : l'histoire et l'économie. On remarque enfin, pour n'orienter ce rapide commentaire que vers des remarques recoupant celles formulées plus haut à propos des vues de Vienne, que les descriptions des villes d'Europe dans la plus récente des « Géographies universelles » se sont portées vers l'urbanisation plus que vers le patrimoine monumental, et vers les activités des villes plus que vers leurs populations. C'est sur la possibilité de ces recoupements que nous souhaitions attirer l'attention.

Toutes les considérations d'ordre méthodologique qui ont été évoquées ici montrent que la représentation figurative des villes ne peut être analysée et comprise si elle n'est pas mise en rapport avec trois séries causales s'articulant dans un système iconographique qu'elles conditionnent : l'encadrement esthétique, social et culturel du regard que chaque époque porte sur ses villes, le formatage des supports de vulgarisation de la communication scientifique, la stratégie iconographique et l'utilité sociale des genres éditoriaux. Notre étude de la figuration géographique des villes en a surtout montré la grande variabilité historique (en partie justifiée et induite par une méthode comparative). Elle a aussi montré l'importance du lien établi entre les figures visibles et leur environnement discursif. De fait, c'est toujours une ville linéaire, un discours parcouru, une cité décrite, que l'auteur-géographe nous « livre ».

Notes

1. Toutes les photographies qui composent ce tableau ont été extraites du même ouvrage : D. Faucher, *La France. Géographie-Tourisme*, t. I, Larousse, 1951. Elles illustrent ici, de façon exemplaire, différents formats qui tous contribuent – mais à des degrés divers – au formatage iconographique des vues de villes par les géographes.

2. Cette terminologie est issue des travaux réalisés dans le cadre de la thèse de D. Mendibil, « Textes et images de l'iconographie de la France (1840-1990) », Université de Paris-I, 1997.

3. La convergence des genres n'est pas étrangère au fait que, dans le dernier quart du XIXe siècle, l'éditeur Hachette exerçait une influence directe sur la production des guides touristiques et sur celle des manuels scolaires par l'intermédiaire des géographes renommés qui travaillaient à son service : Franz Schrader et Élisée Reclus en particulier.

4. Extrait de D. Mendibil, « Quel regard du géographe sur les images du paysage ? » *in* A. Le Roux, *Enseigner le paysage ?*, CRDP de Basse-Normandie, 2001, p. 11-26.

5. On peut sans doute attribuer une partie du succès populaire de la collection dirigée par Roger Brunet « Découvrir la France », publiée par Larousse entre 1972 et 1974, à l'usage intensif de ces nouvelles images et d'une cartographie soignée et très colorée.

6. La construction des villes nouvelles françaises pendant les années 1970 a certainement contribué à cet état de fait photographique.

7. C. Malte-Brun, *Précis de géographie universelle* (1810), Paris, éd. Victor Penaud, t. III, 1843.

8. É. Reclus, *Nouvelle Géographie universelle*, t. III, Paris, Hachette, 1878.

9. E. de Martonne, « Europe centrale », *in* P. Vidal de la Blache et L. Gallois (dir.), *Géographie universelle*, t. IV, Armand Colin, 1932.

10. P. Riquet, « Europe médiane », *in* R. Brunet (dir.), *Géographie universelle*, Belin-Reclus, 1996.

11. Le nombre des modalités iconographiques varie selon la nature du corpus analysé. Pour les ouvrages de géographie il n'est pas toujours utile de mobiliser le mode, généralement ironique ou transgressif, de la « transposition » ou celui, rarement activé, de « l'imagination ».

12. D. Mendibil, « Essai d'iconologie géographique », *L'Espace géographique*, n° 4, Belin-Reclus, 1999.

13. La modalité de la déduction consiste à relever ce qui, dans l'image, constitue des indices permettant de comprendre sa localisation, son élucidation ou son élaboration : elle repose sur l'analyse d'une observation précise.

14. La modalité de la sélection consiste à ne s'intéresser qu'à une partie des éléments de l'image : c'est souvent un effet de la spécialisation du regard.

15. La modalité de la généralisation relie le visible à une réalité plus répandue, plus abstraite, plus conceptuelle même, dont l'image vue ne serait qu'un exemple.

16. La modalité de « l'explication » est d'ailleurs strictement définie, dans notre grille, par cette évocation d'éléments invisibles que le texte mobilise à propos ou en plus des éléments visibles de l'image.

17. D'où la forme en escalier prise par plusieurs de ces graphes, qui montre bien, dans l'exemple de Munich, que les thèmes étaient traités sensiblement dans le même ordre : d'abord quelques mots sur le site, puis sur l'histoire et sur l'analyse de la population, etc.

Chapitre XIV

De la transmission de connaissances à la diffusion de concepts opératoires

La relation entre le savoir et l'action étudiée à travers les figures de deux tomes de l'Histoire de l'urbanisme *de Pierre Lavedan:* Antiquité – Moyen Âge *(1926) et* Période contemporaine *(1952)*

Isabelle Grudet

Les relations entre logiques du projet et construction du savoir sur l'architecture et la ville sont au cœur d'un certain nombre de travaux historiographiques contemporains et ont généré des études d'œuvres appartenant à la culture urbanistique[1]. Citons, entre autres, une récente publication sur Vidal de La Blache et diverses analyses regroupées dans *La Ville des sciences sociales* par Bernard Lepetit et Christian Topalov[2]. Ces derniers estiment qu'« un aspect souvent inaperçu de la construction d'objet est une orientation du regard, une posture, un choix d'échelle et de registre de causalité qui ne sont pas sans rapport avec les exigences pratiques du temps: énoncés de la question sociale, termes des affrontements politiques, catégories offertes à l'action administrative[3] ». On peut en effet penser que la pratique joue un rôle dans la fabrication des questions auxquelles les « savants » tentent de répondre.

Consacré aux figures, ce chapitre cherche à identifier des modes d'articulation entre le savoir et l'action propres au visuel à partir de l'étude de *L'Histoire de l'urbanisme* de Pierre Lavedan. Les images qui servent de terrain à notre étude sont extraites d'ouvrages dans lesquels un engagement pour le projet d'urbanisme est formulé dans le texte, à travers la défense de la ville radioconcentrique pour le premier, de la cité-satellite pour le second. L'engagement est une constante du trajet de cet historien d'art marqué par la participation à des enseignements pratiques, à des revues destinées à des concepteurs (*Urbanisme, La Vie urbaine*), à des instances décisionnelles comme le Comité national d'urbanisme ou à des associations comme la Commission du vieux Paris[4]. Le premier de ces deux ouvrages est aussi le premier de la série publiée entre 1926 et 1982[5]. C'est avec cette tentative de description des villes de l'antiquité et du Moyen Âge - élaborée dans le cadre d'une thèse et comprenant environ 350 schémas de plans de ville originaux - que les modes d'organisation du discours comme les dispositifs iconographiques de la série ont été mis en place. Le second ouvrage concerne la « période contemporaine », entendons le XIXe siècle et la première moitié du XXe siècle. Il date de 1952, et la position de Pierre Lavedan a évolué: ce n'est plus un enseignant doctorant mais le directeur de l'Institut d'urbanisme de l'université de Paris. Directeur qui, pour ce qui nous intéresse ici, nous livre une centaine de photographies originales prises lors de voyages d'étude effectués depuis les années 1930.

Sur ce terrain, nous cherchons à voir si et comment le savoir et l'action s'articulent dans ces images originales. Les positions prises verbalement en faveur de démarches particulières se laissent-elles lire à travers les images?

Notre hypothèse est que cet ensemble d'images, catalogue potentiel de modèles à copier[6], ajoute à la fonction de conservation de références culturelles celle de réserve de concepts opératoires ou, pour reprendre un vocable utilisé par Pierre Lavedan, de « systèmes » ou « notions », c'est-à-dire une forme théorique non reproductible en l'état, un principe formel.

Il y a sans doute beaucoup à dire sur les réalisations retenues, mais ce ne sont pas les choix historiographiques qui nous intéressent ici. Nous envisageons ces images comme une part spécifique de la récolte et de la transformation des données sur les villes du passé entreprises dans l'*Histoire de l'urbanisme* et dans la perspective d'une attente d'utilité vis-à-vis du processus de fabrication de la ville contemporaine du moment de la publication. Ce sont donc les choix thématiques qui font l'objet de cette analyse. L'idée est que ces œuvres antérieures permettent d'actualiser sous des formes particulières des champs et des modes d'intervention de l'urbaniste ; en d'autres termes, que ces références du passé constituent des cadres pour des œuvres nouvelles. L'image permet la visualisation des cas particuliers en même temps que celle des catégories dans lesquels ils s'inscrivent. Elle apparaît ici comme un support privilégié de la rencontre entre le cas particulier - et donc la référence inscrite dans l'histoire de l'architecture - et la notion, celle-ci faisant écho à des domaines d'action.

Les schémas de plans dans *Antiquité – Moyen Âge*

Dans l'ouvrage publié en 1926, Pierre Lavedan affirme sa préférence pour le système de plan radioconcentrique. Celle-ci s'inscrit dans l'affirmation d'une dichotomie reliant le « plan régulier » et le « plan radioconcentrique ». Ces catégories doivent couvrir à elles seules l'ensemble des plans de ville. Ces dispositifs se différencient évidemment par leur forme : dans le premier, « les rues parallèles et perpendiculaires entre elles se coupent à angle droit[7] » ; dans le second, « les principales artères de la ville rayonnent d'un même point et sont reliées entre elles par un ou plusieurs cercles ayant pour centre ce point »[8]. Mais les dispositifs se différencient surtout par la valeur qu'ils donnent au centre, distinction sur laquelle se fonde la dichotomie :

Ils représentent la thèse et l'antithèse dans une question qui ne comporte que cette alternative : ou bien tous les éléments du plan sont semblables, égaux et interchangeables ; ou bien les divers éléments sont subordonnés à l'un d'entre eux[9].

Il s'agit d'une thématique centrale dans le livre, l'un des moteurs du plan de l'ouvrage, parallèlement aux entrées temporelles et géographiques. Une des questions les plus discutées est celle des origines des types de plans et de nombreuses descriptions de plans de villes sont axées sur l'appartenance ou non de telle ville à une catégorie ou sur leurs particularités.

L'argumentation en faveur du plan radioconcentrique et la critique du plan régulier s'appuient sur des considérations pratiques exprimées à travers le texte. Le plan régulier est d'abord présenté comme un mauvais système pour la circulation car « chaque déplacement dans lequel on doit utiliser plus d'une rue amène une inutile perte de temps[10] ». Ensuite, il ne permet pas de s'adapter au terrain car « les accidents du relief constituent une contre-indication formelle à l'emploi de la ligne droite[11] ». Enfin, il ne répond pas aux options esthétiques choisies, à savoir une préférence pour la « règle de délimitation des perspectives[12] ».

La défense du système radioconcentrique au moyen des figures

Observons, parce qu'il est représentatif, le code choisi par Pierre Lavedan pour représenter ces villes du Moyen Âge (ill. 1). Il permet d'identifier les îlots (en

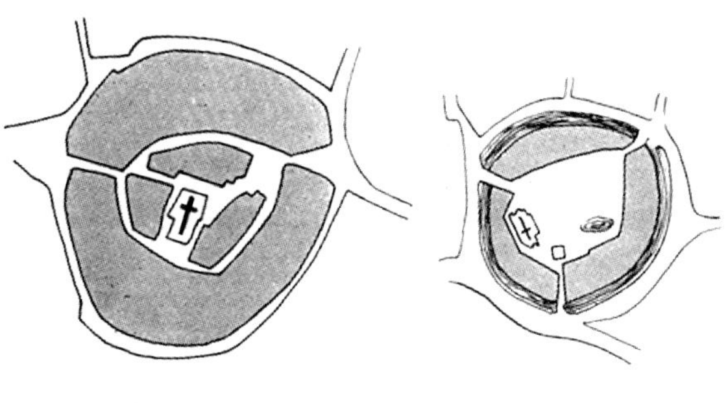

Illustration 1. *Visualisation de la structure viaire dans son rapport au centre. Légende originale : « Saint-André (1819), Sabonnières (1830) »,* in *P. Lavedan,* Histoire de l'urbanisme. Antiquité Moyen Âge, op. cit., *p. 253. Dessin de Pierre Lavedan.*

grisé bordé par un trait séparatif), le système viaire (en blanc bordé d'un trait) et une église (représentée par la ligne de son contour et le symbole d'une croix). Il s'agit de la partie de la structure viaire d'une ville centrée sur un monument ; les limites sont le plus souvent données par celles des derniers îlots sélectionnés et, le cas échéant, par une enceinte (double trait) ou une rivière (double trait plus large).

On constate une limitation des informations à la structure du plan, une absence d'informations sur les « détails » de l'îlot (bâti et structure parcellaire) comme sur le contexte géographique ou immédiat dans lequel la partie de ville sélectionnée s'insère. La thématique est structurelle, organisationnelle, axée sur la relation entre deux éléments : le centre et la forme du réseau viaire. Le mode de représentation permet d'indiquer la position d'un nombre limité d'éléments dans l'espace (la plupart du temps îlots-voies-églises) : il est fortement analytique et exclusivement axé sur la structure des plans de ville, aucun autre élément ne venant troubler la lecture. L'œil ne reconnaîtra que des lignes (les droites ou les courbes renvoyant à la notion de régularité) et le marquage du centre par des symboles (renvoyant à la notion de concentricité). Ajoutons que le cadrage interne confère au centre la tâche de caler l'image, qui n'est pas orientée par rapport aux points cardinaux. La sélection des éléments représentés renvoie donc à la thématique étudiée, et l'on peut dire que de chaque figure émerge avec force l'une des deux notions exposées.

Ce qui se laisse lire à travers ces images, c'est la primauté des questions de la forme du plan et du rapport au centre. La première question constitue justement le domaine d'action revendiqué par l'architecte urbaniste à la suite de l'adoption de la loi Cornudet[13]. La seconde renvoie, elle, à une prise de position dans les débats formels nationaux et internationaux entamés dès la fin du XIXe siècle et concernant le tracé de la voie elle-même (droite ou courbe[14]) ou la forme à donner à la croissance urbaine[15].

Retournons au texte. La structure, révélée par l'élimination d'éléments parasites (tout ce qui dans un plan de ville au 1/4 000e environ est représentable) acquiert un surcroît de lisibilité grâce au commentaire qui pointe l'appartenance à une catégorie particulière. Par exemple, pour un plan régulier :

> Cazères-sur-Adour, bastide de 1314, présente une forme embryonnaire de l'échiquier : une croisée de routes à angle droit ; le carrefour détermine une place carrée, aux angles de laquelle aboutissent des rues[16].

Seul le texte peut énoncer clairement la supériorité d'un système sur l'autre :

> Nous saisissons, dans ces deux exemples (Monpazier et Mirande), l'unique variante que puisse comporter le plan en échiquier : la proportion différente des blocs d'habitation. Avec des lignes droites et des angles droits, on peut faire des carrés ou des rectangles. Le nombre des combinaisons est infini en théorie, mais beaucoup plus restreint en pratique. Surtout, il n'évite pas l'accablante impression de monotonie ; il ne rend pas la vie à un cadavre[17].

Mais cela ne veut pas dire que les images sont neutres, car c'est au moyen de l'accumulation d'images de plans radioconcentriques que la défense de ce type de plans est assurée. Les figures renvoyant à des plans sont de nouvelles données : alors que les plans réguliers de Monpazier (grâce notamment aux planches de Verneilh dans *Les Annales archéologiques*) ou de cités antiques (par les archéologues ou les prix de Rome) étaient abondamment diffusés, il y a là l'apport d'une nouvelle réserve visuelle. Cette abondance impose l'existence d'un principe ou plutôt, puisque la thématique des plans radioconcentriques était discutée parmi les praticiens, lui assure une légitimité historique, l'inscrit dans la longue durée et la rend incontournable.

Les photographies de l'*Histoire de l'urbanisme, période contemporaine*

À trois petites exceptions près, la centaine de vues de l'*Histoire de l'urbanisme, période contemporaine* ont été prises par Pierre Lavedan. Il s'agit là d'un véritable projet photographique[18] même s'il ne doit pas être confondu avec celui d'un photographe professionnel. Les images ont en effet été prises lors de voyages d'étude et l'impossibilité de revenir sur le sujet pour avoir la bonne lumière à l'heure propice leur donnent parfois – malgré une maîtrise indéniable – un petit côté amateur[19]. D'évidence, cette série est néanmoins porteuse d'une vision cohérente de la ville, cohérence que l'on rattachera au projet intellectuel et pédagogique de l'auteur.

Notre recherche, qui consiste à tenter de définir le regard que Pierre Lavedan porte sur la ville, s'appuie sur les principes de l'analyse sémiologique. Ce qui nous permet de dissocier le niveau de la dénotation de celui de la connotation. S'il est clair que ces images représentent les villes du passé, elles ne renvoient à ces constructions qu'au premier stade de signification, descriptif ou référentiel, sur lequel s'appuie le « discours de la connotation[20] ». Discours de la connotation qui, à l'image par exemple du parc de Vincennes (référent spécifique et catégorie « parc », signifié premier), associe – à travers un jeu entre les composantes plastiques et iconiques de l'image – un second signifié (salubrité, loisirs, contemplation, etc.). Au détriment du discours historique, analysable par ailleurs, c'est ce discours second qui fait l'objet de ce travail.

Donner à voir la mauvaise ville

Les images de l'*Histoire de l'urbanisme, période contemporaine* représentent ici des espaces urbains remarquables, exceptionnels, dignes de figurer dans une histoire de l'urbanisme. Elles donnent en quelque sorte l'image d'une ville idéale faite du meilleur des constructions des XIXe et XXe siècles, ce qui n'était pas le cas du panel iconographique étudié ci-dessus. La sélection opérée par Pierre Lavedan regroupe des icônes de la culture architecturale et urbaine contemporaine : la rue de Rivoli, la cité-jardin de Châtenay-Malabry, le Karl-Marx Hof de Vienne, Central Park, etc.

Peut-être moins évidente au début des années 1950 qu'aujourd'hui, la valeur de modèle de ces images prend appui verbalement et visuellement sur la critique de la ville industrielle. L'ouvrage entier s'appuie sur l'évocation des bouleversements connus par les villes au XIXe siècle, décrits à travers la métaphore récurrente de l'organisme malade :

> l'histoire des grandes villes du XIXe siècle est celle d'une maladie. L'organisme urbain, qui jusque-là avait rempli convenablement ses fonctions, dont la première et la plus évidente est d'assurer l'existence de ses habitants, en devient incapable[21].

Sont convoquées les notions d'insalubrité, de laideur ou de désordre :

> Ici, la tare suprême, c'est le désordre. [...] Le plan de ville, c'est-à-dire le rapport des espaces libres et des espaces bâtis, est laissé au hasard, mais le rapport des usines et des habitations n'est pas plus étudié[22].

Cette critique de la ville est mise en images à l'aide de deux planches. La première (ill. 2) représente au premier plan des usines et de la fumée s'échappant des cheminées, et au second plan, un quartier d'immeubles de grande hauteur. Par un effet de contraste plastique entre les lignes verticales et fines, noires, à la texture lisse, la volumétrie pure des cheminées d'usine, et la texture rugueuse, l'aspect massif du cube dentelé et

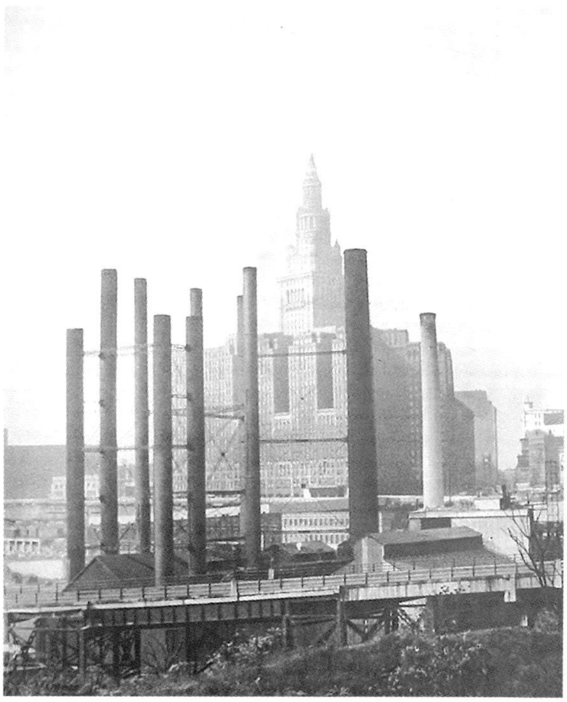

Illustration 2. *Visualisation de la pollution. Légende originale : « La mauvaise ville industrielle : Cleveland. », in P. Lavedan,* Histoire de l'urbanisme, période contemporaine, *op. cit., p. 48. Photo Pierre Lavedan.*

couronné d'une tour au second plan, cette photographie montre deux entités clairement identifiables qui se rejoignent à travers cette fumée. La légende - « La mauvaise ville industrielle : Cleveland » - inscrit la représentation dans une valeur de contre-modèle. La seconde planche, reprenant dans sa légende l'expression « mauvaise ville », que nous ne montrons pas ici, représente des rues, passages et escaliers d'autant plus étroits que les images sont cadrées verticalement - pour certaines centrées - et d'autant plus malsaines qu'un sol minéral et humide y occupe une bonne place. Ces deux planches visualisent l'air pollué ou rare que les réalisations exemplaires montrées à leur suite ont réussi à endiguer.

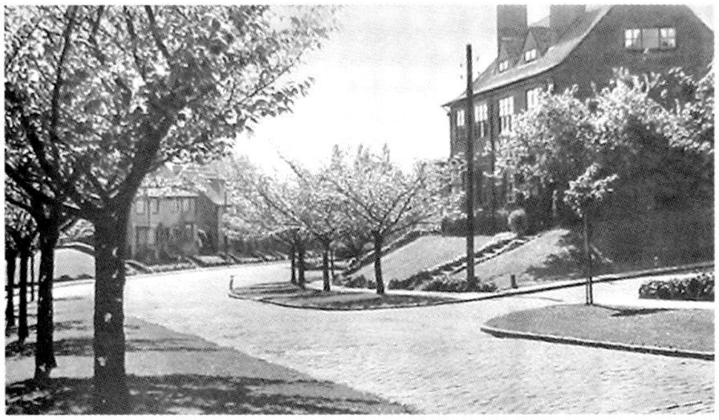

Illustration 3. *Visualisation des abords de l'habitation. Légende originale : « Bruxelles. Cité-jardin Floréal à Boisfort. », in P. Lavedan,* Histoire de l'urbanisme, période contemporaine, op. cit., *p. 176. Photo Pierre Lavedan.*

La visualisation[23] des principes de l'urbanisme

Derrière ce tableau catastrophique se profile la figure du praticien susceptible d'enrayer ce phénomène :

> Ce sera une des tâches de l'urbaniste sociologue que de reconstituer, de rendre à nos cités le sens de l'humain, en même temps que la propreté, la salubrité, la beauté[24].

Prenons ces dernières notions et essayons de voir comment elles sont mises en images.

L'hygiénisme est sans doute la notion qui s'affiche le plus clairement. Elle s'incarne dans la visualisation d'un air sain grâce à une large place laissée au ciel comme au végétal dans de nombreuses images. D'abord, un tiers des images a pour objet des parcs ou des jardins, ce qui impose au lecteur cette idée d'une atmosphère bonne pour la santé. Ensuite, les bâtiments sont photographiés de façon à permettre l'inscription de l'air et du végétal dans le cadre : les vues sont pour la plupart prises en diagonale (évitant l'effet entonnoir de la rue) avec un fort recul. Le plus souvent cadrées horizontalement, elles font apparaître le bâtiment comme un petit objet pris entre ciel et terre. Exemple emblématique de ce procédé, la représentation de la cité-jardin de Bruxelles (ill. 3) dans laquelle l'habitation, dissimulée derrière un écran de branches, finit par n'occuper qu'une infime partie de l'image. Exception notable à ce protocole photographique[25] : les quatre images des voies et passages que l'auteur a précédemment présentées. Le changement de dispositif vient confirmer la mise à l'écart signalée dans la légende à travers le syntagme « la mauvaise ville ».

Le « sens de l'humain » s'inscrit à travers une focalisation sur l'espace public, montré comme lieu de vie et de rencontres. La présence humaine y apparaît - les images avec personnages constituent 40 % environ des représentations - à travers des groupes (foule, personnes écoutant un discours dans un parc), des personnes isolées (promeneurs, cyclistes, enfants) ou à travers des indices comme du linge séchant, un vélo laissé sur le bas-côté du chemin, témoins du refus de produire une image abstraite de l'espace, indépendante de sa dimension vécue. L'humain s'inscrit également à travers l'indicateur de la vie que joue le végétal ou celui du temps que joue la lumière directionnelle. Une photographie nous paraît à cet égard emblématique : il s'agit d'une vue de la Cité linéaire conçue par Soria y Mata (ill. 4). Outre les rails, indice de la spécificité des lieux, l'image représente des enfants marchant ou jouant sur un mail en stabilisé marbré d'ombres sensuelles. L'humain s'inscrit ici à travers les gestes vivants des enfants ou leurs cartables indiquant le chemin de l'école comme à travers les arbres en feuilles et les ombres marquant la belle saison, des moments d'activité, le déroulement du temps.

Les descriptions de ces photographies font apparaître l'importance donnée au cadrage, à la lumière, à un

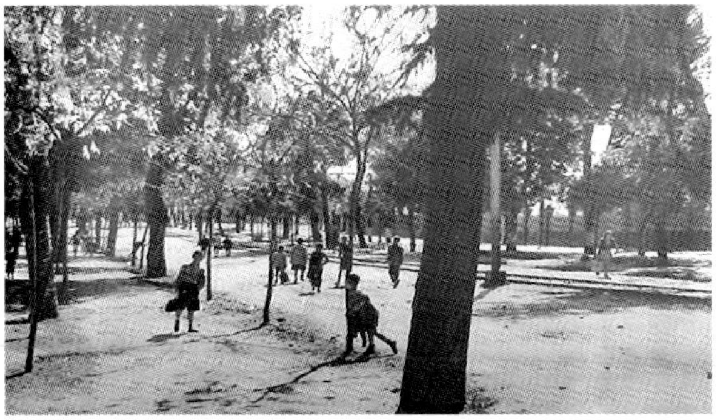

Illustration 4. *Visualisation de l'usage. Légende originale: «Madrid. Cité linéaire.»,* in *P. Lavedan,* Histoire de l'urbanisme, période contemporaine, op. cit., *p. 176. Photo Pierre Lavedan.*

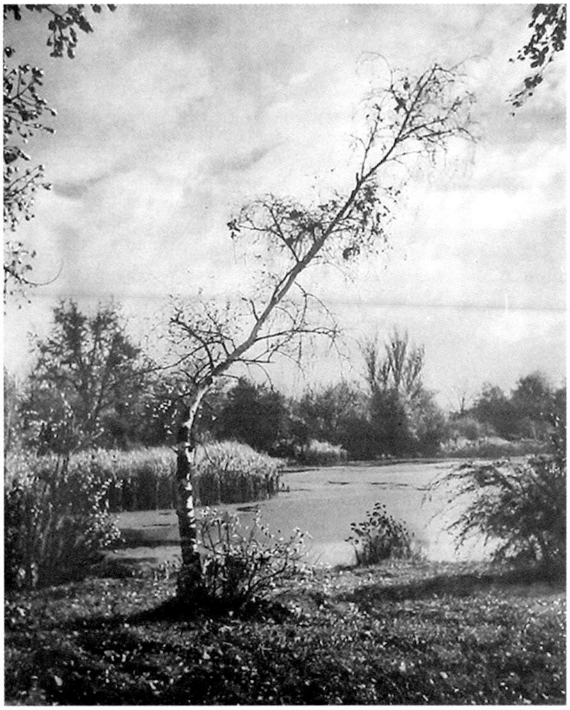

Illustration 5. *Approche photographique pittoresque. Légende originale: «Varsovie. Parc Paderewski.»,* in *P. Lavedan,* Histoire de l'urbanisme, période contemporaine, op. cit., *p. 272. Photo Pierre Lavedan.*

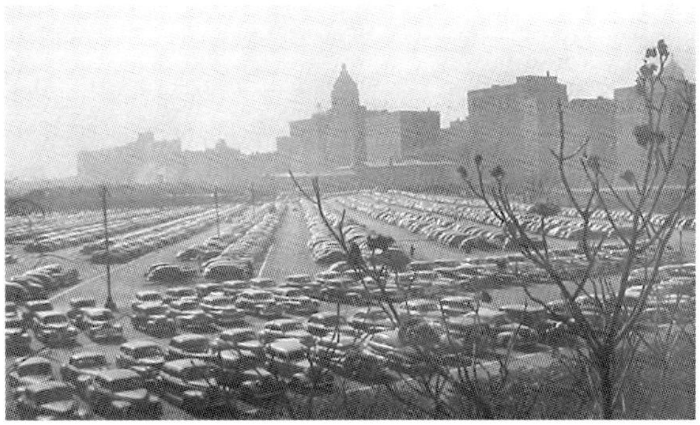

Illustration 6. *Portrait de ville. Légende originale: «Chicago, parc d'automobiles»,* in *P. Lavedan,* Histoire de l'urbanisme, période contemporaine, op. cit., *p. 113. Photo Pierre Lavedan.*

certain art de la distance à l'égard du sujet qui nous semble par moments dépasser les objectifs documentaires. Un souci esthétique apparaît explicitement dans certaines images. Nous citerons l'utilisation d'un effet de ciel associé à la visualisation d'un arbre tordu, évoquant l'atmosphère dramatique de la photographie pittoresque (ill. 5), la référence à une photographie de ville américaine des années 1930, à celle des paysages industriels et, par-delà l'histoire photographique des vues d'architecture et de ville, à des portraits de villes[26]. Nous pensons à cette étonnante vue plongeante faisant apparaître la silhouette d'une ville dans le fond d'un immense parking (ill. 6). À l'ère automobile, cet espace semble remplacer les fortifications ou les champs destinés à nourrir la ville. Cette valeur esthétique ajoutée dans la prise de vue comme ces références aux codes de l'histoire des représentations de la ville - que Pierre Lavedan connaissait bien[27] - nous semblent être une manière d'inclure les attentes esthétiques en matière de conception urbanistique dans le programme du praticien.

La visualisation des domaines d'action de l'urbaniste

Les domaines d'action qui s'imposent de manière quasi égale à travers la petite centaine de photographies sont ceux des abords du logement - dont la représentation est rendue possible par cette distance prise par rapport au motif -, des parcs et jardins et de ce que Pierre Lavedan appelle «l'art urbain»: le dessin des

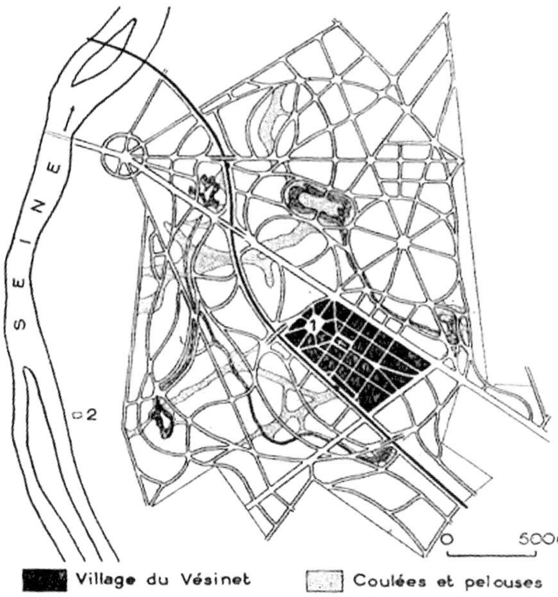

Illustration 7. L'anticipation visuelle de la cité-satellite. Légende originale: «Le Vésinet. Plan d'aménagement 1864-1865.», in P. Lavedan, Histoire de l'urbanisme, période contemporaine, op. cit., *p. 143. Photo Pierre Lavedan.*

perspectives, des façades d'habitation, des monuments ou des sculptures, soit l'espace public dans sa dimension plus ou moins monumentale. Alors que la rue classique et les lieux de travail ont visuellement complètement disparu (en dehors des représentations de la «mauvaise ville»), on assiste à une véritable déclinaison de ce à quoi peuvent ressembler les espaces non bâtis autour du logement: voies de desserte, closes, bords de canal, cours, jardins privés, contre-allées, jardins ouvriers, parcs urbains, aires de jeux, mails, etc.

Ce lexique visuel de l'espace public ajoute une dimension typologique à la valeur de référence culturelle des figures que nous avons évoquée précédemment. Son économie témoigne de sa construction systématique: évitant une pléthore de référents pour un élément de programme, chaque planche correspond à un type particulier d'espace. De plus, pour plusieurs référents, une vision associant les façades avant et arrière est proposée, ce qui fait passer la valeur descriptive au-dessus de la valeur de citation. Pas d'organisation diachronique non plus: les façades haussmanniennes apparaissent à la fin de l'ouvrage pour illustrer le dernier chapitre sur l'art urbain, même si l'épisode des transformations de Paris est abordé bien avant.

Retournons au texte et à la défense du modèle de la cité-satellite[28], dont le dispositif est décrit comme un espace aux dimensions réduites, fonctionnellement autonome, détaché de la ville ancienne par une voie de liaison tracée à travers une «zone de campagne d'une dizaine de kilomètres de large[29]». En dehors de quelques schémas (ill. 7), comment ce dispositif est-il mis en images dans les photographies? C'est à travers la forte proportion des parcs et de toutes sortes d'espaces publics végétalisés, d'une part, et celle plus rare mais néanmoins symbolique des limites de la ville, d'autre part, qu'il apparaît une cité-satellite comme mode d'extension discontinue, opposé à l'extension linéaire ou concentrique continue. D'une manière générale, c'est l'idée d'une ville aérée, hiérarchisée, amène au citadin, aux densités et dispositifs urbains variés qui s'impose. Cela renvoie moins directement au dispositif de la cité-satellite, même si l'on retrouve à travers ces principes l'idée d'une cité-jardin plus «urbaine», que Pierre Lavedan suggère en décrivant ses «avantages»:

> Ce sont à peu près les mêmes que ceux de la cité-jardin, mais ses défenseurs ont éliminé de leur théorie tout romantisme naturiste pour s'en tenir à des faits sociaux[30].

Quels modes d'articulation entre le savoir et l'action propres au visuel apparaissent au fil de cette étude?

L'étude des images de type cartographique fait apparaître la construction de schémas thématiques, permettant d'extraire des réserves des faits historiques disponibles, les réalités qui rencontrent les priorités d'action, ici la forme du réseau viaire. Le processus est simple: les données sélectionnées pour être inscrites sur la carte sont celles qui concernent ce thème. Dans un second temps, la production et la diffusion des images ainsi construites viennent assurer la légitimation du domaine d'action, voire d'une position particulière, comme nous l'avons vu à travers la représentation répétée de la forme de plan radioconcentrique. L'analyse des images de type photographique a montré comment la lumière et le cadrage étaient utilisés pour délimiter et définir l'espace d'action du praticien (l'espace public) et donner à voir tant les principes fondamentaux de l'urbanisme (hygiénisme, usage, esthétique) que des jugements de valeur (l'aspect obsolète de la ville traditionnelle[31]).

Paradoxalement, c'est le terme « savoir » qui finit par s'évanouir de l'articulation postulée initialement, comme si les préoccupations de la pratique urbanistique conditionnaient totalement les représentations des objets, transformés en archétypes d'actions. Sans doute faudrait-il affiner cette étude en distinguant bien les deux ouvrages, le premier étant construit autour d'une démonstration (la pertinence des deux catégories de plans) liée au contexte du doctorat, le second comme un manuel d'histoire. Pour être complète, cette réflexion sur les images nécessite un retour au texte (à son économie générale à peine abordée ici) et, par la confrontation du texte et de l'image, à la dimension illustrative de l'image.

Il apparaît clairement cependant que la pratique est assumée au sein de cette approche d'historien. Un historien, rappelons-le, qui revendique un statut d'expert proche de celui du praticien :

> On est parti de considérations simplement matérielles, pour donner finalement le pas à des considérations intellectuelles et morales. Les inventeurs des solutions proposées sont des administrateurs comme Haussmann ; des gens de lettres et des historiens comme Montalembert, Victor Hugo, Guizot ; des sociologues : Le Play, Ebenezer Howard, Lewis Mumford. Ne minimisons pas le rôle des exécutants, les Alphand, les Sitte, les Unwin ; mais nous voyons que la conception de l'urbanisme et la hiérarchie des problèmes ont changé : les formes ont été peu à peu subordonnées à l'esprit[32].

On voit ici que les « gens de lettres » ou les « historiens » (étiquettes renvoyant au statut de l'auteur), qualifiés d'« inventeurs », sont présentés comme les acteurs non seulement légitimes mais encore les mieux indiqués pour l'élaboration des principes, alors que les concepteurs sont qualifiés de simples « exécutants ». Une méthode urbanistique s'esquisse :

1) connaissance de la réalité (« considérations [...] matérielles » produites par des spécialistes) ;

2) formulation théorique d'un modèle ;

3) exécution par des spécialistes de la mise en forme.

Il n'y a plus de rupture entre la situation de « savant » et celle « d'homme d'action », c'est en tant qu'historien « inventeur de solutions » que l'auteur se tourne vers le projet, du moins vers un certain type de « projet ». Ce projet n'est pas la mise en forme d'un espace, il n'est pas mesurable, mais il est un schéma, un principe, une règle en quête de formalisations verbales et visuelles.

Notes

1. Ce chapitre s'inscrit dans un travail de thèse consacré à Pierre Lavedan et porte sur les deux tomes de l'*Histoire de l'urbanisme, Antiquités - Moyen Âge* (t. I) et *Période contemporaine* (t. III), Paris, Henri Laurens, 1926 et1952.

2. M.-C. Robic (dir.), *Le Tableau de la géographie de la France de Paul Vidal de La Blache. Dans le labyrinthe des formes*, Paris, CTHS, 2000 ; B. Lepetit, C. Topalov, *La Ville des sciences sociales*, Paris, Belin, 2001.

3. B. Lepetit, C. Topalov, *ibid.*, p. 8.

4. Implication dont témoigne sa proche collaboratrice Jeanne Hugueney : « C'est quelqu'un qui ne s'intéressait pas seulement à l'étude d'une manière désintéressée et lointaine mais qui désirait, non pas seulement être le spectateur du monde, mais aussi un auteur, jouer un rôle actif, c'est très net dans sa tournure d'esprit. Alors que d'autres sont des savants mais qui ne se sentent pas responsables, disons de la marche du monde, il avait lui le désir d'exercer une influence, une action. » Cf. D. Mattioni, « Pierre Lavedan e la storiografia della città », mémoire de maîtrise, Venise, Institut d'architecture de Venise (IUAV), 1994, p. 312.

5. Cette série n'est qu'une partie d'une production beaucoup plus vaste de l'auteur. Elle décrit la forme de villes particulières et les modalités de leur édification au sein d'ouvrages consacrés à une période historique spécifique (à partir des années 1960, l'auteur et ses collaborateurs ont repris les ouvrages publiés entre 1926 et 1952 à travers de nouveaux découpages temporels). À cela s'ajoutent des ouvrages davantage méthodologiques : *Qu'est-ce que l'urbanisme ?*, Paris, Henri Laurens, 1926, et *La Géographie des villes*, Paris, PUF, 1936.

6. Le « modèle » est compris comme une forme très définie, mesurable et qui peut être reproduite à l'identique sans tenir

compte du site, selon la définition donnée par F. CHOAY dans *La Règle et le Modèle*, Paris, éd. du Seuil, 1980.

7. P. LAVEDAN, *Histoire de l'urbanisme*, t. I, *op. cit.*, p. 64.

8. *Ibid.*, p. 72-73.

9. *Ibid.*, p. 77.

10. *Ibid.*, p. 66.

11. *Ibid.*, p. 67.

12. *Ibid.*, p. 74.

13. Loi du 14 mars 1919 dite « loi Cornudet » : installation du premier régime de planification d'urbanisme en France. Les communes urbaines de plus de 10 000 habitants devaient élaborer des « projets d'aménagement, d'embellissement et d'extension » : le plan Cornudet. Voir J.-P. GAUDIN, *Desseins de ville. Art urbain et urbanisme*, Paris, L'Harmattan, 1991.

14. C'est en 1925, dans *Urbanisme*, un an avant la parution de l'*Histoire de l'urbanisme* étudiée ici, que Le Corbusier se moque de l'apologie de la rue courbe effectuée dans l'ouvrage de Camillo Sitte en utilisant la fameuse expression du « chemin des ânes ». Cf. LE CORBUSIER, *Urbanisme*, Paris, Flammarion, 1980, p. 5-13.

15. Voir, pour la France, les réflexions menées dans le cadre de la « Commission d'extension de Paris » animée par Louis Bonnier et Marcel Poëte (1911-1913).

16. P LAVEDAN, *Histoire de l'urbanisme*, t. I, *op. cit.*, p. 342.

17. *Ibid.*, p. 317.

18. Les photographies de voyage les plus anciennes conservées dans le fonds Lavedan de la bibliothèque d'Art et d'Archéologie datent de 1932.

19. Qui nous empêche de les comparer à des photographies des grands noms de la photographie d'architecture et de ville, comme par exemple Marville, Bérénice Abbott ou Bernd et Hilla Becher qui utilisent – toutes choses égales par ailleurs – des protocoles photographiques assez stricts.

20. Cf. M. JOLY, *L'Image et les Signes*, Paris, Nathan, 1994.

21. P. LAVEDAN, *Histoire de l'urbanisme*, t. II, *Époque contemporaine*, *op. cit.*, p. 53.

22. *Ibid.*, p. 72.

23. Le mot « visualisation » est utilisé ici pour désigner le processus de sa construction, c'est-à-dire le fait de « mettre (une idée, un sujet) en image », pour reprendre la définition du *Petit Robert* du mot « visualiser » (éd. 1993). Le choix de ce vocable permet de mettre en avant « la relation existant entre des opérations de pensée et des formes concrètes d'inscription des objets, des connaissances et des idées. » (O. SÖDERSTRÖM, *Des images pour agir. Le visuel en urbanisme*, Lausanne, Payot, 2000, p. 9).

24. P. LAVEDAN, *Histoire de l'urbanisme*, t. II, *op. cit.*, p. 73.

25. Cette dichotomie n'est pas sans rappeler l'accentuation des différences opérée par Marville dans son reportage photographique des voies parisiennes destinées à être détruites (cadrées verticalement) et nouvellement construites (cadrées horizontalement). M. DE THÉZY, *Marville*, Paris, Hazan, 1994.

26. Cf. L. MARIN, « La ville dans sa carte et son portrait », *De la représentation*, Paris, Gallimard / Le Seuil, 1994, p. 204-218.

27. Cf. P. LAVEDAN, *Représentation des villes dans l'art du Moyen Âge*, Paris, Vanoest, 1954.

28. R. BAUDOUI, « Projets de villes nouvelles et de cités-satellites sous le régime de Vichy », *Cahiers de l'Institut d'histoire du temps présent*, n° 19, p. 37-54.

29. P. Lavedan, *Histoire de l'urbanisme*, t. II, *op. cit.*, p. 154-155.

30. *Ibid.*, p. 153.

31. Outre la lumière et le cadrage, la légende contribue également à l'efficacité de l'image.

32. P. LAVEDAN, *Histoire de l'urbanisme*, t. II, *op. cit.*, p. 157.

Chapitre XV

Les architectes et l'objectivation de l'urbain. La carte statistique au centre de l'action urbanistique

Enrico Chapel

L'intention de ce chapitre est de montrer certaines formes de la représentation urbaine qui ont accompagné l'émergence de la discipline urbanistique. De nombreuses études ont mis au jour les conditions intellectuelles et politiques qui ont permis, au tournant du XXe siècle, de penser autrement la ville et son projet : un savoir qui se forme au carrefour de plusieurs disciplines, l'adoption de nouvelles méthodes de gestion par les personnels politique et administratif, la création de nouveaux cadres législatifs, les actions d'un milieu réformateur qui conduisent au renouvellement des pratiques d'aménagement spatial[1]. Notre objectif est de lier cette phase de modernisation politique et technique de l'urbanisme à l'histoire de la pensée statistique et de ses formes figuratives.

Nous avons étudié la statistique graphique comme un système spécifique de figuration, qui impose ses propres effets à la pensée et contribue à stabiliser les objets de la « science urbanistique » dans le monde politique, technique et social[2]. Ici, nous chercherons à montrer que plusieurs formes d'objectivation du fait urbain coexistent au sein de cette « science », et qu'à ces différentes formes correspondent des modalités distinctes de visualisation statistique. Chacune de ces modalités est associée à une manière particulière de définir le problème urbain et résulte de la rencontre d'approches intellectuelles originales avec les enjeux pratiques de l'aménagement tels qu'ils se sont posés à un moment donné.

Nous présenterons deux études de cas. La première porte sur les cartes d'analyse urbaine réalisées par les architectes des CIAM (Congrès internationaux d'architecture moderne) lors de leur quatrième congrès consacré à « La ville fonctionnelle » (Marseille-Athènes, 1933). La seconde a pour objet la « topographie sociale » conçue par l'architecte français Gaston Bardet au début des années 1940[3]. Le choix de rapprocher ces deux productions cartographiques dans une seule analyse tient compte du positionnement distinct, voire opposé, de leurs auteurs dans le champ urbanistique. En effet, notre objectif est de montrer comment deux opérations semblables d'objectivation de l'urbanisation - qui s'inscrivent dans la perspective commune de promouvoir l'urbanisme au rang de science, en faisant appel au monde de la description statistique - aboutissent à des résultats différents en ce qui concerne la visualisation des villes, parce que ces résultats s'inscrivent dans deux conceptions différentes du projet architectural et urbain.

Les CIAM et la représentation de la « ville fonctionnelle »

L'association internationale des CIAM regroupe des architectes modernistes qui se réunissent pour la première fois en 1928 à La Sarraz (Suisse), en réaction à deux événements majeurs : l'exposition organisée par le Werkbund allemand sur la colline du Weissenhof à Stuttgart en 1927, et le verdict du jury du concours pour le palais de la Société des nations à Genève, rejetant le projet de Le Corbusier et Pierre Jeanneret[4]. Leur objectif est d'établir un programme général d'action pour promouvoir l'idée architecturale moderne et conquérir de nouvelles parts du marché pour ceux qui prônent la rupture avec les styles du passé et la pureté de la forme architecturale.

En matière d'urbanisme, leur volonté d'innovation radicale se traduit dans la conception d'une ville qui adhère au productivisme régnant dans l'entre-deux-guerres, dont l'idée (qui aura une influence très importante sur la pensée urbaine contemporaine) prend forme lors de leur IVe Congrès. C'est en effet à cette occasion que les architectes des CIAM présentent et discutent les études détaillées de trente-trois villes du monde, sur la base d'une grille cartographique standard élaborée par le groupe hollandais sous l'égide de Cornelis Van Eesteren (alors coresponsable de la planification d'Amsterdam). Cette grille est le résultat d'un travail où plusieurs positions politiques, idéologiques et intellectuelles se côtoient, mais sa partition en trois séries de cartes est en même temps emblématique d'un regard particulier posé sur l'espace des villes.

Les cartes de la série I (1/10 000e) montrent par le biais d'un double graphisme (couleurs et trames en noir et blanc) des zones délimitées de façon précise, chacune accueillant une seule activité urbaine (ill. 1). Les cartes de la série II (1/10 000e) représentent le système de la circulation à l'intérieur de la ville (ill. 2). Les cartes de la série III (1/50 000e) figurent les infrastructures de transport et les aires de production ou de loisirs à l'extérieur de la ville, dans sa région d'influence (ill. 3). Sur ces cartes, nous pouvons ainsi aisément repérer des zones d'habitat type (« quartier de luxe », « cité-jardin »...), des zones industrielles, des zones d'affaires, des systèmes routiers, des fleuves, des réseaux ferroviaires, des parcs et autres espaces verts. Mais, compte tenu de leur grande échelle, très peu d'informations de détail sont visibles. Nous pouvons constater tout particulièrement l'effacement du dessin des îlots, le manque d'informations concernant la dimension et la matérialité des rues et des places (des coupes types apparaissent cependant sur les cartes des séries II et III), l'absence de signes explicatifs des formes architecturales et urbaines. Elles sont cependant accompagnées de photographies, de statistiques et de rapports descriptifs[5].

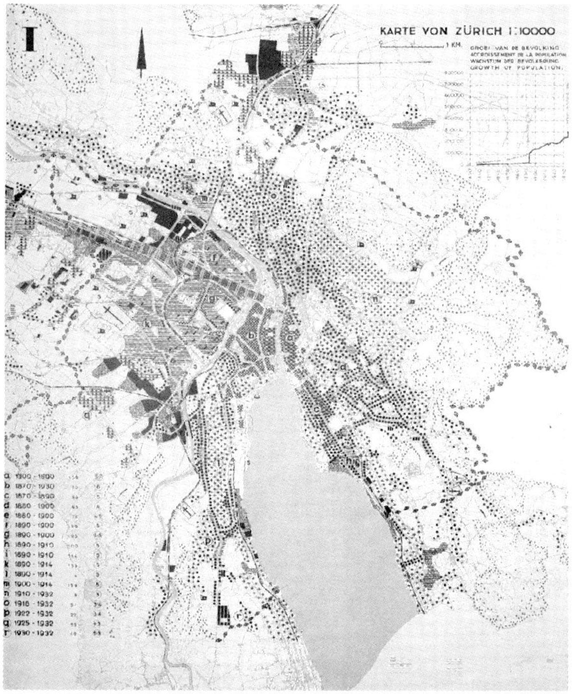

Illustration 1*. CIAM. Analyse urbaine de Zurich. Carte de la série I présentée au IVe Congrès, Athènes, 1933. Plan de zonage. Institut für Geschishte und Theorie der Architektur, (GTA)-ETH, Zurich.*

La topographie sociale de Gaston Bardet

Architecte diplômé de l'École des beaux-arts, puis de l'Institut d'urbanisme de Paris avec une thèse menée sous la direction de l'historien de Paris Marcel Poëte, Bardet est très actif, en France, en tant que pédagogue, théoricien et critique, notamment durant et après la Seconde Guerre mondiale, dans le contexte de la reconstruction, période durant laquelle ses idées connaissent une large diffusion. À cause de sa verve polémique, sa vision humaniste de l'urbanisme est cependant marginalisée et au fur et à mesure oubliée[6]. C'est seulement à la fin des années 1970 qu'elle rencontre un nouveau public chez les professionnels et théoriciens qui critiquent l'urbanisme des Trente Glorieuses et militent pour la mise au jour de la pluralité des expressions du Mouvement moderne.

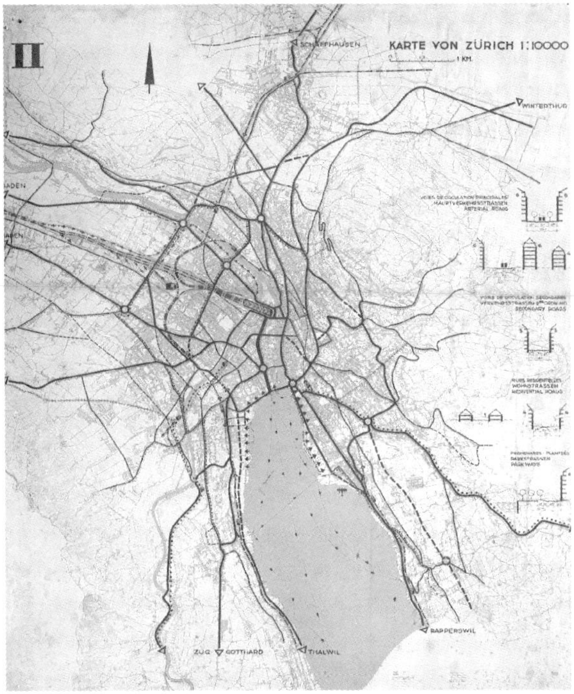

Illustration 2. CIAM. Analyse urbaine de Zurich. Carte de la série II présentée au IVe Congrès, Athènes, 1933. Plan de la circulation. Institut für Geschishte und Theorie der Architektur, (GTA)-ETH, Zurich.

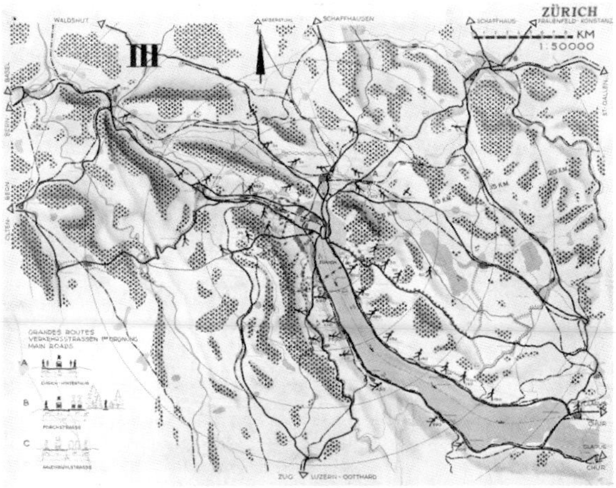

Illustration 3. CIAM. Analyse urbaine de Zurich. Carte de la série III présentée au IVe Congrès, Athènes, 1933. Plan de la région. Institut für Geschishte und Theorie der Architektur, (GTA)-ETH, Zurich.

Son approche de l'espace urbain puise ses sources intellectuelles dans des courants d'idées très disparates qui se manifestent en France durant les années 1930. Trois sources semblent la conditionner de manière essentielle. La première est la pensée évolutionniste, vitaliste et spiritualiste de la ville, que son maître développe dans *Paris, son évolution créatrice.* Bardet participe d'ailleurs à la réalisation de cet ouvrage en dessinant quinze schémas visuels illustratifs[7]. La deuxième source réside dans l'explication de la structure sociale en groupements de parenté, de localité et d'activité élaborée durant les années 1920 par le sociologue René Maunier[8]. Ce sociologue enseigne par ailleurs à l'Institut d'urbanisme de Paris de 1940 à 1944, au moment où Bardet construit sa cartographie urbaine. La troisième source est le courant d'idées chrétiennes du groupe *Économie et humanisme* du père Joseph Louis Lebret qui abandonne les généralisations de la macrosociologie pour élaborer une microscopie sociale orientée vers la recherche de communautés locales et l'analyse des relations que ces dernières entretiennent avec les espaces qu'elles habitent[9].

Bardet collabore régulièrement avec ce groupe chrétien. Son modèle de représentation urbaine adhère ainsi à cette approche communautaire et réformiste de la ville[10]. Il comprend plusieurs cartes urbanistiques tout à fait ordinaires, mais il se caractérise par deux éléments nouveaux : les cartes de la topographie sociale et les « profils psychologiques » des villes qui consentent à observer la structure sociale de la population et sa répartition sur le sol. Au 1/2 000e, les cartes de la topographie sociale permettent de localiser, d'une part, les données topographiques et géométrales de l'espace urbain, d'autre part (par le biais d'un code de symboles conventionnels comprenant des cercles, triangles et carrés différemment dessinés en quatre couleurs), tous les habitants classés selon leur lieu de travail ou de résidence (un artisan, un ouvrier, un commerçant, etc.). Les quatre couleurs identifient les fonctions de la production (bleu), de l'échange (rouge), de la résidence (vert) et de l'agriculture (ocre) (ill. 4). Les « profils psychologiques » des villes sont des diagrammes que Bardet imagine en s'inspirant du schéma des pyramides des âges et de celui des tests psychologiques (ill. 5). Chacun

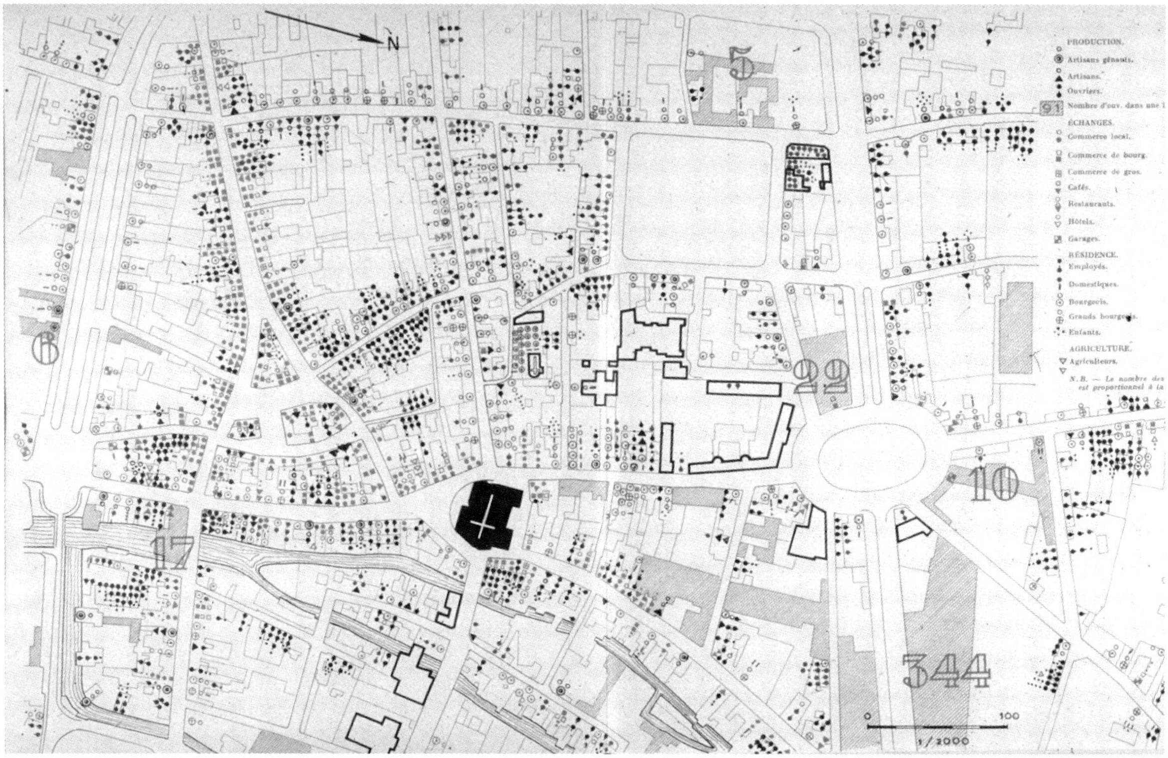

Illustration 4. *G. Bardet, Louviers. Topographie sociale du centre en 1936,* in *G. Bardet,* Le Nouvel Urbanisme, *Paris, Vincent et Fréal, 1948.*

se réfère à une ville (ou à un quartier) et à une date de recensement de la population française. L'échelle numérique horizontale indique le nombre de personnes actives dans la ville. Les petits traits visualisés en ordonnée symbolisent les quatorze catégories de travail, par rapport auxquelles l'architecte calcule le nombre d'actifs : l'agriculture, la pêche, la forêt ; les industries métallurgiques ; les industries chimiques ; etc. Le noir indique le nombre d'actifs travaillant dans la commune. Le grisé indique les actifs qui vont travailler au-dehors. Les profils en noir et blanc permettent la mise en valeur du patronat (en blanc) et du salariat (en noir).

Convergences

De prime abord, ces deux modèles de description urbaine paraissent très différents et, en effet, ils le sont. Ils partagent néanmoins trois éléments qui légitiment leur rapprochement dans une seule analyse.

Comparer et généraliser

Tous deux relèvent d'une approche comparative qui vise à décrire le phénomène urbain dans sa globalité. Par leur application, il ne s'agit plus d'expliquer une manifestation singulière de ce phénomène (croissance de la population, criminalité, pauvreté...) ou de parler d'une ville particulière, à la manière de ce que faisaient les observateurs sociaux et les statisticiens au XIXe siècle[11], ni même de comparer des villes classées en catégories distinctes, comme les métropoles alignées dans les premières expositions d'urbanisme des années 1900[12]. Il s'agit, au contraire, d'exprimer les principes généraux de l'urbanisation qui existent indépendamment de ses manifestations locales et particulières. De là la nécessité de produire des cartes comparables et

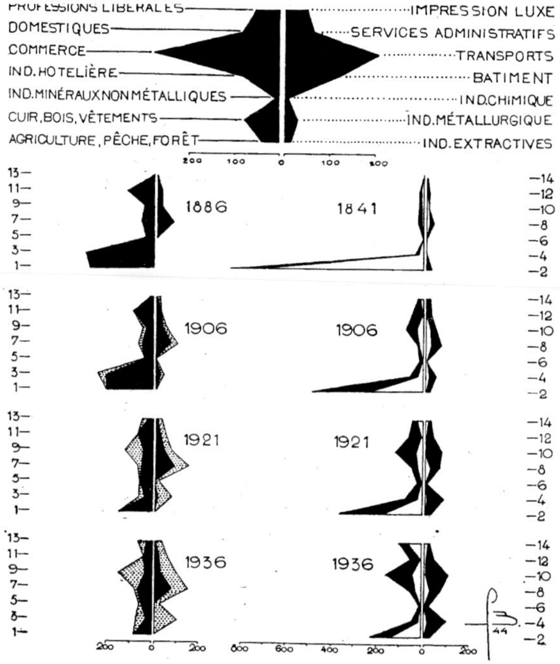

Illustration 5*. G. Bardet. En haut: Principes de la répartition des actifs. Disposition des 14 catégories dans les profils psychologiques, de chaque côté d'un axe d'équilibre. À gauche: évolution de Saint-Brice de 1886 à 1936, avec mise en valeur des actifs travaillant dans la commune et de ceux qui vont travailler au-dehors. À droite: évolution de la commune de Groslay de 1841 à 1936, avec mise en valeur du patronat (en blanc) et du salariat (en noir) in G.* Bardet, Principes d'analyse urbaine*, Paris, Berger-Levrault, 1945.*

généralisables à toutes les situations locales. Par le biais d'un dispositif de représentation unifiée, les architectes des CIAM essaient de lier l'organisation des formes urbaines aux facteurs économiques et sociaux qui la déterminent. Ils reconnaissent quatre fonctions constantes qui régissent cette organisation: habiter, travailler, cultiver le corps et l'esprit, circuler[13]. Suivant le même procédé, Bardet cherche à saisir la structure sociale des populations urbaines et parvient à reconnaître dans toute agglomération trois groupements, d'échelle sensiblement constante, qu'il désigne comme échelons «patriarcal, domestique et paroissial[14].» Cette nouvelle manière de mettre en forme le problème urbanistique constitue à nos yeux une véritable rupture dans les formes de savoirs sur la ville, rupture qui a lieu au tournant du siècle et mérite d'être étudiée de façon plus précise en ce qui concerne ses rapports avec les innovations méthodologiques et figuratives qui nous intéressent. Notre travail permet déjà d'affirmer que cette nouvelle perspective de l'analyse urbaine n'implique nullement l'uniformisation des lectures urbaines et des projets d'aménagement. Les architectes proposent plusieurs grilles d'interprétation du phénomène urbain et continuent à voir en chaque ville un organisme particulier nécessitant un traitement chaque fois adapté.

Chiffrer et figurer

Dans les deux cas, les cartes sont associées à des chiffres et à des calculs de nature quantitative portant sur des objets multiples: les populations, leurs activités, la densité du bâti, les temps et les modes de déplacement des travailleurs en ville et dans la région. Les formes statistiques marquent ces deux modèles de description urbaine. Pourtant, leur place, leur poids et leurs fonctions ne sont pas semblables. Les cartes des architectes des CIAM présentent très peu de données quantitatives. Elles ne traduisent pas les résultats d'enquêtes statistiques réalisées par les architectes eux-mêmes. Ces derniers se bornent à visualiser, à interpréter et à synthétiser les chiffres qui leur sont fournis par les administrations publiques, en juxtaposant des diagrammes et des cartogrammes à leurs cartes, qui restent des cartes thématiques. Les cartes de Bardet sont, au contraire, de véritables cartes statistiques. Cet architecte s'improvise statisticien. Il mène des enquêtes personnelles, crée des catégories statistiques nouvelles en tenant compte de la finalité spécifique de son travail d'urbaniste et finit par produire des cartogrammes inédits qu'il présente, en 1944, à la Société de statistique de Paris[15].

Cela étant, les cartes statistiques ou celles qui possèdent la même marque figurative (les cartes des architectes des CIAM présentent des taches uniformes de couleur différemment réparties sur le plan comme les cartogrammes et sont juxtaposées à d'autres objets de la statistique) sont toujours données comme preuves de l'objectivité de l'analyse. Dans les deux cas, la carte participe d'une rhétorique scientifique qui vise à asseoir, par le biais d'une opération de quantification visuelle, la rationalité, l'impartialité et l'objectivité de l'interprétation que les architectes donnent de l'espace des villes. C'est le deuxième élément commun aux deux modèles de description urbaine qui font l'objet de notre analyse. Lorsque Bardet défend sa conception communautaire de la ville, par exemple, il insiste fermement sur le fait qu'elle n'est nullement une théorie, mais une réalité, le résultat d'une observation et d'un constat cartographique. Les architectes des CIAM exploitent eux aussi l'« effet de vérité » qui appartient aux chiffres, aux diagrammes et aux cartogrammes construits selon les principes de la raison et les règles de la science, pour objectiver et rendre crédibles leurs conceptions urbaines. Même Le Corbusier, dont l'élan artistique est bien connu, décrit à plusieurs reprises la statistique comme « le tremplin du lyrisme, le socle d'où le poète peut s'élancer vers l'avenir et ses inconnues, ses pieds étant solidement appuyés sur des chiffres, des courbes, des vérités humaines[16] ».

Analyser pour urbaniser

Le troisième élément commun aux modèles de description urbaine en question consiste dans le fait qu'ils sont conçus par des architectes pour préparer l'action de projet. À la différence d'autres formes cartographiques imaginées par des démographes, des géographes et d'autres scientifiques engagés dans l'étude des phénomènes d'urbanisation, la topographie sociale et les cartes de la « ville fonctionnelle » ont des finalités pratiques particulières, liées à la transformation de l'espace ou à la communication de principes et de modèles d'urbanisation. Leur production s'inscrit dans un champ spécifique : l'urbanisme en train de s'institutionnaliser au début du XXe siècle. Ce champ qui est d'abord un champ d'action pose des questions nouvelles, auxquelles les architectes cherchent à répondre de façon originale à partir de leur propre pratique.

Divergences

Comme nous l'avons indiqué, le positionnement de Bardet dans le champ urbanistique est presque à l'opposé de celui des architectes des CIAM. Durant les années 1940, cet architecte français ne cesse de polémiquer avec les représentants de la pensée urbaine fonctionnaliste et notamment avec Le Corbusier, à qui il reproche d'une part la vision extrêmement simpliste de l'organisme urbain, trop centrée sur la plastique des formes architecturales, d'autre part son attitude technocratique et sa foi dans la civilisation machiniste. Déjà, en 1937, il avait dénoncé la « ville radieuse » de ce dernier, qu'il renomme pour l'occasion « ville ombreuse[17] ». Dix ans plus tard, il s'en prend directement à *La Charte d'Athènes*[18]. Nous pouvons résumer cette opposition de Bardet aux architectes des CIAM en trois points :

a. Bardet prend position de façon explicite contre le développement démesuré des grandes villes. Il est en cela fortement influencé par les idées d'Alexis Carrel sur le « dépérissement de la race » provoqué par l'urbanisation[19]. Les architectes des CIAM, en revanche, misent sur le rôle des grandes agglomérations dans la croissance économique et la modernisation de la société.

b. Bardet réfute le principe de « zonage fonctionnel », qui est pour lui social et ségrégatif, tandis que les architectes des CIAM le posent à la base de toute approche urbanistique. À ce principe il oppose la notion de « zonage naturel », qui tient compte de la « spécialisation naturelle » des quartiers de ville et l'ordonne sans ériger ni cloisons ni limites étanches[20]. S'il ne remet pas en cause la pratique même du zonage, parce que l'urbaniste doit reconnaître dans la ville ses différentes parties pour pouvoir y travailler, les zones qu'il envisage sont de nature différente de celles préconisées par les architectes des CIAM ; elles sont beaucoup plus souples, diversifiées et procèdent notamment de l'analyse de la structure sociale des villes.

c. Enfin, Bardet défend la spécificité des lieux et l'adéquation des formes urbaines traditionnelles à la vie moderne, tandis que la plupart des architectes des CIAM aspirent à la construction de villes complètement nouvelles et préconisent la disparition des anciennes.

Or, si nous examinons les cartes d'analyse de la « ville fonctionnelle » et celles de la topographie sociale, nous pouvons constater jusqu'à quel point elles adhèrent à ces différentes conceptions de l'aménagement urbain.

Synchronique et/ou diachronique

L'approche comparative des CIAM est synchronique, tandis que celle de Bardet est à la fois synchronique et diachronique. Ce dernier s'appuie explicitement sur la notion d'*évolution urbaine*, qui est le fondement de l'enseignement qu'il reçoit à l'Institut d'urbanisme de Paris. Il essaie précisément de l'évaluer par le biais de ces représentations graphiques. Puisque la ville est un organisme vivant, son projet doit s'appuyer sur la connaissance précise de sa croissance ; son avenir ne saurait se penser qu'en continuité avec son passé[21]. En revanche, l'approche diachronique n'intéresse pas tellement les architectes des CIAM, dans la mesure où ils défendent l'idée d'une rupture radicale dans les formes de la production urbaine. Puisqu'une civilisation nouvelle doit naître, elle s'accompagnera d'un cadre bâti complètement nouveau. Aucun besoin de revenir sur le passé de villes, sinon pour mieux faire passer le message du caractère drastique des mutations en cours, comme le montre la verticalité des courbes des diagrammes d'accroissement des populations qui accompagnent leurs cartes (ill. 1).

Concentration/décentralisation

Bardet choisit de cartographier des villes moyennes et des villages disséminés dans la campagne française. Aucune métropole ne fait l'objet de ses analyses. Parmi les trente-trois villes dessinées par les architectes des CIAM, il y en a des grandes et des moyennes. Mais si l'on observe le nombre restreint de cartes publiées dans les revues et les livres qui ont fait circuler le paradigme de la « ville fonctionnelle », elles concernent majoritairement des villes capitales, voire des métropoles. Nous pouvons expliquer l'écart entre nos deux objets par des considérations d'ordre purement technique. Compte tenu du travail minutieux de transcription de chaque habitant sur la carte (préconisé par Bardet), une armée de dessinateurs aurait été nécessaire pour couvrir une région métropolitaine. Bardet manifeste à plusieurs reprises son intérêt pour les formes d'organisation sociale qu'il repère dans les zones rurales, de même que sa volonté de favoriser la multiplication et la répartition équilibrée de petites villes sur le territoire national. Il est méfiant envers les grandes concentrations métropolitaines. Il milite pour promouvoir « un type nouveau de métropole décentralisée, métropole en grappe ou ville fédération[22] ». Ainsi, sa sélection de villes, qui croise évidemment les aléas de la commande auxquels il est soumis, semble cohérente eu égard à son projet de décentralisation urbaine, qui s'oppose en tout aux machines métropolitaines prospectées par les architectes des CIAM.

Échelles de lecture/échelles de projet

Les cartes des architectes des CIAM sont au 1/10 000e et au 1/50 000e. Celles de Bardet sont au 1/2 000e et au 1/5 000e. Chaque échelle donne une représentation du réel et du projet qu'on lui réserve. Les échelles choisies par Bardet permettent de lire la topographie du site et les formes de l'espace urbain : courbes de niveau, rues, îlots, espaces verts, parcellaires, bâtiments publics, rivières, etc. Elles préconisent un traitement de détail de tous ces éléments. Les architectes des CIAM, au contraire, effacent toutes les informations qui ont à faire avec l'espace physique des villes sous la trame colorée des zones. Ailleurs, nous avons expliqué ce choix par la prise en compte de leurs stratégies communicationnelles[23]. Mais la généralisation graphique qui caractérise leurs cartes peut aussi être liée à leur idée d'une architecture internationale, à leur approche de la table rase et au poids majeur qu'ils donnent à la problématique de l'extension urbaine par rapport à celle de la requalification des villes existantes. Il n'y a en effet aucun intérêt à analyser les formes de ces dernières si l'on sait déjà qu'elles sont dépassées et qu'elles seront remplacées par d'autres, plus adéquates à la vie moderne. L'attention que Bardet porte au détail spatial peut, à l'inverse, s'associer à l'intérêt qu'il porte à l'organisation des villes traditionnelles et à sa stratégie de requalification des centres-ville, qui anticipe, sous certains aspects, les politiques publiques de sauvegarde annoncées quelques décennies plus tard.

Tradition/modernité

L'analyse des images résumant les topographies sociales des villes au 1/5 000e confirme notre impression

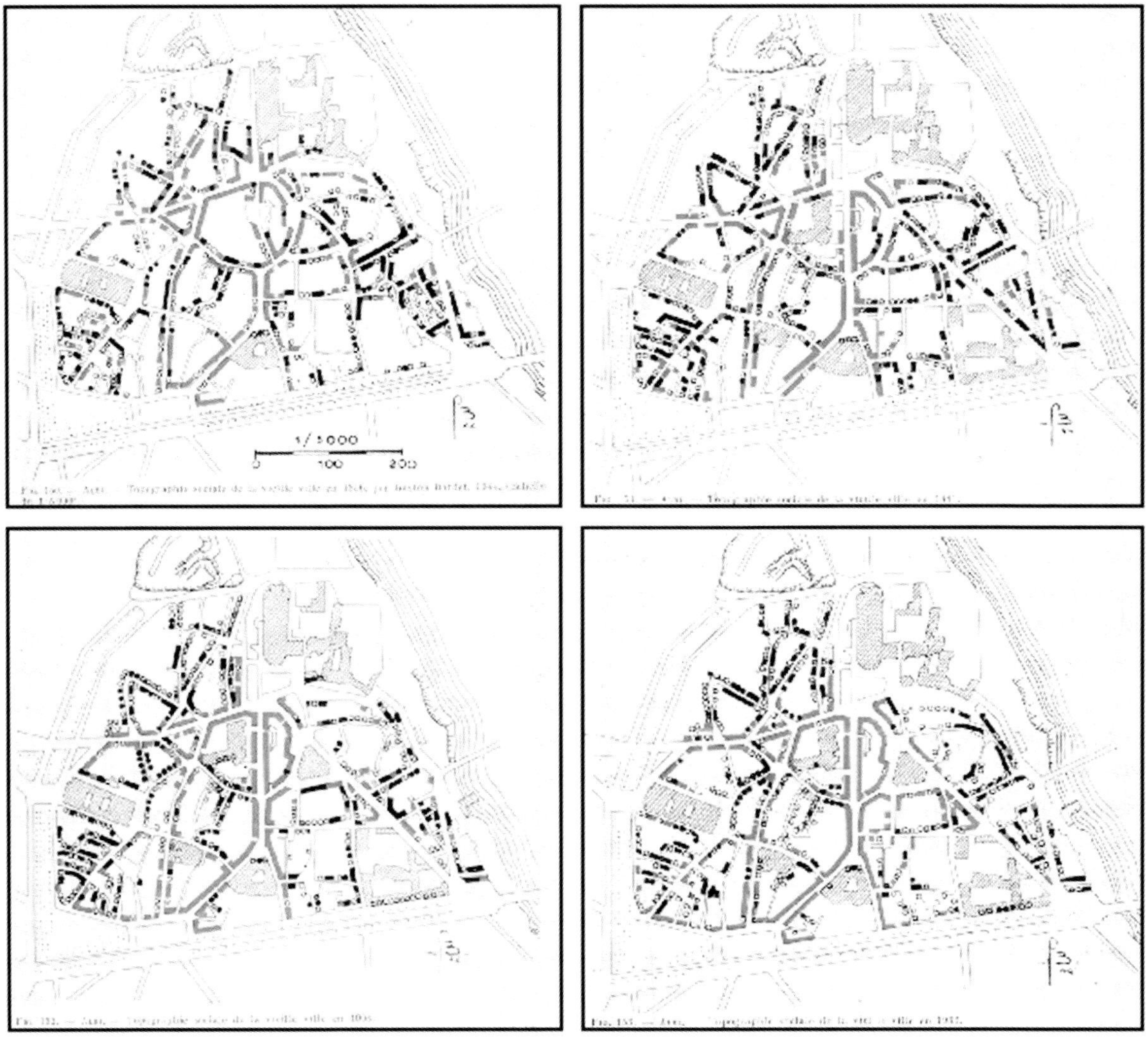

Illustration 6. *G. Bardet. Albi. Topographie sociale de la vieille ville en 1856, 1881, 1906, 1936* in *G. Bardet,* Le Nouvel Urbanisme, *Paris, Vincent et Fréal, 1948.*

selon laquelle les questions d'ordre spatial occupent une place importante dans leur composition (ill. 6). Si nous lisons les légendes des cartes retraçant l'évolution de la structure sociale de la vieille ville d'Albi de 1856 à 1936, par exemple, nous pouvons constater qu'elles traitent d'une question d'aménagement. En effet :

> la comparaison de ces quatre topographies sociales a permis de montrer l'erreur des tracés de Maries consistant à ouvrir une patte-d'oie qui aboutit au chevet de la cathédrale, elle-même dégagée par une trop vaste place[24].

Ces cartes sociales localisent des commerces en bordure des cheminements. Elles visualisent en même temps les alignements des rues où se situent l'animation et l'échange social liés à cette fonction urbaine, comme le rappellent les légendes. Elles légitiment ainsi la sauvegarde des formes urbaines traditionnelles et des aligne-

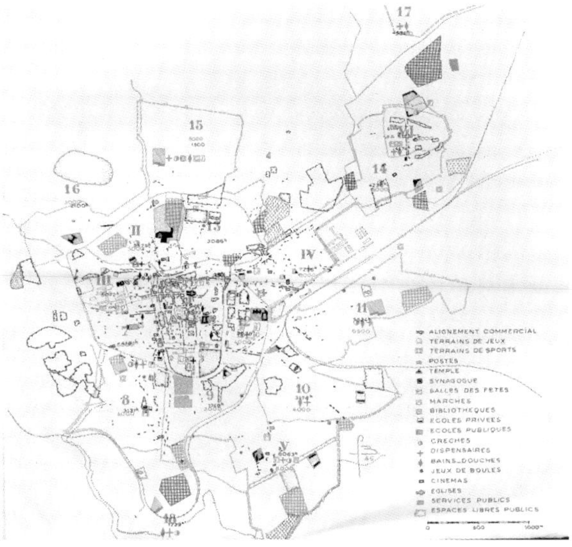

Illustration 7. *G. Bardet. Clermont-Ferrand. Plan d'équipement des quartiers* in *G.* BARDET, Le Nouvel Urbanisme, *Paris, Vincent et Fréal, 1948.*

ments qui constituent, selon Bardet, l'ossature même de la ville. Tout ce qui pourrait s'opposer à cette sauvegarde, comme les flux de la circulation automobile, par exemple, n'apparaît pas sur ces cartes au 1/5000e. À l'opposé, les architectes des CIAM consacrent des cartes entières à la hiérarchie des voies de circulation, puisque selon eux c'est cette fonction qui structure la ville. Leur position doctrinale est déjà inscrite en négatif dans leurs cartes et dans l'organisation de leurs légendes, qui présentent en haut des colonnes les routes pour ensuite descendre aux chemins de fer et aux autres moyens de transport en commun. En effet, cette hiérarchie n'est pas neutre, elle témoigne d'une option économique et sociale de grande portée en faveur de l'automobile.

Zonage naturel/zonage fonctionnel

Enfin, le choix de Bardet d'utiliser des points et non pas des trames de couleur uniformes est, certes, à lier à sa volonté de ne pas supprimer l'unicité de la personne humaine pour ne garder que la quantité, à ses yeux trop simplificatrice et réductrice de la vie urbaine. Ce choix relève directement de son approche sociologique de l'urbanisme, dont le véritable objet est l'organisation des communautés que les hommes forment en ville. Il doit aussi s'associer à son refus de toute abstraction du nombre, par le biais de moyennes, de taux, d'indices ou autres instruments de la statistique mathématique[25]. Mais on peut aussi expliquer ce choix tout simplement comme une astuce visuelle, en le liant à sa volonté de ne pas dessiner des zones urbaines trop homogènes sur le plan des villes. Ces zones pourraient en effet légitimer la pratique du zonage fonctionnel qu'il considère comme simpliste et ségrégative. C'est probablement pour ne pas souscrire à ce mode exclusif de traitement spatial (inadéquat à rendre compte de la spécialisation naturelle des villes) et par rapport à une certaine idée de la réforme urbaine (qui prévoit de délimiter des unités opérationnelles selon une texture complexe où chaque unité urbaine ou quartier accueille plusieurs groupements sociaux d'échelle et de structure différentes) que Bardet fait donc son choix de code graphique (ill. 7).

On pourrait multiplier de telles remarques : les conceptions spatiales des architectes et leurs visions du projet des villes ont des effets importants sur leurs cartes d'analyse urbaine : en dépit de ce que revendiquent leurs auteurs, ces cartes n'apparaissent pas comme un préalable scientifique à l'action, mais plutôt comme le résultat de celle-ci.

Deux paradigmes, deux conceptions de la ville et de l'action urbanistique déterminent la forme et le contenu de ces deux types de cartographies d'architectes, présentées comme descriptives, neutres et objectives. Le paradigme opérant dans la construction des architectes des CIAM est celui de la croissance métropolitaine, de la grande ville organisée selon ses fonctions et les impératifs économiques, qui doit naître sur les cendres de la ville ancienne. Le paradigme opérant dans la construction de Bardet est celui de la métropole décentralisée, métropole en grappe ou ville-fédération constituée de communautés autonomes, limitées dans leur croissance et reproduisant les échelons structurant les villes existantes.

Par ailleurs, il est intéressant de remarquer que ces deux conceptions urbaines, comme les innovations figuratives qui les accompagnent, répondent directement aux enjeux de l'aménagement spatial tels qu'ils sont posés par les pouvoirs publics à l'époque où elles voient le jour. Bardet énonce ses idées sur la décentralisation urbaine et construit sa cartographie de villes petites et moyennes au moment où le gouvernement de Vichy envisage, en France, sa politique de décentralisation industrielle et incite à la sauvegarde des formes sociales liées à l'économie rurale. Les cartes de la « ville fonctionnelle » et les théories d'organisation urbaine qui les inspirent naissent à la période où les États européens essaient de contrecarrer la crise économique de 1929 par l'application de politiques publiques interventionnistes inspirées du taylorisme social et du courant du planisme économique[26].

S'agit-il d'une simple coïncidence, ou peut-on faire l'hypothèse que les conceptions urbaines des architectes se dessinent dans la mesure où elles s'inscrivent dans un cadre politique propice à leur énonciation et à leur application ? Les constructions cartographiques de ces acteurs concepteurs ne résulteraient alors pas d'une simple innovation conceptuelle, mais de la rencontre de cette dernière avec une perspective réelle d'action sur l'espace.

De notre analyse, nous pouvons tirer notamment deux conclusions.

En premier lieu, lier le modèle de description statistique de l'espace urbain aux stratégies urbanistiques de la première moitié du XXe siècle, comme nous venons de le faire, ne permet pas d'associer ce modèle à un mode particulier de penser et de faire la ville. Les choix des architectes en ce qui concerne la construction des catégories de la statistique urbaine et leur mise en forme graphique sont fort multiples à cette époque et relèvent de postures intellectuelles et politiques très diverses. La mise au jour de ce lien permet, certes, d'évaluer l'effort d'objectivation de l'urbain qui caractérise les pratiques et les doctrines de l'aménagement des villes à cette époque. Mais cela ne permet pas de créer des séquences historiques et des partages trop rigides entre, d'une part, un urbanisme quantitatif et universaliste qui s'exprimerait par des représentations abstraites et scientifiques et, d'autre part, un urbanisme attentif aux formes urbaines qui s'exprimerait par des représentations rendant compte des qualités spatiales des villes. Les deux études de cas que nous avons menées montrent que les statistiques servent aussi bien des démarches fonctionnalistes de modernisation radicale du cadre bâti que des démarches qui s'attachent à mettre en valeur l'histoire et la spécificité des formes et des cultures locales. À cette époque, les architectes abordent la question spatiale et architecturale selon différents points de vue, mais ils ne renoncent pas à une approche méthodique, rationnelle et globale de l'urbanisation.

En second lieu, au sein de la discipline urbanistique, comprendre et ordonner les problèmes urbains, prescrire leurs solutions, proposer des modèles d'action sont les moments inséparables d'une même stratégie et d'un même discours. Il y a dans la démarche des urbanistes un lien étroit entre connaissance et action, entre la définition des catégories de l'analyse et la définition des catégories du projet. À chaque catégorie de l'analyse correspond un mode spécifique de traitement spatial qui, réciproquement, agit sur la résolution de la première.

Notes

1. F. Choay, *L'Urbanisme. Utopies et réalités*, Paris, éd. du Seuil, 1965 ; J.-P. Gaudin, *L'Avenir en plan. Technique et politique dans la prévision urbaine, 1900-1930*, Seyssel, Champ Vallon, 1985 ; S. Magri, C. Topalov, « De la cité-jardin à la ville rationalisée. Un tournant du projet réformateur, 1905-1925. Étude comparative France, Grande-Bretagne, Italie, États-Unis », *Revue française de sociologie,* XXVIII, 1987, p. 417-451.

2. E. Chapel, « Cartes et figures de l'urbanisme scientifique en France (1910-1943) », thèse de doctorat en « Urbanisme et aménagement » sous la direction de Yannis Tsiomis, Paris, Université de Paris-VIII, 2000.

3. G. Bardet, *Principes inédits d'enquête et d'analyse urbaines*, Clermont-Ferrand, Colma, 1942.

4. G. Monnier, C. Loupiac, C. Mengin, *L'Architecture moderne en France*, t. I, *1889-1940*, Paris, Picard, 1997.

5. E. Chapel, « Représenter la "ville fonctionnelle" ». Chiffres, figurations et stratégies d'exposition dans le CIAM IV », *Les Cahiers de la recherche architecturale et urbaine*, n° 8, Paris, 2001, p. 41-50.

6. J.-L. Cohen, « Gaston Bardet, un humanisme à visage urbain », *Architecture, Mouvement, Continuité,* n° 44, Paris, 1978, p. 74-83.

7. M. Poëte, *Paris, son évolution créatrice*, Paris, Vincent et Fréal, 1938.

8. R. Maunier, *Essais sur les groupements sociaux*, Paris, Alcan, 1929.

9. J.-L. Lebret, H.-C. Desroches, « La méthode d'Économie et Humanisme », *Économie et Humanisme*, Paris, n° 12, 1944, p. 121-134 ; n° 13, p. 225-259.

10. E. Chapel, « Cartes et figures de l'urbanisme scientifique en France… », thèse citée.

11. T. Loua, *Atlas statistique de la population de Paris*, Paris, Dejey/Berger-Levrault, 1874 ; Préfecture du département de la Seine, Service de la statistique municipale (J. Bertillon, chef des travaux de la statistique), *Atlas de statistique graphique de la Ville de Paris (années 1888 et 1889)*, 2 vol., G. Masson, Paris, 1889-1891 ; C. Booth (dir.), *Labour and Life of the People in London*, 9 vol., Londres, Macmillan, 1892-1897 ; C. Topalov, « La ville, "terre inconnue" : l'enquête de Charles Booth et le peuple de Londres, 1886-1891 », *Genèses*, n° 5, 1991, p. 5-34.

12. E. Hénard, *Études sur les transformations de Paris et autres écrits sur l'urbanisme*, Paris, 1903-1909 (rééd. L'Équerre, 1982) ; W. Hegemann, *Der Städtebau nach den Ergebnissen der allgemeinen Städtebau-Ausstellung in Berlin nebst einem Anhang : Die internationale Städtebau-Ausstellung in Düsseldorf*, Berlin, Verlag Ernst Wasmuth, 1911-1913.

13. Groupe CIAM-France, *La Charte d'Athènes*, Paris, Plon, 1943.

14. G. Bardet, *Pierre sur pierre. Construction du Nouvel urbanisme*, Paris, LCB, 1946.

15. G. Bardet, *Principes d'analyse urbaine*, communication présentée à la Société de statistique de Paris, le 18 octobre 1944, Paris, Berger-Levrault, 1945.

16. Le Corbusier, *Urbanisme*, Paris, G. Grès et Cie, 1925, p. 99-100.

17. G. Bardet, *Pierre sur pierre…*, *op. cit.*, p. 179-181.

18. G. Bardet, « Réponse de David », *L'Architecture d'aujourd'hui*, n° 16 (courrier), 1947.

19. J.-L. Cohen, « Gaston Bardet, un humanisme… », art. cité.

20. G. Bardet, « Re-naissance du quartier », polycopié, IFA, Archives de l'architecture du XXe siècle, Paris s.d.

21. G. Bardet, *Pierre sur pierre…*, *op. cit.*

22. G. Bardet, *Le Nouvel Urbanisme*, Paris, Vincent et Fréal, 1948, p. 239.

23. E. Chapel, « Représenter la "ville fonctionnelle"… », art. cité.

24. G. Bardet, *Le Nouvel Urbanisme*, *op. cit.*, p. 194-197.

25. G. Bardet, *Principes d'analyse urbaine*, *op. cit.*

26. A. Salsano, *Ingegneri e politici. Dalla razionalizzazione alla « rivoluzione manageriale »*, Turin, Einaudi, 1987.

Chapitre XVI

L'actualité des pratiques graphiques des concepteurs lumière

Sandra Fiori

Contribuant à renouveler une approche de l'éclairage urbain longtemps dominée par le fonctionnalisme, les concepteurs lumière, issus de différents horizons, s'imposent progressivement comme des maîtres d'œuvre à part entière. Témoignant de cette situation – nouveauté et acculturation aux disciplines traditionnelles –, leurs pratiques graphiques hybrides constituent un objet de recherche particulièrement stimulant pour la problématique des transferts. Ce chapitre s'attache dans un premier temps à décrire les principales caractéristiques de ces pratiques, pour ensuite montrer les perspectives méthodologiques que leur analyse alimente dans le cadre d'une pragmatique de la figuration.

Depuis la fin des années 1980, une conception plus qualitative de l'éclairage et le développement de certaines formes d'intervention comme les « plans lumière » marquent ce que l'on appelle le renouveau de l'éclairage urbain. Impulsé par les politiques locales décentralisées et la commercialisation de produits plus performants, ce renouveau est aussi largement lié à l'émergence de nouveaux acteurs, les concepteurs lumière. Ce dernier point rend compte d'une situation assez spécifiquement française à l'origine. En effet, alors que, notamment dans les pays anglo-saxons, les *lighting designers* relèvent essentiellement de compétences ingénieriales, de nombreux concepteurs lumière sont en France d'anciens plasticiens ou éclairagistes de spectacle venus à l'urbain après coup.

Ces dernières années, la structuration de leur activité autour d'une association ainsi que la généralisation des collaborations directes avec architectes, paysagistes et designers témoignent d'un double mouvement, d'une part de professionnalisation, d'autre part d'acculturation aux disciplines traditionnelles du projet. De manière générale, les concepteurs lumière sont ainsi soumis aux règles de la maîtrise d'ouvrage publique, sur un plan réglementaire mais aussi en termes de pratiques socioprofessionnelles et d'usages plus diffus.

Fonctions et modalités de la figuration des projets de mise en lumière urbaine

De tels éléments d'introduction sont très importants à souligner pour comprendre leurs pratiques de figuration. Car, contrairement aux architectes ou aux paysagistes, la plupart des concepteurs lumière, du fait de leur origine professionnelle, n'ont pas de formation ni de culture graphique spécifique. Dans le spectacle notamment, la figuration est très peu utilisée, hormis sous la forme de plans techniques d'implantation, appelés « plans de feu ». Surtout, l'éclairage y est beaucoup affaire d'expérimentation et de manipulation directe des sources et, d'une certaine manière, le rapport entre conception et mise en œuvre fait l'objet d'une dissociation moins marquée que dans les disciplines traditionnelles de la conception[1].

Un outil de conception faible

La production graphique des concepteurs lumière est très majoritairement une production déléguée à des assistants[2] et destinée à la communication et à la maîtrise d'ouvrage. La rareté des croquis d'esquisse à usage interne, réalisés par les concepteurs eux-mêmes, confère à la représentation graphique un rôle de conception faible, moindre qu'en architecture par exemple. De manière plus précise, il apparaît que la représentation graphique est au moins utilisée dans sa fonction de *contrôle visuel*, notamment sous la forme traditionnelle de perspectives de rendu. Pourtant, les exemples analysés[3] montrent que les figures semblent peu servir à *faire émerger* un parti ou à tester plusieurs solutions d'ensemble. Enfin, s'il y est fait recours pour *résoudre* graphiquement des problèmes, il s'agit souvent de problèmes ponctuels qui pourraient être résolus, bien que moins rapidement, par d'autres moyens : calcul de l'angle de tir d'un projecteur, calepinage de luminaires... De manière générale, on peut dire qu'à travers la figuration et au cours de ses différentes étapes le projet se précise mais se *transforme* peu (ill. 1).

La faiblesse de la figuration comme outil de conception peut aussi s'expliquer par la spécificité même du projet d'éclairage. En quelque sorte comparable à un travail de second œuvre, ce type de projet est soumis à de fortes contraintes fonctionnelles, techniques et liées à l'intervention sur un espace existant. Il est en même temps limité à un nombre restreint de paramètres, ce dont témoigne l'importance, chez les concepteurs lumière, d'une approche typologique. Celle-ci consiste, à partir d'un « découpage » morphologique et fonctionnel de l'espace et par le choix des différentes caractéristiques du dispositif d'éclairage (teinte et puissance des sources, directions d'éclairage, mode de diffusion, implantation des appareils...), en l'attribution d'une série de qualités lumineuses constitutives d'ambiances à la fois physiques, émotionnelles et symboliques[4]. On comprend qu'une telle conception, qui fonctionne sur le mode de la configuration et de la répétition partielle de règles, requiert un travail de création et de coordination graphiques finalement assez réduit. À ce titre toujours, la nécessité de définir le type de solutions techniques très en amont implique que l'esquisse constitue presque toujours déjà un « avant-projet sommaire » et donne lieu à ce que l'on peut considérer comme des « courts-circuitages » par rapport aux procédures de conception traditionnelles. Il faut enfin ajouter que la lumière, matériau sensible dynamique, est sans conteste moins directement représentable que la forme construite[5].

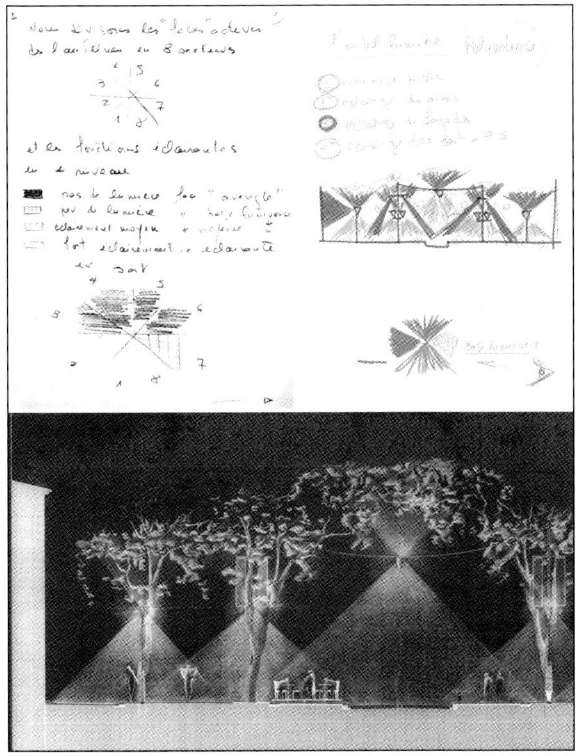

Illustration 1. *Croquis de conception et coupe de principe (détail) intégrée aux planches de rendu de concours. Agence Light Cibles, concours pour le réaménagement du cours Mirabeau à Aix-en-Provence, 1998, équipe B. Fortier, A. Grumbach, L. Clair. © Light Cibles.*

Figures bricolées, l'usage de techniques mixtes

En ce sens, une deuxième caractéristique fondamentale des pratiques graphiques des concepteurs lumière concerne le mode de construction des figures. Bien qu'évoquant par leur facture la spontanéité du croquis, nombre de ces figures sont le produit de plusieurs étapes de construction successives. Ce travail de transformation fait appel à différents procédés dont l'un des effets principaux est la dissociation quasi systématique entre figuration de l'espace et figuration de la lumière, en termes d'étapes de construction mais aussi, la plupart du temps, de traitement graphique. Parmi les procédés les plus récurrents on peut ainsi citer :

- l'emploi de supports spatiaux existants (photographies, fonds de plans, coupes architecturales, etc.), non pas comme simples relevés mais bien dans une fonction de figuration du projet lui-même ;
- le procédé d'inversion d'image, le plus souvent associé à l'usage du calque et de la photocopie, et dont la fonction première est de permettre de « faire la nuit ».

Deux illustrations permettent d'en saisir plus explicitement les mécanismes. Le premier exemple (ill. 2) porte sur la figuration d'un détail architectural dont les effets lumineux sur les huisseries et les ornements de façade ont d'abord été dessinés, ou plutôt modelés, au crayon de couleur sur un calque apposé par-dessus une photographie diurne. L'image finale, c'est-à-dire la représentation nocturne, est ensuite obtenue par photocopiage couleur du calque en utilisant la fonction négatif du copieur : les couleurs de cette image (jaune sur fond noir) sont les complémentaires de celles du calque initial (bleu sur fond blanc). Le second exemple (ill. 3) met plus encore en évidence le nécessaire travail d'anticipation du résultat final qu'implique l'utilisation de tels procédés. Ici, les contraintes imposées par la mise en couleur[6] d'un fond de plan cadastral obligent à « gérer » différemment les différents éléments de la figure : elles entraînent, en amont, une étape de préparation du fond et, en aval, une reprise de la figure. L'inversion ne constitue de la sorte qu'une étape intermédiaire. Plus précisément, l'aplat coloré correspondant à l'éclairage de l'esplanade (figuré en rouge sur la représentation originale reproduite ici en noir et blanc) ne peut être obtenu qu'à la suite de plusieurs opérations préalables : il faut, sur une photocopie du fond de plan original (trait noir sur fond blanc), masquer cette zone centrale par une surface noire de manière à ce qu'elle apparaisse en blanc sur l'image inversée (deuxième étape) et afin qu'elle puisse être mise en couleur après inversion (troisième étape). À l'intérieur de cette zone, la figuration des éléments bâtis, des appareils d'éclairage et des faisceaux est elle-même l'objet d'un tracé effectué dans un quatrième temps.

Ce caractère non immédiat de la représentation graphique apparaît alors comme un nouvel élément

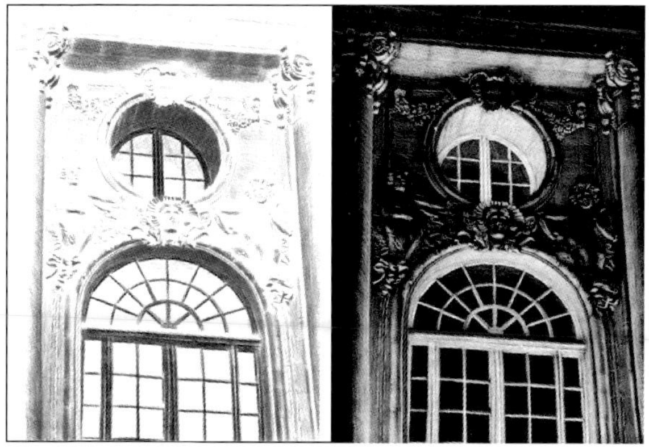

Illustration 2. *Procédé d'inversion : avant et après passage en négatif. Agence Light Cibles. © Light Cibles.*

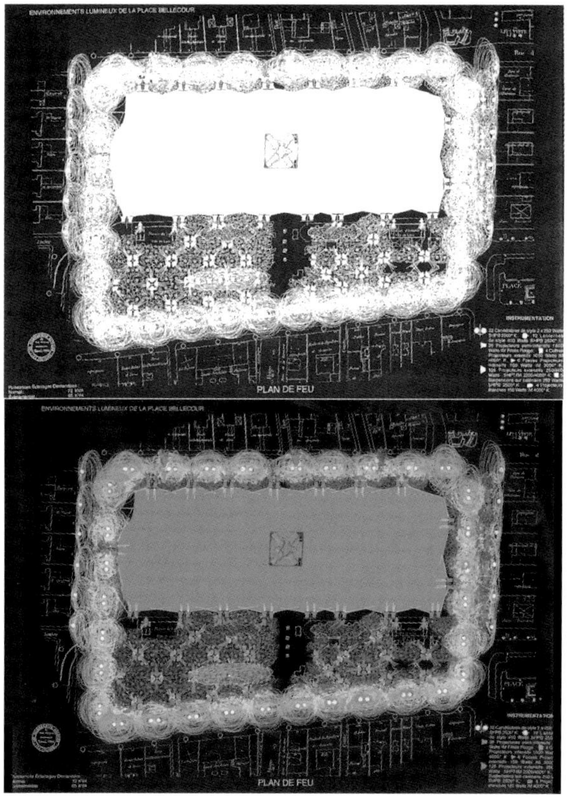

Illustration 3. *Dessin, inversion, mise en couleur : figure intermédiaire et figure finale. Agence LEA, concours pour la mise en lumière de la place Bellecour à Lyon, 1996. © LEA.*

d'explication très important de son rôle de conception faible. Mais, au-delà, ce mode de production semble aussi correspondre à la spécificité du travail des concepteurs lumière, à savoir le remodelage et la recomposition des qualités visuelles d'un espace existant par la lumière, travail qu'on peut globalement rattacher à une démarche de type scénographique[7].

Appropriation graphique et références esthétiques

Une troisième caractéristique à retenir a trait au lien entre modes de figuration et esthétique des projets de mise en lumière urbaine. Plus précisément, il est intéressant de voir comment, à travers la mise en œuvre des procédés graphiques qui viennent d'être décrits, les concepteurs lumière s'approprient des formes de représentation en usage dans le champ architectural et urbain, et comment cette appropriation donne lieu au développement de références esthétiques particulières. D'une certaine manière, on touche là à la question des figures canoniques.

C'est ce dont témoigne par exemple un ensemble de *perspectives nocturnes* réalisées par différentes agences dans le cadre de projets d'illumination des ponts de Paris lancés à partir de 1995. Plusieurs techniques ont été utilisées, qui rendent d'abord compte de la variété d'expression des effets lumineux. L'une de ces perspectives utilise la craie, dont le haut pouvoir couvrant permet en premier lieu de faire la nuit sur une photocopie diurne. Cette technique, qui gomme les détails figuratifs au bénéfice des contrastes de valeur et de texture, exploite la lumière du pigment sur le mode d'une composition coloriste. À l'inverse, une perspective du même pont réalisée au lavis (ill. 4) propose un traitement sur le mode clair-obscur : c'est ici la lumière du support qui est privilégiée, dans un jeu de variations sur la transparence et l'opacité de l'encre.

L'intérêt de ces exemples est aussi de montrer les déclinaisons que peut prendre la référence à une esthétique paysagère *pittoresque*, manifestée communément par la grande majorité des perspectives nocturnes réalisées par les agences de conception lumière, quelles que soient les techniques utilisées[8]. Cette référence se révèle d'abord dans le travail de composition des

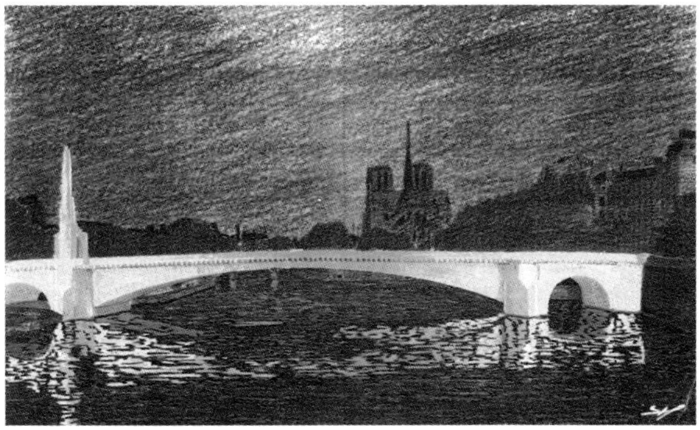

Illustration 4. Perspective nocturne du pont de la Tournelle. Atelier Roland Jéol, consultation pour la mise en lumière des ponts de Paris, 1995. © Atelier Roland Jéol.

figures - hiérarchisation des différents plans, cadrages « canoniques » - ainsi que dans le choix de points de vue privilégiés et monumentaux, porteurs d'une symbolique forte et exprimant l'attention portée au site dans son ensemble plutôt qu'au seul ouvrage architectural. Enfin, la référence paysagère et pittoresque de ces perspectives de rendu se manifeste à travers une parenté avec le *genre illustratif*, défini[9] par le recours au réemploi, à l'intericonicité (ici, l'imagerie « carte postale ») et à des procédés graphiques économiques mêlant techniques manuelles et techniques mécaniques (ici, principalement la retouche photographique sous ses différentes formes).

Une autre référence est véhiculée cette fois par les *coupes de principe*. Plus précisément, les coupes de principe des concepteurs lumière empruntent et « mixent » deux formes graphiques en usage : la coupe de principe telle qu'elle a été développée au XIXe siècle par l'art de l'aménagement de voirie, et la figure photométrique du cône de lumière, appliquée dans le champ de l'éclairagisme technique au calcul des projets. Le point commun entre ces deux formes graphiques de référence est de faire appel à un mode de dimensionnement et d'aménagement de l'espace public à partir d'un raisonnement en profil. Dans le premier cas, comme l'illustrent par exemple les planches du célèbre traité d'Alphand[10], l'espace public est configuré en fonction de différents gabarits urbains et dispositifs trottoir-chaussée, donnant lieu à de multiples déclinaisons quant au choix et à l'implantation des alignements végétaux et du mobilier urbain. La figure géométrique du cône de lumière se définit quant à elle comme l'enveloppe prise par un faisceau lumineux. Dans le champ de la physique appliquée à l'éclairage, elle renvoie à la notion d'angle solide, qui est à la base du système de représentation graphique et des unités utilisées en photométrie pour caractériser et quantifier le rayonnement lumineux et sa répartition dans l'espace (ill. 5). En cela, elle trouve ses premières applications dans les «courbes photométriques» des luminaires fournies par les fabricants. De même, dans les projets techniques d'éclairage public, le cône de lumière sert, là encore à partir d'un raisonnement sur le profil de la chaussée, à déterminer les valeurs d'éclairement au sol et l'implantation des mâts d'éclairage.

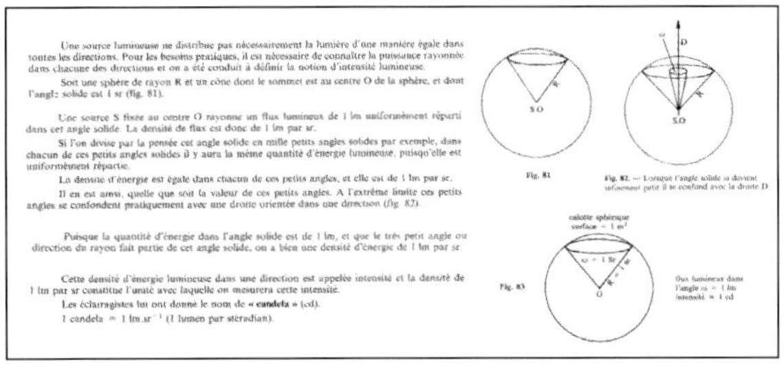

Une source lumineuse ne distribue pas nécessairement la lumière d'une manière égale dans toutes les directions. Pour les besoins pratiques, il est nécessaire de connaître la puissance rayonnée dans chacune des directions et on a été conduit à définir la notion d'intensité lumineuse.

Soit une sphère de rayon R et un cône dont le sommet est au centre O de la sphère, et dont l'angle solide est 1 sr (fig. 81).

Une source S fixée au centre O rayonne un flux lumineux de 1 lm uniformément réparti dans cet angle solide. La densité de flux est donc de 1 lm par sr.

Si l'on divise par la pensée cet angle solide en mille petits angles solides par exemple, dans chacun de ces petits angles solides il y aura la même quantité d'énergie lumineuse, puisqu'elle est uniformément répartie.

La densité d'énergie est égale dans chacun de ces petits angles, et elle est de 1 lm par sr.

Il en est ainsi, quelle que soit la valeur de ces petits angles. A l'extrême limite ces petits angles se confondent pratiquement avec une droite orientée dans une direction (fig. 82).

Puisque la quantité d'énergie dans l'angle solide est de 1 lm, et que le très petit angle ou direction du rayon fait partie de cet angle solide, on a bien une densité d'énergie de 1 lm par sr.

Cette densité d'énergie lumineuse dans une direction est appelée intensité et la densité de 1 lm par sr constitue l'unité avec laquelle on mesurera cette intensité.

Les éclairagistes lui ont donné le nom de « **candela** » (cd).

1 candela = 1 $lm.sr^{-1}$ (1 lumen par stéradian).

***Illustration** 5. Angle solide et définition de l'intensité lumineuse. (Source: AFE,* Cours d'éclairage niveau 1, *Paris, Lux, 1991.) © Éditions Lux.*

Utilisée pour figurer un principe plutôt que comme véritable outil graphique de calcul, la figuration de ce cône chez les concepteurs lumière renvoie ainsi d'abord classiquement aux performances du dispositif d'éclairage: figuration de l'ouverture du faisceau, des modes et directions d'éclairage. Mais, surtout, la spécificité des figures produites par les agences de conception lumière tient dans le tracé du cône et dans sa mise en couleur, qui le détournent graphiquement de sa fonction physique première. Ainsi les jeux sur la forme des faisceaux, sur leur géométrisation extrême, sur la création de contrastes chromatiques marqués confèrent-ils au cône de lumière une fonction d'index forte: désignant les objets à éclairer, le traitement graphique des différents faisceaux sur une même coupe manifeste du même coup le découpage et la hiérarchisation qui président à la composition spatio-lumineuse. De la même manière, les variations de traitement graphique d'une coupe à l'autre confèrent au cône un caractère tantôt délibérément abstrait ou conceptuel tantôt plutôt sensible (ill. 1), perceptible, à travers des effets de matière. Autrement dit, les coupes de principe des concepteurs lumière ne décrivent pas seulement le projet sous son aspect instrumental ou technique; elles donnent aussi à voir la manière dont est construit le dispositif d'éclairage. Surtout, renvoyant simultanément à différents registres du projet - technique, fonctionnel, esthétique, symbolique -, la figure du cône permet de relier graphiquement entre eux ces différents registres du projet, donnant à comprendre le parti de mise en scène nocturne de l'espace. Didactiques, ces coupes de principe le sont aussi par la force évocatrice du cône de lumière qui, traité plastiquement, redevient, malgré son caractère abstrait, une figure schématique presque universelle et immédiatement compréhensible (ill. 6).

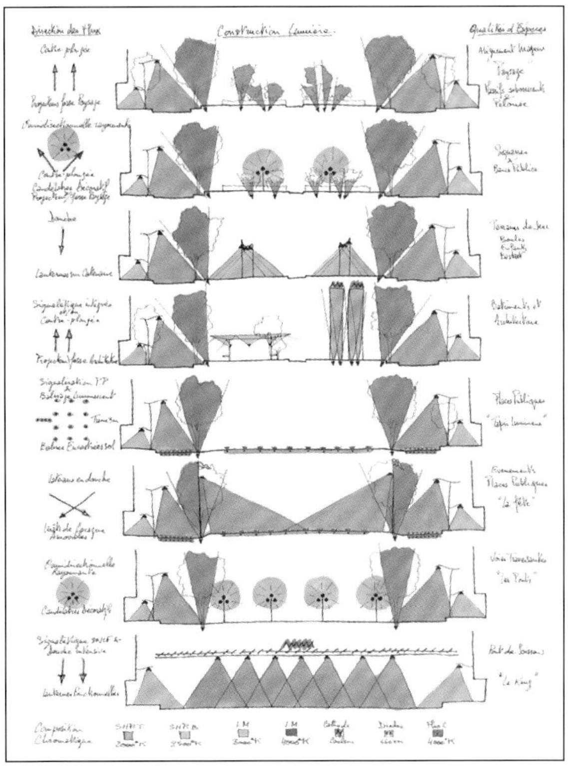

***Illustration 6.** Coupes de principe. Agence LEA, projet pour l'aménagement de l'avenue du Président Wilson à Saint-Denis (93), 1995. Paysagiste: M. Corajoud. © LEA.*

La force de ces coupes tient dans leur équivocité, c'est-à-dire dans la multiplicité des significations et niveaux de lecture qu'elles offrent.

Plus largement, on voit à travers cet exemple comment, par un travail d'appropriation graphique, les concepteurs lumière «redécouvrent» et développent une esthétique nocturne s'apparentant à une certaine forme d'art urbain ancien. On soulignera à nouveau l'approche typologique qu'implique une telle référence et la manifestation, de la part des concepteurs lumière, d'une préoccupation plus grande pour l'environnement urbain que celle des stricts projets d'éclairage public: le cône de lumière comme figure mi-conceptuelle mi-perceptible renvoie en effet explicitement à une conception du dispositif spatio-lumineux comme créateur d'ambiances sensibles.

En résumé, trois caractéristiques majeures se dégagent de l'analyse des pratiques graphiques des concepteurs lumière:

- la production de figures de projet, majoritairement déléguée et tournée vers la communication externe, joue un rôle de conception faible au sens traditionnel du terme;
- cette production fait appel à des procédés graphiques spécifiques (utilisation de supports spatiaux existants et procédés d'inversion d'image), répondant aux contraintes de figuration de la lumière mais aussi à un mode d'intervention scénographique;
- l'emploi de tels procédés, appliqués à des formes graphiques usuelles dans le champ du projet architectural et urbain, donne lieu à un travail d'appropriation graphique et aboutit au développement de références qui renouvellent l'approche technicienne et fonctionnelle de l'éclairage propre à la période précédente.

Éléments en faveur d'une pragmatique de la figuration

Intéressants à titre monographique, de tels éléments d'analyse sont également susceptibles d'alimenter plus largement la réflexion sur le rôle des figures dans les savoirs liés au projet. Deux points seront alors développés qui, bien que ne relevant pas d'un modèle précis, s'inscrivent dans la perspective d'une approche pragmatique de la figuration. Le premier pointe l'intérêt d'une prise en compte de la dimension matérielle et concrète du travail de figuration, ici mise en évidence par la prégnance de certains procédés graphiques. Le second se rapporte à la notion de contexte. À cet égard, il s'agit plus précisément de montrer les liens de codétermination qu'entretiennent, dans le cas de la conception lumière, contexte socioprofessionnel et figuration.

Techniques et modes de figuration: effets contraints et ressources

Constituant davantage qu'une simple description préalable, une analyse centrée sur les techniques et modes de figuration permet d'entrer dans le fonctionnement précis des figures afin d'en saisir certains effets sur l'élaboration et le contenu du projet, en termes de contraintes aussi bien que de ressources.

Au titre des contraintes, l'exemple du procédé d'inversion d'image apparaît particulièrement significatif. Procédé *a priori* économique, il s'avère aussi freiner un mode de conception à proprement parler graphique. En effet, les opérations graphiques et cognitives qu'il mobilise sont peu propices à une liberté du trait comme de la pensée - travailler en négatif revenant d'une certaine manière à dessiner un objet à partir de son image dans un miroir. Se rapportant moins directement à la notion de contrainte mais tout aussi liée aux manières de faire élémentaires, la question, classique en architecture, des effets propres aux modes de représentation se pose ici à propos des perspectives nocturnes et des coupes de principe. On peut ainsi se demander dans quelle mesure la perspective, d'abord utilisée sous la forme de relevés photographiques aux cadrages canoniques, n'impose pas sa propre logique sur les choix de mise en lumière eux-mêmes. En d'autres termes, jusqu'à quel point fonctionne-t-elle comme une forme de regard préalable porté sur l'espace? Ne contribue-t-elle pas en effet à entretenir une vision pittoresque de la ville[11]? De la même manière, dans quelle mesure l'approche typologique n'est-elle pas d'abord la conséquence de la représentation en coupe, *a priori* porteuse d'un découpage spatio-fonctionnel par les informations qu'elle figure? L'évocation de telles questions à propos des projets d'éclairage s'avère d'autant plus importante que

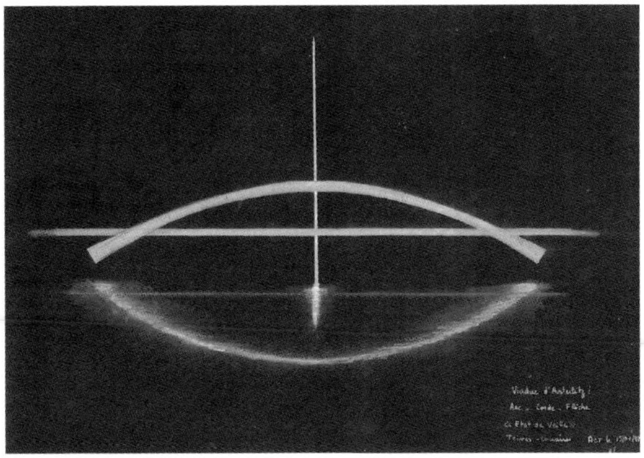

Illustration 7. *Croquis pour la mise en lumière du viaduc d'Austerlitz à Paris. Agence Act Espace, 1998. © Act Espace.*

la sérialité des figures y reste somme toute assez peu exploitée et que, de manière générale, la figuration apparaît encore peu soumise à l'évaluation réflexive[12].

Au titre des ressources cette fois, on retiendra des exemples précédents les jeux graphiques auxquels donne lieu le travail de figuration des projets de mise en lumière. Forme de mise en scène séduisante, ces jeux graphiques n'en sont pas moins pertinents sur le plan descriptif. En particulier, l'équivocité qu'ils introduisent a pour intérêt de faire apparaître l'articulation entre les différentes dimensions constitutives du projet (instrumentale, conceptuelle, sensible), au-delà de la recherche d'un rendu « réaliste » ou de la description d'un principe technique. C'est ce que montre notamment le cône de lumière dans les coupes qui, par un travail sur le trait et la mise en couleur, devient l'expression d'une pluralité de registres emboîtés[13]. Ailleurs, comme dans nombre de croquis de principe scénographique (ill. 7), l'économie est poussée vers un grand schématisme, qui prend la forme d'un jeu entre évocation sensible (liée aux couleurs, à la figuration de l'espace) et expression abstraite du parti (visibilité des procédés graphiques en tant que tels); de même, la construction par strates successives de certains plans d'ensemble a pour effet d'offrir une lecture à plusieurs niveaux d'une même représentation[14].

Non isolables, on le voit, les techniques et modes de figuration engagent différents aspects du projet. Ayant des implications directes en termes d'instrumentation, ils participent aussi à la circulation plus large des référents, en particulier esthétiques. Sur ce point, il convient de souligner l'intérêt d'une analyse des figures qui croise dimension technique et dimension expressive. Esquissée au moyen d'une approche connotative dans le cadre de l'étude des représentations de projets d'éclairage urbain, la mise en œuvre d'une telle analyse s'avère en particulier opératoire pour saisir le jeu dynamique de constitution ou de transformation des références et des codes auquel donne lieu le travail de figuration. Alternative à une approche strictement instrumentale, elle permet aussi d'échapper aux typologies fermées ou aux catégories très générales[15].

Ajoutons enfin que la question des contraintes et ressources propres aux techniques se pose d'autant plus à l'heure où les techniques numériques supplantent les modes de figuration traditionnels. À cet égard, l'usage depuis peu quasi généralisé des logiciels de retouche d'image dans les agences de conception lumière offre de nouvelles hypothèses en même temps qu'il conforte certains résultats de notre recherche. Il semble en effet que, loin de remettre en cause les manières de faire héritées de la figuration manuelle, ces logiciels constituent au contraire un outil qui s'accorde particulièrement aux logiques de conception des projets de mise en lumière : travail par « calques », inversion d'image et palette d'effets directement intégrés.

L'épaisseur contextuelle

Le second point en faveur d'une approche pragmatique de la figuration porte sur la notion de contexte. Dans notre cas, la connaissance du contexte socioprofessionnel dans lequel s'inscrit la conception lumière a d'abord constitué un préalable indispensable à l'analyse graphique. Comme nous l'avons évoqué en introduction, le développement de la représentation graphique est chez les concepteurs lumière lié à l'inscription de leur pratique dans le champ architectural et urbain plutôt qu'à des compétences et à un savoir-faire préalables. Il résulte en particulier de la nécessité, dès lors que l'éclairage sort du strict domaine technique, de produire des modes de communication compréhensibles par des non-experts. La figuration apparaît donc comme une pratique imposée dont l'appropriation donne progressivement lieu à des formes d'innovation et conduit à la diversification des formes de représentation.

À ce titre elle peut aussi jouer en retour un rôle important dans la construction de l'identité professionnelle des concepteurs lumière. Ainsi le développement de types de représentation non strictement techniques contribue-t-il de fait à affirmer la pluralité de leurs compétences et à asseoir leur statut de concepteur. De même, l'appropriation de supports et de codes empruntés aux disciplines traditionnelles de la conception, tout autant qu'elle est un moyen économique de produire la représentation, participe sans conteste du processus d'acculturation par lequel les concepteurs lumière s'intègrent au champ de la maîtrise d'œuvre architecturale et urbaine. De ce point de vue, les exemples présentés montrent bien comment ces emprunts contribuent à inscrire la démarche de mise en lumière dans les grands registres traditionnels de l'intervention urbaine[16]. D'autres, non abordés ici, étayeraient encore le propos qui, relevant d'emprunts quasi littéraux (au domaine de la cartographie urbaine ou au genre des planches de référence paysagistes), renforcent l'hypothèse d'une fonction légitimante de la représentation graphique[17].

Le rôle du contexte, en l'occurrence socioprofessionnel, s'illustre ainsi sous deux aspects liés : agissant sur les causes et les modalités de production des figures, le contexte se trouve en retour affecté par les pratiques graphiques. Formulé en termes méthodologiques, si la convocation du contexte s'avère utile pour appréhender les figures, en retour l'analyse des figures, par les effets potentiels dont elles sont porteuses, nourrit elle-même la connaissance du contexte - qui à ce titre perd son statut ordinaire d'élément de compréhension externe.

De manière plus large, nous avons d'abord souhaité, en abordant sous un angle méthodologique certaines caractéristiques énoncées dans la première partie, souligner les dynamiques que concentre actuellement la question de la représentation graphique dans le champ particulier de l'éclairage urbain. Nous avons surtout cherché à mettre en évidence l'interaction entre les différentes échelles et dimensions qu'engage plus généralement toute pratique de figuration. L'exemple offert par l'analyse des projets de mise en lumière urbaine présente alors un double intérêt :

- d'un côté, il montre comment le travail de figuration, dans ses aspects les plus concrets et les plus élémentaires, peut renvoyer à des manières de faire et de penser plus larges ;
- de l'autre, il permet d'expliciter la façon dont des référents, qu'ils se rapportent aux modes d'intervention ou au statut des acteurs, s'incarnent dans des dispositifs matériels, ici les figures, qui les font circuler et contribuent éventuellement à les transformer[18].

Perspectives

La perspective du développement d'une *efficace* des figures de projet à laquelle peuvent nous conduire ces conclusions encourage notamment à dépasser la dissociation courante entre analyse des figures dites de communication, envisagées comme des *supports* de négociation entre acteurs, et analyse des figures dites de conception, considérées comme le lieu privilégié où se pense et s'élabore le projet. À cet égard aussi, les figures de communication produites par les concepteurs lumière invitent, nous semble-t-il, à élargir l'étude de la conception au-delà des situations de création isolée[19] dans laquelle l'ont cantonnée ces vingt dernières années la plupart des recherches consacrées aux processus cognitifs de création[20].

D'une certaine manière, on pourrait dire que par leur relative atypicité, les pratiques graphiques des concepteurs lumière « réveillent » des dynamiques que le poids de certains référents et catégories d'analyse issus de l'étude de pratiques disciplinaires historiquement ancrées - telles que l'architecture - peut parfois conduire à occulter.

En ce sens, la notion d'*actualité*, développée par la philosophe Anne Cauquelin dans le cadre de ses analyses des pratiques artistiques, nous semble présenter un mode d'entrée intéressant[21]. Rendant compte des tendances en apparence contradictoires qui traversent la plupart des formes d'intervention artistique *actuelles* (d'un côté attachement à la tradition et aux valeurs de l'esthétique *moderne*, de l'autre inscription dans un mode de fonctionnement *contemporain* réseautique où la mise en scène et la circulation des œuvres priment leur contenu), l'analyse de Cauquelin a pour intérêt principal de transformer ce caractère composite et hybride en un nouveau paradigme fondateur.

Utilisée dans notre étude pour rendre compte du « mélange des genres » qui caractérise les pratiques des concepteurs lumière, la notion d'*actualité* nous paraît aussi finalement pouvoir refléter une tendance plus générale de laquelle participe aujourd'hui la figuration, dans les différents domaines de l'intervention spatiale et du projet. Faisant de l'effacement des frontières et de l'hybridation entre les champs une donnée fondamentale pour l'étude de la figuration, le caractère opératoire de cette notion, posé ici à titre d'hypothèse, nous semble pouvoir alimenter la problématique des transferts à plusieurs égards. En particulier, travailler, au-delà de la référence aux arts « canoniques », sur l'influence des arts visuels (design graphique…) et des médias sur les pratiques de projet pourrait peut-être contribuer à une meilleure compréhension des passerelles entre conception et communication.

NOTES

1. En effet, même s'il existe une forte hiérarchie entre les techniciens, le régisseur et le « créateur lumière », ce dernier conserve un rapport direct très fort au matériel, qui constitue la base de son savoir-faire. Or, on pourra à ce titre rappeler que la conception comme étape d'élaboration autonome est historiquement née en architecture de la division entre travail manuel et intellectuel. Au fondement de ce processus, la figuration a en outre contribué du même coup à asseoir l'architecture comme champ de savoir théorique et non plus comme seul domaine de savoir-faire. Sur le premier point, cf. F.E. VALENTIN, *Lumière pour le spectacle*, Paris, Librairie théâtrale, 1994. Sur le second, on pourra en particulier se reporter à J.-M. SAVIGNAT, *Dessin et architecture du Moyen Âge au XVIIe siècle*, Paris, École nationale des beaux-arts - ministère de la Culture et de la Communication, 1976.

2. Architectes d'intérieur ou jeunes architectes, designers ou paysagistes s'installant ensuite à leur compte.

3. Le présent chapitre renvoie à une recherche de thèse au cours de laquelle ont été analysés une vingtaine de projets : illuminations traditionnelles, mises en lumière d'espaces publics et études de type plan lumière. S. FIORI, « La représentation graphique dans la conception du projet d'éclairage urbain », thèse de doctorat sous la direction de J.-F. Augoyard (laboratoire Cresson, CNRS, UMR 1563), Université de Nantes, mars 2001.

4. Cf. à ce propos L. CLAIR, « Écrire la lumière : de l'analyse du contexte au projet d'éclairage », *Architecture d'aujourd'hui*, n° 331, nov.-déc. 2000, p. 110-128.

5. En particulier, la réalisation de maquettes tridimensionnelles est quasi impossible en éclairage artificiel car les caractéristiques photométriques propres à chaque luminaire ne sont pas « réductibles ». Pour cela, les « essais sur site » ont une grande importance, qui permettent de procéder au réglage des appareils et peuvent dans certains cas conduire à modifier les effets lumineux préalablement conçus.

6. Il est, rappelons-le, pratiquement impossible de dessiner sur un fond noir, excepté dans les deux cas suivants : utilisation d'une peinture ou d'une encre blanche (technique toujours médiocrement couvrante) ; carte à gratter ou manière noire en gravure (techniques qui requièrent une préparation et des outils spécifiques).

7. Sur ce point, cf. S. FIORI, « Réinvestir l'espace nocturne, les concepteurs lumière », *Les Annales de la recherche urbaine*, sept. 2000, n° 87, p. 73-80.

8. Référence qui se manifeste aussi dans les textes argumentaires des projets.

9. Cf. article « Illustration (histoire de l'art et du livre) », in *Encyclopaedia universalis*, cédérom version 4.0.

10. A. ALPHAND, *Les Promenades de Paris*, Paris, Rothschild, 1867-1873.

11. La réflexion de Ernst Gombrich, selon laquelle « à l'origine d'un tableau que l'on découvre dans les formes de la nature, il ne peut y avoir qu'un autre tableau », résonne ici assez bien dans la mesure où, comme nous l'avons évoqué, de nombreuses perspectives de rendu nocturne engagent une forte dimension intericonique, que celle-ci soit explicite ou non. E. H. GOMBRICH, *L'Art et l'Illusion*, Paris, Gallimard, 1996, p. 391.

12. Le débat en reste souvent à la comparaison, ou plutôt l'opposition, entre techniques manuelles, rangées du côté du simulacre, et simulation numérique, présentée comme une forme de représentation objective. Cette opposition est en particulier entretenue - et l'on comprend pourquoi - par le milieu industriel et celui des bureaux d'études.

13. L'analyse de la figure du cône de lumière dans les coupes de principe s'applique de la même manière à celle du halo dans les plans d'ensemble.

14. À chaque strate de représentation correspond un registre d'information et un traitement graphique particuliers. De la sorte, selon la strate sur laquelle on se focalise, la figure se lira comme un plan d'implantation (figuration symbolique des appareils d'éclairage), un dessin d'ensemble de l'espace (où la figuration des halos lumineux forme des motifs à la manière d'un tapis) ou une sorte de vue d'avion sensible (à travers le rendu évocateur de ces mêmes halos).

15. S'inscrivant plus ou moins directement dans le champ des théories de l'énonciation, nombre de travaux théoriques et/ou empiriques ont traité dans différentes disciplines de cette dynamique entre convention et invention. Parmi les références qui ont le plus motivé notre travail, nous citerons F. Pousin, *L'Architecture mise en scène, essai sur la représentation du modèle grec au* XVIII*e siècle*, Paris, Arguments, 1995, et, au-delà même de la question de la figuration, les travaux de Jean-François Augoyard et de Michel de Certeau sur les pratiques usagères et les logiques d'appropriation : J.-F. Augoyard, *Pas à pas, essai sur le cheminement en milieu urbain*, Paris, éd. du Seuil, 1979 ; M. de Certeau, *L'Invention du quotidien*, t. 1, *Arts de faire*, Paris, Gallimard, coll. « Folio essais », 1990. Dans un autre domaine encore, *La Métaphore vive* de Paul Ricœur offre de riches pistes de réflexion qui, postulant une rhétorique fondée sur l'étude « des catégories pratiques, de la production et du travail », permettent de penser, sans opposition et au-delà des limites d'une sémiologie structurale et iconique, les passerelles entre représentation et expression, entre genre et style. P. Ricœur, *La Métaphore vive*, Paris, éd. du Seuil, 1975.

16. C'est ce que manifestent aussi les textes d'accompagnement des projets, qui empruntent largement leur vocabulaire et leur rhétorique aux différents domaines de l'intervention architecturale et urbaine.

17. Sur la fonction légitimante de la figuration (chez les urbanistes), on peut lire M. Lussault, « La ville clarifiée, essai d'analyse de quelques usages carto- et iconographiques en œuvre dans le projet urbain », *in* L. Cambrézy, R. de Maximy (dir.), *La Cartographie en débat : représenter ou convaincre*, Paris, Karthala, 1995, p. 156-193.

18. Sur ce point, on se reportera aux travaux de certains sociologues des sciences tels que : M. Callon, B. Latour (dir.), *La Science telle qu'elle se fait*, Paris, La Découverte, 1991, p. 7-36, et B. Latour, « Les "vues de l'esprit" », *Culture technique*, n° 14, 1985, p. 6-29.

19. Dans cette perspective, voir M. Callon, « Le travail de la conception en architecture », *Les Cahiers de la recherche architecturale*, n° 37, *Situations*, 1er trim. 1996, p. 25-35.

20. Pour une synthèse de ces recherches en France, voir *Les Cahiers de la recherche architecturale*, n° 34, *Concevoir*, 4e trim. 1993.

21. Cette notion, qui se réfère sur un plan général au paradigme postmoderne, s'entend, dans le champ auquel elle s'applique, comme un mode de différenciation à l'égard de l'art contemporain. A. Cauquelin, *L'Art contemporain*, Paris, PUF, coll. « Que sais-je ? », 1992.

Chapitre XVII

Pratiques discursives urbaines et modes d'émergence de figures de la ville

Lorenza Mondada

Ce chapitre esquisse une réflexion sur les outils d'analyse et de conceptualisation utiles pour comprendre le caractère ordonné et intelligible de la ville - à la base de sa figurabilité et de sa descriptibilité. Nous essaierons pour cela de développer un regard qui interroge les pratiques discursives observables en ville, attentif à la façon dont elles contribuent à façonner un sens de l'urbain et, en définitive, la ville elle-même dans ses dimensions à la fois symboliques et matérielles.

Nous ferons donc l'hypothèse que l'ordre de la ville dépend de son sens - du sens qu'elle a pour les usagers, si divers soient-ils, de celui qu'ils parviennent à lui donner, auquel ils parviennent à s'identifier, qu'ils parviennent à construire. À l'inverse, la perte de sens de la ville provoque son anomie, son désordre, ses dysfonctionnements.

De cette hypothèse se dégagera une invitation à travailler sur les conditions, les contextes, les activités de production du sens, donc sur les pratiques symboliques, en tenant compte du fait que ce sens n'est pas désincarné, abstrait, général, mais qu'il se construit et se transforme sans cesse sur le terrain des expériences sociales quotidiennes.

Nous poserons quelques jalons d'une analyse de l'urbain qui prenne en compte cette dynamique, que nous lierons à trois caractéristiques du discours sur la ville: son omniprésence, son caractère constitutif, sa polyphonie. Nous terminerons en énonçant quelques conséquences méthodologiques qui découlent de ces trois principes.

L'omniprésence des pratiques discursives

Ce qui caractérise les pratiques discursives est leur omniprésence: il suffit pour s'en rendre compte de considérer le foisonnement des discours urbains dans des contextes et des groupes sociaux très divers.

Le sens de la ville s'élabore par exemple chez les décideurs (que ce soit du côté des élus ou du côté des professionnels de la ville tels les urbanistes) dans des réunions de concertation et de négociation, dans des réunions de travail, dans l'élaboration de stratégies de communication orientées vers les médias ou les usagers. Le sens de la ville s'élabore également auprès des usagers, considérés non seulement comme récepteurs des discours médiatiques, mais aussi comme producteurs d'un discours ordinaire qui lui aussi évalue des projets, se positionne par rapport à eux, critique des situations, rêve d'alternatives, et le fait dans l'interaction quotidienne avec ses voisins, ses commerçants, sa famille, au sein de réseaux sociaux plus ou moins denses, plus ou moins imbriqués.

Il serait réducteur de penser ces différentes sphères comme étant autonomes: en fait les discours des uns et des autres circulent, traversent des réseaux où ils essaient d'intéresser les uns et où ils sont repris, cités, mentionnés par les autres. Ainsi, un projet urbanistique passe par des étapes complexes, transitant des bureaux d'urbanisme à la mairie, des responsables de la mise en œuvre aux investisseurs, et se modifiant au fil de chacune des négociations qu'il subit en entrant dans une nouvelle sphère professionnelle ou institutionnelle[1]. Pour prendre un autre exemple, la parole d'un usager peut transiter par des réseaux multiples: être sollicitée par une enquête, être inscrite dans des statistiques, nourrir une opinion ou une rumeur, qui sera à son tour reprise, utilisée ou combattue dans d'autres contextes (un lieu de décision ou une scène politique). Les pratiques discursives sont ainsi imbriquées dans des réseaux où circulent des objets, des discours, des compétences, des positionnements multiples.

Les points nodaux de ces réseaux ne sont pas uniquement des lieux spécifiques où se déploient des savoirs et des pratiques spécialisés de la ville, mais aussi des *forums hybrides* où différents acteurs sociaux et différentes pratiques discursives peuvent se confronter directement: cela peut être le cas des associations militantes, des débats publics ou des forums d'urbanisme participatif - des lieux où différentes versions sont élaborées dans une confrontation directe[2].

L'effet constitutif des pratiques discursives: processus de catégorisation

Les pratiques discursives ne se limitent pas à verbaliser un espace qui leur préexisterait. Par les choix des formulations, des mises en mots ou des compositions qu'elles impliquent, elles lui confèrent un ordre, une intelligibilité, une structure propres: elles opèrent une mise en figures - une configuration - de l'espace[3]. Elles produisent en effet des mises en ordre, des hiérarchisations et des distinctions, des effets de valorisation et de dévalorisation. Nous verrons que ces effets peuvent être labiles, ne subsistant que le temps de leur énonciation, ou qu'ils peuvent avoir une portée temporelle plus longue, en s'inscrivant dans la répétition ou dans la matérialité.

Cet effet structurant du discours a reçu plusieurs traitements conceptuels.

On peut évoquer la notion de *performatif* introduite par Austin, en montrant que l'énonciation ne consiste pas uniquement à dire quelque chose sur le monde, mais encore à agir sur lui[4]. Austin insiste sur les «conditions de félicité» en exposant les contraintes rituelles et contextuelles qui s'exercent sur le succès des actes de langage. Toutefois, cette analyse en termes d'actes de langage reste focalisée sur des actes isolés, singuliers, sans s'intéresser aux procédures, aux enchaînements de pratiques, aux activités sociales dans lesquelles ces actes prennent place et dont ils ne sont souvent que l'aboutissement le plus manifeste.

Une autre tradition intellectuelle, initiée par Berger et Luckmann[5] en sociologie, conceptualise la puissance structurante du discours en termes de *construction sociale de la réalité*. Depuis, les modèles constructionnistes insistent sur l'importance des interprétations des acteurs dans l'émergence et la configuration des faits sociaux. Ces faits sont à comprendre moins par rapport à une explication fondée sur des «causes objectives» que par rapport aux interprétations qui en sont données. Interprétations qui configurent la formulation des problèmes auxquels est confrontée la société et par conséquent les solutions qu'il convient de leur donner - donc les actions adoptées pour les mettre en œuvre[6].

Le terme «construction» a été critiqué dans une perspective ethnométhodologique comme entrant en contradiction avec le sens de la factualité, de la mondanité et de l'objectivité du sens commun et comme traitant ainsi implicitement les acteurs sociaux de *judgmental dopes* (idiots culturels). Ce qui signifie prendre comme allant de soi quelque chose que les constructionnistes dénoncent au contraire comme étant produit par des instances qui échappent à la rationalité des acteurs. La prise au sérieux de la perspective des acteurs sociaux porte en revanche à s'intéresser à la façon dont l'objectivité des faits sociaux est maintenue, soutenue, défendue - *accomplie* - dans les activités pratiques quotidiennes et institutionnelles par une série de procédés relevant de la typification, de la généralisation, de la «méthode documentaire d'interprétation», du raisonnement pratique[7]. Dans cette tradition, on parlera donc de dimension *constitutive* (plutôt que de «performative» ou de «constructive») des pratiques discursives et non discursives.

Ces courants, au-delà de leurs différences et des discussions internes qu'ils suscitent, ont contribué, par un grand nombre d'études empiriques, à mieux situer la part du langage dans l'émergence et la sédimentation des faits sociaux. Leur influence sur les études urbanistiques - que ce soit dans les sciences sociales qui travaillent sur la ville ou en urbanisme (dans des courants aussi divers que l'urbanisme participatif[8] ou l'usage de la description en urbanisme[9]) - a sans doute modifié la conception de la production de l'ordre et de l'intelligibilité de l'espace urbain.

Un des phénomènes qui manifeste de façon très claire l'efficace des pratiques discursives est celui des *processus de catégorisation*. Ainsi, par exemple, en catégorisant un lieu, un quartier, une zone, une ville d'une certaine manière, on ne fait pas qu'en produire une certaine image, mais plus radicalement on structure des raisonnements et des conduites rendus appropriés par cette image. Ainsi, le fait de qualifier de peu sûrs certains lieux a des effets sur leurs modes de fréquentation, sur les investissements immobiliers, sur la désaffectation des espaces publics, qui s'incarnent dans des conduites d'évitement ou dans des réflexes sécuritaires et répressifs, générant mutuellement et circulairement toujours plus de violence[10]. De façon plus générale, les processus de catégorisation organisent les façons qu'ont les gens de s'approprier ou non un espace, de se l'approprier ensemble ou les uns contre les autres - ce qui a des effets sur la constitution de groupes qui peuvent dépasser les frontières nationales ou ethniques[11] et qui peuvent être porteurs d'un projet collectif (voir par exemple l'analyse des dynamiques de communautés de quartiers analysées par Baumann[12] ou par Keith[13] montrant leur capacité à s'organiser comme un collectif) ou sur la constitution d'une fragmentation sociale où priment le repli et l'évitement de l'autre. Cela invite de façon plus générale à tenir compte autant des processus de clivage, d'inscription territoriale des différences que des processus d'émergence de communautés locales, d'unification de collectifs engagés en vue d'objectifs communs.

Les processus de catégorisation relèvent de pratiques discursives par lesquelles aussi bien soi que les autres, les groupes, les activités ou les lieux sont nommés[14], positionnés les uns par rapport aux autres[15], dans un dispositif générateur de raisonnements catégoriels et donc pourvoyeur d'intelligibilité des situations, des faits, des événements[16].

Ainsi, le choix des catégories et de leur formulation qualifie le lieu, construit sa réputation[17], permet d'envisager certaines activités plutôt que d'autres. Ainsi, par exemple, le fait de localiser un projet immobilier dans un « quartier immigré » ou dans un « quartier multiculturel branché » ne produit pas le même pouvoir attractif envers certaines clientèles ; pour prendre un autre exemple, dans la ville de Bâle, le fait de se référer au « Kleinbasel », qui s'oppose identitairement et spatialement au « Grossbasel » de l'autre côté du Rhin, ne signifie pas la même chose que parler de la « Kleinistanbul » comme d'un quartier traversé non pas par le tram 8 mais par l'« Orient Express ». Dans ce contexte, décliner son lieu de résidence peut devenir un exercice difficile, qui donne lieu à une véritable leçon de sociologie, comme on le voit dans l'extrait d'entretien suivant, à propos d'un autre quartier, parisien cette fois[18] :

1 E et vous saviez vous est-ce que vous
2 avez su que ça avait été un :
3 un quartier avant qui avait été un
4 quartier qui avait été c'était
5 un marais asséché qu'on avait
6 asséché/qui avait été construit par
7 le Roi des choses comme ça vous saviez VOUS/
8 I ah oui/
9 E oui
10 I oui oui/ça on savait que c'était
11 le Marais/on l'appelait
12 d'ailleurs le Marais/[ben oui/
13 E [vous l'appeliez pas le plätzel
14 I non non/on savait que c'était le Marais\
15 mais enfin les les tous
16 les yids disaient le plätzel/pourquoi
17 parce que ils se
18 rencontraient là/quand y en avait
19 un qui débarquait/où que
20 c'est qu'il allait/il allait il venait là/
21 E et c'est pour ça qu'on disait le plätzel
22 I on disait le plätzel parce que tous les gens
23 qui qui débarquaient
24 ils venaient là/
25 E tandis que Vous/vous disiez le Marais
26 I ben oui/nous/nous on savait/
27 parce qu'on avait on avait appris

28 que c'était le Marais\ mais enfin
29 on disait pas: on disait rien du
30 tout/on on disait on habite là pis
31 c'est tout/alors si on parlait
32 avec un quelqu'un qu'était un
33 yiddish alors on disait ((rit)) on
34 disait qu'on ha- on habite au
35 plätzel/mais si on parlait avec
36 un autre/on disait on habite rue
37 des Rosiers/ça faisait bien rue
38 des Rosiers parce qu'ils connaissaient pas la rue/
39 E ah\
40 I parce que celui qui connaissait
41 la rue/c'était pas quelque chose
42 de: qui vous classait tout de suite:: euh
43 ah si j'avais dit j'habite
44 rue de Rivoli/ça aurait été
45 mieux\. ((rit)) oui\.. quand on
46 habitait rue des Rosiers on savait
47 qu'y avait pas. que vous étiez
48 pas de la grosse bourgeoisie/hein/vous
49 étiez vous étiez des des
50 des pauv'gens quoi/c'est tout\

Les multiples distinctions introduites par l'informatrice I à propos du quartier où elle a résidé dans sa jeunesse montrent bien la complexité et la contextualité des choix catégoriels - ainsi que leur appartenance à un savoir urbain des habitants. La dénomination du quartier, pour lequel sont introduites des variantes non équivalentes entre elles - «le Marais», «le *plätzel*», «la rue des Rosiers», «là» - varie en fonction du contexte de communication tel qu'il est reconstruit dans l'échange avec l'enquêtrice E, en fonction aussi de la prise en charge énonciative et de la référence à des groupes socio-ethniques distincts. Le Marais est introduit par E non pas sous une forme toponymique, mais sous une forme descriptive. Le toponyme est proposé par I. Cette dernière n'associe pas ce toponyme uniquement à un savoir, comme le faisait E, mais aussi à une pratique discursive - «on savait que c'était le Marais/on l'appelait d'ailleurs le Marais/» (10-12) -, qui est rapprochée par l'enquêtrice d'une autre dénomination, «*plätzel*» (13). C'est là que I différencie à la fois des énonciateurs, des activités communicatives et des interlocuteurs: d'une part elle oppose «on» et «nous» (26-27) en réponse à la référence de E à «vous», (25) à «*yids*», mentionnés à la troisième personne - la deuxième personne produisant une distanciation ou du moins une différenciation par rapport aux «*yids*». D'autre part, elle oppose «savoir» et «dire», l'objet de ce dire étant variable, allant de «rien» (28-29) au déictique «là» (30), à «*plätzel*» et à «rue des Rosiers», les deux derniers toponymes se différenciant selon le destinataire - «si on parlait avec un quelqu'un qu'était un yiddish» (31-33) *vs* «si on parlait avec un autre/» (35-36). Là encore intervient le savoir sur les lieux, explicitement hiérarchisés comme classant les populations qui y résident (le non-savoir sur la rue des Rosiers en fait un lieu «bien», le savoir un lieu de «pauv'gens», par opposition à la rue de Rivoli, supposée connue de tout le monde, qui est «mieux»).

La géographie pratique qui se dessine de cette manière relève d'un réseau de savoirs catégoriels qui s'ajustent en contexte aux contingences des activités communicationnelles, produisant tour à tour des positionnements différents par rapport à des figures radicalement différentes de l'urbanité et à des possibilités d'action et de projet elles aussi très différentes[19].

La polyphonie des discours urbains

L'extrait que nous avons cité ci-dessus montre bien que les catégorisations, comme les autres modes de description ou de figuration urbaine, sont localement situées, contingentes, ajustables aux situations d'énonciation et d'interlocution. De plus, elles sont multiples: elles ne varient pas seulement chez le même acteur social mais d'un locuteur à un autre. Dans leur multiplicité, elles sont responsables de la polyphonie de l'urbain.

La notion de polyphonie a été reprise à Bakhtine[20] dans de nombreuses disciplines[21], allant de la critique littéraire à la géographie[22]. Elle permet de situer la pluralité des voix qui peuplent un espace social comme une caractéristique de toute énonciation: la voix de «je» est constamment traversée par la voix de l'«autre», le «je» ne peut s'empêcher d'emprunter, de prendre la place, de parler avec, pour, contre l'«autre». De façon plus générale, la polyphonie peut être vue comme une figure caractéristique de l'urbain, de son irréductible multiplicité et hétérogénéité[23].

Ces voix multiples sont responsables du fait qu'il n'y a pas, en ville comme ailleurs, une version ultime et définitive des faits, mais uniquement des versions multiples qui s'affrontent, qui s'imposent ou qui se taisent. Versions relevant de voix qui, d'une part, manifestent des positionnements, des identités, des appropriations et des ancrages spatiaux, et d'autre part ne sont pas égales entre elles. Si certaines voix sont en mesure de se doter d'une efficacité qui fait qu'elles seront répercutées dans l'arène sociale, parvenant à avoir un effet configurant à long terme, d'autres voix restent marginales, labiles, confinées à leur lieu d'énonciation. Ces caractéristiques relèvent d'ailleurs moins des voix elles-mêmes que des pratiques et des réseaux dans lesquels elles circulent, dans lesquels elles sont utilisées comme ressources, comme arguments, comme références. Il n'y a jamais une version unique des faits ; ces multiples versions sont dotées de poids différents, d'efficacités différentes, tout en restant irréductibles entre elles. On peut ainsi penser aux voix officielles, aux voix associatives, aux voix de groupes d'intérêt organisés ou non, à des voix silencieuses, ou réduites au silence, voix ignorées (et que le travail du sociologue peut choisir d'amplifier[24]).

On peut tirer profit d'une analyse qui tient compte des modes sur lesquels ces voix sont traitées dans le discours public :

(France-Info, oct. 2001)
1 J pris dans un TRAquenard/(h) tendu
2 par une trentaine de jeunes\.
3 les jeunes en question répliquent
4 qu'ils ont été INsultés par les
5 policiers\ (h) un jeune homme de vingt-quatre ans
6 en tout cas a été écroué
7 hier soir/(h) et les syndicats de
8 policiers manifestent à nouveau leur
9 colère pour dénoncer/(h) encO :re
10 l'insécurité\ écoutez JCG secrétaire
11 général du syndicat alliance\.
12 JCG c'est pas en niant l'évidence
13 qu'on réglera les problèmes de délinquance
14 en France/(h) quand vous appelez
15 quelqu'un pour euh dire qu'il y a euh
16 un pseudo-enlèvement et puis
17 que vous êtes accueillis à coups de pierres
18 et et de cailloux je vois pas comment
19 on peut appeler cela autrement\.
20 ils ont jeté des pierres (eh ben) c'est tout/
21 il faut arrêter chaque fois
22 qu'il y a le moindre incident
23 c'est parce qu'ils ont été insultés euh (h)
24 alors qu'il y a eu des bavures
25 de certains collègues/personne le nie
26 non plus/les collègues ont été
27 sanctionnés/(h) et ils le seront
28 toujours d'ailleurs/(h) mais maintenant
29 il faut arrêter on peut pas
30 on peut plus rien faire sans que euh
31 ce soient les policiers euh qui
32 qui en en cause et en tort\ (h) alors
33 dès qu'ils arrivent sur le territoire
34 de ces gens-là c'est le même résultat\
35 alors je crois qu'il faut qu'on
36 arrête avec ça\ c'est c'est toujours
37 la même chose de toute façon/on peut
38 plus faire notre travail sans être accusés
39 (et) mis en accusation\ (h)
40 alors il faut savoir ce qu'on veut\
41 ou la loi de la république s'applique
42 sur l'ensemble du territoire (h)
43 ou elle ne s'applique pas/mais qu'on
44 nous le dise/qu'on nous le dise clairement/
45 mais là bon nous on estime
46 que la loi doit s'appliquer partout\
47 euh aussi bien dans ces quartiers
48 euh qui considèrent que certains
49 tout au moins considèrent comme leur
50 territoire propre à eux\ eh ben non\
51 c'est le territoire français/
52 c'est la république française/
53 et la loi doit s'appliquer
54 partout\. [un point c'est tout
55 J [des propos des propos recueillis par SF\

Cette information, diffusée à la radio à propos d'une confrontation entre la police et des jeunes dans une banlieue de Strasbourg, reconnaît l'existence de deux versions des faits et leur attribue des poids différents, instaurant entre elles une asymétrie. À la version des policiers, catégorisant l'événement en termes de « traquenard » (1), est immédiatement associée en écho la version des jeunes, interprétant l'événement comme une provocation - « ils ont été INsultés » (4). Cette double version est toutefois suivie, d'une part, par l'information de l'incarcération d'un jeune, accompagnée de l'évaluateur « en tout cas » (6), qui dit la non-prise en compte de la version de ces énonciateurs, et, d'autre part, par la déclaration d'un représentant des policiers. L'accès aux médias est ainsi donné à une voix et pas à l'autre ; cette voix relève en outre d'un porte-parole, renvoyant au caractère organisé du corps de la police au-delà des policiers concernés par l'événement - ce qui n'est pas le cas des « jeunes » qui sont uniquement caractérisés par leur âge (5).

La déclaration du porte-parole généralise la portée du problème rencontré par les policiers en se situant aussi bien par rapport à cet événement particulier que par rapport à celui-ci vu comme une occurrence parmi d'autres d'une classe d'événements analogues. Il est intéressant de noter que la version du porte-parole elle-même est traversée par une multiplicité de catégorisations, issues de voix différentes : « pseudo-enlèvement » (16), « incident » (22), « insulte » qui répond par une citation à la version des jeunes (23), « bavure » (24), terme qui est à la fois rejeté et admis. Si « pseudo-enlèvement » accrédite donc la thèse du « traquenard », les formulations telles que « dès qu'il y a le moindre incident » (22) et « qu'il y a eu des bavures de certains collègues/personne le nie non plus/ » (24-26) reconnaissent en revanche que des occurrences de ces deux types d'événements se produisent. De plus, l'emploi du pronom « vous » au début de la déclaration renvoie à une pluralité de champs, référant d'abord à ceux qui appellent les policiers et tout de suite après aux policiers appelés. Ces deux phénomènes manifestent la présence dans le discours de JCG de positionnements et de perspectives énonciatives contradictoires, malgré l'objectif clairement explicité de récuser la version qui incrimine les policiers.

En même temps, la version du porte-parole tend à généraliser le problème des policiers - par des marqueurs temporels comme « chaque fois » (21), « dès qu'ils arrivent [...] c'est le même résultat » (33-34), accompagnés de négations : « on peut plus rien faire » (30), « on peut plus faire notre travail » (37-38) - et à invoquer une règle tout aussi générale - investissant l'espace : « la loi doit s'appliquer partout » (46, 53-54) - qui pose un problème de territorialité - « le territoire de ces gens-là » (33-34), « dans ces quartiers euh qui considèrent que certains tout au moins considèrent comme leur territoire propre à eux\ » (47-50) - qui est attribuée à des acteurs partiellement identifiés (ils sont mentionnés par un déictique d'abord, puis identifiés avec le territoire lui-même, et enfin reformulés par un indéfini, « certains »), face à la classe clairement identifiée des « policiers » qui correspond au « nous » (38, 44-45). À la fin de la déclaration, l'invocation d'une loi sans exceptions achève le processus de généralisation et dégage nettement la position des policiers, qui était moins clairement définie dans la première partie de la déclaration.

On voit ainsi que même dans une situation où il y a une asymétrie entre les versions, la voix qui s'impose n'est pas homogène et reste perméable à celles auxquelles elle s'oppose ou qu'elle nie.

Ces effets de polyphonie permettent de poser à nouveau la question de la représentation, en tenant compte des auteurs qui ont parlé de *politique de la représentation*[25] : ce qui est en jeu n'est pas uniquement comment une version (d'autres diront une image, ou une représentation) est construite et configurée, mais aussi comment cette version élabore l'identité des catégories sociales concernées, comment elle est exprimée ou non par elles, qui en sont les porte-parole autorisés/imposés, comment la participation de certaines catégories sociales y est garantie ou non[26].

Dans une perspective centrée sur les pratiques langagières, discursives et interactionnelles, on peut s'interroger sur les façons de (se) dire des différents acteurs, sur les normes et les standards ou les écarts et les subnormes qui rendent non seulement certaines versions mais encore certaines façons de les produire acceptables ou inacceptables, recevables ou irrecevables. Le problème devient alors non seulement celui de la reconnaissance publique de certaines versions, mais aussi de certaines manières de les dire, c'est-à-dire de les manifester, de les affirmer, de les revendiquer - en considérant que ces manières sont liées à la spécificité des positionnements, des identités, des catégories de leurs énonciateurs et, partant, de leurs versions. Dans le cadre d'une politique de la représentation, il s'agirait donc de lier l'analyse sociolinguistique des spécificités des parlers urbains ou de certaines classes de locuteurs[27] et l'analyse des modalités de la prise de parole, des rhétoriques ordinaires[28], des pratiques du discours public, des modes d'accès au débat public de certaines catégories normalement réduites au silence parce que s'exprimant dans des formats qui ne sont ni reconnus, ni reconnaissables, ni standard, ni standardisables. Cette double analyse des façons caractéristiques de communiquer des différents groupes, souvent objet de malentendus, de stéréotypisations, de non-reconnaissance, est elle-même à articuler à des positionnements identitaires par lesquels se définissent dynamiquement des groupes et des subcultures urbaines (y compris les « nouvelles ethnicités[29] »).

Quelques conséquences méthodologiques

Se pencher sur les trois caractéristiques des pratiques responsables de la mise en figure de l'urbain que nous venons d'énoncer rapidement - leur dimension discursive, leur dimension constitutive, leur dimension polyphonique - invite à adopter une posture méthodologique qui permette de les observer telles qu'elles sont à l'œuvre empiriquement.

Cela présuppose l'identification de lieux d'énonciation spécifiques où se manifestent des positionnements sociaux - les médias, les entretiens d'enquête, les prises de parole dans les lieux publics, tout comme les échanges dans des sphères plus privées ou plus restreintes - liés à des activités sociales particulières (répondre à des questions d'un journaliste ou d'un enquêteur, défendre ou revendiquer une position à un meeting, bavarder, négocier dans une réunion de travail, etc.). La prise en compte des spécificités de cette énonciation signifie aussi une attention portée aux modes de formulation particuliers sélectionnés par les locuteurs : le type de registre utilisé tout comme la structuration du propos, ainsi que son placement au sein d'une séquence d'interaction (en réponse à une question, en réaction à une prise de position, en appui à une formulation antérieure, etc.).

Ce type d'observation repose nécessairement sur une approche pluridisciplinaire : elle invite à une démarche ethnographique qui repère sur le terrain les espaces sociaux où ces pratiques ont effectivement lieu. Elle invite également à une démarche d'observation et d'enregistrement des détails de ces pratiques (en audio ou en vidéo) pour les soumettre à une analyse fine, ayant recours aux sciences du langage comme aux sociologies de l'action située.

Enfin, l'efficace des pratiques discursives dans leur dimension constitutive n'est appréhendée que par un suivi de la façon dont ces pratiques et leurs produits circulent dans des arènes sociales variées : c'est en prenant place dans une chaîne de reformulations que les énoncés catégorisants et configurants des faits sociaux acquièrent leur caractère d'évidence et de factualité. L'observation d'une telle efficace suppose un suivi des pratiques par lesquelles la matérialité et l'objectivité des faits sociaux sont incessamment produites par les acteurs, que ce soit dans leur parole quotidienne, dans leurs conduites ordinaires ou dans leurs activités professionnelles.

NOTES

1. O. Söderström, *Des images pour agir. Le visuel en urbanisme*, Lausanne, Payot, 2000.

2. M. Callon, P. Lascoumes, Y. Barthe, *Agir dans un monde incertain. Essai sur la démocratie technique*, Paris, éd. du Seuil, 2001 ; P. Amphoux, « De théories en pratiques. Trois principes d'hybridation pour la ville », *in* O. Söderström *et al.* (dir.), *Usages du projet*, Lausanne, Payot, 2000, p. 39-50.

3. L. Mondada, *Décrire la ville. La construction des savoirs urbains dans l'interaction et dans le texte*, Paris, Anthropos, 2000 ; L. Mondada, « Pratiques discursives et configuration de l'espace urbain », *in* J. Lévy, M. Lussault (dir.), *Logiques de l'espace, Esprit des lieux. Géographies à Cerisy. Actes du colloque de Cerisy*, Paris, Belin, 2000, p. 165-176.

4. J.L. Austin, *Quand dire c'est faire*, Paris, éd. du Seuil, 1970 (éd. orig. Oxford, 1962).

5. P.L. Berger et T. Luckmann, *The Social Construction of Reality*, New York, Anchor Books, 1967.

6. M. Spector et J. Kitsuse, *Constructing Social Problems*, Menlo Park, Cummings, 1977.

7. A. Schutz, *Collected Papers*, vol. I : *The Problem of Social Reality*, The Hague, Martinus Nijhoff, 1962 ; H. Garfinkel, *Studies in Ethnomethodology*, Englewood Cliffs, New Jersey, Prentice-Hall, 1967 ; H. Garfinkel, « Common-sense Knowledge of Social Structures : The Documentary Method of Interpretation », *in* J.M. Scher (dir.), *Theory of Mind*. Glencoe, Free Press, 1962 (p. 689-712) ; M. Pollner, « Mundane Reasoning », *Philosophy of the Social Sciences*, 4(1), 1974, p. 35-54.

8. P. Healey, « Planning Through Debate : The Communicative Turn in Planning Theory », *in* F. Fischer et J. Forester (dir.), *The Argumentative Turn in Policy Analysis and Planning*, Londres, UCL Press, 1993.

9. B. Secchi, « Urbanistica descrittiva », *Casabella*, n° 588, mars 1992.

10. Voir par exemple l'anatomie d'une émeute décrite par C. Bachmann et N. Le Guennec, *Autopsie d'une émeute. Histoire exemplaire du soulèvement d'un quartier*, Paris, Albin Michel, 1997.

11. U. Hannerz, *Cultural Complexity : Studies in the Social Organization of Meaning*, New York, Columbia University Press, 1992 ; U. Hannerz, *Transnational Connections : Culture, People, Places*, Londres, Routledge, 1996.

12. G. Baumann, *Contesting Culture. Discourses of Identity in Multi-ethnic London*, Cambridge, Cambrigde Studies in Social and Cultural Anthropology, 1996.

13. M. Keith, « Ethnic Entrepreneurs and Street Rebels. Looking inside the Inner City », *in* S. Pile et N. Thrift (dir.), *Mapping the Subject. Geographies of Cultural Transformation*, Londres, Routledge, 1995.

14. H. Sacks, « An Initial Investigation of the Usability of Conversational Materials for Doing Sociology », *in* D. Sudnow (dir.), *Studies in Social Interaction*, New York, Free Press, 1972 (p. 31-74) ; E.A. Schegloff, « Notes on a Conversational Practice : Formulating Place », *ibid.*, p. 75-119 ; L. Jayyusi, *Categorization and the Moral Order*, Londres, Routledge, 1984.

15. R. Wolf, « Soziale Positionierung im Gespräch », *Deutsche Sprache*, 27(1), 1999, p. 69-94.

16. H. Sacks, « An Initial Investigation… », art. cité*;* H. Sacks, *Lectures on Conversation (1964-72)*, 2 vol., Oxford, Basil Blackwell, 1992.

17. R. Dulong et P. Paperman, *La Réputation des cités HLM : essai sur le langage de l'insécurité*, Paris, L'Harmattan, 1992 ; C. Bachmann et L. Basier, *Mise en images d'une banlieue ordinaire. Stigmatisations urbaines et stratégies de communication*, Paris, Syros, coll. Alternatives sociales, 1989.

18. Conventions de transcription :

[	chevauchements
……	pauses
/ \	intonation montante/descendante\
exTRA	segment accentué
((rire))	phénomènes décrits
:	allongement vocalique
< >	délimitation des phénomènes entre (( ))
par-	troncation
(h)	aspiration

19. L. Mondada, *Décrire la ville…*, *op. cit.*

20. M.M. Bakhtine, *Literatur und Karneval*, Frankfort, Fischer Taschenbuch, 1996, éd. française : *L'œuvre de François Rabelais et la culture populaire au Moyen Âge et sous la Renaissance*, Paris, Gallimard, 1970.

21. Cf. M. Holquist, *Dialogism*, Londres, Routledge, 1990.

22. Cf. P. Crang, « The Politics of Polyphony : Reconfiguration in Geographical Authority », *Society and Space*, n° 10, 1992, p. 527-549.

23. M. Canevacci, *A Cidade polifônica. Ensaio sobre a antropologia da comunicaçao urbana*, São Paulo, Studio Nobel, 1993 ; C. Collins, « Applying Bakhtin in Urban Studies : The Failure of Community Participation in the Ferguslie Park Partnership », *Urban Studies*, 36(1), 1999, p. 73-90 ; L. Mondada, *Décrire la ville…*, *op. cit.* ; L. Mondada, « Polyphonies urbaines : dires pluriels dans et sur la ville », *Grenzgaenge*, 8(15), 2001, p. 5-22.

24. Voir sur les vendeurs de crack, les travaux de P. Bourgois, *In Search of Respect. Selling Crack in El Barrio*, Cambridge, Cambridge University Press, 1995 ; ou, sur les marginaux de New York, ceux de M. Duneier, *Slim's Table. Race, Respectability and Masculinity*, Chicago, The University of Chicago Press, 1992, et M. Duneier, *Sidewalk*, New York, Farrar, Straus and Giroux, 1999.

25. M. Shapiro, *Politics of Representation*. Madison, University of Wisconsin Press, 1988 ; H. Mehan, « Beneath the Skin and between the Ears : A Case Study in the Politics of Representation », *in* S. Chaiklin et J. Lave (dir.), *Understanding Practice. Perspectives on Activity and Context*, Cambridge, Cambridge University Press, 1993 ; J. Duncan, « Sites of Representation. Place, Time and the Discourse of the Other », *in* J. Duncan et D. Ley (dir.), *Place / Culture / Representation*, London, Routledge, 1993.

26. K. Anderson, « Cultural Hegemony and the Race-Definition Process in Chinatown », *Vancouver, 1880-1980. Society and Space*, n° 6, 1988, p. 127-149 ; E. Ter-Borg et G. Dijkink, « Naturalising Choices and Neutralising Voices ? Discourse on Urban Development in Two Cities », *Urban Studies*, 32(1), 1995, p. 49-67.

27. Voir, par exemple, les travaux portant sur les spécificités de l'anglais noir-américain : W. Labov, *Language in the Inner City*, Philadelphie, University of Pennsylvania Press, 1972 ; R.D. Abrahams, « Black Talking on the Streets », *in* R. Bauman et J. Sherzer (dir.), *Explorations in the Ethnography of Speaking*, Cambridge, Cambridge University Press, 1974, p. 240-262 ; T. Kochmann, *Black and White Styles in Conflict*, Chicago, University of Chicago Press, 1981 ; J. Baugh, *Black Street Speech. Its History, Structure, and Survival*, Austin, University of Texas Press, 1983.

28. W. Kallmeyer (dir.), *Kommunikation in der Stadt*, Berlin, De Gruyter, 1994-1995.

29. B. Rampton, *Crossing : Language and Ethnicity among Adolescents*, Londres, Longman, 1995 ; L. Back, *New Ethnicities and Urban Culture. Racism and Multiculture in Young Lives*, Londres : UCL Press, 1996.

Conclusion

Rendre visible la ville

Marie-Claire Robic

Pour traiter de la figuration urbaine, trois disciplines ont été interrogées ici, la géographie, l'architecture et l'urbanisme (celui-ci un peu en marge dans sa version de discipline touchant moins au projet architectural et urbain qu'à l'aménagement territorial). La propension des auteurs à choisir des corpus disciplinaires a conduit à une forte représentation d'objets canoniques, d'auteurs ou d'œuvres emblématiques - gestes d'un Alberti ou d'un Le Corbusier, manuels d'un Pierre Lavedan ou d'un Gaston Bardet. Elle a conduit encore à se pencher sur les revues spécialisées, mais aussi à pratiquer la mise en série de travaux relevant d'un même genre, telles les premières géographies modernes ou bien les géographies de la France destinées à un grand public cultivé.

Il en résulte d'abord le rassemblement inédit d'une iconographie sur la ville extrêmement riche, qui révèle l'ampleur et la variété des modes de visualisation adoptés dans ces savoirs modernes voués à l'appréhension de l'espace urbain. Si certains réfèrent à des formes limites de la visualisation - description verbale, langage de la catégorisation -, la majorité témoigne de la multiplicité des schémas, des plans, des cartes, des photographies, des images hybrides qui nous ont été légués. Ainsi se côtoient des plans urbains, d'ensemble ou de détail, des images de formes de villes, d'édifices, d'architecture plus ou moins contextualisées, convoquant ou non la perception sensible, - perception qui semble régir certaines photographies urbaines qui se démarquent alors des images abstraites dont le degré de codification varie.

Les contributions rassemblées éclairent cette collection analytique d'images par la reconstitution des processus de la conception cartographique et l'étude de complexes iconographiques : montages iconographiques, relations texte-image et modes d'imagement (pour reprendre l'expression de Didier Mendibil), utilisés au sein d'une publication ou dans le processus d'une intervention publique. Ce corpus iconographique convainc qu'une image demande à être étudiée au sein de séries, soit qu'elles renvoient à un ensemble constitué dont l'image participe, par exemple un manuel ou un projet d'urbanisme, soit qu'elles relèvent du commentaire, de l'interprétation.

Les divers chapitres révèlent une combinaison inattendue de prégnance disciplinaire et de fluidité interdisciplinaire. On peut pointer en effet la fréquence et l'extrême variété des jeux d'emprunts par lesquels se sont constitués plusieurs des corpus étudiés. D'emblée, Jean-Marc Besse révèle par exemple la filiation établie entre un genre rhétorique ancien, l'éloge, et la vue de ville qui apparaît dans les atlas géographiques des XVe et XVIe siècles. Carlo Ravagnati démonte le collage de références antiques constitutif du texte descriptif et normatif d'Alberti. C'est un « détournement » de carte géographique qui est explicitement à l'œuvre dans les projets architecturaux situationnistes étudiés par Riccardo Palma. Des liens généalogiques, des citations, telle la référence aux géographes français dans l'œuvre d'Aldo Rossi étudiée par le même auteur, forment d'autres fois des trames d'échange plus serrées entre disciplines. On pourrait aussi rappeler le travail de Marcel Poëte, et sa relation avouée à Vidal de La Blache et à Bergson, qui trace un fil entre histoire de l'urbanisme, géographie et philosophie. L'emprunt de savoir-faire graphiques exogènes à la profession et le bricolage technique construisent parfois une hybridation extrême entre disciplines de la conception urbaine, comme le démontre Sandra Fiori à propos des projets d'éclairage urbain.

À l'inverse, au-delà d'un recours commun à l'imagerie, la permanence disciplinaire sur le long terme est remarquable. Il en ressort d'abord des distinctions notables entre les modes iconographiques par lesquels la géographie, l'architecture et l'urbanisme figurent préférentiellement la ville : ici, classiquement, la carte et la vue paysagère, là la représentation du bâti à plus grande échelle, là encore le plan zénithal de zoning. Plus importantes peut-être pour penser les distinctions entre les savoirs disciplinaires ont été des différenciations durables qui tiennent au rapport que chacune des disciplines entretient avec l'action. L'une des différences essentielles reposerait sur la conviction commune qu'ont les architectes et les urbanistes d'un métier du « projet », alors que les géographes ont longtemps pris leurs distances à l'égard de l'action et adopté une épistémologie réaliste qui leur a fait valoriser une relation directe, sans médiation, ou encore « de plain-pied[1] » avec un objet déjà là : des disciplines de la « mise » en forme se distingueraient d'une discipline de la stricte « description » de formes. Encore faut-il remarquer que le vocabulaire ancien du projet architectural, volontiers relayé aujourd'hui par celui de la « conception », s'inscrit aussi dans la pensée urbaine qui se déploie depuis les années 1970-1980 sous le signe du projet[2]. Aussi, longtemps étranger pour elle, cet horizon du projet peut-il aujourd'hui pénétrer la recherche en géographie, notamment par des travaux réflexifs sur l'iconographie qui accompagnent le « projet urbain » ou le « projet de ville »[3], voire le « projet de territoire »[4]. En outre – et sans rapport direct avec l'incitation à penser l'action que constituent ces politiques spatiales –, une épistémologie géographique constructiviste devrait probablement trouver plus de points de dialogue que la posture classique avec la conception architecturale et urbaine contemporaine.

Avancer dans la compréhension transdisciplinaire des formes et des pouvoirs de la figuration urbaine exige une analyse réflexive approfondie des *effets de champ* produits par les disciplines ici considérées. Disciplines qu'il convient d'appréhender comme traditions avec ce que cela signifie de rémanence, de reprise, de métamorphose des problématiques et des figurations – d'autant plus naturelles peut-être que l'on traite de visualisations –, car elles impliquent un type de savoir, et surtout un type de rapport entre savoir et action spécifique sur la ville. Cet investissement sur les effets des savoir-faire et des cultures disciplinaires doit se doubler d'une recherche de transversalités dont l'ouvrage suggère plusieurs pistes.

Nombre de chapitres traitent de l'historicité des figurations urbaines, en pointant le poids d'une conjoncture ou l'émergence d'une configuration temporelle inédite. En revanche, la focalisation sur la notion de figuration et la prégnance disciplinaire, difficile à déconstruire dans un premier temps, ont pu laisser dans l'ombre la construction même de l'« objet ville ». Aussi l'opération même de construction de l'objet par la figuration devra-t-elle à l'avenir être réinterrogée de front.

C'est à travers une réflexion résolument tournée vers la *fonction* de telle ou telle représentation particulière ou de son contexte pragmatique que la signification historique de cette figure urbaine émerge. Il en est ainsi des conclusions de Jean-Marc Besse, attentif au sens des vues de villes de la Renaissance, et qui voit en la représentation de la ville de pierre (*urbs*) la figuration de sa communauté de citoyens (*civitas*) ou, mieux encore, la figuration de la vertu civique de la ville, un discours humaniste sur la singularité et la valeur de la Cité. De son côté, la ville dévoilée par les figures de Claude Perrault apparaît pour Indra Kagis McEwen comme la « préfiguration » d'un État moderne, là où la représentation de la ville dans *De architectura* de Vitruve renvoie à celle du corps de l'Empire romain. Alors que l'urbanisme opérationnel est né, les images de Belo Horizonte et de São Paulo opposent des moments de planification étatique et de libéralisme du XXe siècle ; le débat sur la ville corporatiste et la ville rationnelle se nourrit du projet d'une ville moderne pour l'Italie fasciste ; dans la prolifération des manuels et des revues spécialisées du XXe siècle, s'inscrivent aussi les pratiques spécifiées de spécialistes devenus experts dans ce nouveau champ professionnel d'action sur la matière urbaine. Tout près de nous, les figures « polyphoniques » dessinées par les catégorisations que relève Lorenza Mondada dans des conversations contemporaines, et par des projections de biographies individuelles sur une ville particulière, telles les visions de Cassel étudiées par Rachel Kallus et Tali Hatuka, renvoient à l'éclatement des sens de la ville rapportés à des individus ordinaires en régime démocratique, vivant et construisant chacun leur ville, du moins leur espace urbain propre.

La fécondité de telles approches combinant analyse sémiologique et analyse de la fonction ou du contexte n'est pas fortuite. En considérant la figuration comme une action, et plus précisément comme une pratique sociale et politique, elles permettent d'arrimer la recherche aux champs et aux réseaux qui portent la représentation de la ville dans ses multiples lieux et formulations. À ce titre, deux orientations des travaux ici présentés méritent développement. D'abord, il semble judicieux d'orienter l'investigation moins sur les figures canoniques en tant que telles que sur les *pratiques canoniques*, en déplaçant le point de vue de l'image à la pratique dans laquelle se joue l'action d'imager. Dans des recherches concentrées comme ici sur des «inscriptions» de figures dans des ouvrages ou des projets - davantage que dans des pratiques de conception ou de concertation entre architecte ou urbaniste et commanditaire, par exemple[5] - les fonctions des manuels, des revues, des divers supports matériels où s'insèrent les figurations de villes doivent être éclairées par les usages collectifs qui en font des formes canoniques, formes reconnues, douées d'une certaine stabilité ou/et d'une certaine autorité. La construction du sens dans le passage en revue, en manuel, en exposition ou en programme, telle que l'explorent Christophe Camus, Enrico Chapel et Isabelle Grudet, participe de ce programme. La mise en série accompagnée d'une analyse sémiologique, comme le propose Didier Mendibil, est aussi, méthodologiquement, l'un des moyens de révéler la canonicité de tel ou tel type d'images.

Ensuite, il s'agirait de travailler systématiquement sur les *modes de circulation* des figures. Cette exigence vaut pour la mobilité à l'intérieur d'une même discipline, d'une discipline à l'autre et plus généralement d'un moment de la pratique à l'autre, comme le propose Hélène Jannière. Les travaux rassemblés ici soulignent les reconfigurations de sens qui accompagnent de telles migrations d'un auteur à l'autre, d'une inscription à une autre, d'un contexte d'action à l'autre. Au vu de la fréquence des emprunts exogènes (aux exemples et aux règles antiques chez Alberti, à la rhétorique dans la géographie moderne, à la psychologie chez Bardet, à la statistique aux CIAM, ou encore à l'avant-garde artistique...), du nomadisme de certaines figurations, de la fluidité des relations entre champs observée dans ces corpus, au vu de l'indétermination aussi des opérations individuelles de construction de savoirs (plan Voisin de Le Corbusier étudié par Denis Delbaere ou processus de génération cartographique examiné par Mark Dorrian), c'est une véritable économie des échanges iconographiques qu'il faudrait développer, une topologie des trajets, des réseaux de la représentation, avec ses chaînes de «traduction» et ses hybridations, en complément de celle des champs.

Le livre confirme combien il est difficile de distinguer, dans les situations de conception, entre les moments de l'analyse et de l'invention d'une figure, et ceux de sa diffusion et de la discussion entre acteurs - concepteurs et récepteurs, ou concepteurs et destinataires du projet. Ainsi du processus génératif de la cartographie architecturale analysé par Mark Dorrian et de la production des plans de ville étudiée par Panayotis Tournikiotis, qui rompent tant avec un modèle référentiel qu'avec un modèle idéaliste : l'image dessinée n'est ni la représentation objectivée (matérialisée) de l'objet, ni la stricte transcription d'une image mentale antérieure au dessin. Le cas de la «table rase» de Le Corbusier est exemplaire d'un processus où les temporalités s'imbriquent au-delà de toute linéarité, tandis que la stabilité spatiale est illusoire : Denis Delbaere montre comment la figuration du plan Voisin suppose la production d'un artefact, l'«infralocal», qui négocie la reconfiguration temporelle d'un site en pensant à la fois à son affirmation, à sa négation et à sa formalisation. Plus généralement, il semble que dans tous les cas de production d'un sens de la ville - qu'il soit essentiellement cognitif ou essentiellement projectuel -, il s'agit non de séquences discrètes et successives d'une action, mais plutôt d'un système processuel sans amont ni aval, sans direction unique, sans flèche temporelle. Autrement dit, en des boucles d'anticipation et de rétroaction, le processus de conception, de médiation et d'intervention est informé d'emblée par la situation pratique, modelé par les attentes ou par la conscience des attentes qui peuvent être celles des auteurs et des récepteurs, lecteurs, collègues, clients, commanditaires... En somme, il s'agit bien de «projets» ouverts sur des pratiques collectives plus ou moins destinées à une réalisation, à une intervention effective sur la ville. Ils ouvrent sur du devenir, sur une action commune projetée. Ce constat invalide des analyses qui réifieraient des moments distinctifs : organisation des données, conception, diffusion.

Dans la pluralité des moments, des lieux et des acteurs de la figuration urbaine, il serait vain de penser la figure comme reproduction matérialisée d'un réel déjà là, sur le terrain ou dans le cerveau inventif du concepteur. Ni le paradigme de la représentation ni celui de la conception ne peuvent épuiser la complexité de la figuration urbaine. Ainsi que le propose Mark Dorrian, le processus génératif du projet suppose non une *transcription* d'images mentales mais une *construction* graphique, non une *reproduction* de l'objet à l'icône mais une *coproduction* de l'un et de l'autre, non une *détermination* de l'action par l'image mais une *ouverture* du sens construit dans la pratique. De même, la temporalité de la figuration n'est pas celle d'un écoulement linéaire du temps - une succession discrète d'actions - mais anticipation et interférences des temps du projet.

Ces orientations constructivistes et systémistes invitent à penser, au-delà des paradigmes de la sémiologie, de la représentation et de la pragmatique, une articulation plus étroite entre ces régimes de l'image. Un tel programme de recherche iconologique sur la ville est à développer ; il justifierait l'association de trois termes : *figuration*, *visualisation* et *visibilisation* - un quasi-néologisme qui souligne que la ville (comme aussi le territoire) est l'objet de politiques d'intervention spatiale supposant la soumission à la vue des uns et des autres. La notion de « figuration » suppose que l'objet est figurable, qu'il constitue une référence plausible, une instance légitime, un quasi-sujet, comme peut l'être le territoire national aussi, voire celui d'une autre communauté imaginée telle l'Europe ; celle de « visualisation » repose sur l'efficace des technologies du visuel, qui donnent corps, matérialisent à leur manière l'objet ; celle de « visibilisation » subsume la définition d'un projet, d'une action collective, d'une pratique sociale et politique engagée dans l'espace public. Cette articulation de trois instances du projet suppose de savoir construire un système d'interprétation combinant en toute démarche cognitive appliquée au champ de l'iconographie urbaine une vue de l'interaction qui engage la déconstruction d'un langage, ou d'une sémiologie, ou d'une technologie intellectuelle, la définition de la situation pragmatique et l'appréhension de la référence, de l'objet visé. N'est-ce pas tout ce qui construit la ville ?

NOTES

1. Cf. O. ORAIN, « Les "postvidaliens" et le plain-pied du monde. Pour une histoire de la géo-*graphie* », *in* J. LÉVY, M. LUSSAULT, *Logiques de l'espace, esprit des lieux. Géographes à Cerisy*, Paris, Belin, 2000, p. 93-109.

2. Cf. M. RONCAYOLO, « Conceptions, structures matérielles, pratiques. Réflexions autour du "projet urbain" », *Enquête*, n° 4, 1996, p. 59-68 (repris au chap. VI de M. RONCAYOLO, *Lectures de villes. Formes et temps*, Marseille, Parenthèses, 2002, p. 83-91).

3. Cf. M. LUSSAULT, *Tours. Images de la ville et politique urbaine*, Tours, Maison des sciences de l'homme, 1993 ; M. LUSSAULT, « La ville clarifiée ; essai d'analyse de quelques usages cartographiques et iconographiques en œuvre dans le projet urbain contemporain », *in* L. CAMBRÉZY, R. DE MAXIMY (dir.), *La Cartographie en débat. Représenter ou convaincre*, Paris, Orstom-Khartala, 1995, p. 157-195 ; M. ROSEMBERG, *Le Marketing urbain en question. Production d'espace et de discours dans quatre projets de villes*, Paris, Anthropos, 2000 ; O. SÖDERSTROM, « Paper Cities : Visual Thinking in Urban Planning », *Ecumene*, III (3), 1996, p. 249-281. Voir, dans le champ architectural et urbain, F. POUSIN (dir.), « Pouvoir des figures », *Les Cahiers de la recherche architecturale et urbaine*, n° 8, 2001, p. 1-78 ; M. CHIAPPERO, *De la carte au schéma-concept, construire les projets de villes et de territoires. Manuel à l'usage des urbanistes*, Lyon, éd. du Certu, 2002.

4. Cf. J. COHEN, M.-C. GUERRINI, N. MATHIEU, M.-C. ROBIC, « L'iconographie dans l'aménagement du territoire : changer la donne et/ou donner le change ? », *in* H. THÉRY (dir.), *L'État et les stratégies du territoire*, Paris, éd. du CNRS, 1991, p. 197-207 ; B. DEBARBIEUX, M. VANIER (dir.), *Ces territorialités qui se dessinent*, Paris, éd. de l'Aube, Datar, 2002 ; B. DEBARBIEUX, S. LARDON (dir.), *Les Figures du projet territorial*, Paris, éd. de l'Aube, Datar, 2003.

5. Sur ces situations de communication/médiation, voir par exemple les analyses ethnographiques proposées par O. SÖDERSTRÖM, « Sélectionner et projeter », *EspacesTemps*, n°s 62-63, 1996, p. 104-113, ou les perspectives sémiologiques de M. Lussault, « La politique territoriale (trans)figurée », *EspacesTemps*, n°s 62-63, 1996, p. 92-103.

Liste des auteurs

Heliana Angotti-Salgueiro, docteur en Histoire (EHESS), actuellement responsable d'un Getty Research Project et Titulaire de la Chaire en sciences sociales « Sergio Buarque de Holanda », à la Maison des Sciences de l'Homme (Paris). Auteur d'ouvrages au carrefour de l'histoire de l'architecture, de l'histoire urbaine et culturelle, d'études biographiques et de transfert des modèles entre la France et le Brésil. Elle a publié *La Casaque d'Arlequin,* Paris, EHESS, 1997 ; *A Comédia Urbana : de Daumier à Porto-Alegre*, S. Paulo, FAAP, 2003 ; et a dirigé *Paysage et Art,* S. Paulo, CNPq/Fapesp/CBHA, 2000 ; *Cidades Capitais do século XIX*, S. Paulo, Edusp, 2001 et *B. Lepetit : por uma nova história urbana*, S. Paulo, Edusp, 2001.

Jean Marc Besse, philosophe, directeur de recherche au CNRS, UMR 8504 Géographie-cités, équipe Épistémologie et histoire de la géographie (E.H.GO). Il a publié *Voir la terre. Six essais sur le paysage et la géographie*, Arles, Actes Sud, 2000, *Face au monde. Atlas, jardins, géoramas*, Paris, Desclée de Brouwer, 2003, *Les Grandeurs de la terre. Aspects du savoir géographique à la Renaissance*, Lyon, ENS Éditions, 2003. Membre du comité de rédaction des revues *L'Espace géographique* et *Les Carnets du paysage*.

Christophe Camus, sociologue, maître assistant à l'école d'architecture de Bretagne (Rennes) et chercheur au Laboratoire Espaces Travail, Ecole d'architecture de Paris-La Villette. Il mène des recherches sur les architectes maîtres d'œuvre et leurs relations à divers commanditaires. Une dernière recherche interroge l'image de l'architecte diffusée à travers les revues grand public de la maison. Il a publié récemment avec T. Evette, « L'architecte dans la presse », *Urbanisme*, n° 337, juillet-août 2004, « Écrire ce qu'on sait faire », *in* Ph. Boudon (ed.), *Langages singuliers et partagés de l'architecture*, Paris, L'Harmattan, 2003, « Critiquer ou présenter des réalisations architecturales », *in* A. Sauvage, R. Hoddé (ed.), *Le Jugement désenchanté. États de la critique architecturale*, Paris, Éditions de la Villette (à paraître).

Enrico Chapel, diplômé en architecture (Université de Gènes, Italie) et docteur en urbanisme et aménagement (Université de Paris VIII). Actuellement maître-assistant à l'École d'architecture de Toulouse, où il enseigne l'histoire de l'architecture et de l'urbanisme, ainsi que le projet urbain. Il est membre du Laboratoire Espaces Travail de l'École d'architecture de Paris-La Villette. Ses travaux portent sur la cartographie urbaine, en particulier dans l'histoire de l'urbanisme français, et sur le rôle des images dans la conception et la négociation sociale des projets (recherche en cours pour le Plan Urbain Construction et Architecture).

Elias Constantopoulos, Assistant Professor, Department of Architecture, University of Patras (Greece). Studied at the Bartlett School of Architecture, University College London (B.Sc., Diploma, M.Sc.), Member of Do.Co.Mo.Mo., Hellenic Institute of Architecture & Hellenic Society of Aesthetics. Research on 1930's residential architecture in Athens. Co-editor of *9H* & *Ntizain*, consult. ed. of *Architecture in Greece* reviews. Author of numerous articles and monographs and of 4 books (*Nicos Valsamakis' Architecture, Contemporary Industrial Design in Greece, History of the Decorative Arts, Architecture of the 20th Century : Greece* (Consult. ed.). Founder of *Sigma Design* (Industrial design award 1992).

Denis Delbaere, paysagiste, docteur de l'EHESS, il a consacré sa thèse à l'étude des représentations figura-

tives dans l'argumentation urbanistique de la table rase, intitulée « Table rase et paysage. Projet d'urbanisme et contextualité spatiale dans Le plan Voisin de Le Corbusier (1925) et la cité Concorde de Le Maresquier (1954) »
Il partage son activité entre son atelier de paysagiste à Lille, ses recherches sur la fonction de l'image dans la production et la réception sociale du projet d'urbanisme et sa charge de cours à l'École nationale supérieur du paysage de Versailles. Il a publié récemment « Projet de paysage, écarts d'échelles et logiques d'interlieu. Le cas des collines de Comines », *Les Carnets du paysage*, n° 7, automne 2001, p. 104-118.

Mark DORRIAN is a Senior Lecturer in Architecture at the University of Edinburgh and co-founder of the architecture and urbanism atelier *Metis*. His books include (with Gillian Rose) *Deterritorialisations: Revisioning Landscapes and Politics* (Black Dog Publishing, London: 2004) and (with Adrian Hawker) *Metis: Urban Cartographies* (Black Dog Publishing, London: 2003). His writing has been published in *Architectural Research Quarterly*, *Artifice*, *Chora: Intervals in the Philosophy of Architecture*, *The Journal of Architecture*, *The Journal of Narrative Theory* and *Word & Image*. He is currently working on a book of essays on aspects of the grotesque.

Sandra FIORI, docteur de l'Université de Nantes, diplômée en urbanisme et en sociologie, est maître-assistante à l'école d'architecture Languedoc-Roussillon et chercheuse au laboratoire CRESSON (UMR 1563, École d'architecture de Grenoble). Elle consacre ses recherches au projet d'éclairage (savoir-faire professionnels, relations au projet urbain, usages nocturnes de l'espace public). Publications : « Rencontre avec le public du festival des lumières », *in* A. MASBOUNGI (ed.) *Penser la ville par la lumière*, Paris, Éd. de la Villette, 2003, p. 88-89 ; « *Réinvestir* l'espace nocturne, les concepteurs lumière », *Les Annales de la recherche urbaine*, n° 87, sept. 2000, p. 73-80.

Isabelle GRUDET est architecte et prépare actuellement, sous la direction de Yannis Tsiomis, une thèse de doctorat sur « Les Histoires de l'urbanisme de Pierre Lavedan » (Université de Paris-VIII). Elle est chercheuse au Laboratoire Espaces Travail de l'École d'architecture de Paris-la Villette. Ses travaux portent sur les savoirs et les pratiques de l'urbanisme, plus particulièrement sur le statut des visualisations et des formulations dans les processus de conception urbaine et territoriale. Elle a publié « Intéresser les concepteurs par l'image. Le dispositif figuratif dans *Histoire de l'urbanisme. Antiquité Moyen âge* de Pierre Lavedan », *Les Cahiers de la recherche architecturale et urbaine*, n° 8, mai 2001, p. 23-30.

Tali HATUKA is finishing her Ph.D. in Architecture at the Technion, Israel Institute of Technology in Haifa. She is currently a post-doctoral fellow at the Department of Urban Studies and Planning at MIT. She is an architect holding a Bachelor of Architecture from the Technion, and a Master of Urban Design from Heriot-Watt University, Edinburgh College of Art. Her professional experience includes working as an architect and urban designer in several cities in Israel. She received several prizes for her projects. Her research in urban design focuses on the relationship between extreme events of violence, everyday life, and the built environment.

Rachel KALLUS is a Senior Lecturer at the Technion, Israel Institute of Technology in Haifa, where she teaches architecture, urban design and town planning. She is a practicing architect, and has worked in the United States, the Netherlands and Israel. She received her Bachelor of Fine Arts from the Massachusetts College of Art, her Master of Architecture from the Massachusetts Institute of Technology and her Doctorate from the Technion. Her research in the field of housing and urbanism focuses on the interplay between policy and design and examines the relationships between policy measures and their physical outcomes, especially in relation to equity, equality and social justice. She has published extensively on these topics in planning and architecture publications and in various edited volumes.

Hélène JANNIÈRE, architecte et docteur en histoire de l'art, enseigne l'histoire et la théorie de l'architecture et de la ville à l'École d'Architecture de Paris-Val de Seine. Elle est chercheur au LADYSS (CNRS, UMR 7533).

Ses recherches actuelles portent sur les représentations de l'architecture et de la ville dans la publication, et sur l'histoire de la critique architecturale et urbaine au XXe siècle. Dernières publications sur ce thème: *Politiques éditoriales et architecture moderne*, Éditions Arguments, Paris, 2002; notice «Critique architecturale», *Encyclopaedia Universalis*, édition 2002 (avec Valérie Devillard).

Indra Kagis McEwen est professeure associée à l'Université Concordia à Montréal et chargée de cours à l'École nationale de théâtre du Canada. Ancien chercheur invité au Centre canadien d'architecture, elle est auteur de *Socrates' Ancestor: An Essay on Architectural Beginnings*, MIT Press, 1993 et de *Vitruvius: Writing the Body of Architecture*, MIT Press, 2003, ainsi que de *Ordonnance for the Five Kinds of Column*, une traduction anglaise du traité de Claude Perrault, *Ordonnance des cinq espèces de colonnes*, Paris, 1683, publiée par le Getty Center en 1993.

Didier Mendibil est maître de conférences à l'IUFM de l'Académie de Créteil. Après avoir soutenu une thèse de géographie sur l'iconographie de la France au sein de l'équipe Épistémologie et histoire de la géographie (UMR Géographie-cités), ses travaux de géographie portent sur la place des représentations photographiques dans la pensée des géographes et dans la structuration de l'espace, et ses travaux d'iconologie concernent l'articulation des significations textuelles et iconiques dans les discours descriptifs.

Lorenza Mondada est professeur de sciences du langage à l'Université Lyon-II. Ses recherches portent sur l'organisation de l'interaction sociale dans des contextes ordinaires, institutionnels et professionnels. Elle a travaillé sur la description de l'espace et de la ville (voir *Décrire la ville. La construction des savoirs urbains dans l'interaction et dans le texte*, Paris, Anthropos, 2000).

Riccardo Palma, est architecte et docteur en Composition architecturale de l'Institut Universitaire d'architecture de Venise. Il est actuellement chercheur à la Faculté d'architecture de l'École polytechnique de Turin, où il a developpé plusieurs recherches sur la composition architecturale dans le groupe d'étude dirigé par Giancarlo Motta. Outre plusieurs essais dans des ouvrages collectifs et des revues, il a publié *L'immaginario cartografico dell'architettura*, Technograph, Bergame 2002, et a coordonné deux ouvrages collectifs, *Architettura Spazio Scritto*, UTET, Turin 2001, *Macchine nascoste*, UTET, Turin 2004.

Vassiliki Petridou, architecte, historienne de l'architecture, est professeure associée à la Faculté d'architecture de l'Université de Patras et enseigne également à la Faculté d'architecture de l'Université nationale technique d'Athènes. Elle a publié divers articles dont: «P.F.L. Fontaine et L.H.Lebas: une double paternité pour la Chapelle expiatoire à la mémoire de Louis XVI et de Marie-Antoinette» dans *Le Livre et l'Art. Études en hommage à Pierre Lelièvre*, Paris, 2000; «La remise en question du passé: un tremplin pour l' avenir. La quête de l'architecture au seuil du nouveau millénaire», *Annales d'Esthétique*, vol. 41B Athènes, 2002; «L'architecture comme mémoire dans l'œuvre d'Aldo Rossi», *Architectes*, n° 45, Athènes, 2004.

Frédéric Pousin, architecte, est directeur de recherche au CNRS (UMR LADYSS, Université de Paris-I) et enseignant à l'École d'architecture de Paris-la-Villette. Il mène ses recherches sur la représentation, la conception architecturale, urbaine et paysagère; ses travaux portent actuellement sur le paysage urbain et le rôle du visuel dans la construction des savoirs. Il est membre du comité de rédaction des *Carnets du paysage*. Dernières parutions: «La ville représentée: objet historique et sémiologique», *Signes, Histoire, Fictions. Autour de Louis Marin*, (F. Pousin et S. Robic coordinateurs), Éditions Arguments, Paris, 2003; «Visuality as politics, The studycase of urban landscape», *Deterritorialisations... Revisioning Landscapes and Politics* (Mark Dorrian and Gillian Rose ed.), London, Black Dog Publishing Limited, 2003; «Le paysage urbain: la charge historique d'une notion», *L'Urbain, un enjeu environnemental* (dir. Michel Boisvert), Presses de l'Université du Québec, Montréal, 2004.

Carlo Ravagnati est architecte, diplômé de la Faculté d'architecture de l'École polytechnique de Milan. Docteur en composition architecturale (Institut universitaire d'architecture de Venise), il est actuellement chercheur à l'École polytechnique de Turin. Parmi plusieurs essais sur la représentation dans la composition architecturale et urbaine, il a publié récemment *Tecniche di ripetizione. Rappresentazione e composizione nei progetti per la basilica di San Pietro*, Tecnograph, Bergame, 2003, « La rappresentazione dei caratteri originari del sito nel progetto di architettura », *in* R. Palma, A. Pizzigoni e C. Ravagnati (dir.), *Cartografia e progetto,* Tecnograph, Bergame, 2003 ; « Formazione/Deformazione. La geometria proiettiva nell'architettura di Francesco Borromini », *in* R. Palma, C. Ravagnati (dir.), *Macchine nascoste*, Utet, Turin, 2004 ; « Il complesso monumentale di piazza San Marco a Venezia tra analisi e progetto », *in* AA.W., « Luoghi monumentali e accessibilità : Venezia, Roma, Napoli, Arles », *Quaderni IUAV*, n° 21, Venise 2002.

Marie-Claire Robic, géographe, est directeur de recherche au CNRS (UMR Géographie-cités, Paris). Elle travaille sur l'histoire et l'épistémologie de la géographie contemporaine, et particulièrement sur le rôle de l'iconographie dans la construction du savoir. Parmi ses travaux sur la ville figure « La ville, objet ou problème ? La géographie urbaine en France (1890-1960) », *Sociétés contemporaines*, 49-50, 2003. Elle a dirigé ou co-dirigé *Géographes en pratiques (1870-1945). Le terrain, le livre, la Cité* (PUR, 2001), *Le* Tableau de la géographie de la France *de Paul Vidal de la Blache. Dans le labyrinthe des formes*, CTHS, 2000, et *Géographes face au monde. L'Union géographique internationale et les congrès internationaux de géographie*, L'Harmattan, 1996.

Panayotis Tournikiotis a étudié l'architecture à Athènes et à Paris. Professeur associé à l'École d'architecture de l'Université nationale technique d'Athènes, il enseigne la théorie de l'architecture. Sa recherche est liée à l'histoire et la théorie de l'architecture aux XIXe et XXe siècles. Il a publié une monographie sur l'architecte viennois Adolf Loos, Paris, 1991 et New York, 1994, un essai sur l'historiographie de l'architecture moderne, Cambridge, Mass., 1999 et Madrid, 2002 et a dirigé un ouvrage sur l'impact du Parthénon sur le monde moderne, Athènes, 1994 et New York, 1996.